SUSAN MILLER

PLANETAS *e* POSSIBILIDADES

SUSAN MILLER

PLANETAS *e* POSSIBILIDADES

Tradução
Doralice Lima

CIP-BRASIL. CATALOGAÇÃO-NA-FONTE
SINDICATO NACIONAL DOS EDITORES DE LIVROS, RJ.

M592p Miller, Susan
Planetas e possibilidades / Susan Miller; tradução: Doralice Lima. — Rio de Janeiro: Best*Seller*, 2011.

Tradução de: Planets and possibilities
Inclui bibliografia
ISBN 978-85-7684-542-3

1. Astrologia. I. Título.

11-1744. CDD: 133.5
CDU: 133.52

Texto revisado segundo o novo Acordo Ortográfico da Língua Portuguesa.

Título original norte-americano
PLANETS AND POSSIBILITIES

Capa: Diana Cordeiro
Crédito de foto da autora: Franco Accornero
Editoração eletrônica: FA Editoração

Impresso no Brasil

ISBN 978-85-7684-542-3

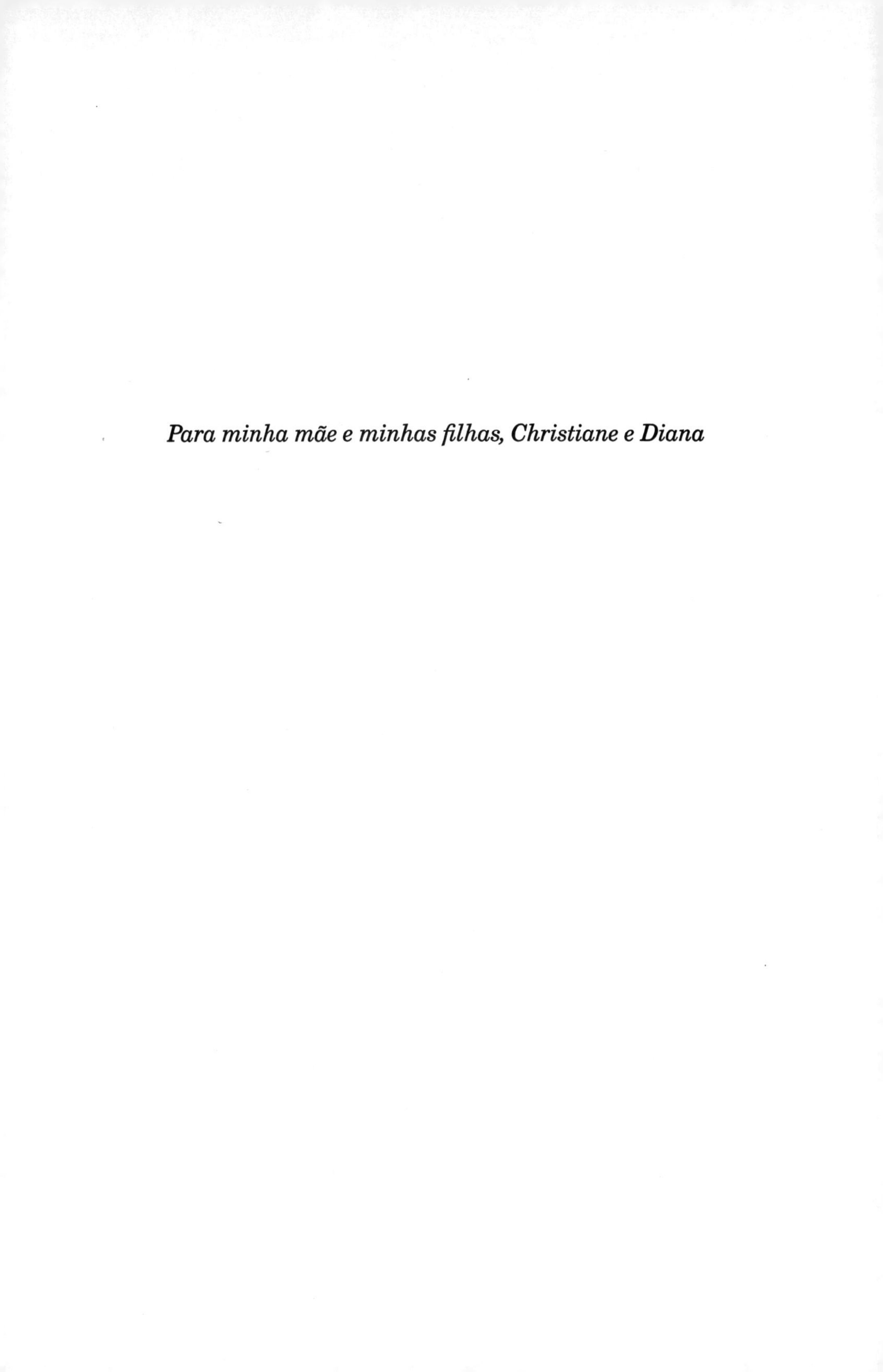

Para minha mãe e minhas filhas, Christiane e Diana

AGRADECIMENTOS

Toda pessoa de sucesso conta com a ajuda de outros indivíduos bem-sucedidos. Produzir um livro é um processo trabalhoso que envolve a generosa contribuição de muitos colaboradores sábios e solícitos. Este livro nasceu de conversas com Maureen Egen, presidente da Warner Books, a primeira pessoa a me convencer a escrever um livro detalhado sobre astrologia. Eu me lembro de estar sentada no escritório de Maureen apresentando várias ideias para meu livro e desejando que ela escolhesse meu primeiro (e mais ambicioso) conceito, *Planetas e possibilidades*. Ela aceitou e me deu todo o estímulo afetuoso que tornou este livro possível. Neste que é meu segundo livro com a Warner Books, só posso agradecer à sorte por ter uma editora tão receptiva. Gostaria de agradecer também o generoso apoio de meu agente, Frank Weimann.

Agradeço à diligente editora deste livro, Jackie Joiner, cujo instinto sempre foi semelhante ao meu. Parte do talento de Jackie é a habilidade de preservar a voz, a alma e o espírito do escritor. Ela fez isso e muito mais e sou muito grata a seu trabalho árduo e temperamento excepcionalmente agradável.

Tenho uma imensa dívida para com Jackie Meyer, minha amiga de longa data. A fé inquebrantável de Jackie em mim teve e continua a ter enorme influência em minha vida. Ela me deu a oportunidade de escrever meu primeiro livro, *Astrology Book of Days*, em 1996, e também me permitiu apresentar à Time Warner as ideias para uma página na internet. Graças a isso, pude criar a Astrology Zone® no site Pathfinder da Time Warner. Três anos depois, com as bênçãos e o estímulo da Time Warner, levei a Astrology Zone® para seu presente lar no Disney Internet Group. Se não fosse pelas oportunidades que Jackie me deu, minha vida teria tomado um rumo bem diferente e muito menos emocionante. Num sentido figurativo, Jackie sempre será responsável pela música alegre e lírica que faz a trilha sonora da minha vida.

No campo da astrologia, gostaria de agradecer à Wendy Ashley, astróloga e mitóloga, que abriu meus olhos para a importância e o prazer de estudar os mitos por trás dos signos astrológicos. As palestras de Wendy foram inesquecíveis e me fizeram desejar saber mais. Seu conhecimento dos mitos é enciclopédico e ela distribui sua sabedoria com o entusiasmo pitoresco de quem conta histórias ao pé da fogueira. Desde que ouvi a primeira palestra de Wendy descobri aqui e na Europa alguns livros preciosos que me ajudaram a expandir o conhecimento e o interesse por essa área. Também tenho uma dívida de gratidão para com o erudito escritor/historiador/conferencista Robert Hand, cujas palestras me inspiraram a voltar no tempo e estudar a gênese da astrologia. À Judi Vitale, astróloga e membro importante da equipe do projeto de Robert Hand, o Project Hindsight, meus agradecimentos pela consultoria para a seção histórica deste livro.

Um milhão de agradecimentos a meu querido amigo Edward Rubinstein, pelo apoio seguro ao longo dos anos, manifestado de formas numerosas demais para serem contadas, e por estar presente para ajudar toda vez que precisei conferir algum dado. Edward, gostei muito de nossas longas sessões investigando e discutindo ideias. Minha assistente, Pleasant Cragie, emprestou seu talento e seu amor pela história, ajudando-me a confirmar alguns fatos históricos e transformando esse processo em diversão. Agradecimentos especiais também a Daryl Chen e Christopher Sandersfeld, que trabalharam com disciplina e entusiasmo para corrigir o manuscrito na edição final. É extremamente reconfortante trabalhar com um grupo de indivíduos tão talentosos.

Finalmente, minha família também merece uma expressão de gratidão Agradeço a minhas duas filhas, Christiane e Diana, que se acostumaram a pedir refeições por telefone durante os muitos meses em que eu trabalhava neste livro até tarde da noite. Chrissie e Diana são as melhores filhas deste planeta.

Além disso, gostaria de agradecer à minha mãe, Erika Redl Trentacoste, que abriu meus olhos para os planetas, a Lua, o Sol e as estrelas e dessa forma também me revelou a vasta e espantosa beleza de nosso universo e as bênçãos da vida. Querida mãezinha, eu te amo.

— SM

SUMÁRIO

INTRODUÇÃO

MINHA INUSITADA INTRODUÇÃO À ASTROLOGIA

Quando eu era criança e não conseguia dormir, no meio da noite me esgueirava até a sala de estar para ver se mais alguém estava acordado. Invariavelmente, encontrava minha mãe aninhada no sofá, lendo seus livros de astrologia ou estudando mapas astrais. Nessas horas tardias da madrugada, meu pai dormia, mas minha mãe, a atarefada responsável por duas filhas pequenas, tentava aproveitar o único tempo de que dispunha para concentrar-se em seu importante passatempo. A astrologia não era o único interesse de minha mãe. Juntamente com meu pai, ela devorava três jornais por dia, tinha amigos e também ajudava o marido em seu mercadinho de especialidades. No entanto, a astrologia fascinava minha mãe, e ela estudava a matéria sempre que podia. Sua mente ágil procurava entender por que a astrologia sempre parecia dar certo. Esse estudo também lhe permitia ter percepções criativas acerca dos mistérios da vida. Contudo, na vida e na astrologia, o maior desafio de minha mãe seria descobrir como me ajudar com meu debilitante e misterioso defeito congênito na perna esquerda.

Ela me pediu para não falar a ninguém sobre seu interesse e conhecimento de astrologia, afirmando que ele devia ficar "só entre nós" e jamais ser comentado com gente de fora da família. Eram outros tempos e ela não queria ouvir dos novos conhecidos e dos velhos amigos críticas a seu passatempo. Apesar disso, dizia: "É sempre bom que eu conheça os ciclos, Susan, posso ajudá-la a fluir com a maré cósmica, em vez de tentar nadar contra ela."

Na infância, lembro-me de almoçar com minha mãe na mesa da sala de jantar. Ela sempre se sentava a meu lado, de avental, e alegremente me fazia companhia. Nativa de Gêmeos, tinha uma conversa muito interessante. Era divertido conviver com minha mãe. Eu comia meus sanduíches de atum e, às vezes, ela me falava de astrologia. Ela conta que eu a olhava com olhos arregalados e balançava as pernas enquanto mastigava. Hoje, ela ri e revela: "Eu costumava falar com você, mas você não fazia muitos comentários, Susie querida, portanto, eu achava que você não estava prestando atenção. Agora sei que você ouvia tudo!"

Minha mãe descobriu a astrologia por acidente. Harriet, a irmã mais velha dela e minha maravilhosa tia, a mais velha de cinco filhos, de uma hora para outra se interessou pelo assunto. Como queria ter alguém com quem trocar ideias, tentou envolver minha mãe, mas no início esta se mostrava cética e rejeitava as sugestões de minha tia. Acho que essa reação é muito comum e saudável da parte de quem começa a estudar o assunto. Não acredito que todo mundo seja um "adepto natural". Mais tarde, aos 18 anos, minha mãe mudou-se para Nova York e tia Harriet continuou a morar no norte do estado, mas as duas fizeram um curso de astrologia por correspondência. Era algo que as irmãs ainda podiam fazer juntas, mesmo vivendo afastadas. Mamãe continuou a estudar durante dois ou três anos, tornando-se cada vez melhor no hobby e mais interessada em investigar todo o espectro do que aquela arte milenar podia oferecer. Ela considerava as complexidades da matéria fascinantes, e essa riqueza jamais causou tédio à sua mente ativa. Minha mãe e minha tia trocavam cartas para discutir as sutilezas dos aspectos planetários da época.

Quando minha mãe estava com 35 anos, tia Harriet subitamente ficou muito doente, com câncer ovariano, morrendo aos 45 anos, em um processo lento e doloroso. Na época, eu tinha 5 anos. Aquele foi um evento terrível e devastador na vida de minha mãe. Na leitura do testamento, mamãe soube que tia Harriet deixara para ela um presente especial: seus livros favoritos de astrologia. Ao recebê-los, minha mãe encontrou dentro deles uma carta da irmã, aparentemente escrita quando esta concluiu que não viveria por muito tempo: "Erika, estude astrologia, você irá longe, muito mais longe do que eu estava destinada a chegar com esse conhecimento. Você tem um dom natural para a matemática e trabalha muito bem com simbolismos. Não desista." Dessa forma, minha mãe passou a possuir alguns dos melhores livros sobre a matéria. A partir de então, ela mergulhou mais profundamente na astrologia, tanto por curiosidade quanto para permanecer psicologicamente próxima da irmã.

Meu envolvimento com a astrologia começou quase por acidente e certamente foi impulsionado por meu defeito de nascença. Nasci com uma doença misteriosa e debilitante que causava dores terríveis em minha perna esquerda. Eu era vítima de ataques súbitos e inexplicáveis em que sentia uma espécie de xarope espesso caindo sobre meu joelho. Esses ataques ocorriam mais ou menos duas vezes por ano e me deixavam de cama de seis a oito semanas. Os médicos ficavam perplexos; sem dados consistentes, eles afirmavam que eu inventava a doença para não ir à escola. Os que acreditavam em mim indicavam todo tipo de tratamento, inclusive radioterapia, que nós não aceitamos. A perna ficava tão sensível ao toque que eu temia arriscar qualquer interferência sobre ela e simplesmente pedia à minha mãe para "me deixar quieta". Quando sofria um de meus repentinos "ataques", desde que permanecesse absolutamente imóvel (sem sair da cama durante semanas), sempre me recuperava por completo.

Eu me sentia injustamente acusada quando os médicos qualificavam minha doença de psicossomática, e depois de algum tempo não quis mais ir a qualquer médico. A intuição de uma mãe é muito forte: mamãe sabia que algo estava muito errado comigo, portanto, se tornou minha protetora, confortando-me com a promessa de que um dia alguém descobriria o que estava errado e me ajudaria. Ela até mesmo previu uma mudança em meu estado de saúde quando Mercúrio, o planeta regente do meu ascendente, ficasse direto em meu mapa progredido, quando eu completasse 14 anos. Ela previu que eu iria simplesmente deixar a doença para trás, portanto, não estava ansiosa para me ver passar por uma operação desnecessária.

Era claro que ela confiava em um final feliz para meu drama. Meu pai também me apoiava muito, mas os dois achavam necessário que eu continuasse a consultar médicos, apesar das indicações dos mapas astrológicos.

Afinal, minha mãe estava surpreendentemente correta sobre a época da mudança em minha saúde. Quando estava com exatos 13 anos, 10 meses, 3 semanas e 2 dias, sofri o pior ataque da minha vida. Mais uma vez presa ao leito, esperei pacientemente durante dois meses por uma convalescença que nunca veio. Havia algo diferente naquela crise. A dor e a inchação eram muito piores. Apesar disso, eu não queria passar por uma cirurgia. Consultamos um médico que me colocou na tração, e agravou o problema. Horrorizado com a dor que eu sentia, meu pai me carregou para fora do hospital dizendo baixinho que precisávamos de outro médico. Exasperada, implorei para celebrar meu aniversário em casa e soprei as velinhas do bolo sem sair da cama.

Agora estava com 14 anos, a idade exata da previsão de minha mãe para o fim de meus problemas de saúde. Duas semanas depois, aceitei ser operada por um jovem médico e cientista brilhante. Como pupilo do chefe de outro hospital, esse médico resolveu meu problema e ainda cuida de mim até hoje.

O segredo de minha doença era uma hemorragia interna recorrente e potencialmente fatal. Desde que nasci, as veias da minha perna esquerda, do quadril até o joelho, eram defeituosas e finas como um lenço de papel. Esses vasos simplesmente desapareciam. Não havia nada que o cirurgião pudesse costurar ou amarrar; portanto, para qualquer médico que me operasse, esse problema era um pesadelo. Mesmo hoje, essa condição ainda é rara — eu soube que existem apenas 47 casos conhecidos na história médica. Sou uma das raras sobreviventes, unicamente porque meu problema estava localizado na parte inferior do corpo. Se as veias malformadas estivessem próximas da cabeça ou do coração, eu teria morrido. Segundo o médico, foi bom que tivéssemos esperado para fazer a cirurgia, visto que a causa parcial do problema foi o fato de as veias não terem crescido durante meu período de crescimento. Aos 14 anos, com o crescimento quase completo, havia pouca probabilidade de que eu tornasse a sofrer uma hemorragia interna. Mesmo assim, os médicos fizeram todo o possível para que meus ataques nunca mais acontecessem.

Aos 14 anos, passei 11 meses no hospital para que os médicos restaurassem as veias, as artérias, os músculos e os ossos, sendo realizado até mesmo um implante de pele. Durante a complicada cirurgia, um nervo foi danificado e precisei fazer fisioterapia para regenerá-lo, processo que levou três anos. Nesse período, não pude frequentar o ensino médio, portanto, estudei no hospital e, depois, em casa, fazendo o exame supletivo e o SAT.*

Recebi o certificado do ensino médio e, aos 16 anos, ingressei na Universidade de Nova York, onde me graduei com louvor em administração. Estudar por minha conta contribuiu para me tornar disciplinada. Durante todos esses anos, minha mãe me dizia: "Susie, você precisa se habituar a não ter amigos. Eles iriam se cansar de sua doença, com razão. Leia, meu amor, e por enquanto deixe que os livros sejam seus amigos. Mais tarde, quando voltar a andar, você voltará a ter amigos." Como sempre, ela estava certa.

Nesse período de convalescença, ninguém sabia se eu tornaria a caminhar. Com um nervo rompido, não tinha qualquer sensação ou movimentos na parte inferior da perna esquerda. Embora meus médicos nunca parecessem inseguros de suas previsões otimistas, os residentes do hospital não tinham tanta certeza assim e me diziam em particular para não alimentar muitas esperanças.

Eu estava muito motivada a descobrir o que iria acontecer em seguida e precisava receber rapidamente uma boa dose de esperança. Foi então que a astrologia entrou em meu horizonte. Escrevi uma carta para a editora da revista *Horoscope*, uma publicação que minha mãe costumava ler de vez em quando. Pedi à editora para elaborar meu mapa astral e dizer se eu voltaria a caminhar. (Podia ter pedido

* Exame equivalente ao Enem, requisito para acesso à universidade. (*N. da T.*)

à minha mãe, mas achei que ela não me diria toda a verdade se a resposta fosse negativa.) Na carta, informei dia, mês e ano, além da cidade e da hora exata de meu nascimento, já que em nossas conversas na hora do almoço minha mãe, muitas vezes, falava que essas eram informações vitais para a construção do mapa. Para minha surpresa, a carta foi publicada! Encantada por eu ter escrito para a revista, minha mãe sentou-se a meu lado e leu a resposta em voz alta. Depois de uma longa análise, a editora e astróloga afirmou que eu voltaria a caminhar e, com o tempo, me recuperaria totalmente!

Na época, eu me mantinha muito quieta, estava muito doente e precisava usar talas e muletas para me deslocar, mas a resposta me deixou muito esperançosa, embora ainda mantivesse um prudente ceticismo.

Sem demora, decidi que queria saber mais sobre astrologia e descobrir exatamente o que a editora havia visto — queria eu mesma fazer meu mapa. Sem poder andar, com certeza dispunha de tempo para ler e estudar. Contudo, deparei com um obstáculo inesperado: minha mãe me surpreendeu dizendo que não queria que eu estudasse astrologia. Ela explicou que esse conhecimento exigia dedicação completa e intensa e que eu ainda era muito jovem para saber se seria capaz disso. "Pouco conhecimento é muito perigoso, Susan", dizia com frequência. Segundo ela, os iniciantes, muitas vezes, pensam que sabem mais do que realmente sabem e tiram conclusões equivocadas. Ela avisava: "Não comece, Susan. Deixe isso para lá. Se não estiver preparada para estudar durante 12 anos sem interrupção, não comece." Naturalmente, quando se proíbe uma adolescente de fazer algo, aquilo será, com certeza, o que ela irá fazer.

Durante todos aqueles anos, eu não conseguia sair da cama sem ajuda. Estava enfraquecida por muitas transfusões de sangue e meu quadril estava tão inchado que era difícil até mesmo ficar sentada. Não havia televisão ou telefone em meu quarto. Em nossa casa, a televisão ficava na sala de estar e o telefone no quarto dos meus pais ou na cozinha. Essa situação era favorável, porque eu não tinha distrações. Minha mãe ia à biblioteca e me trazia pilhas de livros clássicos, que eu apreciava.

No entanto, eu também queria os livros de astrologia de minha mãe. Durante aquele verão, quando finalmente voltei do hospital para casa, Janet, minha irmã de 11 anos, trazia secretamente para meu quarto os livros de minha mãe. Nós os escondíamos embaixo da colcha da cama. Depois de fazer os deveres de casa, eu estudava muito, mas não contei isso à minha mãe e mantive o segredo durante muitos anos. Na verdade, meu interesse só foi revelado anos mais tarde, quando precisei pedir a ela uma recomendação por escrito para uma associação de pesquisa astrológica à qual ela pertencia. Ela respondeu que eu não estava pronta. Então, fui obrigada a revelar que escrevia uma coluna para uma revista e contar toda a extensão da minha pesquisa. Contudo, antes de fazer a recomendação, ela levou para casa meus artigos e fez mapas para todos os meses sobre os quais escrevi. Ela analisou se meus conselhos estavam corretos. Tive sorte por contar com uma professora tão rigorosa e também por ter passado pelo crivo dela.

No entanto, ainda não havia recebido meu verdadeiro chamado. Quando minhas duas filhas ainda eram bebês, comecei meu próprio negócio como agente de fotógrafos comerciais, mas continuei a escrever duas colunas sobre astrologia. Fui muito bem-sucedida como agente, representando talentos em Londres e nos Estados Unidos. Estava feliz com minha vida, embora os ossos do meu pé esquerdo estivessem claramente deteriorados (a lesão no nervo deixou aquela perna um pouco mais fraca). Bastava caminhar algumas quadras para sentir uma dor intensa. Contudo, eu estava decidida a perseverar, apesar de tudo. Em 1992, outro incidente com minha perna me deixou assustada: durante um eclipse total, subitamente fraturei o fêmur pela terceira vez. Essa foi a pior fratura que sofri. Recebi 17 transfusões de sangue em uma noite, durante uma cirurgia de emergência. Foi um momento decisivo, porque me lembrou mais uma vez a fragilidade da vida. Meu médico do passado me salvou, mas nós dois admitimos que eu não poderia enfrentar outra cirurgia. Agora, tinha um revestimento de aço no fêmur e consegui caminhar novamente depois de me recuperar.

Alguns anos depois, graças a meu trabalho como agente de fotógrafos, telefonei para a Warner Books e me ofereci para fazer mapas astrais, se alguém quisesse. Minha fama de exatidão estava crescendo. A insistência de minha mãe para que eu estudasse astrologia durante 12 anos antes de ler um único mapa fora da família estava começando a se pagar na forma de respeito dos colegas. Não surpreende que eu estivesse fazendo leituras corretas. Comecei a escrever cada vez mais e o trabalho para a revista continuou a aumentar. Em dezembro de 1990, a Warner Books me proporcionou a oportunidade de editar minha própria página de astrologia na internet — e então nasceu a Astrology Zone®. Meu primeiro livro, *Astrology Book of Days*, foi publicado alguns meses depois. Eu estava começando uma nova carreira.

O fato é que os problemas com minha perna me trouxeram bênçãos inesperadas e gigantescas. Eu me tornei religiosa, contemplativa e filosófica. Como tantos que passam por situações dolorosas, também me tornei muito compassiva para com todos os que sofrem.

Lembro-me de um pequeno incidente que mudou para sempre minha forma de ver as dificuldades da vida. Ele permanece tão claro hoje quanto no dia em que ocorreu. Eu tinha 9 anos. Certa manhã, estava na casa de minha avó no campo. Meu pai havia levado a mim, minha mãe e minha irmã para passar o verão no norte do estado. Eu dividia o quarto do sótão com minha irmã. Um ou dois dias depois de chegarmos, sofri um dos meus ataques misteriosos. Sabia que ficaria o resto do verão de cama.

Naquela manhã, minha mãe trocava os lençóis da cama em que eu estava deitada, uma rotina que se repetia quando eu não era capaz de me levantar. A dor era tão intensa que eu não conseguia sequer passar de um lado da cama para o outro; não era capaz de me mover sequer alguns centímetros. Depois que minha mãe passava mais ou menos uma hora empurrando lentamente o lençol limpo para baixo de meu corpo e retirando o lençol usado pelo outro lado, eu tinha lençol e fronhas limpos e macios. Minha mãe estava colocando uma fronha em outro travesseiro para apoiar minhas costas quando, pela janela aberta, vi um melro pousado no galho de um carvalho. O sol estava brilhante e o ar, cálido. Devastada com a perspectiva de passar todo o verão em uma cama no sótão, desabafei: "Ai, essa droga de perna! Queria não ter esse problema. Queria que outra pessoa tivesse!" Acho que foi uma expressão típica de uma criança de 9 anos, mas era um tanto inusitado da minha parte verbalizar esse tipo de pensamento. Minha mãe se voltou, com o travesseiro nas mãos, e me olhou com surpresa. "O que você disse? Eu ouvi você dizer isso?" Repeti meu lamento. Ela veio até o lado da cama e falou docemente: "Tudo tem um motivo. E se você soubesse que está absorvendo um pouco do mal do mundo com sua dor? Como se sentiria? E se houvesse razões para a sua dor que vão muito além de você? Você nunca deveria dizer que gostaria de não sofrer — essa é sua cruz e você deve carregá-la com alegria. Deus escolheu você para passar por essa dificuldade. Não sabemos nada sobre a vida ou sobre a vontade de Deus, Susan. Não devemos acreditar que sabemos tudo sobre o universo. Com o tempo, as razões podem ser reveladas." As palavras dela geraram em mim um sentimento profundo. Fui reduzida ao silêncio. Aquelas palavras me ensinaram o conceito de que a dor pode ter um valor nobre. Essa era uma ideia que eu jamais havia considerado e que me inspirou a pensar em mais do que em mim mesma. Queria descobrir o papel da minha vida e se eu teria uma missão a cumprir.

As palavras de minha mãe ressoaram em meu coração durante muitos anos, sempre que eu sofria graves crises de saúde. Só agora tenho uma pálida noção do que ela queria dizer. Ela me disse que somente por meio da compaixão nossa dor pode absorver a dor dos outros, mas aos 9 anos eu era jovem demais para entender que a empatia é um dos dons mais humanos e valiosos. Vejo isso com mais clareza e profundidade à medida que vou envelhecendo. A vida dá muitas voltas e, com frequência, só anos mais tarde percebemos por que passamos por determinada fase.

A natureza profundamente filosófica e o inquebrantável otimismo de minha mãe diante de qualquer problema teriam influência profunda sobre minha visão do mundo e, creio, também sobre as leituras e previsões que fiz. Ela me ensinou a ver o valor do desafio, e sempre serei grata por isso. Meu querido pai também me encorajava muito. Ele acendeu em mim a chama da determinação para explorar todos os aspectos da vida e também me ajudou a perceber que as coisas materiais são efêmeras e não contribuem para os valores espirituais. Meus pais me ajudaram não só a me tornar uma pessoa mais feliz, mas também a ver o que existe sob a superfície, a examinar profundamente os acontecimentos e as condições para tentar descobrir indícios de alguma razão para o sofrimento. Meu árduo início de vida e muitos desafios subsequentes me moldaram como pessoa e como astróloga. Percebi que os aspectos "negativos" não são necessariamente maus — têm seu próprio valor. Como dizia minha mãe: "Os bons tempos não nos ensinam nada, Susan. É nos tempos difíceis que ficamos cara a cara com quem somos e o que queremos ser. Sempre teremos a oportunidade de estruturar todo o potencial de nosso caráter — nunca é tarde demais para começar."

A HISTÓRIA DA ASTROLOGIA

A vida na Mesopotâmia

A astrologia é quase tão antiga quanto a humanidade. Alguns dos escritos mais antigos sobre o tema — grafados em caracteres cuneiformes, produzidos pressionando-se instrumentos pontiagudos sobre placas de argila úmida, datam de aproximadamente 3000 a.C., na Suméria. O estudo da astrologia como é conhecida em nossos dias começou nessa região da Mesopotâmia, assim como em outros "berços da civilização" (Egito, China, vale do rio Indo e Mesoamérica).

Quando o homem formou as primeiras sociedades agrícolas, a vida era muito precária. O mundo não contava com a medicina moderna — era uma época em que não se podia esperar viver uma vida longa. Se a fome e a doença não acometessem, sempre havia o risco de um ataque surpresa por um inimigo. Quando as condições climáticas inclementes destruíam as colheitas, trazendo dor, sofrimento e até mesmo a morte, os líderes das comunidades observavam o céu, tanto para descobrir formas mais eficientes de prever o tempo quanto em busca de presságios dos acontecimentos futuros. Os antigos passavam muito tempo estudando o céu, onde acreditavam que vivessem seus deuses e deusas e de onde estes supervisionavam os mortais. É importante observar que, ao contrário do homem moderno, os antigos acreditavam que os planetas *eram* seus deuses. Por meio de prolongada observação, eles decidiram que certas atividades planetárias estavam correlacionadas com características e eventos específicos. Para explicar essa percepção de uma forma compreensível (e para torná-la vívida e memorável), eles associaram essas descobertas a determinados mitos. Esses foram os primeiros passos na criação de um vasto corpo de conhecimento chamado astrologia.

O fato surpreendente *não é* que os povos antigos tenham criado um sistema de previsão, mas que o tenham elaborado na forma de uma ferramenta sofisticada, complexa e criativa que se mantém até nossos dias. A astrologia mostrou-se suficientemente relevante e flexível para cobrir as vastas mudanças experimentadas pela humanidade ao longo do tempo e das distâncias geográficas. Quando começamos a estudá-la, vemos que sua profundidade textual é ainda mais notável porque está baseada numa combinação sofisticada de matemática e significados mitológicos. A astrologia se revela aos poucos, pois é composta de camadas de significado que podem ser traduzidas a partir dos diversos símbolos subjacentes ao horóscopo. Cada mapa astral é único e também dinâmico, abrangendo não apenas as posições dos planetas no nascimento, mas também o movimento contínuo desses planetas, movimento a que os astrólogos dão o nome de "trânsitos" em relação às posições planetárias natais. Alguns aspectos planetários formam padrões comuns e recorrentes, enquanto outros são acontecimentos raros que se apresentam uma vez na vida. Alguns aspectos são gratificantes e outros representam desafios — porém todos nos trazem ensinamentos sobre nós mesmos e o mundo em que vivemos.

Os povos antigos viam as mesmas estrelas e constelações que vemos hoje, e esse fio liga todas as gerações e nacionalidades em uma família humana. Livres das condições atmosféricas densas, luzes brilhantes e edifícios altos que temos hoje em nossas cidades, o cidadão comum dos tempos antigos podia ver claramente as estrelas e os planetas. Por outro lado, agora temos recursos como o programa "Voyager", dos anos 1970, e o telescópio espacial Hubble, que, desde seu lançamento em abril de 1990, enviou fotografias fascinantes de planetas, estrelas e galáxias. As fotografias do Hubble fizeram avançar as fronteiras do espaço. É emocionante perceber que somos a primeira geração a ver de perto e com detalhes todos os planetas.

As culturas relacionadas com o desenvolvimento da astrologia

Ao contrário da astrologia dos chineses, dos povos védicos e dos nativos norte-americanos, a astrologia do mundo ocidental está solidamente calcada na astrologia desenvolvida pelos babilônios. Gregos, romanos, egípcios e persas também contribuíram para nosso entendimento desse conhecimento, já que praticamente todos esses povos antigos deram contribuições culturais diversas para o sistema astrológico. Os estudiosos acreditam que cada cultura criou uma versão independente da astrologia e que a influência das viagens e da exploração, assim como a formação de impérios por meio de conquista militar, mesclou e obliterou parte dessas versões ao longo do tempo. Evidentemente, isso é uma simplificação. Vamos contemplar alguns dos momentos mais importantes da astrologia para que possa ficar mais clara a complexa evolução dessa arte e ciência milenar.

Os indícios mais antigos foram descobertos na Babilônia

Uma das primeiras codificações de informações astrológicas foi compilada na Babilônia, no segundo milênio antes de Cristo. Trata-se do *Enuma Anu Enlil*, um catálogo de deuses celestiais gravado em placas de argila. Os arqueólogos não conseguiram encontrar todas as placas. As que foram descobertas faziam parte do acervo da biblioteca do rei Assurbanípal, líder assírio do século VII a.C., que tomou a precaução de fazer cópias dos escritos babilônicos originais.

Outra importante coleção de tabletes de argila são as *Tábuas de Amizzaduga* (cuja data provável ainda é objeto de discussão), que contêm informações sobre os movimentos do planeta Vênus em relação à Lua e, em menor grau, em relação ao Sol. Os babilônios chamavam Vênus de "senhora dos céus" e registravam cuidadosamente os movimentos do planeta. É importante observar que aquele povo considerava a posição da Lua no horóscopo ainda mais importante que a do Sol. O calendário babilônico também era formado de meses lunares.

Em torno de 700 a.C. os caldeus habitavam a região ao sul da Babilônia, na Mesopotâmia, onde hoje se situa o Iraque; eram considerados habitantes "tardios" daquela área. Hábil na observação do céu, esse povo percebeu que algumas das estrelas observadas na abóbada celeste se moviam — eram os planetas. As 12 constelações constituíam pontos fixos perfeitos a partir dos quais era possível observar os movimentos dessas "estrelas errantes" (literalmente, planetas). As constelações permitiam aos caldeus registrar a velocidade de deslocamento dos diversos planetas. Aqueles observadores reuniram diligentemente muita informação sobre o movimento dos cinco planetas conhecidos (visíveis) — Mercúrio, Vênus, Marte, Júpiter e Saturno — e também do Sol e da Lua. A contribuição desse povo para a astrologia foi tão importante que naquela época os astrólogos eram genericamente conhecidos como "caldeus". Acredita-se que eles tenham descoberto alguns dos fundamentos mais importantes da astrologia usados até hoje.

As constelações

Parece adequado, neste momento, falar sobre as constelações. Elas são pontos fixos a partir dos quais os antigos astrólogos podiam registrar a órbita dos planetas, esses importantes pontos de referência para a navegação. São os planetas que dão significado às constelações, não o contrário. Na astrologia milenar, essas constelações desempenhavam um papel muito mais importante do que na atualidade. Naquela época, por exemplo, os fazendeiros sabiam que era sensato plantar na primavera e colher no outono, mas em algumas regiões as estações não eram tão claramente definidas. Desse modo, os fazendeiros contavam com as constelações para saber em que mês estavam. Por exemplo, durante o verão no Hemisfério Norte, Escorpião só está visível ao anoitecer. Portanto, as constelações desempenhavam um conveniente papel de calendário celeste.

Nesses 4 ou 5 mil anos em que as constelações vêm sendo estudadas pelo homem, o número delas cresceu. A International Astronomical Union aprovou recentemente fronteiras que definem 88 constelações oficiais. Na Antiguidade, foram selecionadas 18 constelações para uso em astrologia, mas com o passar do tempo elas foram reduzidas a 12 constelações clássicas. O progresso no trânsito do Sol era registrado por meio dos 12 signos do zodíaco adotados pelos egípcios e, mais tarde, disseminados. Entre as constelações do zodíaco, Touro, então conhecida como o Touro Sagrado, é considerada a mais antiga, e Libra foi a última a ser acrescentada.

Na Babilônia, Libra não fazia parte do zodíaco, mas surgiu como um signo zodiacal distinto na época dos egípcios. (Previamente, as estrelas de Libra faziam parte das constelações de Virgem e Escorpião, dependendo da cultura.)

As descobertas dos caldeus

Os caldeus perceberam que os planetas não viajam por todo o céu, mas apenas por uma área restrita ou um cinturão muito estreito — o caminho conhecido como eclíptica. Os caldeus também observaram que a cada duas horas as constelações sofrem um deslocamento de 30 graus, ou $^1/_{12}$ de um círculo. Esse é o fundamento básico no horóscopo moderno. Aquele povo também atribuiu valor especial às fases da Lua e aos eclipses, tal como fazem os astrólogos de hoje. (É consenso entre os astrólogos que os eclipses são importantes porque, quando ocorrem a determinados graus dos planetas natais e em trânsito, trazem rápidas mudanças no status ou na condição da casa em que caíram.) No final do século IV a.C. os caldeus haviam compilado os movimentos da Lua e dos planetas em tabelas, precursoras das efemérides modernas (a palavra *ephemeris*, do latim, significa diário).

Objetivos ancestrais e atuais da astrologia

Quando os babilônios começaram a praticar a astrologia, não pretendiam que ela fosse uma ferramenta para uso pessoal. Pelo contrário, esse conhecimento era reservado ao rei e aos chefes de Estado para a previsão dos acontecimentos futuros. Os astrólogos eram matemáticos e astrônomos muito preparados, cujas habilidades e talentos estavam fora do alcance do homem comum. Aristóteles assinalou que os caldeus previram a morte de Sócrates com base no horóscopo do filósofo. Também se diz que o pai de Eurípides pediu aos caldeus para elaborarem o mapa astral do filho quando ele nasceu (480 a.C.). Ambos os fatos foram relatados no século III d.C. pelo historiador e biógrafo Diógenes Laércio.

Os caldeus da Babilônia merecem o crédito pelo desenvolvimento da astrologia como é conhecida hoje. Nos primeiros mapas natais, datados de 410 a.C., foram utilizadas as posições dos planetas, mas ainda não havia um sistema de casas tão desenvolvido quanto o nosso. Esse sistema surgiu no tempo de Ptolomeu (aproximadamente 170 d.C., na Grécia). Em seu lugar, os antigos usavam os graus de 0 a 30 de cada signo como "lugares", da mesma forma como hoje usamos as "casas". Embora fosse mais simples, aquele sistema incorporava o cálculo de um ascendente (ver "Mapa para conhecer os conceitos básicos da astrologia") e operações matemáticas sofisticadas que os astrólogos ainda usam para obter uma percepção especial em um horóscopo.

A astrologia morderna foi desenvolvida no Egito pelos caldeus

A maioria dos especialistas, inclusive o reputado astrólogo e historiador Robert Hand, considera que o Egito foi o local no qual a astrologia moderna evoluiu até chegar à forma atual. Hand revela que dois eventos no Egito promoveram o progresso da astrologia. O primeiro foi a conquista da região pelos persas e o segundo foi a conquista da Pérsia e do Egito por Alexandre, o Grande. Nas duas situações, o Egito foi submetido ao mesmo regime que governava os babilônios. Segundo Hand, "no caso do Império Persa, os próprios persas se tornaram ardorosos admiradores da astrologia, o que, sem dúvida, ajudou a levar as ideias astrológicas para o Egito". Essas duas conquistas provocaram grande assimilação de ideias entre todos os povos da região.

Alexandre, o Grande, promoveu o progresso da astrologia

A conquista do Egito, da Turquia, da Mesopotâmia, do Afeganistão, da Pérsia e do norte da Índia por Alexandre, o Grande (356-323 a.C.) disseminou a astrologia grega pela região, fundindo leste e oeste. Quando a astrologia lunar da Babilônia chegou ao Egito, os habitantes da região já possuíam uma forma solar de astrologia que se acredita ter surgido em aproximadamente 1200 a.C. Credita-se aos egípcios a invenção do atual calendário solar de 365 dias, diferente do calendário mesopotâmico, que era lunar. A astrologia atribuiu ao Sol papel fundamental no mapa astral, considerando-o um pouco mais importante do que a Lua. Os egípcios, apesar de competentes matemáticos, não usavam o horóscopo. Os caldeus introduziram seus métodos empíricos de adivinhação, que usavam o simbolismo dos planetas nos signos, enquanto os egípcios contribuíram com a habilidade para calcular o grau do ascendente.

A prática egípcia de alinhar os monumentos e túmulos em correspondência com as posições das estrelas fixas era impressionantemente precisa. As pirâmides são apenas um exemplo. Presume-se que os egípcios fizessem isso para criar harmonia entre seu mundo e o mundo celeste. Robert Hand assinala que aquele povo não possuía ainda as técnicas matemáticas próprias para a construção de um horóscopo — elas surgiriam muito mais tarde, com os árabes, que introduziram o conceito do zero e dos números decimais.

A astrologia na Grécia

Em torno de 250 a.C. ocorreu outro evento importante no desenvolvimento da astrologia. O astrólogo e estudioso caldeu Berossus abriu a primeira escola de astrologia na ilha grega de Cos, tornando tal conhecimento disponível a um público mais amplo. Durante os quatrocentos anos seguintes, os gregos adaptaram entusiasticamente a astrologia caldeia de acordo com as próprias tradições.

Em torno de 200 a.C. dois egípcios, o sacerdote Petosiris e o faraó Nechepso, compilaram o que já se havia descoberto sobre astrologia naquele que pode ser o primeiro manuscrito astrológico. O zodíaco como conhecemos, originalmente chamado de Círculo dos Animais e hoje conhecido como Círculo da Vida, era um pouco diferente naqueles primeiros registros astrológicos, mas evoluiu gradualmente. Quando as constelações foram reduzidas aos 12 signos clássicos, algumas das características das constelações eliminadas foram repassadas para as que permaneceram. Por exemplo, as qualidades do urso (alimentação, hibernação e boa memória), antes vizinho do caranguejo, foram combinadas com as outras qualidades do caranguejo, passando a descrever a prudência e a capacidade de autopreservação de Câncer.

Ptolomeu, o matemático grego

Em 170 d.C. a astrologia havia passado por um notável avanço científico graças às teorias, escritos e ensinamentos de Ptolomeu (ou Claudius Ptolemaeus), figura proeminente no estudo dessa arte e ciência. Ptolomeu foi um matemático, geógrafo e astrônomo grego que escreveu aquele que é considerado o primeiro manuscrito astrológico "moderno", o *Tetrabiblios*. Em sua época, o matemático destacou-se como promotor da astrologia, explicando-a em termos concretos que podiam ser compreendidos pela classe científica. Como membro respeitado da comunidade, ele deu credibilidade ao sistema dos aspectos astrológicos fundamentado em ângulos geométricos, que forma a base da astrologia moderna. Como alguns de seus contemporâneos, Ptolomeu começou a experimentar o sistema de casas no horóscopo sobrepondo uma divisão matematicamente estruturada do mapa sobre os 12 signos do zodíaco. Essa foi uma das primeiras alterações operadas sobre o método mais primitivo então existente.

O SISTEMA DAS CASAS ASTROLÓGICAS

O sistema de casas por meio do qual o horóscopo descreve as diversas áreas da vida até hoje constitui uma parte básica da astrologia. Especificamente, Ptolomeu escreveu que a primeira casa representa o eu, a vida e a vitalidade; a segunda casa se refere ao dinheiro ou à pobreza; a terceira casa, aos irmãos e irmãs (hoje, ela também abrange as viagens curtas e tentativas de comunicação). A quarta casa regia, tal como rege hoje, os pais e o lar, assim como "o fim de todas as questões", presumivelmente por se encontrar no fundo (fundação) do mapa. A quinta casa rege os filhos e os amantes (mais tarde os astrólogos adicionaram-lhe a criatividade e o lazer). A sexta casa abrangia a saúde e os servos (hoje chamamos esses indivíduos de auxiliares e colegas). A sétima casa regia e ainda rege todos os relacionamentos de compromisso, como entre os cônjuges e os sócios. A sétima casa também regia os "inimigos declarados", em comparação com aqueles que permanecem ocultos e que são tema da décima segunda casa.

Na época de Ptolomeu, a oitava casa regia a morte, mas foi gradualmente redefinida para incluir as heranças (dinheiro dos mortos) e os acordos comerciais que exigem dinheiro de terceiros. Atualmente, o sexo e as cirurgias também estão incluídos na oitava casa, já que essa é a área do mapa dedicada à regeneração e à transformação da energia. Prosseguindo, a nona casa, antes dedicada exclusivamente à religião, hoje inclui as viagens de longa distância, a atividade das editoras e as questões morais e legais, assim como a educação superior. A décima casa cobria as "dignidades" (hoje conhecida como a casa da fama, da carreira, das honrarias e do progresso). A décima primeira casa era a da "boa fortuna". Regia os relacionamentos platônicos e as amizades (todas as atividades em grupo e iniciativas beneficentes hoje estão incluídas nessa casa). A décima segunda casa era considerada o lugar dos inimigos ocultos. Agora seu significado foi expandido para incluir o subconsciente, a intuição, alguns tratamentos médicos e esforços para curar o corpo e a mente, os segredos e tudo o que acontece nos bastidores, em segredo, assim como o que os antigos chamavam de "autodestruição". Essa distribuição permanece válida até os nossos dias.

O RENASCIMENTO DA ASTROLOGIA APESAR DA QUEDA DE ROMA

Depois da conquista da Grécia pelos romanos, a astrologia grega foi absorvida fervorosamente pela sociedade romana nos reinos de Otávio Augusto (27 a.C.-14 d.C.), Tibério (14-37 d.C.) e Adriano (117-138 d. C.), sendo utilizada por ricos e pobres. Durante esse período, o poeta latino Marco Manílio escreveu *As astronômicas*, uma obra literária em diversos volumes que versificava a informação astrológica.

No ano 395, o imperador romano Constantino estabeleceu Constantinopla como o segundo centro de poder do Império Romano. Com o declínio de Roma depois de 410, essa região se tornou o Império Bizantino, tendo como centro a cidade de Constantinopla. Durante o período do declínio de Roma, a Igreja atacou a ênfase na superstição e o estado temporário de corrupção da astrologia, portanto, o estudo desse sistema também declinou. Contudo, os escritos astrológicos gregos foram preservados na cidade de Constantinopla, onde o grego e o latim eram falados. O Império Bizantino declinou no século VIII, depois da ascensão da cultura islâmica, que dominou o Oriente Médio e o norte da África. No século IX, Constantinopla entregou ao califa de Bagdá todo o acervo de escritos gregos, inclusive o trabalho de Ptolomeu, como parte de um tratado de paz.

Em vez de declinar ou mesmo morrer quando chegou à Pérsia, a astrologia na verdade floresceu, principalmente por estar harmonizada com o amor dos povos islâmicos pela alegoria e pelo simbolismo e porque aqueles povos eram muito avançados no estudo da matemática. A cultura islâmica rapidamente traduziu os trabalhos gregos para o árabe e, diligentemente, aplicou a astrologia ao uso pessoal, por exemplo, para escolher a data mais favorável para começar um negócio ou realizar um casamento. Depois de absorvida pela cultura islâmica, a previsão astrológica tornou-se muito mais precisa e focalizada. O uso dos números arábicos, que incluíam o conceito do zero, foi responsável pelo aumento na exatidão das previsões astrológicas. Alguns especialistas acreditam que a sobrevivência da astrologia se deveu principalmente às novas contribuições ao campo realizadas pelas avançadas culturas islâmicas do norte da África e da porção ocidental do Mediterrâneo, que a utilizaram desde o século VIII.

A astologia floresce na Europa mais uma vez

A astrologia de inspiração grega retornou à Europa por meio do trabalho de Abü Ma'shar (805-850 d.C.), famoso astrólogo islâmico do século IX, que escreveu o importante documento *Introductorium in Astronomiam* e a quem se atribui a responsabilidade pelo renascimento da astrologia na Idade Média. Três ou quatro séculos mais tarde seu trabalho foi levado para a Espanha, dominada pelos mouros, onde foi traduzido para o latim. Abü Ma'shar escreveu: "Assim como o movimento dessas estrelas errantes (ou seja, os cinco planetas conhecidos, a Lua e o Sol) nunca cessa, as gerações e alternâncias das coisas terrenas jamais têm fim. É somente pela observação da grande diversidade dos movimentos planetários que podemos compreender as inumeráveis variedades das mudanças neste mundo."

No século XVI, a astrologia ressurgiu com o advento do Renascimento na Itália. Desde 1125 ela foi ensinada como parte do currículo de muitas universidades, inclusive a Universidade de Bolonha, onde Dante e outros luminares da Renascença se formaram. Na verdade, essa ciência era tão bem-vista na época que aquela universidade criou uma cadeira para ensiná-la. Outras universidades da Europa deram à astrologia o mesmo tratamento respeitoso.

O matemático alemão Johannes Kepler

A astrologia pouco mudou até que em 1601, ao ser designado matemático imperial na corte de Rodolfo II, o alemão Johannes Kepler

(1571-1630) realizou cálculos matemáticos das órbitas dos planetas. Kepler também foi responsável por importantes modificações na versão ptolomaica da astrologia. Ele situou o Sol no centro do sistema solar, segundo a teoria de Copérnico, publicada em 1543. Nos círculos modernos, Kepler é muito respeitado por esse trabalho.

Isaac Newton, o defensor britânico da astrologia

Em 1687, quando publicou a *Philosophiae Naturalis Principia Mathematica (Princípios matemáticos de filosofia natural)*, o sábio britânico Sir Isaac Newton abriu a era da moderna astronomia. Muitos críticos atribuem a responsabilidade pelo declínio da astrologia no século XIX às descobertas de Copérnico e aos avanços da astronomia promovidos por Newton. Embora essa arte tenha sofrido declínio temporário, não é verdade que Newton a tenha rejeitado completamente. O matemático era muito versado em técnicas astrológicas e há relatos de que ele nunca perdeu o respeito pelas verdades contidas nos preceitos dessas técnicas. Hoje, todos os movimentos e posições dos planetas são calculados em relação à Terra e a astrologia ainda considera verdadeiros os fundamentos esboçados por Ptolomeu, no sentido de que o horóscopo é visto quando olhamos da Terra para o céu. Também existem ramos da astrologia centrados no Sol (heliocêntricos), portanto, mais uma vez, essa ciência se mostra suficientemente flexível para lidar com as mudanças espantosas na compreensão do homem sobre o universo a seu redor.

A astrologia a partir do século XX

No século XX, o psiquiatra Carl Jung escreveu extensivamente sobre a astrologia e existe farta documentação de que ele usou essa ciência no estudo da personalidade e da motivação humanas. Hoje, muitas revistas e jornais possuem colunas de horóscopos, trazendo a astrologia para o consumo de massa. Atualmente, muita gente conhece o próprio signo solar e muitos sabem mais do que isso sobre seus horóscopos. A proliferação dos computadores pessoais e da internet resultou num poderoso renascimento da astrologia. Se o credo do novo século é "a informação deve fluir livremente", essa meta está sendo alcançada, cruzando fronteiras de gênero, situação geográfica e extrato econômico e social. Mais pessoas podem se permitir obter o mapa natal pessoal (mesmo que por computador). Por uma pequena quantia mensal para cobrir os custos do serviço da internet podemos ter acesso rápido e fácil a uma variedade de análises astrológicas. No início do século XXI, a astrologia está mais viva do que nunca, à disposição de cada um e de todos.

MAPA PARA CONHECER OS CONCEITOS BÁSICOS DA ASTROLOGIA

O que é astrologia?

Tal como é citada aqui e em outros lugares, a astrologia é o estudo dos planetas e das estrelas por meio de determinadas tabelas matemáticas para a construção de horóscopos. O estudo de presságios sem o emprego de um horóscopo não é considerado astrologia.

Os planetas e os mitos são a chave da astrologia

Se olharmos o céu numa noite clara, longe das luzes da cidade, veremos o que os antigos viam: estrelas que parecem permanecer fixas enquanto outras se movem, seguindo um caminho especial. Os antigos deram a esses corpos que se deslocam o nome de *planetas*, que significa "errantes". Ao tomar conhecimento de seu signo solar e de um pouco mais sobre seu mapa astral, você começa a perceber que o simbolismo de cada signo do zodíaco deriva do planeta regente ou guardião daquele signo.

No início, os signos eram regidos pelos deuses do Olimpo

No início de tudo, quando a astrologia estava sendo formada na Grécia, os signos zodiacais não eram regidos pelos planetas, mas pelos deuses e deusas mitológicos do Olimpo, que formavam o panteão grego. É importante estudar os mitos para conhecer os arquétipos que formam a própria gênese dos signos. Em 150 d.C., o astrólogo e matemático grego Ptolomeu criou um sistema com cinco planetas conhecidos, o Sol e a Lua, designados regentes dos diversos signos.

Na época de Ptolomeu, não se conheciam corpos celestes suficientes para cobrir todo o zodíaco, portanto, alguns signos compartilhavam planetas regentes. Embora mais tarde a ciência tenha descoberto três novos planetas, alguns signos ainda compartilham o regente.

Para entender algumas das nuances de seu signo de uma forma pitoresca e memorável, é muito importante conhecer os mitos gregos e romanos. Por exemplo, se você for nativo de Áries, perceberá que recebe forte influência de Marte. Apropriadamente chamado de planeta vermelho pelos cientistas e de "planeta guerreiro" na mitologia, Marte dá ao nativo de Áries a coragem, a ousadia e a natureza inquieta que lhe permitem concretizar continuamente novos empreendimentos. O ariano verá que seu capítulo inclui o mito de Jasão e dos Argonautas. Com isso, não afirmamos que Jasão tenha sido

A Regência dos Signos

Áries	é regido por Marte.
Touro	é regido por Vênus.
Gêmeos	é regido por Mercúrio.
Câncer	é regido pela Lua.
Leão	é regido pelo Sol.
Virgem	é regido por Mercúrio.
Libra	é regido por Vênus.
Escorpião	é regido por Plutão (Marte é o regente secundário).
Sagitário	é regido por Júpiter.
Capricórnio	é regido por Saturno (antes era regido pela "casa noturna" de Saturno).
Aquário	é regido por Urano (antes regido pela "casa diurna" de Saturno; Saturno ainda é considerado sub-regente).
Peixes	é regido por Netuno (Júpiter é o regente secundário).

ariano, mas que personificava convincentemente as qualidades de Áries. As ações de Jasão sintetizavam a *persona* destemida e corajosa que aquele signo emana. Se você pensar bastante, será capaz de acrescentar às qualidades do signo uma nova interpretação ou uma nuance ligeiramente diferente que até hoje não tenha sido percebida.

Você Sabia?
O nome de seu signo é apenas uma forma de se referir aos graus da roda do zodíaco.

Muitos se surpreendem ao perceber que os nomes dos signos são apenas uma forma conveniente de se referir a porções específicas do céu. Por exemplo, em vez de dizer "a parte do céu encontrada entre 331 e 360 graus", simplesmente dizemos "Peixes"; em vez de dizer "de 0 a 59 graus", dizemos "Áries".

O horóscopo como mapa da vida individual e espelho do amadurecimento da humanidade

De acordo com o dicionário, a palavra horóscopo vem do grego *horoskopos*, que significa "aquele que observa a hora do nascimento com propósitos astrológicos". (*Skopos* significa "observador", de *skopein*, que significa "olhar"; *hora* significa hora.)

Especificamente, um horóscopo registra as posições relativas dos planetas e estrelas em determinado ponto no tempo e no espaço, geralmente no nascimento do indivíduo (mas nem sempre — empresas e empreendimentos também têm mapas natais), sendo usado para adivinhar condições atuais e futuras.

O destino e o livre-arbítrio

A questão da relação entre destino e livre-arbítrio foi discutida muito cedo, principalmente na obra *Eneadas,* do filósofo neoplatônico Plotino (cerca de 205-270 d.C.). Plotino escreveu: "O movimento das estrelas anuncia o futuro de todas as coisas, mas não determina o futuro... Os movimentos celestiais não são causa, são indicações." Os astrólogos modernos concordam com essa visão. A astrologia não indica a inevitabilidade ou a predestinação dos acontecimentos, mas a existência de tendências ou influências positivas ou negativas que nos facultam uma escolha de ação. Todo mundo tem livre-arbítrio. Assumir a responsabilidade por nossas ações é parte básica e muito importante do foco da astrologia no século XXI.

O ZODÍACO COMO CÍRCULO DA VIDA

A palavra zodíaco deriva de um radical grego que se traduz por "círculo de animais" — *zo* significa animal. Apesar disso, o zodíaco não se compõe apenas de animais. Ele também contém três signos totalmente humanos, e é interessante observar que todos são signos intelectuais do elemento "ar": Gêmeos, Libra (balança) e Aquário (o aguadeiro). Também podemos acrescentar Sagitário, o centauro, que é metade homem, metade cavalo.

Consequentemente, muitos astrólogos preferem chamar o zodíaco de Círculo da Vida.

O QUE ACONTECE QUANDO UM NOVO PLANETA É DESCOBERTO?

Nesse caso, os astrólogos avaliam a influência do novo planeta observando os eventos predominantes no mundo na época da descoberta. A ideia é que os planetas são situados numa época em que a sociedade está mais preparada para expandir ou mudar sua consciência, sendo capaz de absorver completamente a nova informação. Por exemplo, Plutão foi descoberto em 1930, perto da Segunda Guerra Mundial, da criação da bomba atômica e do Holocausto, portanto, os astrólogos atribuíram ao novo planeta uma influência de morte e destruição, ou, em última análise, de total transformação.

Essas influências já eram associadas a Escorpião, de modo que Plutão passou a ser considerado regente de Escorpião, e Marte passou a ser um sub-regente. Uma decisão similar foi tomada quando Urano e Netuno foram descobertos; esses planetas foram, respectivamente, atribuídos a Aquário e Peixes.

Doze, o Número Especial

Você já observou com que frequência o número 12 é significativo na vida? Havia 12 apóstolos, 12 tribos de Israel, 12 portas em Jerusalém. Na mitologia, eram 12 os Titãs, gigantes filhos do Caos e pais dos 12 deuses e deusas do monte Olimpo. Hércules realizou 12 trabalhos. Os alcoólicos em recuperação seguem um programa de 12 passos. Existem 12 tons cromáticos na escala musical ocidental. O 12º dia do Natal é seguido pela Epifania, que é chamada de 12ª noite. Costumamos mandar 12 rosas para aqueles que amamos. Naturalmente, são 12 os meses do ano e nossos dias contêm duas partes iguais de 12 horas. O número 12 sugere uma espécie de complemento, algo que exigirá certa jornada ou um conjunto de tarefas antes que alguém experimente a totalidade. Isso, certamente, é procedente no caso da complexidade do horóscopo, que reflete toda a vida.

Qual o papel dos asteroides e da Lua de Plutão?

Talvez você tenha notado que nos últimos anos algumas previsões mencionam asteroides descobertos recentemente em Caronte, o satélite de Plutão. Não reconheço esses corpos celestes aqui ou em minha coluna da internet. Sou uma purista e penso que Caronte, embora importante, não pode ter o mesmo "peso" de influência de um planeta. O Sol, a Lua e os planetas exercem a influência mais poderosa no horóscopo. Reconheço que essa visão está sujeita a controvérsias.

Por que o Sol é mais importante do que os planetas?

O Sol desempenha papel especial no horóscopo por ser o centro do nosso sistema solar, a estrela brilhante que cria e sustenta toda a vida na Terra. Todos os planetas de nosso sistema solar giram em torno do Sol. Ele é um refletor do ego e da determinação, mostrando em um mapa em que áreas vamos brilhar. Desse modo, temos um bom motivo para ler os "signos solares": o Sol é a chave que o astrólogo primeiro observa em um mapa.

E QUANDO SE NASCE NA CÚSPIDE DE DOIS SIGNOS SOLARES?

Recebo centenas de cartas de leitores que desejam saber o que ocorre quando não se pode saber qual é o próprio signo solar porque se nasceu na cúspide, entre dois signos adjacentes. Os leitores perguntam: "Que signo devo ler?" A resposta é que não existem divisões precisas no céu. Se você nasce na cúspide, tem muita sorte, porque é uma mistura dos dois signos. Por exemplo, se você é Gêmeos-Câncer, terá o excelente raciocínio de um jornalista, mas também um coração romântico e muita intuição. Essa mistura de signos pode ajudar o lado geminiano a encontrar "toda a verdade e nada mais que a verdade", deixando-se orientar por intuições e sentimentos para chegar mais perto de uma descoberta plena. Muitos nativos de cúspides possuem as melhores qualidades dos dois signos.

É provável que a única forma de saber ao certo com que signo você mais se parece é fazendo um mapa de seu horóscopo. Lembre-se de que Mercúrio, Vênus e o Sol muitas vezes estão muito próximos, portanto, é provável que você tenha mais planetas em um signo do que em outro. Isso também pode deslocar o equilíbrio num sentido ou no outro. Sem fazer um mapa, a melhor forma de dizer qual signo você deve ler é ver as descrições dos dois signos e decidir com qual delas você se parece mais.

Não se esqueça de que as datas de demarcação dos signos podem mudar um pouco de um ano para outro, dependendo do momento exato em que o Sol entra no grau zero daquela constelação. Um livro pode afirmar que Aquário começa em 20 de janeiro e outro que o mesmo signo começa em 19 de janeiro. O motivo dessa discrepância é que, embora um ano tenha 365 dias, o Sol leva 365 dias, 4 horas, 35

Qual a diferença entre planetas pessoais e planetas externos?

Os planetas ditos pessoais são os mais próximos do Sol, como Mercúrio, Vênus, a Lua, Marte, Saturno e Júpiter. Esses eram corpos celestes visíveis a olho nu; e quanto mais próximo do Sol, mais rápido é seu movimento. Esses planetas exercem sobre nós uma influência muito direta, porém de curta duração.

Os planetas distantes — Urano, Netuno e Plutão — exercem influência mais ampla e mais duradoura porque precisam de mais tempo para descrever uma órbita em torno do Sol. À medida que esses planetas lentos vão avançando pelo céu, passam mais tempo em visita a cada uma das constelações do zodíaco, portanto, exercem influência mais profunda e mais duradoura sobre nós. Esses três planetas exteriores afetam gerações inteiras, estabelecendo questões e temas que as sociedades trabalham como um todo. Mas também exercem relevante impacto de longo prazo em nossa vida pessoal. No zodíaco, são os planetas de "alto impacto", afetando o indivíduo e também a sociedade como um todo.

minutos e 12 segundos para fazer uma rotação completa pelos 12 signos do zodíaco. A cada quatro anos, corrigimos essa pequena variação com um ano bissexto e acrescentamos uma previsão pelo fato de que, em séculos não divisíveis por 400, haverá menos um ano bissexto. Desse modo, um signo solar pode começar às 23h55 em um ano, mas no próximo ano só começar no primeiro minuto do dia seguinte. (Isso ainda pode variar de acordo com o fuso horário.) Os editores de revistas e livros simplesmente adotam a data de demarcação mais frequente, o que é a linha de ação mais razoável. Contudo, não se "prenda" às datas dos signos — veja qual deles se parece mais com você e tem mais ressonância em seu interior. Não existe uma resposta certa ou errada.

Por fim, lembre-se de como é maravilhosa a expressão "estar na cúspide" de qualquer coisa na vida — na linguagem corrente, usamos esse termo para dizer que alguém está à beira de algo novo e só isso pode denotar muita energia e vitalidade. Na verdade, isso provavelmente descreve bem você!

> ***E se eu não souber a hora exata de meu nascimento?***
>
> *Se você não souber a hora em que nasceu, o astrólogo poderá fazer um mapa solar, que coloca o Sol na casa do ascendente. É o melhor que se pode fazer até você descobrir a hora exata de seu nascimento (será preciso saber hora e minuto). Se isso for impossível, há um recurso chamado retificação do mapa: o astrólogo usa os principais acontecimentos de sua linha de tempo para estimar a verdadeira hora do nascimento, elaborando o mapa de trás para a frente no tempo. Como o mapa é matematicamente derivado, qualquer astrólogo pode avançar ou recuar no tempo estudando as efemérides, o livro de tabelas das órbitas planetárias.*

O QUE É SIGNO ASCENDENTE

O ascendente é o signo da constelação que predomina no horizonte oriental no instante do nascimento. Algumas pessoas conhecem o ascendente porque foi elaborado para elas um horóscopo para o ano, mês, dia e hora exata (inclusive com minutos), e essa informação foi convertida para a Hora Média de Greenwich. Todos os astrólogos precisam conhecer o local de nascimento para converter o mapa para um mesmo ponto da Terra, como denominador comum. Em função da rotação da Terra, um novo signo se eleva no horizonte a cada duas horas, aproximadamente, portanto, o ângulo exato de seu signo ascendente também é importante.

O signo ascendente explica por que os nativos do mesmo signo não são exatamente iguais. Todos nós somos uma mistura do ascendente com o signo solar, portanto, é importante conhecer os dois. Por exemplo, se você nasceu em agosto, será para toda a vida nativo de Leão e deve sempre ler o signo de Leão. Contudo, se seu ascendente for Escorpião, sempre será parcialmente escorpiano, e também deve fazer a leitura para esse signo. E isso é, de certa forma, uma simplificação, pois todos os planetas de um mapa devem ser observados (principalmente a Lua, o repositório das emoções), mas o signo ascendente é tão vital que, uma vez descoberto, jamais devemos esquecê-lo. Lembre-se dele tão fielmente quanto de seu telefone, pois dessa forma terá uma visão muito mais tridimensional de seu mapa quando ler o perfil de personalidade e as previsões tanto para o ascendente quanto para o signo solar. Diz-se que o ascendente reflete as qualidades que aceitamos naturalmente e associamos com as qualidades do signo solar.

Qual é o meu planeta regente?

Cada indivíduo tem dois planetas regentes: o que rege o signo solar e o que rege o ascendente. Os dois planetas exercem forte influência sobre a personalidade. (A única exceção a essa regra ocorre quando o signo solar e o ascendente são idênticos.) Quando faz uma previsão de suas tendências atuais, o astrólogo deve observar as idas e vindas, os encontros e as comunicações entre seus planetas regentes e os outros planetas. O que seu regente estiver fazendo tem relevância especial em sua vida.

Todos os planetas se deslocam continuamente e, quando estão posicionados em determinados ângulos em relação ao outro (dentro de uma faixa bastante estreita de graus matemáticos específicos), começam uma "conversação" com uma duração determinada. Chama-se a isso aspecto planetário, que pode durar um dia ou diversas semanas, até que os dois (ou mais) planetas prossigam em seus roteiros distintos. Se a conversação definir uma tendência positiva, seu astrólogo aconselhará você a agir dentro daquela janela estreita de tempo.

Por que é mais difícil ter Aquário do que Libra por ascendente?

O conceito de ascensão longa e curta do signo ascendente é fascinante. Podemos partir do princípio de que há igual probabilidade de termos qualquer um dos 12 signos solares como ascendente. Contudo, por conta da curvatura e da inclinação do eixo da Terra, os signos de ascensão longa levam mais tempo para subir no horizonte em comparação com os de ascensão curta. No Hemisfério Norte, são de ascensão curta os signos de Capricórnio, Aquário, Peixes, Áries, Touro e Gêmeos, portanto, a probabilidade de termos um desses signos ascendendo é menor. No Hemisfério Sul, os signos de ascensão curta são Câncer, Leão, Virgem, Libra, Escorpião e Sagitário.

O que significa ser duplo Peixes ou triplo Escorpião?

Quando alguém diz que tem duplo Peixes, quer dizer que tem tanto o signo solar quanto o ascendente em Peixes. Em outras palavras, o signo solar e o signo ascendente estão no mesmo signo. Quem afirma ter triplo Escorpião tem o signo solar, o ascendente e também a Lua no mesmo signo, Escorpião, o que é uma configuração rara.

Qual a melhor forma de conhecer meu mapa astral?

Não existem signos bons ou maus. Todo mundo é uma mistura de dez corpos celestes, uma mescla preciosa e complexa de simbolismos em um horóscopo que desafia descrições simplistas. Uma vez conhecendo a descrição básica e a mitologia dos diversos signos e tendo assistido à leitura de seu mapa astrológico, você poderá fundir a compreensão dos signos com a compreensão de cada planeta. Aprender astrologia é um processo longo e prazeroso que não deve ser acelerado; ele se expande para revelar a grande beleza existente sob a matemática do universo.

Como um capricorniano pode parecer mais um taurino (Tradução: por que algumas pessoas não são típicas de seu signo?)

A roda do horóscopo representa os signos do zodíaco por meio de 12 fatias chamadas casas, que cobrem as diversas áreas da vida. Cada casa é "propriedade" de um signo do zodíaco — é o rincão de cada signo. Situada na posição correspondente ao número 9 no mostrador de um relógio e simbolizando o horizonte ocidental, a primeira casa é regida por Áries. Avançando para a segunda casa no sentido inverso ao dos ponteiros do relógio, encontramos a "propriedade" de Touro. A terceira casa pertence a Gêmeos e assim, avançando no sentido inverso ao do movimento do relógio, percorremos todos os signos, terminando em Peixes.

Para efeito de demonstração, digamos que você é de Capricórnio, mas tem diversos planetas na segunda casa. Essa configuração indicaria forte presença de Touro em sua personalidade, simplesmente porque há grande concentração de planetas na parte do horóscopo que é considerada a sede de Touro. (É importante observar isso no próprio mapa astral.) Esse é um exemplo do maravilhoso funcionamento da astrologia. Não é preciso ter nascido em maio para ter uma personalidade muito semelhante à de Touro, e isso se aplica a qualquer pessoa, de qualquer signo, explicando por que há quem diga que sua personalidade não se parece com a do signo solar.

A roda do horóscopo: observe se a maioria dos planetas cai acima ou abaixo do horizonte, no leste ou no oeste

Quando examina a roda astrológica, uma das primeiras questões que o astrólogo observa é se a maioria dos planetas cai acima ou abaixo da linha do "horizonte". Se o horóscopo fosse um mostrador de relógio, o horizonte seria a linha que liga o número 9 ao número 3. Os planetas acima do horizonte estão "na luz do dia". Pessoas com essa configuração tendem a ter mais interesse em desenvolver qualidades de liderança e são mais extrovertidas e objetivas. Quem tem mais planetas abaixo da linha do horizonte trabalha melhor com o domínio da intuição e do instinto, tem mais interesse em desenvolver a criatividade e tende a ser um pouco mais reservado. Essa divisão da roda do horóscopo está associada aos signos do zodíaco: os signos de Áries até Virgem estão abaixo da linha do horizonte, enquanto os de Libra a Peixes estão acima.

A roda do horóscopo também pode ser dividida ao meio no sentido vertical (no mostrador do relógio, imagine uma linha que vai do "12", em cima, ao "6", embaixo). Os planetas à esquerda da roda são mais ocidentais e conferem mais autoconfiança, enquanto os da direita são chamados orientais e atribuem ao indivíduo talento para trabalhar em condições de colaboração, em equipe.

UM MAPA DA VIDA: OS QUATRO PRINCIPAIS QUADRANTES DA RODA

Se olhar para os quatro quadrantes de um mapa astrológico, você verá neles uma imagem do progresso do homem. A própria cruz é um símbolo de manifestação da matéria, portanto, o horóscopo é uma roda da vida.

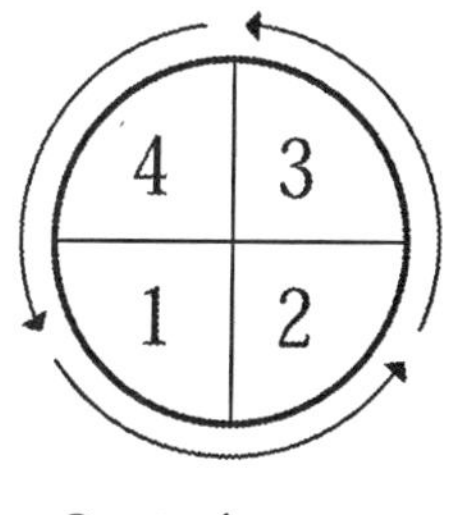

O HORÓSPOCO

O primeiro quadrante é simbolizado por Áries, Touro e Gêmeos, e promove o desenvolvimento individual, a compreensão do sentido de individualidade, a aquisição de um senso de propriedade e a habilidade com linguagem e comunicação. O segundo quadrante, ainda na parte inferior do horóscopo, porém do lado direito ou oriental, rege Câncer, Leão e Virgem. Esse quadrante cobre os importantes relacionamentos da humanidade no início da maturidade, como, por exemplo, as inter-relações com os pais, filhos, professores e colegas de trabalho e até mesmo a forma como experimentamos o primeiro caso de amor quando nos aventuramos no mundo.

Avançando no sentido contrário ao dos ponteiros do relógio, chegamos ao terceiro quadrante e, nele, pela primeira vez estamos acima da linha do horizonte. Isso assinala um lugar no tempo em que estamos "saindo de nós", tornando-nos mais conscientes da responsabilidade para com terceiros: cônjuges, parceiros comerciais, comerciantes, professores e indivíduos que conhecemos ao viajar para longe de casa. Essa área do mapa refere-se à cooperação interpessoal e marca um estágio especial no desenvolvimento da humanidade e do indivíduo.

Finalmente, à esquerda e no alto do mapa, chegamos ao quarto quadrante, regente de Capricórnio, Aquário e Peixes. Quando a roda girou até o quarto quadrante, o homem se tornou consciente de ser parte de um todo mais vasto. Ele percebe a sociedade ou o grupo a que pertence e desenvolve crescente percepção da necessidade de dar alguma retribuição ao mundo, seja agradecendo, seja deixando uma marca. Esse quadrante exige de nós uma retribuição à sociedade por meio de ações beneficentes, de liderança no trabalho, de produções artísticas ou de um bom exemplo.

Quando se trata de signos solares, os opostos estão associados

Cada um dos signos do zodíaco também está associado, de uma forma especial, ao signo oposto no mesmo eixo. Por exemplo, o nativo de Câncer tem qualidades que complementam o signo de Capricórnio, que cai seis meses após seu nascimento. Embora à primeira vista ambos os signos pareçam não ter nada em comum, se olharmos com mais atenção veremos que operam sobre temas iguais. Por exemplo: Câncer dá início à vida, enquanto Capricórnio, seu oposto polar, a sustenta. (Câncer é o caranguejo que sai do mar da criação, enquanto Capricórnio é a cabra diligente e ambiciosa, que tem grandes metas e realiza muito — uma figura paterna provedora para a família e a comunidade.)

Os astrólogos chamam o signo oposto de signo polar. Esse signo representa algumas das qualidades não realizadas ou manifestadas que, consciente ou inconscientemente, podemos desejar desenvolver. Carl Jung, um dos maiores pensadores modernos na área da astrologia, escreveu sobre os lados claro e escuro que formam o todo da personalidade. Cada signo tem algo a aprender com seu oposto polar. Áries simboliza a força vital, e é necessariamente egocêntrico para dar início aos empreendimentos. Libra, seu oposto, é "voltado para fora", dando prioridade aos desejos e sentimentos dos parceiros. Áries precisa ser introspectivo para corporificar as formas vitais figurativas, mas seria prudente que esse signo buscasse nas anotações de Libra uma página referente a associações eficazes — os librianos são colaboradores fantásticos. Da mesma forma, Libra dá prioridade aos desejos alheios e tiraria proveito se ficasse mais consciente das próprias necessidades, o que poderia aprender com Áries. Portanto, vemos que cada signo pode dar sua contribuição. Se você aprender com seu signo oposto, complementará eficazmente a personalidade de seu signo solar.

Signos solares adjacentes são contrastantes e corrigem deficiências

O zodíaco é ainda mais elegante. Cada signo corrige as qualidades dos signos anteriores e posteriores. Por exemplo, graças à curiosidade sobre funções mais acadêmicas no campo da educação superior, da editoração e das viagens, Sagitário equilibra a extrema intensidade de Escorpião quando faz negócios. Os escorpianos são capazes de concentrar um impressionante poder, mas não têm grandes habilidades sociais. Na verdade, Escorpião gosta muito de ficar sozinho. Contudo, seu signo anterior, o sedutor e flexível Libra, é um dos mais sociáveis do zodíaco. Libra tem prazer em estabelecer parcerias e de reunir pessoas. Cada um dos signos põe na mesa dádivas que são compartilhadas com os outros, contribuindo com uma percepção necessária e importante. Quando estiver lendo sobre seu signo, lembre-se de que todos têm um amplo espectro de características, mas aquelas que descrevemos astrologicamente são as dominantes, ou seja, as que a família e os amigos primeiro mencionam quando falam a respeito de alguém. Esses traços dominantes refletem com mais intensidade o signo solar, o ascendente e também o signo lunar.

Hemisfério Norte e Hemisfério Sul

Se você nasceu ou vive no Hemisfério Sul, os mapas e as previsões astrológicas serão corretos para seu signo?

Não importa em que lugar deste planeta você nasceu (ou vive atualmente), os perfis de personalidade dos diversos signos e as previsões para esses signos ainda lhe são relevantes. Existe forte consenso na comunidade astrológica sobre esta questão. Se você vive na Índia, nos Estados Unidos, na África, na Nova Zelândia ou até mesmo no Polo Sul, a descrição de seu signo e as previsões na internet se aplicam a você.

A ASTROLOGIA SE APOIA NO SIMBOLISMO DAS ESTAÇÕES DO HEMISFÉRIO NORTE

Na descrição de seu signo, você perceberá referências às disposições de ânimo da natureza no Hemisfério Norte. Por exemplo, as cores suaves e a fertilidade natural que vemos em maio estão presentes no amor pelo conforto e na sensualidade de Touro. Como outro exemplo, a paisagem árida e gelada e os céus claros de janeiro encorajam em Capricórnio o realismo inquebrantável e a enérgica determinação para vencer obstáculos. Numa escala mais ampla, o Sol se desloca ao longo dos meses do ano e as estações simbolizam os estágios da humanidade.

Na primavera e no equinócio de outono (a palavra latina *equinox* significa "igual" ou "equilibrado"), o dia e a noite têm a mesma duração. Na estação das flores, os dias ficam mais longos e, depois do equinócio de outono, ficam mais curtos. Na astrologia, a luz do dia simboliza a individualidade e a singularidade, enquanto o entardecer e a noite representam nossa ligação com a comunidade e com o pensamento universal. Os nativos de Áries (equinócio de primavera) são mais envolvidos com o desenvolvimento do verdadeiro sentido do ser ou do ego, enquanto os de Libra, nascidos no equinócio de outono, estão mais sintonizados com o alter ego e especialmente interessados na formação de parcerias produtivas. No entanto, ambos nasceram em épocas do ano em que a noite e o dia têm praticamente a mesma duração — o que também ocorre no caso dos nascidos no final de Peixes e de Virgem. Isso significa que estes quatro signos terão um dedo no pulso da consciência coletiva e poderão possuir surpreendente ressonância com aquilo que os indivíduos valorizam e de que precisam. Um signo como Gêmeos mostra pequena tendência para a individualidade. Seu signo oposto, o filosófico Sagitário, ocupa-se de aprender, preservar e refletir sobre a informação coletada — figurativamente — por Gêmeos. Assim, os sagitarianos estão mais profundamente mergulhados na comunidade mundial (o todo), protegendo a informação por meio de bibliotecas e outros repositórios. Em todos os níveis da astrologia observa-se uma simetria elegante.

Signos masculinos e femininos: você é "amante" ou "amado"?

Os signos se alternam em energias masculinas e femininas. O termo masculino implica uma carga positiva, agressiva e pioneira. O termo feminino refere-se a uma carga negativa, receptiva e mais passiva. Portanto, começamos por Áries, um signo masculino; o próximo é Touro, que é feminino; em seguida Gêmeos, outro signo masculino; e assim por diante, percorrendo todo o zodíaco até Peixes, feminino, receptivo e magnético (em vez de agressivo e inovador). Saiba que se você for um homem com um signo feminino, como Capricórnio, isso não o torna menos masculino. As influências são muito sutis. Significa apenas que você tem um jeito sedutor, que atrai as pessoas, e não sente necessidade de se promover e vender agressivamente suas ideias. Se você for uma mulher com energia masculina, simplesmente é muito proativa, gostando de controlar o próprio destino com mais energia que alguns outros signos. O mundo está dividido entre amantes (aqueles que trabalham para impor suas ideias) e amados (aqueles que escolhem entre as ideias disponíveis). Todo mundo fica mais à vontade com alguém do tipo oposto. Seu horóscopo, inclusive seu signo solar, dirá qual é seu tipo. Lembre-se de que precisamos levar em conta todos os planetas do mapa, mas o signo solar e o ascendente são os mais importantes.

Por que a astrologia funciona?

Ninguém sabe — ainda — por que a astrologia funciona. Sabemos que o mundo e nossos corpos reverberam segundo vários ciclos; sabe-se que a Lua controla as marés, e as diversas espécies parecem ser fortemente influenciadas por ela e, também, pelo Sol. Por exemplo, as conchas das ostras se abrem e se fecham a intervalos regulares. Pensava-se que esses intervalos estavam sincronizados com as marés. Numa pesquisa recente do cientista J. R. Brown, ostras foram transportadas em tanques fechados para um laboratório em Evanston, Illinois, perto de Chicago, a aproximadamente 1.600 quilômetros de distância do mar. As ostras continuaram a se comportar como se estivessem no oceano, abrindo e fechando de acordo com o horário correspondente às marés de seu local de origem. Contudo, duas semanas depois, elas haviam ajustado o relógio interno, sincronizando-o com as fases da Lua na cidade em que agora viviam, provando que seu ciclo é controlado por esse corpo celeste, não pelas marés. Os cientistas também sabem que as explosões e tempestades solares interferem nas transmissões de rádio na Terra e já se verificou também que o número de acidentes automobilísticos aumenta em até quatro vezes antes e depois dessas tempestades.

Uma teoria interessante sobre a influência das condições do universo sobre nossa personalidade mostra que os campos magnéticos que podem ser intensificados pelo Sol imprimem sinais no sistema nervoso dos bebês, agindo como uma antena para as frequências que eram dominantes quando a criança nasceu. A maioria dos astrólogos aprova o axioma da astrologia, que aceita a sincronicidade do universo. O universo está vivo e é íntegro, portanto, o que acontece na Terra é apenas um microcosmo do que ocorre no céu.

O que significa "Era de Aquário"? Existem outras "eras"?

Neste momento, o mundo está entrando na Era de Aquário, um fenômeno referente à órbita ou ao movimento retrógrado (para trás) da Terra pela constelação de Aquário. A Terra passa algum tempo em cada constelação. Do nascimento de Cristo até hoje, o planeta passou pela Era de Peixes e, antes disso, pela Era de Áries. A Terra leva 25.868 anos para visitar os 12 signos. Dividindo-se este valor por 12, encontramos aproximadamente 2.100 anos para cada "era". Dessa forma, permaneceremos na Era de Aquário pelos próximos 2 mil anos.

A "precessão dos equinócios", que fundamenta esse princípio, foi descoberta pelo astrônomo grego Hiparco de Niceia (cerca de 160-125 a.C.). O fenômeno se deve a uma ligeira oscilação na rotação da Terra. As datas referentes aos signos também mudaram ligeiramente com relação às datas originais. O termo *precessão dos equinócios* descreve a constelação que está atrás do Sol no equinócio de primavera, que muda gradualmente com o passar do tempo. Em vez de anular as datas dos signos solares, este fenômeno agrega um tom único a cada um dos signos; parece estar ocorrendo uma nova e súbita mistura de características de personalidade. Os astrólogos clássicos não admitem que a precessão dos equinócios mude as qualidades inerentes aos signos. Assim como se analisam os eventos mundiais quando se verifica a influência de novos planetas e isso não muda, como a astrologia foi descoberta em determinada época e local, é possível que as descrições dos signos devam persistir e permanecer imutáveis.

Quando ocorreu a Era de Peixes e qual é seu simbolismo?

Durante os últimos 2 mil anos, aproximadamente, o mundo viveu o que chamamos de Era de Peixes, porque a Terra girava num movimento retrógrado pela constelação de Peixes. Os astrólogos não chegaram a um acordo sobre a data exata em que a Era de Peixes terminou e uma nova era começou (alguns pensam que já estamos na Era de Aquário, enquanto outros dizem que ela só ocorrerá dentro de alguns séculos). De qualquer forma, é consenso que os últimos mil anos pertenceram à Era de Peixes, período em que se tornou vivo o tempo do Cristianismo.

Quando falam sobre a Era de Peixes ou a Era de Aquário, os astrólogos se referem ao movimento retrógrado da Terra por um dos 12 signos do zodíaco. Como falamos na seção anterior (página 55), a Terra passa aproximadamente 2.100 anos em cada "era".

Como a Terra está descrevendo um movimento retrógrado, a era que se encerrou — ou que está para se encerrar — é a de Peixes, marcando o período que vai do ano 1 d.C. até 2000 d.C. e que coincide com a era de Cristo e do cristianismo. Peixes é considerado o último signo do zodíaco, uma composição de todos os signos que o precederam. Conhecido pelo amor a todos, pela compaixão e pelo altruísmo, o pisciano conhece a verdade do universo, mas não sabe bem por quê. O nativo deste signo sabe que o conceito de "verdade" é sempre fluido. Para Peixes, um signo introspectivo, o que existe no coração humano é digno de confiança, porque os sentimentos revelam a alma. Essa maneira de ver o mundo deu o tom de tudo o que a humanidade encontrou de novo nesse período; parte da Era de Peixes também foi chamada de Era da Fé.

A ideia de lavar os pés como um significativo ritual de purificação do espírito tem relação com o simbolismo de Peixes, pois este signo rege os pés. Peixes "carrega" as dores alheias e, com frequência, tem os pés doloridos. Cristo falou de seu papel como servo do rebanho. Mais uma vez, vemos um pensamento característico do pisciano; este signo diz "Eu creio" (enquanto Aquário, a era em que já entramos ou entraremos muito em breve diz: "Prove isso para mim por meios científicos.").

Maria, a mãe de Jesus, incorporou todas as qualidades da polaridade de Peixes e Virgem, ou seja, modéstia, dedicação ao serviço e aceitação passiva do que não pode ser mudado. Existe em Peixes uma forte necessidade de isolamento, e os cristãos valorizam muito os retiros, conventos, claustros e peregrinações espirituais — locais habitados por monges, freiras e também por pessoas muito religiosas.

Por outro lado, ao entrarmos na Era de Aquário, haverá mais ênfase nas atividades mundiais e comunitárias, portanto, temos a internet e o olho da aldeia global, que chamamos de televisão. Aquário é muito sociável. Peixes também gosta de gente, mas precisa regularmente de um tempo para se purificar dos problemas dos outros que, inconscientemente, traz para si.

Como discutiremos em "A personalidade de Peixes", é válido fazer abstinência na época do advento de Peixes, pois este é o momento em que a Terra repousa, preparando-se para a primavera. As reservas de alimentos, abundantes na colheita de outono, estão reduzidas ao mínimo em março, o fim do inverno no Hemisfério Norte.

Mais comprovações da ligação de Peixes com a espiritualidade é o fato de os cristãos terem escolhido um peixe como símbolo secreto que os identificava como seguidores do Cristo. (Como regente da 12ª casa, Peixes também rege os segredos e as atividades ocultas.) Jesus pediu aos seguidores que fossem "pescadores de homens", e o significado literal da palavra Belém é "Casa do Pão". Em uma parábola, Jesus lava os pés de Maria Madalena; os cristãos entendem esse gesto como uma demonstração da humildade do Mestre e de que todos são bem-vindos no Reino de Deus.

Netuno, o regente de Peixes, é sempre o planeta que indica em qualquer mapa as áreas em que haverá fé, amor, caridade e esperança, pois todos têm Netuno presente em alguma casa de seus mapas. Ele também indica uma suavização das arestas e das linhas, até mesmo uma dissolução e um desdobramento geral de uma situação. Os efeitos de Netuno, como os da água, são lentos e graduais. Lembre-se de como a água desgasta lentamente as pontas de uma rocha, tornando-as suaves ao toque. Netuno proporciona criatividade e inspiração a Peixes e, num sentido mais amplo, a todos nós. Na qualidade de oitava mais alta de Vênus, Netuno nos ensina a levar o amor para um domínio mais elevado, mais espiritual. Podemos até nos questionar como seria a Terra sem esse adorável planeta de inspiração que nos ensina não somente a alcançar as estrelas, mas também a estender a mão para o próximo na hora da necessidade.

Ao entrarmos na Era de Aquário, não vamos simplesmente abandonar tudo o que aprendemos nos últimos 2 mil anos, mas esperamos levar conosco e utilizar estas experiências enquanto nos tornamos mais desenvolvidos e iluminados. Seja qual for a religião ou o estilo de vida que se escolha, o signo de Peixes convida a humanidade a acreditar profundamente no poder universal do amor.

Os aquarianos se sentem mais felizes em sua própria era?

É possível que os nativos deste signo sintam forte harmonia com os acontecimentos, sentimentos e modas do momento. (Isso sempre ocorre quando alguns planetas entram em nosso signo — sentimos mais apoio cósmico, e um número maior de astros tende a entrar em um signo na época do aniversário do nativo.) Aquário é o signo das invenções, da alta tecnologia e dos avanços científicos, de forte justiça social e de um sentimento de comunidade — áreas que se desenvolverão acentuadamente nos próximos anos. Lembre-se, porém, de que essa influência é sutil como uma suave música de fundo porque o signo de uma era afeta a focalização e a direção geral de uma sociedade.

Durante a Era de Áries — de 2000 a.C. a 7 d.C. — o homem aprendeu a se defender, enquanto na Era de Peixes — do nascimento de Cristo ao ano 2000 — o foco foi a religião. O que aprendemos se perde quando passamos de uma era para outra? Não, nosso conhecimento e sensibilidade continuam crescendo e evoluindo para uma condição ainda melhor.

Os planetas espelham ou determinam os acontecimentos?

A astrologia é o estudo das possíveis influências dos astros sobre nossa vida ou o estudo de como eles, como um espelho, refletem o que se passa em nossa vida? A resposta é: um pouco de cada um e, na verdade, nenhum dos dois, porque a decisão final é nossa. O estudo do horóscopo mostra como os planetas estão se comportando — como estão se comunicando entre si em determinados momentos. Nem todas as comunicações têm a mesma importância; algumas são mais vitais que outras. O movimento dos planetas determina circunstâncias que podem ser gratificantes ou desafiadoras. A astrologia é o estudo dos ciclos que tornam a acontecer regularmente ao longo do tempo, a intervalos diferentes, embora alguns deles aconteçam uma vez na vida, enquanto outros ocorram com muito mais frequência. É fascinante ver como certos aspectos nos ajudam a revisitar seguidamente questões antigas, de modo que, mesmo parecendo novo, o problema tem como raiz uma condição similar a outro que aconteceu algum tempo antes. Ao estudar os ciclos pelo exame do que já ocorreu, podemos ter indicações sobre o núcleo do problema. Assim, podemos usar nossa experiência e aplicar o que aprendemos antes ao novo problema, o que nos ajuda a lidar com o presente com mais eficiência.

Como os planetas trocam sinais à medida que percorrem suas órbitas, continuamente eles estabelecem mudanças de padrão e condições. O que acontece no céu, também acontece na Terra. Somos um microcosmo daquilo que é indicado por essas vibrações. No entanto, a astrologia é o estudo das condições que enfrentamos, e não das decisões que tomamos. Essas escolhas sempre serão nossas.

O "instantâneo" planetário para o dia (mencionado em qualquer previsão astrológica) sempre será único. A inclinação e a localização exata de cada um dos dez corpos celestes jamais se repetirão da mesma forma. Isso vale para o dia de nosso nascimento: o padrão planetário natal de alguém nunca mais irá existir da mesma forma, nem mesmo para outros nativos daquele dia, pois a latitude e a longitude também fazem parte da equação. Isso nos dá a enorme responsabilidade de usarmos bem nossos dons. Quem quer que seja pai ou mãe de uma criança sabe que as características e dotes daquela criatura são sagrados; ela deve ser honrada e valorizada por sua preciosa individualidade.

O valor de pensar a longo prazo

Quando criança, ouvir as previsões sobre minha vida criou em mim certas expectativas e um sentido de possibilidades. Foi importante ter uma perspectiva mais abrangente, pois isso me ajudou a visualizar o futuro que desejava.

Até agora, minha jornada e minha própria missão foram ainda mais emocionantes do que foi ouvir aquelas previsões, porque nem minha mãe (que previu meu futuro) nem eu podíamos imaginar com exatidão como transcorreriam algumas das influências planetárias. Por que foi assim? Como você, tenho alguma responsabilidade pelos eventos reais e pelo rumo que minha vida tomou. Devo admitir que até hoje foi interessante passar pelas lutas da vida, mesmo nos períodos em que esta foi difícil e não pareceu nada divertida.

Se um astrólogo nos diz, por exemplo, que temos a chance de viver na Europa, podemos parar e cogitar esta possibilidade. Alguns podem reagir com um "Não, muito obrigado. Gosto daqui". Está certo — a pessoa pensou na questão e rejeitou aquela alternativa. Outros podem dizer: "Que interessante! Eu sempre quis fazer isso, mas nunca percebi como esta possibilidade é importante para mim. Eu a deixei de lado porque parecia um sonho impossível!" A segunda pessoa se sentirá mais estimulada a tomar providências para concretizar aquela meta, que será mais viável para alguém com aspectos propícios, cujo mapa indicar que esse sonho é amparado por oportunidades favoráveis, do que para quem não contar com tais aspectos.

Para resumir, os aspectos indicam, mas você decide. O fato é que cabe a nós tirar as conclusões, e não podemos fugir a essa responsabilidade. Como frutas maduras na árvore, as estrelas oferecem benefícios que podemos colher ou deixar de lado. O mesmo ocorre com os desafios: podemos enfrentá-los ou evitá-los.

A força da personalidade é tudo

A força de sua personalidade determina tudo o que você faz e o resultado de todos os seus empreendimentos e relacionamentos. A astrologia deixa isso claro, porque a primeira casa do horóscopo dirige todo o mapa na direção que a pessoa deseja tomar. Se alguma vez você escreveu um conto ou um poema, preparou um prato diferente, tirou uma fotografia, compôs uma música ou pintou uma tela, o processo criativo ensinou-lhe um pouco mais sobre si mesmo. Este sentimento de descoberta pode ser fascinante e inebriante. O processo de viver também é muito criativo, pois constantemente aprendemos mais sobre quem somos, e o que somos capazes de fazer e de dar ao mundo — não só na carreira, nas finanças ou na caridade, mas também nos relacionamentos pessoais.

A natureza do indivíduo se revela por meio das decisões que ele toma, e também por meio das pessoas e coisas que ele valoriza ao longo do caminho. Se nossas ações estão em sintonia com o universo, aprendemos a desfrutar e celebrar as diferenças em nós mesmos e nos outros. Se não fazemos o que é certo, o universo nos empurra de volta para a trilha. A jornada é fascinante e bela e, com certeza, não é predeterminada.

Os elementos: terra, fogo, ar e água

Os signos astrológicos se dividem por igual entre quatro elementos principais: terra, fogo, ar e água. Conhecer o elemento que rege seu signo ajuda a explicar algumas das qualidades básicas de seu temperamento. Conhecer o elemento predominante nos outros ajuda a entendê-los e a se comunicar melhor com eles. Lembre-se de que estamos estudando apenas os signos solares. Um astrólogo profissional analisará *todos* os elementos dos seus planetas, *inclusive* do signo solar. Contudo, o Sol é muito importante no horóscopo: ele é o principal corpo luminoso em nosso universo e em torno dele giram todos os outros planetas, razão pela qual merece atenção especial.

Terra: Touro, Virgem e Capricórnio

Os signos de terra têm o dom de transformar em realidade e tornar tangíveis sonhos e projetos. Por serem muito ambiciosos, os nativos destes signos têm os pés firmemente plantados no chão e sabem o valor das realizações. Eles estão familiarizados com prazos, trabalho em equipe e orçamentos, e são fantásticos produtores e construtores, porque sempre obtêm resultados. Embora um signo de terra possa não se sentir tão atraído quanto um signo de fogo quando se trata de começar coisas novas, o impressionante talento de terra é tornar as estruturas existentes mais sólidas, estáveis e seguras, muitas vezes levando as iniciativas a um novo nível. Terra também entende de poder e influência. Os signos de terra são muito sensuais. Eles usam os cinco sentidos de forma poderosa. Costumam gostar de objetos bonitos e cuidar bem deles. Eles também são reservados e não buscam os holofotes: na verdade, preferem trabalhar nos bastidores, porque sabem que é aí que se encontra a verdadeira influência.

Fogo: Áries, Leão e Sagitário

Os signos de fogo são muito criativos e gostam de brincar com conceitos novos. São calorosos, têm prazer em estar no centro das atenções e apreciam a presença estimulante de outras pessoas. Em geral, sua energia é mais brilhante quando trocam ideias com outros, porque o fogo precisa de espaço para respirar e gosta de ser o próprio patrão. Os signos de fogo são notoriamente impulsivos, espontâneos e, às vezes, um pouco excêntricos. Eles também são entusiastas, "pegando fogo" com novas ideias e projetos. Quase sempre são líderes naturais e não se importam de ser os primeiros a tentar algo novo. O signos de fogo são os criadores de tendências do zodíaco.

Ar: Gêmeos, Aquário e Libra

Os signos de ar são muito inteligentes. Adoram analisar fatos e formar opiniões. Curiosos, travessos e muito verbais, são os comunicadores do zodíaco. Numa multidão, eles se destacam, porque conhecem muitas novidades e informações interessantes. São feitos para viver em sociedade — parecem conhecer todo mundo e sua energia aumenta quando estão cercados de pessoas. Bem-humorados e flexíveis, os signos de ar se dão bem com muitos tipos de pessoa. Raramente guardam ressentimento; pelo contrário, dizem o que for preciso para "pôr as coisas no lugar" e depois esquecem totalmente a questão. No zodíaco, eles são "gente que gosta de gente", realmente interessados em outras pessoas. Os signos de ar são capazes de formar relacionamentos pessoais sólidos e costumam ter amigos para toda a vida.

Água: Câncer, Escorpião e Peixes

Os signos de água são mais emotivos e intuitivos que os outros, e muitas vezes têm habilidades mediúnicas. Com emoções muito aguçadas, são compassivos, dedicados e apoiadores. A água purifica e limpa, podendo até mesmo ser um pouco misteriosa; portanto, os signos de água se revelam com mais lentidão que os outros. Eles sempre têm alguma coisa sobre a qual precisam pensar um pouco mais antes de estar prontos a revelar os pensamentos. Estes signos *sentem* os acontecimentos a seu redor, e seus sentimentos instintivos costumam estar certos. Sua capacidade para ler a linguagem corporal é notável. Os signos de água captam com facilidade as verdadeiras emoções e os sentimentos dos outros. Tanta generosidade e sensibilidade podem ser exaustivas; portanto, os nativos de signos de água, às vezes, precisam de isolamento para recarregar e restaurar as energias antes de voltar para o mundo. Assim como os signos de fogo, os signos de água costumam ser muito criativos.

Com quem você se relaciona melhor?

Se você for nativo de um signo de terra (Touro, Capricórnio ou Virgem), sua melhor interação será com outros signos de terra ou com os signos de água (Peixes, Câncer e Escorpião). Fogo e terra não combinam, porque a terra encobre o brilho do fogo. Terra e ar apenas coexistem, mas o relacionamento não é nada especial.

Se você for nativo de um signo de ar (Gêmeos, Aquário ou Libra), terá excelente relacionamento com outros signos de ar e também com os de água (Peixes, Câncer e Escorpião), ou mesmo de fogo (Sagitário, Leão e Áries). Terra, porém, irá sufocá-lo.

Se você nasceu em um signo de fogo (Leão, Sagitário ou Áries), poderá se dar bem com outros signos de fogo ou com signos de ar (Gêmeos, Aquário e Libra). Água e terra extinguem sua luz.

Se você nasceu em um signo de água (Peixes, Câncer ou Escorpião), será muito feliz com outros signos de água, signos de ar (Gêmeos, Libra ou Aquário) ou signos de terra (Touro, Virgem ou Capricórnio). Fogo e água não se cruzam.

Se a pessoa de quem você gosta não for ideal para seu signo, *não se desespere*, todos nós temos muitos planetas em nosso horóscopo; portanto, o signo solar é apenas um dos diversos planetas que precisam estar em harmonia com seu comprimento de onda. Ainda há uma chance muito boa de que aquela seja a pessoa certa para você.

Quais são as qualidades?

Signos cardinais, fixos e mutáveis

Ao aprofundar seu conhecimento em astrologia você descobrirá que os atributos humanos dependem dos ritmos naturais. Assim, cada signo pertence a uma categoria, que recebe um papel especial em relação à sua localização dentro das quatro estações. Essas qualidades ou modos fazem parte da astrologia desde a Grécia Antiga, quando Ptolomeu escreveu sobre elas. Assim como os elementos, as qualidades parecem ser uma percepção grega. É improvável que exista qualquer referência anterior a elas. O número 12, tão presente na astrologia, também entra em cena quando consideramos a existência de quatro elementos e três qualidades (cardinal, fixo e mutável); três vezes quatro totalizam 12 e representam o pleno equilíbrio das energias masculinas e femininas.

Os signos cardinais: Áries (primavera), Câncer (verão), Libra (outono) e Capricórnio (inverno)*

Se você pertencer a um signo cardinal, saiba que é papel de seu signo abrir a estação, ser o líder que *dá início* a ela. Na verdade, a palavra cardinal significa "o primeiro" ou "o principal" e vem do latim, *cardinalis*, que significa "principal" ou "central". É interessante observar que esta palavra está relacionada com *cardo*, um radical que significa "dobradiça".

Os signos cardinais são pioneiros e empreendedores. Eles precisam ter uma causa ou uma atividade por meio da qual canalizem o excesso de energia, caso contrário se sentirão inquietos e frustrados. Os nativos destes signos são dinâmicos e aceitam bem as mudanças. Eles gostam de começar projetos e são muito centrados em objetivos. Alguns astrólogos os comparam com filhos primogênitos, porque são excelentes líderes. Eles, certamente, gostam de tomar a iniciativa, porque nasceram com forte sentimento de urgência.

Os signos fixos: Touro (primavera), Leão (verão), Escorpião (outono) e Aquário (inverno)**

Se você pertencer a um signo fixo, este tem a atribuição de manter e tornar permanentes as qualidades da estação em que você nasceu. Os signos fixos consolidam e dão permanência ao que foi iniciado pelos signos cardinais; os nativos destes signos são muito determinados e dotados de grande capacidade de concentração. Por serem basicamente solitários, têm grande autoconfiança. A desvantagem dos signos fixos é o fato de geralmente não gostarem de mudar de opinião ou estilo de vida. Contudo, em geral, são muito bem-sucedidos, graças à sua persistência e à sua perseverança.

* A autora refere-se às estações do ano no Hemisfério Norte. (*N. da E.*)

** Idem.

A palavra fixo vem do latim, *fixus*, particípio passado de *figere*, que significa "fixar" ou "aferrolhar". Os signos fixos seguem os signos cardinais; como estão no centro das estações, exprimem-lhes a forma mais verdadeira e, talvez, mais pura. Os signos fixos concentram a energia e consolidam as ideias. São imensamente estáveis.

No início do cristianismo, os quatro evangelistas foram associados aos signos fixos. Mateus é representado pelo homem (que também simboliza Aquário). Marcos era o leão (seu símbolo era o leão de São Marcos, o emblema de Veneza e também o ícone tradicional do signo de Leão). Lucas era personificado pelo touro, também ícone do signo de mesmo nome. Finalmente, João era a águia, o símbolo de Escorpião. Os signos fixos são conhecidos pela grande persistência e resistência diante de todas as dificuldades.

É interessante observar que o grau médio dos signos fixos (como cada signo corresponde a 30 graus, o ponto médio dele cai nos 15 graus) é o mais forte e representa o máximo de poder. (Isso corresponderia a quem nasceu aproximadamente no sexto dia do mês do signo fixo.) O momento em que um planeta de signo fixo alcança os 15 graus é considerado muito significativo, porque sempre surgem importantes ideias ou promessas relacionadas a estruturas.

Os signos mutáveis: Gêmeos (primavera), Virgem (verão), Sagitário (outono) e Peixes (inverno)*

Finalmente, temos os signos mutáveis. Se este for o caso, seu signo corresponde ao terceiro e último mês de cada estação. A palavra *mutável* vem do latim *mutabilis,* e de *mutare*, "mudar". *Mutação* e *mudo* são outras formas da palavra. O papel destes signos é preparar a transição para a próxima estação.

Os signos mutáveis são grandes comunicadores e professores. São muito flexíveis, visionários, cheios de ideias e conceitos avançados. Eles nos preparam para a próxima estação, apressando-nos e

* Ibidem.

nos tranquilizando quanto ao que está por vir. Estes signos gostam de mudanças e têm o olhar voltado para o futuro.

Os signos mutáveis, que vieram ao mundo ao final de cada estação, após os signos cardinais e fixos, marcam o fim do que é velho e o início do novo, e são os signos mais flexíveis. Muito comunicativos, analíticos e intelectuais, destacam-se em situações sociais. Quando estão perturbados, manifestam abertamente suas opiniões. São excelentes em situações de crise, pois percebem rapidamente o que deve ser feito. Muito adaptáveis, são capazes de agir em condições bastante difíceis. Têm grande talento para produzir métodos alternativos de superação de obstáculos. São hábeis em descobrir recursos nos momentos de dificuldade, característica tão necessária à sobrevivência e ao sucesso. Os signos mutáveis percebem que nada é mais constante do que a mudança, e daí vem seu poder.

A astrologia é arte ou ciência?

A astrologia é uma bela união de ciência e arte. Ao empregar a matemática, os ciclos e os padrões, ela age como ciência; com sua ênfase na decodificação dos símbolos planetários e mitos milenares, ela age como arte. Portanto, a astrologia utiliza os dois hemisférios cerebrais e nos força a integrá-los. O sucesso do astrólogo depende das habilidades técnica e artística, e seu estudo demanda muitos anos. Apesar disso, novos insights ocorrem constantemente. Como se trata de uma arte, o astrólogo deve ser experiente em combinar muitos aspectos ao mesmo tempo, ao contrário do que fazem os computadores, que veem apenas um aspecto de cada vez e, eventualmente, produzem interpretações conflitantes. Um ser humano pode ponderar com mais eficiência sobre todos os aspectos e integrá-los num todo coerente.

O profissional da astrologia procura identificar tendências e prever as melhores formas de utilizá-las; em momentos de dificuldade, ele busca minimizar o desconforto e maximizar opções e crescimento. O astrólogo também procura delinear as nuances delicadas da personalidade, sempre tentando compreender a psicologia do indivíduo para quem faz a leitura, para que novas percepções possam surgir. O horóscopo contém ciclos superpostos, sendo verdadeiramente tridimensional; portanto, todos os mapas são complexos e contêm enigmas. Decifrar o código é um processo fascinante.

Nossa história nunca termina

Quando nos sentimos mergulhados em trevas profundas — e ninguém escapa de passar por dificuldades e tristezas na vida —, a mágica e a verdade sobre o processo consiste em saber que, enquanto estamos vivos, nossa história nunca se encerra. Os milagres podem acontecer — e acontecem o tempo todo. O espírito invencível sempre prevalecerá, porque revela a vontade, a energia pura que dirige nossa vida.

COMO USAR A ASTROLOGIA

Todo mundo tem curiosidade sobre o futuro, e assim foi em todas as épocas do homem, em todos os tempos e localizações geográficas. É muito importante manter um sentimento de esperança e otimismo todos os dias, visto que esta atitude nos permite controlar a vida com mais eficiência, de forma ativa e enérgica.

Assim como as incontáveis gerações que nos precederam, nós também desejamos ter uma compreensão e uma perspectiva mais profunda dos desafios que a vida propõe. Queremos saber quando terminarão certas dificuldades, e a astrologia pode nos dar uma indicação. Contudo, isso não nos impede de agir, pois a inação é, por si só, uma decisão. Para obter respostas para suas dúvidas mais prementes, saia de dentro de si mesmo. Veja-se como o protagonista de uma história importante, a história de sua vida.

Astrologia não é predestinação e nenhum astrólogo se afirma capaz de saber exatamente o que você decidirá fazer. Como estudantes de astrologia, consideramos as probabilidades matemáticas — e não os absolutos —, e estas se referem a tendências, e não ao resultado final. A astrologia não é adivinhação, nem os astrólogos consideram a vida predeterminada. Como agentes com livre-arbítrio, sempre temos escolhas. Precisamos levar nossa vida na direção desejada ou correr o risco de sermos controlados pelos acontecimentos. Em geral, temos mais escolhas do que imaginamos; nossos horóscopos podem muito bem indicar possibilidades que perdemos de vista.

Todos nós desejamos ter uma vida interessante, cheia de experiências positivas e enriquecedoras, com novos caminhos surgindo de vez em quando para nos deleitar e fascinar. Também queremos ter muito amor, tanto o romance de um parceiro ou de alguém especial quanto o caloroso amor fraternal que recebemos da família e dos amigos. No processo de viver, também esperamos ser assegurados da condição de indivíduos especiais com um propósito e um lugar neste mundo. Na busca por uma vida harmoniosa, procuramos por intuições.

As crenças religiosas tradicionais podem nos inspirar a viver de forma ética e moral; por meio da prece, indivíduos religiosos também encontram esperança e conforto. Acredito profundamente no poder da prece e minha religião sempre terá papel preponderante em minha vida. A astrologia não pretende substituir a religião ou a espiritualidade. Na verdade, esta parte da vida está refletida na nona casa da roda do horóscopo.

A astrologia nos ajuda a pensar e lidar com os mistérios da vida, nos desafiando a questionar: como posso me sentir mais seguro e protegido? Com que tipos de talento posso contribuir para o mundo durante a minha existência? O que tenho de especial? Sou uma pessoa digna de ser amada? Como posso ser mais generoso, dedicado e bom? Posso ter algum entendimento de uma situação que me causou dor? Haverá em minha vida padrões recorrentes que não identifiquei? Posso ter um relacionamento mais feliz?

Embora não tenha capacidade de dar uma resposta direta a estas perguntas, a astrologia pode ajudar a encontrar muitas delas, por ser uma ferramenta de autodescobrimento. Ao entrar em contato consigo mesmo e ter uma percepção mais firme e segura de quem você é, é possível planejar melhor o futuro. A astrologia fornece um sistema organizado para lidar de forma criativa com os grandes problemas da vida. Quando chega a hora de agir, ela pode fornecer a quantidade certa de autoconfiança e nos ajudar a dar o primeiro passo.

A melhor maneira de usar a astrologia é como uma ferramenta criativa de análise para descobrir novas possibilidades. Dei a este livro o nome de *Planetas e possibilidades* porque os planetas nos oferecem, a cada instante, muito mais opções do que poderíamos localizar por outros meios. Enquanto estamos ocupados e concentrados nos detalhes de nossa vida, quase todos continuamos, inconscientemente, a repetir nossas antigas fórmulas de sucesso. Aplicar as mesmas soluções aos mesmos problemas só trará os mesmos resultados. Para conseguir uma inovação, precisamos considerar soluções novas, às vezes bastante inusitadas. Se abrirmos novas linhas de pensamento, poderemos explorar mundos completamente novos. Lancemos a rede mais longe, perguntando "e se?" ou "por que não?". Deixe seu horóscopo falar claramente com você e apresentar-lhe todas as opções.

A astrologia pode ajudá-lo a operar com os ciclos do universo. A beleza dos signos matemáticos que formam as fundações do universo e da astrologia é fascinante e espantosa. Já foi dito que quanto mais estudamos matemática mais nos aproximamos da religião. Para mim, Deus criou os planetas com um objetivo, pois a natureza não cria nada irrelevante; ela é altamente conservadora em relação a energia.

Como a acupuntura, a astrologia ajuda a trabalhar de maneira mais eficiente *com* o fluxo de energia do universo: a adotar a sabedoria do cosmos, trabalhar com seus ritmos, mudar o que pode ser mudado e aceitar o que não pode ser mudado. Lembre-se de que, por mais desgastante que um período seja, sempre haverá áreas de oportunidade no mapa. Poucas situações são totalmente ruins. A menos que adotemos uma abordagem proativa na vida, muitas situações escaparão a nosso controle e não tomaremos nenhuma providência. Tome uma decisão, qualquer decisão: não seja passivo.

No que diz respeito à personalidade, a astrologia pode trazer à consciência seus dons únicos e ajudá-lo a ter uma visão clara de sua individualidade. Seu mapa pode até indicar talentos latentes que devem ser desenvolvidos. Todos nós queremos saber que somos pessoas únicas e valiosas, e a astrologia pode nos dar esta segurança. Certamente, todos nascemos indivíduos diferentes, já que os planetas, o Sol e a Lua nunca tornarão a ter a mesma configuração. (Até mesmo irmãos gêmeos nascem com uma diferença de minutos, o que significa que os planetas estarão em graus diferentes.) A astrologia pode nos tornar otimistas, calmos, focalizados e, sem dúvida, muito mais autoconscientes.

Algumas condições podem ser mudadas; outras, nós precisamos aceitar. É importante reconhecer a diferença e, mais uma vez, a astrologia pode dar indicações não só dos acontecimentos em questão, mas também da nossa condição psicológica atual. Às vezes, criamos problemas para nós mesmos. Quando erramos, precisamos reconhecer nossos erros e adotar um curso de ação corretivo, mas também precisamos evitar ficar paralisados pela culpa ou pelo arrependimento, incapacitados de seguir adiante. A astrologia pode indicar uma variedade de ações favoráveis para um recomeço.

Esta arte nos dá uma visão abrangente sobre nossa vida, uma visão que poucos teriam tempo para alcançar. Seu estudo pode nos dar confiança para testar as asas e experimentar diferentes ideias e conceitos. A astrologia pode nos ajudar a ver a completa amplitude de nossas habilidades, assegurando-nos de que seremos, no fim das contas, capazes de fazer diferença neste mundo. Para começar, porém, é preciso se esforçar. Se você fizer isso, o universo o ajudará a cada passo do caminho.

OS CORPOS CELESTES

O que a ciência e a astrologia nos dizem

O SOL

O QUE A CIÊNCIA DIZ SOBRE O SOL

Localizado na beira da Via Láctea, o Sol é a fonte de energia, calor e luz para a Terra, criando e sustentando a vida em nosso planeta. Em torno do Sol giram os nove planetas conhecidos de nosso sistema solar: Mercúrio, Vênus, Terra, Marte, Júpiter, Saturno, Urano, Netuno e Plutão, todos com seus respectivos satélites. Classificado como estrela, o Sol é uma grande massa de gases mantidos pela tremenda gravidade do astro. Essa força de gravidade puxa os gases na direção do núcleo. A pressão no centro do Sol é suficientemente forte para sustentar o próprio peso, impedindo o colapso. Formado de material processado dentro de uma supernova, a luz e o calor do Sol resultam da conversão termonuclear de hidrogênio e hélio no interior da estrela. Internamente, reações nucleares constantes convertem uma massa estimada em 5 milhões de toneladas de matéria por segundo — uma porção insignificante da massa total do Sol. Em outras palavras, a energia liberada por este astro equivale à explosão, a cada segundo, de 100 bilhões de bombas de hidrogênio de 1 megaton.

É notável observar que o Sol, como fonte de energia, é bem estável: o calor e a luz dele não variam mais do que 1% em qualquer período. Provavelmente, a estrela manterá o brilho atual por mais 6 bilhões de anos. Essa estabilidade é a razão pela qual a vida floresce na Terra, pois todos os alimentos e combustíveis encontrados aqui dependem das plantas, que extraem energia da luz solar.

O que a astrologia diz sobre o Sol

Quando a astrologia surgiu, em torno de 2000 a.C., acreditava-se que os planetas giravam em torno da Terra. Apesar disso, os astrólogos da Antiguidade decidiram atribuir ao Sol um papel predominante: sua luz brilhante era um elemento importantíssimo do mapa astral. Na qualidade de primeiro corpo celeste que um astrólogo irá analisar, o Sol revela indicações curiosas sobre em que área da vida o indivíduo vai brilhar com mais intensidade. O signo solar é a constelação em que o Sol se encontrava na hora do nascimento. Em um horóscopo, o Sol descreve a personalidade, o espírito, o ego, os talentos e a individualidade. É a face que mostramos ao mundo, a forma como somos conhecidos. O astro também revela o temperamento e a atitude diante da vida, a autoconfiança, o sentido de autovalorização e a capacidade para autossuficiência. Os astrólogos descobrem pistas sobre as ambições de alguém analisando a forma pela qual o Sol se apresenta no mapa e se relaciona com os planetas. Por exemplo, para quem tem o Sol na décima casa, a casa da fama e das honrarias, a carreira será muito importante durante a vida. O ego e o senso de identidade desse nativo estarão ligados à sua realização profissional. Por outro lado, quem tem o Sol na quarta casa, a casa do lar e da família, dá maior valor ao estilo de vida e à unidade familiar que o nativo do primeiro exemplo. Para esta pessoa, o lar não é somente onde o coração está, também é onde o ego está. A força de vontade, a determinação, a resistência diante das adversidades e a capacidade de vencer desafios são as características reveladas pelo Sol no mapa astrológico.

A localização do Sol no mapa astral também indica qualidades de liderança, o grau do desejo de poder e autoridade, o *relacionamento* com os superiores, a reputação e o sentido de orgulho e honra (além das honras concedidas). Também são revelados os impulsos para a diversão, a experimentação e a criação; a capacidade de concretizar novas ideias e formas; a capacidade para o prazer, a alegria e a felicidade; a saúde, principalmente o vigor e a energia do indivíduo, além de seu poder de recuperação. Finalmente, o Sol também rege a masculinidade e os homens relevantes no mapa de uma mulher, como o pai, o marido ou namorado, um chefe do sexo masculino ou qualquer figura masculina importante na vida de alguém.

☉ No corpo, o Sol rege o coração e o sangue, os provedores de vida. O símbolo do Sol é um círculo de potencial ilimitado, em foco. O signo de Leão é regido pelo Sol.

A TERRA

O que a ciência diz sobre a Terra

A Terra é o terceiro planeta em órbita em torno do Sol, do qual dista 150 milhões de quilômetros. É o quinto maior planeta em diâmetro. A Terra não é perfeitamente redonda, sendo ligeiramente achatada nos polos. Girando a uma velocidade aproximada de 1.600km/h, o planeta dá uma volta completa em torno do eixo em aproximadamente 23 horas e 56 minutos. A Terra viaja pelo espaço à velocidade aproximada de 106.000km/h e leva 365 dias para completar uma órbita de 940 milhões de quilômetros em torno do Sol.

O que a astrologia diz sobre a Terra

De forma característica, não colocamos a Terra no mapa astrológico clássico porque vivemos nela. (A astrologia heliocêntrica inclui a Terra no mapa, mas é praticada por poucos astrólogos.) Contudo, é simples encontrar em um mapa astral a localização de nosso planeta: basta contar seis meses a partir do dia do nascimento — 180 graus — e esta é a localização da Terra, em perfeita oposição ao signo solar. Portanto, se você nasceu em Peixes, no dia 7 de março, seu signo solar é Peixes a 16 graus e a Terra está localizada 182,5 dias depois, aos 16 graus de Virgem. Os efeitos da Terra no mapa ainda estão sendo estudados.

⊕ Os astrólogos da Antiguidade criaram um símbolo para a Terra: uma cruz inscrita em um círculo. A cruz indica a divisão do universo em quadrantes, separando o humano do divino e o mundo interior do mundo "real", exterior. De forma análoga, a cruz representa nosso plano de existência, o mundo material. O círculo representa o espírito humano, que envolve o mundo material, ou simboliza a influência do espírito sobre toda a nossa visão do mundo. Este símbolo cristaliza a percepção da astrologia segundo a qual o indivíduo tem o domínio de seu ambiente e deve responsabilizar-se pelos próprios atos.

A LUA

O que a ciência diz sobre a Lua

A Lua é o satélite natural da Terra e tem dois ciclos principais. O primeiro é o período sideral (sua relação com as estrelas), os 27 dias, 7 horas e 43 minutos necessários para o satélite fazer uma revolução completa pelas constelações do zodíaco. O segundo círculo é chamado sinódico e se refere ao tempo transcorrido entre uma Lua Nova e a próxima, completando o ciclo lunar de duração um pouco maior: 29 dias, 12 horas e 44 minutos. Esse período, geralmente, é chamado de mês lunar. Por causa da rotação diária e do movimento anual da Terra em torno do Sol, a Lua parece mover-se do leste para o oeste, mas, na verdade, se move lentamente para o leste, nascendo um pouco mais tarde a cada dia e passando por quatro fases: Lua Nova, Quarto Crescente, Lua Cheia e Quarto Minguante. Tal como acontece com a Terra, metade da Lua está sempre exposta à luz do Sol, enquanto a outra metade está mergulhada na escuridão. Dependendo da fase em que o satélite se encontre, o lado iluminado pode ser visto totalmente, parcialmente ou ficar praticamente invisível. Embora pareça brilhante, a Lua reflete apenas 7% da luz que incide sobre ela. Na Lua Nova, ela parece escura. Uma semana depois, o satélite entra no Quarto Crescente e pode ser visto como um belo semicírculo iluminado. Duas semanas depois da Lua Nova (uma semana depois do Quarto Crescente), surge a Lua Cheia, um círculo prateado. Nessa fase, o satélite alcança a maior distância do Sol. Uma semana depois, no Quarto Minguante, ela é novamente um semicírculo. Diz-se que a Lua está crescente quando a fase da Lua Nova está completa.

À medida que vai avançando da Lua Cheia para a Lua Nova, diz-se que ela está minguante.

O QUE A ASTROLOGIA DIZ SOBRE A LUA

Em um horóscopo, a Lua é muito importante, perdendo apenas para o Sol, porque se considera que ela reflete o verdadeiro caráter da alma. A Lua governa o interior do indivíduo, visto somente por quem o conhece muito bem. Como ela é um corpo celeste visível principalmente à noite, os astrólogos do passado a consideravam responsável pela vida "interior", que inclui os sonhos e a mente subconsciente, assim como os hábitos, a intuição e as ações instintivas.

Muito antes de se descobrir que a Lua governa as marés, os antigos atribuíam a ela o poder sobre todos os corpos aquáticos e também sobre os sentimentos e as emoções mais íntimas dos indivíduos. Ela não tem luz própria, mas reflete a luz, o que sugere que nos torna capazes de ser influenciados pelas emoções alheias.

A Lua também é um repositório de lembranças. Em um mapa, ela representa a imaginação e o lado feminino e receptivo, e ainda o impulso de cuidar, o instinto maternal, a fertilidade, a possibilidade de gravidez, o parto e a criação dos filhos (no mapa de um homem, ela se refere à capacidade de sua esposa conceber e cuidar dos filhos). Tal como o Sol, a Lua também tem relevância em outros projetos criativos primordiais. Ela governa nosso lado impressionável, mas também aguça a imaginação por sua forte ligação com o subconsciente. Neste sentido, em um mapa astral, a Lua revela quais são nossas necessidades psicológicas para que fiquemos seguros, o estado das condições domésticas (da vida privada do indivíduo) e, principalmente, o relacionamento com a mãe na infância. À medida que vamos crescendo, a Lua também revela o relacionamento íntimo com uma namorada ou esposa (no mapa masculino) ou o relacionamento futuro ou presente com os filhos. Na verdade, no mapa do homem a Lua governa as mulheres importantes, como a namorada ou, em todos os horóscopos, uma chefe ou uma cliente importante. Ela também pode dar uma indicação de nosso estilo atual ou futuro de criar os filhos.

Na vida diária, devemos ficar atentos à Lua Nova e à Lua Cheia, pois estes são períodos em que se deve controlar energias importantes. A astrologia considera o período em que a luz da Lua Nova aumenta propício para plantar as sementes de novos inícios. Uma semana depois, o Quarto Crescente indica um período de superação de obstáculos e avanço no caminho do crescimento. Duas semanas depois da Lua Nova, a Lua Cheia é o período de prazer e culminância. A energia é alta na Lua Cheia, proporcionando grande produtividade e a concretização de projetos. O Quarto Crescente (entre a Lua Nova e a Lua Cheia) acentua as questões da vida diária e indica um bom período para agir instintiva e espontaneamente, e experimentar um crescimento sólido.

O Quarto Minguante (que vem depois da Lua Cheia e avança para a Lua Nova) dá destaque aos impulsos criativos subconscientes e ajuda a tornar claros os valores interiores por meio da reflexão sobre eventos recentes. O Quarto Crescente é uma época de muita atividade, enquanto o Quarto Minguante, seguinte à frenética atividade da Lua Cheia, traz liberação e repouso, sendo um período para absorver o que aconteceu e reunir energia para a próxima Lua Nova.

☽ O símbolo da Lua é o crescente, selecionado pelos antigos astrólogos para expressar a alma do indivíduo. Este símbolo complementa a representação solar de nosso espírito ou a manifestação exterior da personalidade.

A Lua governa o estômago (nas mulheres, governa os seios) e sempre foi considerada um corpo celeste frutífero, promovendo a reprodução e os cuidados com a prole. Ela rege o signo de Câncer.

MERCÚRIO

O QUE A CIÊNCIA DIZ SOBRE MERCÚRIO

Descoberto há 5.000 anos, Mercúrio é um planeta pequeno, com diâmetro de apenas 4.900 quilômetros e densidade semelhante à da Terra. Difícil de ser visto, o planeta Mercúrio é árido, escuro, poroso e rochoso. Embora seja o planeta mais próximo do Sol, não reflete bem a luz dessa estrela. Ele é chamado, respectivamente, de "estrela matutina" ou "estrela vespertina" sendo visto imediatamente antes do alvorecer ou depois do poente. Mercúrio completa uma órbita em torno do Sol a cada 88 dias, movendo-se a uma velocidade aproximada de 48 quilômetros por segundo.

O QUE A ASTROLOGIA DIZ SOBRE MERCÚRIO

Mercúrio, ou "mensageiro dos deuses", foi batizado em homenagem ao deus Hermes da mitologia grega. Ele é considerado o planeta mais objetivo no mapa astral e é o único totalmente neutro — não possui carga masculina (positiva) ou feminina (negativa). Quando forma certos ângulos com outros planetas, Mercúrio ajuda a direcionar com mais precisão e lucidez a sabedoria daqueles corpos celestes. Quem tem Mercúrio em destaque no mapa é considerado ágil, adaptável e inteligente. O planeta é dominante nos signos de Gêmeos e Virgem, dos quais é regente, mas qualquer um pode ter Mercúrio dominante por diversas razões.

Este planeta rege a inteligência, o funcionamento da mente, a linguagem e toda forma de comunicação e interpretação. Ele também governa a capacidade de raciocínio, a adaptabilidade e a versatilidade. Regras e procedimentos, e também o ensino, a pesquisa e as atividades de relatar, responder ou reagir fazem parte do domínio de Mercúrio. Também são regidos por esse planeta as coisas novas e antigas, os documentos raros, os autógrafos, manuscritos, discursos, acordos e contratos. Mercúrio estimula as ações de ouvir e responder, aprender e refletir. Outras funções influenciadas pelo planeta incluem as diversas formas de viajar e também o comércio: vendas, trocas, importações e exportações.

Se Mercúrio é muito influente em um mapa, as habilidades motoras aumentam drasticamente. O planeta rege as mãos e os dedos; portanto, os nativos têm talento para carpintaria, restauração de móveis, desenho, ilustração, costura, bordado, tricô, piano, digitação e outras habilidades e talentos artísticos que usam as mãos. Outros exibirão grande habilidade mecânica ou terão uma caligrafia bonita.

☿ O símbolo de Mercúrio é semelhante ao de Vênus, um círculo sobre uma cruz e sob a metade de um crescente. Este ícone sugere a manifestação (crescente) do espírito (círculo) sobre a matéria (cruz), e, de fato, o papel de Mercúrio é ligar o espírito às questões cotidianas, a fim de facilitar os processos.

VÊNUS

O QUE A CIÊNCIA DIZ SOBRE VÊNUS

Vênus é o segundo planeta a partir do Sol, logo depois de Mercúrio. Em função da distância das órbitas de Vênus e da Terra até o Sol, o primeiro só pode ser visto três horas antes do amanhecer ou três horas depois do pôr do sol. Vênus, em geral, transita pela face do Sol apenas duas vezes por século — a última ocorrência foi em 2004 e a próxima será em 2012. Quando está visível, Vênus é o objeto mais brilhante no céu, perdendo apenas para o Sol e a Lua.

Vênus está a 108 milhões de quilômetros do Sol e completa uma órbita em 225 dias. Diferente dos outros planetas, que são ligeiramente achatados nos polos, Vênus é uma esfera quase perfeita. Ele leva 243 dias para completar uma volta. A lentidão com que gira lhe permite manter um curso quase perfeitamente circular (em vez de elíptico), mais circular que o de qualquer outro planeta. Ele também gira numa direção diferente da dos outros. Se pudéssemos ficar de pé no polo norte de Vênus, veríamos que, em vez de girar no sentido contrário ao dos ponteiros do relógio, como todos os outros planetas de nosso sistema solar (exceto Urano) ele gira no sentido dos ponteiros do relógio. Dessa forma, se fosse possível enxergar através da densa camada de nuvens que cobre a superfície do planeta, veríamos o Sol nascer no oeste e morrer no leste. O diâmetro de Vênus é igual a 94,9% do diâmetro da Terra. Sua massa equivale a 81,5% da massa terrestre. Sua densidade é 5,24g/cm^3. A densidade da Terra é 5,52g/cm^3. A órbita de Vênus faz com que ele sempre apresente a mesma "face" para a Terra quando os dois planetas estão mais próximos.

Não se sabe muito bem por que isso acontece, mas é possível que o fenômeno seja causado pela influência da gravidade da Terra sobre Vênus.

O que a astrologia diz sobre Vênus

Regente do signos de Touro e Libra, Vênus era um dos cinco planetas conhecidos na Antiguidade. Descoberto pelos babilônios em 3000 a.C., Vênus figura nos registros astronômicos de diversas outras civilizações antigas: China, Egito, Grécia e América Central. Nos tempos antigos, quando surgia no leste, ao amanhecer, Vênus era chamado de Lúcifer ou Phosphorus. Quando visto ao anoitecer, o planeta era chamado Hesperus.

No mapa astral, o papel de Vênus é adicionar amor, amizade e beleza. Sem ele, a vida seria triste, pois o planeta governa a ternura, a alegria, a harmonia e até a capacidade para o humor. Ele também governa o senso estético e as interações sociais em todos os níveis. Vênus mostra que os humanos devem se divertir neste mundo. Também pode aumentar a autoestima e a autoconfiança, encorajando-nos a amar abertamente e também a receber amor. Quando o planeta está em destaque no mapa de forma positiva, o nativo será favorecido por mulheres, porque ele simboliza o relacionamento com elas e a feminilidade.

As vantagens financeiras são outro aspecto positivo de Vênus, e este adorável corpo celeste governa o dinheiro e os presentes, e também a gratificação sensual representada por joias, bons vinhos, alimentos sofisticados, chocolates importados, seda, perfumes, música e obras de arte. Vênus tem uma qualidade decorativa e um sentimento de abundância e luxo. Além disso, o planeta está associado com a criação, a reprodução e a fertilidade. (A concepção de um filho sempre envolverá também a Lua.) Portanto, seu objetivo é conceder ao mundo criatividade e vida nova, juntamente com mais prazer.

Sendo o guia das camadas mais profundas da mente inconsciente na descoberta do tipo de amor ao qual a psique aspira, o papel mais importante de Vênus diz respeito ao romance e ao amor. Este planeta dá indicações sobre as qualidades gerais necessárias para um amante ser ideal e sobre o andamento do caso de amor. Na verdade, seu papel principal é imensamente importante: garantir que a centelha inicial de amor se mantenha e dar aos amantes um desfrute duradouro, se eles forem realmente compatíveis.

Para o homem, Vênus indica o tipo de mulher que ele poderia amar e também a natureza do relacionamento romântico. Para a mulher, o planeta indica o tipo geral de relacionamento romântico de que ela necessita — seu tom, intensidade e o tipo de equilíbrio entre independência e intimidade que ela intuitivamente procura. O homem que ela amaria ou com quem se casaria, provavelmente, será indicado por Marte, e não por Vênus. Em outro nível, também se diz que Vênus aprofunda a amizade ou fortalece a ligação entre pais e filhos, além de trazer popularidade para um governante. A forma pela qual esse afortunado planeta influencia a amizade e a localização dele no mapa indica se o nativo precisa de mais ou menos pessoas em seu círculo de amigos.

♀ Nas pinturas dos mestres do passado, a deusa Vênus, em geral, é vista nua, deitada sobre uma cama coberta por tecidos sedosos, contemplando-se num espelho de mão enquanto em torno dela voam querubins com tigelas de rosas vermelhas e cor-de-rosa. A imagem do espelho de mão é irônica. Ele é semelhante ao pictograma de Vênus, um círculo com uma pequena cruz na parte inferior, que alguns assinalaram lembrar um espelho. Na verdade, o símbolo de Vênus é um círculo sobre a cruz, o símbolo do feminino, que denota o espírito (círculo) sobre a matéria (cruz). Essa imagem é a quintessência de Vênus: beleza, graça, desejo, luxo, ornamentos, amor e harmonia fazem parte do domínio deste planeta adorável e alegre. O que seria da vida na Terra sem Vênus?

MARTE

O que a ciência diz sobre Marte

Marte é o quarto planeta a partir do Sol, do qual dista 227 milhões de quilômetros. Ele leva quase dois anos para passar por todas as constelações. Relativamente pequeno em comparação aos outros planetas, o diâmetro de Marte corresponde aproximadamente à metade do diâmetro da Terra. Sua massa é um décimo da massa da Terra. Visto através de um telescópio, parece vermelho-alaranjado, razão pela qual é conhecido como Planeta Vermelho. Marte foi originalmente batizado em homenagem ao deus romano da guerra, porque sempre aparece intensamente brilhante no céu noturno. O movimento relativo da Terra e de Marte em torno do Sol faz com que, por um curto período, ele pareça viajar no céu de trás para a frente. Os astrólogos denominam este movimento de retrogradação.

Este planeta temperamental tem uma característica geológica muito interessante: abriga o maior vulcão do sistema solar, o Monte Olimpo, que tem aproximadamente o dobro do tamanho do monte Everest. Ao redor desse monte estão três outros vulcões, quase tão grandes quanto ele, mas que parecem estar inativos ou extintos. Marte tem estações. Porém, ao contrário das estações da Terra, elas têm durações diferentes em função da rotação do eixo do planeta. Marte tem também, nos dois polos, calotas glaciais que aumentam quando é inverno no respectivo hemisfério.

Durante mais de cem anos questionou-se a possibilidade de vida em Marte. Para investigar essa questão os cientistas enviaram ao planeta as missões espaciais *Viking* (1975) e *Pathfinder* (1996). Até o momento, não se encontrou matéria orgânica no planeta, mas há uma teoria de que um meteorito encontrado em 1984 na Antártica contém fósseis de bactérias originárias de Marte há 4 bilhões de anos. Também existem indicações recentes de que pode ter existido água em Marte. No início do século XXI, prossegue a busca pela verdade. Nesta era moderna, o planeta certamente provoca a imaginação de pessoas em toda parte.

O que a astrologia diz sobre Marte

Agressivo, impositivo, passional, poderoso, enérgico, corajoso, destemido, competitivo e ousado, o Planeta Vermelho governa todo o espectro dos eventos tradicionalmente "masculinos", como o sexo, o combate, os esportes radicais e os riscos que exigem nervos de aço. Não admira que Marte também seja conhecido como o Planeta Guerreiro, por sua coragem, força e capacidade de superar os adversários por meio do tempo ou da distância.

Marte é chamado de apontador do zodíaco, porque, de acordo com sua posição no horóscopo, indica onde devem ser aplicadas as energias mais puras.

Outro lado de Marte revela nosso impulso sexual. O planeta é ousado, forte, explorador e estimulante, simbolizando um amante sensacional. Marte faz as coisas "acontecerem". Trazendo resistência, ambição, determinação e até mesmo instinto de sobrevivência, a energia de Marte nos estimula a prosseguir, mesmo que o caminho se torne difícil.

Certamente, Marte gera ruído, movimento e muita atividade em qualquer casa do horóscopo em que esteja. Se houver excesso de energia originária de Marte, há o risco de acidentes. Reações intempestivas também podem acontecer quando Marte está num ângulo complicado com outros planetas. Ele rege os instrumentos cortantes, o fogo e todo tipo de combustível. É capaz de destruir a matéria pela força. No entanto, por outro lado, o planeta pode agregar paixão, espírito, entusiasmo e energia a tudo que toca. No fim das contas, trata-se de uma questão de proporção e da qualidade da expressão do nativo sob a influência do planeta em determinado momento. Algumas pessoas aprendem a controlar e direcionar muito bem a influência direta de Marte.

♂ O planeta leva aproximadamente dois anos para fazer uma volta completa em torno do Sol, passando, em geral, seis semanas em cada signo; porém, quando está retrógrado (parecendo deslocar-se para trás), pode estacionar por até sete a oito meses. Diz-se que qualquer planeta retrógrado tem seus poderes reduzidos. O símbolo de Marte é a masculinidade, um círculo com uma flecha apontada para cima, indicando que ele trabalha num plano quase inteiramente material. Não há crescentes que simbolizem o espírito. Marte lida com o aqui e agora. A seta indica ação e sexualidade — o pensamento e a reflexão são relegados a Mercúrio, já que Marte não se deixa limitar por muita reflexão que reduza seu ritmo. Ele é o regente natural de Áries e o corregente de Escorpião.

JÚPITER

O que a ciência diz sobre Júpiter

Quinto e maior planeta em órbita solar, Júpiter recebeu um nome bastante adequado. Com 148 mil quilômetros de diâmetro, é maior que todos os outros planetas de nosso sistema solar reunidos. Depois do Sol, da Lua e de Vênus (e, às vezes, Marte), Júpiter é o objeto mais brilhante no céu da Terra, sendo três vezes mais luminoso que Sírius, a estrela mais brilhante no céu noturno. O planeta leva 11,9 anos para passar por todos os signos do zodíaco e completar uma órbita em torno do Sol, do qual dista 780 milhões de quilômetros.

Com base na aparência de Júpiter, os cientistas postulam que ele é formado do mesmo material que o Sol. Seu pequeno núcleo é composto de rochas e ferro. Contudo, ele não tem uma superfície sólida, sendo uma bola densa formada pelos gases mais leves, o hidrogênio e o hélio. Consequentemente, sua densidade é menos de um quarto da densidade da Terra e seu diâmetro é 11,2 vezes o de nosso planeta. O volume de Júpiter equivale a 1.300 vezes o volume da Terra.

Os quatro satélites mais brilhantes de Júpiter — Io, Europa, Ganimedes e Calisto, nomeados em homenagem a figuras mitológicas associadas ao deus Júpiter — são claramente visíveis da Terra. Io vem da palavra grega *ion*, que significa "errante" ou "viagem", um nome especialmente adequado porque o satélite exerce influência indireta sobre a ionosfera de Júpiter (fato desconhecido pelos astrônomos da Antiguidade que batizaram o satélite). Europa é coberta por uma camada de água e gelo que se rompe e exala calor. Os exobiólogos — cientistas que estudam a possibilidade de vida em outros planetas — acreditam que essas chaminés podem ajudar a sustentar formas primitivas de vida. Io e Europa parecem densos e rochosos como Mercúrio, Vênus, Terra e Marte. Os outros dois satélites mais distantes do planeta, Ganimedes e Calisto, são compostos de materiais menos compactos, e são semelhantes a Netuno e Urano.

Finalmente, os cientistas descobriram que, tal como Saturno, Júpiter tem um sistema de anéis e uma fonte interna de calor que, na verdade, emite *mais* energia do que a recebida do Sol. (Sempre se acreditou que somente as estrelas pudessem gerar energia, e não os planetas.) Além disso, Júpiter tem o campo magnético mais forte de todos os planetas em nosso sistema solar. Mais interessante é observar que Júpiter é a fonte de intensas emissões de ondas de rádio, cujas frequências, às vezes, irradiam mais energia que o Sol.

O que a astrologia diz sobre Júpiter

Faz muito sentido que o maior planeta do sistema solar, aquele que, na opinião de cientistas, por pouco deixou de ser um sol, seja o regente da boa sorte e da felicidade. Em um mapa astral, Júpiter traz esperança, honestidade, espiritualidade e compaixão. Ele é conhecido como o Planeta Afortunado porque expande ou cria oportunidades em qualquer setor do horóscopo que esteja visitando. Além disso, Júpiter amplia a visão e proporciona um sentimento de compreensão e inclusão com relação aos outros, além de trazer fé, otimismo, lealdade, justiça, confiança e até mesmo sabedoria tanto ao mapa, como um todo, quanto aos setores do mapa que esteja visitando. Júpiter mostra um quadro abrangente que nos faz pensar com grandeza.

Com base em suas diversas propriedades científicas, a natureza de Júpiter pode ser caracterizada como radiação de energia. O planeta aumenta tudo o que toca. Ele também rege a riqueza e os ganhos financeiros palpáveis e sólidos, pois fornece sorte e dá presentes. Ao mesmo tempo, o planeta rege a filosofia, a filantropia, os estudos e todos os empreendimentos acadêmicos, a ética e a moralidade, as religiões de todas as culturas, a medicina — sendo também denominado um grande curandeiro —, assim como os serviços governamentais, com o propósito de estabelecer padrões para o bem de toda a comunidade. A descoberta de uma razão mais elevada para estarmos vivos também é considerada influência geral de Júpiter. Esse planeta curioso e poderoso promove a criação de ideias em todas as nações, cores, raças e até mesmo épocas, regendo a indústria editorial e o sistema judiciário. Finalmente, Júpiter promove as viagens longas e a pesquisa de diversas culturas.

♃ Embora os romanos tenham batizado este planeta em homenagem a seu principal deus, Jove ou Júpiter, e os gregos tenham chamado este planeta de Zeus, nome de seu principal deus, os atributos astrológicos de Júpiter não refletem essa imagem assustadora. Pelo contrário, o símbolo de Júpiter é o semicírculo sobre a cruz, manifestando o triunfo do espírito sobre a matéria. Ele leva 12 anos para percorrer o zodíaco, portanto, embora seja o regente natural de Sagitário, a cada ano o planeta dá a um signo uma parcela de sua generosa sorte.

SATURNO

O que a ciência diz sobre Saturno

Desde os tempos pré-históricos, o sexto planeta depois do Sol vem sendo observado a olho nu a partir da Terra. A 1.400 milhões de quilômetros do Sol, Saturno completa uma órbita em 29,46 anos. Com um diâmetro de 120 mil quilômetros, é o segundo maior planeta do sistema solar, depois de Júpiter. No entanto, é importante observar que, embora Saturno seja grande, sua massa é três vezes menor que a de Júpiter, portanto, tem a menor densidade. Contudo, comparado com a Terra, Saturno tem uma massa 95,13 vezes maior e um volume 766 vezes maior.

O peso da atmosfera de Saturno faz com que a pressão atmosférica aumente na direção do centro, onde o gás hidrogênio se condensa, tornando-se líquido. Mais perto do centro do planeta, a pressão sobre o hidrogênio líquido transforma-o em metal, que conduz eletricidade. As correntes elétricas no hidrogênio metálico são responsáveis pelo campo magnético do planeta.

A propriedade mais notável de Saturno são seus anéis, os mais impressionantes do sistema solar. Eles são compostos de partículas de rocha, gases congelados e partículas de água e gelo. Esses materiais variam de 0,0005cm a 10m de diâmetro, de poeira fina a rochas volumosas. Além dos sete principais anéis, Saturno tem mais de 100 mil anéis muito finos descobertos pela sonda espacial *Voyager 2*. Muitos acham que Saturno é o mais belo dos planetas.

O QUE A ASTROLOGIA DIZ SOBRE SATURNO

Saturno é o planeta da concentração introspectiva, da permanência, das recompensas tangíveis, da tenacidade, da ambição e da produtividade. Este exigente planeta também aconselha prudência, adiamento, redução, limitação, responsabilidade, regras e regulamentos, dor, medo, separação, ansiedade, aprendizado com esforço, autoridade, disciplina, controle e parcimônia. Antes de dizer "Cruzes!", pense na seguinte questão: sem Saturno, provavelmente não haveria progresso, porque não haveria disciplina, padrões, controle ou produtos tangíveis do trabalho árduo — haveria apenas o caos.

Denominado em homenagem ao deus romano da agricultura, conhecido pelos gregos como Cronos, o pai de Zeus, Saturno não é um planeta que tolere atalhos ou que nos permita obter ganhos imerecidos. Ele nos segura pela garganta e nos obriga a enfrentar as situações, principalmente aquelas que procuramos evitar. O que Saturno estiver tocando em seu mapa provavelmente passará por um período de desaceleração ou congelamento, o que é compreensível, já que o planeta rege o elemento chumbo. No entanto, por sua natureza postergadora, Saturno ensina o valor da maturidade, da paciência, da prudência e do sacrifício, seja em favor de uma gratificação posterior, seja pelo bem de terceiros. Este planeta também é sério, maduro, reservado, sóbrio e devotado. Ele traz a tudo o que toca longevidade e verdadeira dedicação, além de reger os tesouros do passado (históricos, artísticos ou arqueológicos). Rege os dentes e os ossos, as estruturas básicas do corpo humano. Na verdade, Saturno rege todos os fundamentos, desde o esqueleto do corpo humano até a hierarquia da organização de uma empresa.

Quando alguém passa pelo "retorno de Saturno", o planeta volta à posição que ocupava no nascimento, o que acontece a cada 29 anos. Nesse momento, a pessoa "cresce". Portanto, na astrologia, a idade do verdadeiro amadurecimento é 29 anos e a grande sabedoria é alcançada aos 58 anos, época em que Saturno girou duas vezes pela roda astrológica do indivíduo. (Alguns têm a sorte de alcançar os 87 anos, a terceira volta de Saturno, com enorme experiência, sagacidade e percepção.) Sempre que ocorre o retorno de Saturno, o indivíduo toma uma decisão adulta — casar-se, ter um filho, arrumar um emprego, comprar uma casa ou outra decisão que ajude a dar raízes e estabilidade à vida. Também é verdade que, quanto mais necessária for uma lição de Saturno, mais difícil ela será. Depois que aprendemos muito, Saturno passa a ensinar cada vez menos a cada volta da roda. Sendo assim, este planeta rege a idade madura, enquanto Urano rege a juventude. À medida que vamos envelhecendo, temos mais dificuldade com os trânsitos de Urano, porém são mais fáceis os períodos de trânsito de Saturno por nossos mapas. O reverso é válido para os jovens.

♄ O símbolo de Saturno é uma cruz, que representa o mundo material, sobre um semicírculo, regendo a mente e a capacidade do planeta para cristalizar e estabilizar tudo o que toca. A tarefa de Saturno é transformar ideias em realidade. Ele leva 29 anos para percorrer o zodíaco, passando dois anos e meio em cada signo, e é o regente de Capricórnio.

URANO

O QUE A CIÊNCIA DIZ SOBRE URANO

Sendo o sétimo planeta depois do Sol, o verde-azulado Urano tem baixa densidade, porém é suficientemente grande para ser considerado um dos quatro planetas gigantes. Ele se compõe, principalmente, de hidrogênio e hélio, além de água e outros compostos voláteis. Situado a aproximadamente 3 bilhões de quilômetros do Sol, Urano tem 50 mil quilômetros de diâmetro e leva 84 anos para completar a órbita solar.

A qualidade mais interessante de Urano talvez seja o fato de seu eixo de rotação fazer um ângulo de 98 graus com o eixo de sua órbita, portanto, ele gira sobre o lado. Além disso, o sentido de sua rotação é diferente do de todos os outros planetas, exceto Vênus. Ele gira no sentido dos ponteiros do relógio, enquanto os outros planetas se movem em torno do Sol, ao girarem sobre o próprio eixo, no sentido inverso. Em 42 anos, a metade do ciclo de Urano, o Sol se desloca de cima de um polo para cima do outro. Essa condição incomum pode ter sido causada por uma colisão violenta durante a formação do sistema solar, há bilhões de anos.

O QUE A ASTROLOGIA DIZ SOBRE URANO

A rotação inusitada de Urano pode explicar os surpreendentes atributos do planeta na astrologia. Inovador, inventivo e especulativo, Urano pretende trazer criatividade, surpresa e até genialidade para tudo que toca. Este planeta rompe com o padrões estabelecidos de pensamento, criando mudanças súbitas e até mesmo radicais, substituindo o que "era" por algo novo e melhor. Ele é o planeta do futuro, as novas tecnologias são o seu domínio. Urano rege a exploração espacial, a internet, os computadores, as telecomunicações, a aviação, as transmissões, o vídeo e a fotografia digital. Este planeta revolucionário também promove todo tipo de pesquisa pioneira na medicina e na engenharia, de transplantes a clonagem, biologia e biofísica, assim como os raios X, o laser e a tecnologia eletromagnética. A astrologia, as experiências mediúnicas, a acupuntura e outras novas formas de cura holística e homeopática pertencem a Urano.

Nativos com forte influência de Urano em seus mapas são vanguardistas, pioneiros, reformadores e precursores na sociedade. O ímpeto pela mudança e pelo bem da comunidade vem de Urano, pois seu domínio abrange as questões sociais de âmbito global, inclusive as questões humanitárias, filantrópicas, sociológicas e ambientais. Além de possuir todos esses valiosos atributos, Urano lidera um forte impulso no sentido da insurgência, da independência e até mesmo do choque. O planeta é eletrizante, liberador, estimulante, errático, incomum e estranho, nunca rotineiro ou previsível. Sua influência é intuitiva, instintiva, imaginativa, inventiva, pesquisadora, curiosa, inconformada, voluntariosa e intelectual.

Além de ter essas propriedades não conformistas, Urano também é científico, objetivo, racional, fleumático, sempre em busca da verdade. Esse planeta é considerado a "oitava acima" de Mercúrio. Enquanto Mercúrio retrata os processos normais da mente no sentido da visão, percepção, leitura, escrita, fala e audição, Urano vai a um nível além, empregando a intuição derivada da sabedoria adquirida pela experiência. Embora tenha sido chamado de grande agente do despertar, porque situa as deficiências da sociedade para as quais os outros estão cegos, Urano também é chamado de grande sintetizador, porque sua atuação consiste em amalgamar a informação reunida pelos outros planetas, obtendo um todo novo e poderoso. Urano dá a capacidade de personalizar e individualizar conceitos e ideias.

Em seus efeitos, esse planeta é como um raio — súbito, surpreendente e inesperado. Por essa razão, diz-se que ele rege a juventude, enquanto Saturno rege a idade avançada. Quando alcançamos a metade do ciclo de Urano, aos 42 anos (na verdade, isso ocorre em algum momento entre os 38 e os 42 anos, dependendo da velocidade da órbita de Urano no mapa individual), experimentamos uma importante crise existencial. Na verdade, o que acontece é que Urano fica em oposição com o local onde estava no mapa natal. Esta crise da meia-idade de que falavam os antigos ocorre no mapa de todos naquele período, ajudando a tornar claras as metas existenciais do nativo e a fortalecer-lhe o sentido de propósito e individualidade.

♅ O símbolo de Urano são dois semicírculos em cada lado de uma cruz sobre um círculo. A cruz ao centro do símbolo é a matéria e os crescentes laterais são o espírito. Este planeta passa sete anos em cada signo, portanto, leva 84 anos para percorrer o zodíaco. Urano rege o signo de Aquário.

NETUNO

O que a ciência diz sobre Netuno

Netuno é o oitavo planeta a partir do Sol, com uma órbita de 164,8 anos. O planeta é quase quatro vezes maior do que a Terra, com um diâmetro aproximado de 50 mil quilômetros. Tal como Júpiter, Saturno e Urano, Netuno é um planeta gasoso, constituído de hidrogênio, hélio e, numa proporção menor, de metano (3%), que responde pela coloração azul-escura do planeta. Sua órbita é quase circular, como a de Vênus. A descoberta de Netuno, em 1846, é considerada um dos triunfos da astronomia matemática. Alterações na órbita de Urano indicavam a influência de uma massa considerável. Descobriu-se que essa força misteriosa era Netuno.

Por estar tão distante da Terra, Netuno nunca é suficientemente brilhante para ser visto sem um telescópio, portanto, é difícil examiná-lo. Só recentemente os cientistas obtiveram mais informações a respeito dele.

O que a astrologia diz sobre Netuno

Sempre que um planeta é descoberto, os astrólogos observam os eventos mundiais e a natureza dos tempos para discernir as qualidades daquele corpo celeste. Netuno foi descoberto durante o Romantismo, um movimento de reação ao Iluminismo, radicalmente centrado na lógica e no método científico. Portanto, ele representa o idealismo, o altruísmo, o sacrifício, os sonhos e tudo o que a lógica e a ciência não conseguem explicar, confirmar ou determinar.

O papel de Netuno é ajudar-nos a transcender a realidade diária e trazer-nos para uma condição mais meditativa e espiritual, em que as ideias tenham asas e os sonhos pareçam tão reais que possamos tocá-los. As dádivas mais importantes de Netuno são compaixão, bondade, empatia, desprendimento e generosidade natural. A força dele vem exatamente da sua falta de precisão. Através de seu véu vemos o contorno, a visão mais ampla ou o conceito do sonho, e não suas especificidades. Ao mascarar os detalhes, o planeta enfatiza os elementos universais e abrangentes daquilo que toca. Netuno nos ajuda a receber informações do hemisfério direito, imaginativo e visual, contornando o intelecto e falando diretamente com a intuição, a alma, o coração e o inconsciente, usando cenas, imagens, música, dança, fotografia, pintura, poesia ou ilustrações, em vez de usar uma linguagem mais concreta. Netuno sussurra "eu acredito", em vez de "eu sei", pois a verdade é encontrada no coração. Este planeta tem o olhar voltado para a eternidade.

Como a "oitava acima" de Vênus, Netuno expandiu a apreciação cultural da beleza e do amor característica daquele planeta. Enquanto Vênus desfruta plenamente a leveza do amor e da sexualidade erótica, Netuno ama tão profundamente que se sacrifica por esse sentimento e muda a ênfase de "eu" para "tu", acrescentando assim a qualidade do desprendimento do amor à definição de beleza e prazer de Vênus, mais restrita. Vênus quer desfrutar de amor, enquanto Netuno conhece as responsabilidades que vêm com ele. Vênus pode definir certos padrões de beleza, mas Netuno eleva esses padrões para além da cultura, da moda ou do momento.

Netuno lida com termos abstratos e conceituais, em vez de específicos; portanto, é conhecido por dar a tudo o que influencia vibrações poéticas, criativas, artísticas, intangíveis, idealistas e etéreas. Espiritual, clarividente, intuitivo, instintivo, sutil e misterioso, este encantador planeta expande a imaginação, construindo realidades alternativas. Netuno rege o subconsciente, o psicológico e tudo o que é místico.

As águas de Netuno limpam qualquer planeta com que ele "fale" (o que chamamos de criar um aspecto ou, em outras palavras, formar certo ângulo matemático), deixando-o mais puro do que antes. Tal como Urano e Plutão, os outros poderosos planetas "exteriores", Netuno realiza uma grande mudança. No entanto, as mudanças de Netuno são tão sutis que podem ser imperceptíveis. Ele trabalha de forma quase invisível, lenta e gradual, como a água que passa morosa e delicadamente sobre as pedras, contínua, metódica e ritmicamente. A água dissolve, lava, obscurece e suaviza em seu domínio amorfo.

Netuno não consegue tolerar nenhuma arrogância, grosseria ou banalidade, pois isso fere a delicada sensibilidade do planeta e sua grandiosa concentração no ideal. Cuidadosamente, Netuno mantém vivos seus sonhos, vivendo mais no "pode ser" do que no "é". Quando a realidade se torna cruel demais, Netuno cria um refúgio, um escape, uma divagação que podemos esposar até as coisas melhorarem. Ironicamente, ele nos ensina que nada é tão bom ou tão mau quanto parece. Ele não nos deixa lá, mas nos inspira a usar nossas visões para construir uma versão melhor do mundo. Ele governa os alicerces do conhecimento sobre o mundo a nosso redor, no entanto, no processo, ainda nos permite acreditar em milagres e mágica.

♆ O símbolo de Netuno é o tridente do deus grego Poseidon, instrumento semelhante ao forcado do deus romano Netuno. Apropriadamente, Netuno é o regente de Peixes; leva 146 anos para percorrer o zodíaco, permanecendo mais ou menos 14 anos em cada signo.

PLUTÃO

O que a ciência diz sobre Plutão

Localizado a 6 bilhões de quilômetros do Sol, Plutão, o nono planeta, leva quase 248 anos para completar uma órbita. É o menor planeta do sistema solar. Com um diâmetro de apenas 2.300 quilômetros, é menor que a metade de Mercúrio e dois terços do tamanho da Lua. Por ser o planeta mais distante do Sol, quase não reflete sua luz. A órbita de Plutão é tão elíptica que às vezes ele troca de posição com Netuno — cuja órbita é circular — e fica mais perto do Sol que este último.

Em 1905, depois de perceber perturbações nos campos gravitacionais de Urano e Netuno, Percival Lowell formulou a hipótese da existência de Plutão e instituiu uma busca pelo planeta. No entanto, o cientista morreu sem ter localizado Plutão. Por incrível que pareça, em 1930, depois que o astrônomo Clyde Tombaugh descobriu o planeta, verificou-se que, por ser tão pequeno, Plutão não poderia ser a causa regular das perturbações gravitacionais, portanto, considerou-se uma notável coincidência o fato de ele ter sido localizado.

O que a astrologia diz sobre Plutão

O planeta foi batizado em homenagem ao deus do mundo inferior na mitologia romana. (Na mitologia grega, esse deus se chama Hades.) Plutão está tão distante no espaço sideral que a luz do Sol leva cinco horas para alcançá-lo. Ele recebe apenas 1/1.600 da luz solar recebida pela Terra, portanto, seu nome é apropriado. Quando foi descoberto, em 1930, o mundo passava por um período muito difícil. Para decifrar o significado de Plutão, os astrólogos analisaram os eventos mundiais e viram a aproximação de fatos como a Grande Depressão, o fascismo, o comunismo, a Segunda Guerra Mundial e a era atômica. Evidentemente, Plutão está associado a vibrações muito pesadas.

Frio, coberto de gelo e escuro, este planeta parece absolutamente distante e enigmático. No entanto, também está associado a renascimento, regeneração, rejuvenescimento e, basicamente, qualquer tipo de metamorfose. Ele nos permite reinventar-nos em novas formas, drásticas, porém graduais, como uma lagarta que se transforma em borboleta. O planeta está associado à morte como transformação final da energia vital. No entanto, ele também rege outras "mortes", como os términos importantes ou, até mesmo, as cirurgias. (O cirurgião remove uma parte desnecessária do corpo para curá-lo.)

Embora marque o encerramento, muitas vezes Plutão também mostra as razões ocultas para esse término e geralmente fornece um caminho para um novo crescimento. Sua influência, às vezes, é tão grandiosa e avassaladora que pode fazer com que pensemos ter perdido o controle. Às vezes, quando experimentamos certas vibrações de Plutão, simplesmente precisamos aceitar o que está sendo apresentado. Contudo, como já vimos, o planeta nos ajuda a nos reinventarmos quando mais precisamos mudar — uma mudança mais gradual, não uma mudança súbita, como a provocada por Urano.

Plutão é poderoso, porque é o planeta mais lento do sistema solar, permanecendo em um signo de 13 a 25 anos e exercendo forte influência sobre cada um deles. Na astrologia, quanto mais distante um planeta estiver do Sol, mais poderoso ele será. A razão para esse poder maior dos planetas distantes é o fato de que levam mais tempo para completar uma órbita em torno desta estrela. Como consequência, os planetas lentos (Plutão, Netuno e Urano) se arrastam pelo espaço centímetro por centímetro, e quando ocupam cada constelação do zodíaco, permanecem ali por mais tempo que os outros planetas. Isso provoca uma experiência mais profunda e indelével que a dos planetas que se movem rapidamente pelos signos (como Lua, Vênus e Mercúrio). Plutão afeta particularmente toda uma geração, estabelecendo questões e temas que as sociedades trabalham em conjunto.

Ele também rege aspectos psicológicos e subconscientes da vida (principalmente as obsessões), conhecidos ou desconhecidos, inclusive as fobias, os medos e os sentimentos de alienação, isolamento e separação. Na verdade, o planeta mais próximo de Plutão, Netuno, está a 1.400 milhão de quilômetros de distância. A ligação com a reprodução também faz de Plutão um planeta da sexualidade, em termos tanto das aplicações prazerosas e reprodutivas quanto dos tabus e das dificuldades.

Faz sentido que o enigmático Plutão seja o senhor de Escorpião, a oitava casa do horóscopo, uma casa não só de morte, como também de regeneração, que inclui dívidas, impostos, seguros, empréstimos e outros recursos compartilhados. O dinheiro está localizado nesse setor, o que não deve ser uma surpresa, já que pode ser herdado depois da morte. Antes da descoberta de Plutão, Marte regia a oitava casa, sobre a qual ainda mantém alguma influência. Contudo, Plutão foi considerado um regente mais adequado porque comanda todos os tipos de transformação e mutação — o dinheiro é herdado ou adquirido por meio do trabalho; a expressão sexual leva ao nascimento. Todas elas são atividades próprias para serem incluídas na oitava casa e regidas por Plutão.

A potente influência do planeta explica por que ele também rege todas as bases de poder, seja o governo de uma nação, seja uma gigantesca corporação global. Quando sentimos que estamos numa "briga de cachorro grande", é provável que Plutão esteja exercendo forte influência sobre nosso horóscopo.

Além disso, o planeta também indica o que deve ser trazido à luz e talvez descartado (entre outras coisas, Plutão rege os resíduos e a eliminação) para que possamos seguir adiante com mais força e energia. A associação de Plutão com o mundo dos mortos o qualifica para ser o planeta dos segredos, estratégias e conspirações: do jornalismo investigativo e da espionagem.

Plutão tem uma força incomum e a capacidade de se refazer diante de qualquer obstáculo. Mais do que qualquer outro planeta, ele simboliza a capacidade miraculosa do ser humano para triunfar em todas as dificuldades, como a fênix mitológica que se ergue, renascida e renovada, das cinzas da derrota. Enquanto Marte traz energia, Plutão, a "oitava acima" de Marte, direciona a energia para dentro, para proporcionar o crescimento espiritual e a iluminação. Além disso, se Marte destrói a matéria, Plutão provoca uma transformação, um renascimento, um conceito que transcende o escopo daquele.

♇ O símbolo de Plutão é uma cruz (matéria) sob um crescente (a alma). Acima do crescente está um círculo (o espírito). Ele representa o espírito contido pela alma, como se "flutuasse" dentro dela, e ambos sobre a cruz. Em outras palavras, alma e espírito triunfam sobre a matéria cotidiana — um símbolo bastante alegre e otimista.

OS SIGNOS SOLARES:

Personalidade e mitos

A PERSONALIDADE DE ÁRIES

Áries
21 de março — 19 de abril

Força condutora
"Eu QUERO."

O que alegra este signo
Áries encontra satisfação em adotar uma abordagem proativa e enérgica e impor sua vontade ao ambiente a seu redor.

No novo milênio, sua contribuição para o mundo será...
Seu espírito aventureiro e empreendedor será estimulado e recompensado. Sua prática habitual de colocar iniciativas em movimento com energia audaz mostrará, pelo exemplo, que mudar é bom. Você também encontrará formas inovadoras de contribuir com seu talento para causas humanitárias.

Uma citação que descreve o ariano
"Um líder não é digno desse nome se não estiver disposto a prescindir de ajuda."

— Henry Kissinger, *geminiano*

Áries, você tem sorte por ter recebido do cosmo a dádiva da pura energia, uma imensa reserva de força vivificante, pronta para ser usada a seu bel-prazer. Nascido no início da primavera no Hemisfério Norte, o signo de Áries personifica os inícios. Ele está sempre borbulhando de novas ideias e procurando formas de criar recomeços. Por essa razão, muitos arianos se tornam empresários ou líderes muito eficientes, pioneiros em territórios novos e desconhecidos. Para você, ganhar é muito importante. Você adora ser o primeiro, o mais rápido, o maior, o melhor, o dono da verdade. Você simplesmente não aceita uma negativa. Áries governa a primeira casa do zodíaco, que rege a identidade, o ego, a confiança e a autoestima — qualidades que você recebeu em abundância.

Quando busca alcançar uma meta, você não dá pequenos passos. Você cria um poderoso vórtice de energia em torno de todas as suas ações. Seu signo encarna a primeira faísca de energia necessária para dar início a qualquer projeto novo — Áries inicia o processo de colocar tudo em movimento. Depois de algum tempo, suas iniciativas adquirem vida e movimento próprios. Esse impulso que lateja dentro de você é parte da poderosa força primordial da vida que o criou e também tudo mais que há na Terra e que o empurra sempre para a frente. Seu enorme entusiasmo fornece a primeira centelha que acende sua fogueira. Áries, não subestime seu magnetismo carismático e poderoso. Os outros percebem essa sua característica e querem participar de sua luz cintilante. Essa é uma de suas características mais adoráveis e irresistíveis.

Os símbolos

♈ O símbolo de Áries é o carneiro, animal que escala os picos mais altos, um desafio que você escolhe enfrentar, em geral apenas porque ele existe. Seu hieróglifo é o símbolo dos chifres do Carneiro, usados quando necessário para protegê-lo durante sua árdua ascensão até o topo. Você extrai tanto prazer do desafio de escalar a montanha quanto da recompensa: observar a vista. Você desfruta cada parte do esforço que o faz escalar sempre novos picos.

♂ O pictograma de Marte é um círculo com uma flecha, otimisticamente voltada para cima, simbólica de sua necessidade de impor ao mundo sua vontade vivificante.

INFLUÊNCIAS PLANETÁRIAS

Originalmente, Áries e Escorpião compartilhavam Marte como planeta regente. No entanto, em 1930, quando Plutão foi descoberto, os astrólogos decidiram que o novo planeta era mais adequado como regente de Escorpião, contudo, Marte permaneceu como regente secundário de Escorpião e regente primário de Áries. É interessante observar as diferenças e semelhanças entre os signos de Áries e Escorpião. Ambos são muito enérgicos, embora cada um aplique a energia à sua maneira. Áries tem o tipo de energia abrupta de um velocista, que se lança de uma vez, enquanto Escorpião tem a energia de maratonista, menos intensa na largada, porém mais durável, porque o poder de Escorpião geralmente está voltado para dentro. Embora Escorpião seja mais resistente, Áries reúne sua força e a utiliza toda de uma vez de um modo muito poderoso.

Áries rege a primeira casa do horóscopo, que simboliza o indivíduo. O Sol em Áries estimula uma expressão ostensiva de energia. Portanto, é muito importante para este signo deixar sua marca no mundo. O nativo é muito gregário, sentindo-se estimulado pela presença de pessoas a seu redor. O generoso idealismo enérgico de Áries faz dos nativos líderes muito populares. Eles têm um encanto carismático que as pessoas querem seguir, o que não acontece com os escorpianos, também regidos por Marte, que têm uma qualidade intensa, misteriosa e silenciosa e são muito mais passionais. Às vezes, os escorpianos parecem estar ruminando ideias ou deliberando sobre algo. Pode ser difícil entendê-los. Por outro lado, Áries é fácil de entender, por ser um signo extrovertido, que diz o que pensa e deixa que todos saibam qual é sua posição em todas as questões. Como um signo de fogo, criativo, brilhante, impetuoso, pode facilmente gerar ideias que cintilam como diamantes (sua pedra) quando emergem de sua mente fértil.

Sendo regido por Marte, o planeta guerreiro, enquanto caminha para a fama e a glória, Áries é capaz de suportar uma quantidade considerável de dor — seja psicológica, física ou financeira. Na verdade, para você, a honra da vitória representa muito mais do que a compensação financeira; para você, a glória é a própria recompensa. Embora o dinheiro seja bom, o que realmente o motiva é a emoção da realização. Você tem uma vontade férrea e não tem problema em se sacrificar por uma meta. Um ariano tem o dobro da energia da maioria dos signos e pode realizar muito mais em metade do tempo. Você vive atarefado "fazendo de tudo" — carreira, casamento, filhos, amigos, viagens, passatempos e tudo mais que deseje — e deixando assombrados todos que o conhecem.

Dádivas cósmicas

Em você, nada é hesitante, querido ariano. O cosmo lhe deu os preciosos e importantes presentes da decisão e força de convicção. Sem essas qualidades, você seria cheio de boas ideias, mas não teria o poder de realizá-las. Você sabe que não pode concretizar nada grandioso sem alguma ousadia para fazer todo o necessário — mesmo em tempos de imensa adversidade, ou talvez *principalmente* na adversidade.

Dentro de seu peito bate o coração corajoso e apaixonado de um verdadeiro herói, alguém capaz de encontrar os recursos para se reerguer quando todo mundo aposta que você foi derrotado. Eu já vi arianos saírem vitoriosos em situações em que só um milagre poderia inverter as circunstâncias — físicas, financeiras, profissionais ou psicológicas. Áries nunca fica por baixo por muito tempo. Talvez o seu persistente otimismo funcione como uma infalibilidade, permitindo que você sempre caia de pé, imediatamente ou mais tarde — não importa quando. Quer você tenha total consciência desse fato, quer não, um reservatório mágico de energia está disponível para você utilizar quando necessário. No entanto, essa surpreendente energia é tanto uma vantagem quanto uma responsabilidade, pois, para utilizar bem seus talentos, é preciso dirigir a energia de forma disciplinada — seria muito fácil desperdiçar um recurso natural tão precioso. Sendo impetuoso e espontâneo por natureza, você pode se dividir em inúmeras direções. Controle seu enorme poder e poderá dar uma contribuição considerável para o mundo.

Como primeiro signo do zodíaco, Áries simboliza o nascimento do homem. Veja seu signo como um recém-nascido. Quem tem um instinto de sobrevivência mais puro do que quem acabou de nascer? Os bebês não pensam sobre a própria vulnerabilidade — eles gritam seus desejos. Como um recém-nascido, Áries comunica a todo mundo o que precisa para levar seus planos adiante. Você usa a sedução, a persuasão ou a persistência, ou, ainda, se torna suficientemente insistente para que os outros façam exatamente o que você quer apenas para que você pare de atormentá-los. Você é muito hábil em inventar métodos criativos para conseguir o que deseja.

Áries é um signo cardinal. Esses signos abrem as estações e nos preparam para a chegada de um novo ambiente (cardinal significa, literalmente, "o primeiro"). Áries, o primeiro signo do zodíaco, abre a primavera no Hemisfério Norte (os outros signos cardinais são Câncer, iniciador do verão, Libra, do outono, e Capricórnio, do inverno). O papel do ariano é sempre ser um pioneiro em novas fronteiras, inclusive em áreas perigosas e traiçoeiras, nas quais somente o líder mais corajoso seria o primeiro a se aventurar.

Você é muito competitivo, principalmente quando pode rivalizar com pessoas que considera seus iguais ou superiores. (Para você, enfrentar um concorrente inferior é perda de tempo.) Mesmo inconscientemente, você está sempre testando sua força moral, física ou emocional. Alguns arianos transformam o amor pela competição em passatempo, seja nos negócios, jogando uma versão de Banco

Imobiliário da vida real, seja no nível pessoal, competindo em esportes exigentes ou adotando treinamentos de aptidão física difíceis de realizar.

Sua capacidade para assumir riscos é notória, e você entende que a única forma de obter o máximo resultado é fazer algumas apostas prudentes, apoiadas por um esforço intenso e passional. Não são apenas os interesses profissionais que atraem seu espírito empreendedor. Também no lazer você joga para ganhar, em geral sendo o primeiro de sua turma a experimentar uma nova montanha-russa, um *bungee-jump* ou a descida de corredeiras. Dentro de cada ariano vive um aventureiro que acaba sempre por se manifestar. Quando está com medo, você compensa o temor apresentando uma atitude especialmente forte (afinal, como qualquer um, você tem o direito de se sentir vulnerável. Um elogio reconfortante é sempre bem-vindo — não é mesmo, ariano?). Mais do que qualquer outro signo astrológico, Áries entende a vantagem de desmoralizar o oponente. Você também acredita que a melhor defesa é um ataque concentrado e ataca para desviar a atenção de qualquer fraqueza que você imagine possuir. Você é mestre no ataque preventivo nos negócios, nos esportes, na guerra ou onde quer que precise conquistar uma vantagem.

Será que você não é um pouco arrogante de vez em quando? Com certeza, mas também é bastante esperto para saber que deve controlar essa tendência. Os arianos mais evoluídos sabem que não vale a pena alienar os outros com demonstrações de orgulho, portanto, o nativo esperto reprime a vontade de gritar suas realizações aos quatro ventos.

Com sorte, ninguém tentou diminuir sua autoconfiança enquanto você crescia. Se você contou com pais incentivadores, teve chance de perceber a força de sua autossuficiência e de seu talento para encontrar oportunidades em situações que outros deixam passar. Mesmo que você não tenha contado com o apoio dos pais na infância, ainda pode restaurar sua autoestima ao longo da vida. Isso faz parte de você, ariano, tanto quanto seu DNA. Os arianos levam as vidas mais interessantes porque são tão corajosos que se lançam em situações novas que os outros temem considerar.

Uma das suas qualidades mais atraentes é pensar com grandeza. Seu inocente otimismo o capacita a começar projetos grandiosos e ousados. Você declara: "Quero ser presidente da República, ou, se não der, ser presidente da minha própria empresa." Um ariano nunca diz que só quer ganhar o suficiente para pagar o aluguel. Prefere dizer que vai ganhar o primeiro milhão até os 30 anos. Mesmo quando lidera um empreendimento beneficente, Áries não cruza os braços e diz que espera ter a mesma receita do ano anterior. Em vez disso, ele se aventura e declara: "Não só vamos superar as doações do ano passado — vamos dobrar a receita!" Entende o que quero dizer? Como alguém pode evitar segui-lo? Seu interesse e entusiasmo e sua autoconfiança o ajudam a ter sucesso. E você é bastante resistente para, se necessário, recuperar-se de qualquer revés e começar de novo.

Às vezes, os amigos ou parentes dizem que você é um pouco egocêntrico, talvez até mesmo egoísta, porque está sempre falando sobre seu tema favorito: você mesmo! Talvez o universo queira você dessa forma. Para serem iniciados, seus projetos e empreendimentos pedem uma quantidade imensa de energia e muita coragem e habilidade. Ser focalizado em suas metas e confiante em suas habilidades o ajuda a ter sucesso, porque você pode se concentrar inteiramente no objetivo. Você entende que precisa focalizar totalmente a atenção e não desperdiçar energia. O egocentrismo o ajuda a manter os olhos firmemente fixados na meta enquanto também convoca o auxílio de outras pessoas. Apenas não leve essa atitude ao extremo, querido ariano, ou perderá todos os amigos!

Às vezes, a jornada até o topo de seu Everest pessoal pode ser solitária. É possível que você sinta a pressão de ser um líder com a maior parte da responsabilidade por produzir constantemente ideias originais e enfrentar os obstáculos que sempre surgem de forma natural em sua estrada rumo à meta. O isolamento sempre lhe faz muito bem, principalmente para formular estratégias para novos planos e sonhos. No entanto, por ser essa pessoa sociável e calorosa, talvez você não encontre tempo para ficar só com a frequência que deseja. Opte por regularmente reservar algum tempo para devaneios e fantasias. Mesmo que isso pareça lazer, pode ser o tempo mais produtivo que você pode conceder a si mesmo.

Por ser um signo de fogo, você acredita que seu extraordinário instinto e sua intuição lhe dirão que empreendimentos valem a pena e mostrarão como conquistar a ajuda de terceiros. Contudo, os burocratas a seu redor não querem saber que você opera com base em sensações e inspirações. Eles querem ver a pesquisa documentada que ampara sua inspiração mais recente e lhe imporão certas estruturas que, de início, podem ser frustrantes. É uma pena que os contadores não acreditem em sua intuição tanto quanto você — e eles deveriam acreditar. Às vezes, suas ideias parecem revolucionárias demais para que sejam testadas por meio de pesquisas de mercado, porque o resto do mundo, em geral, está muito atrás de você. Quando isso acontecer, querido carneiro, não abra mão de seu sonho. Felizmente, você tem uma fonte inesgotável de entusiasmo. Não recompense a descrença pedante dos burocratas — em vez disso, prove a seus críticos que eles estão errados!

As regras costumam incomodá-lo, mas o mundo faz questão de que você siga certos procedimentos. Seu lema é "As regras foram feitas para serem violadas". Você adora ser a exceção e convence os outros com facilidade, mas o encanto e a paixão dos arianos talvez não bastem. Seja persistente, disciplinado, vigoroso e preparado — e você vencerá.

Entenda que sua personalidade de ariano tende a combater praticamente todo obstáculo. Mesmo quando não há uma ameaça séria, você facilmente entra no modo defensivo/agressivo. Às vezes, Áries mexe a panela apenas para ver se ela ferve. Você também prefere o volume de sua vida sintonizado no máximo. Para você, a vida, muitas vezes, parece uma ópera. Tal como a criança que se comporta mal na escola simplesmente para quebrar a monotonia da rotina, você, em geral, precisa de mais drama em sua vida do que a maioria das pessoas.

Por mais estranho que pareça, a inatividade pode deixá-lo fora de si e a atividade pode acalmá-lo. Quando você enfrenta uma situação adversa — pessoal ou profissional —, o mais difícil é não fazer nada enquanto espera o resultado. Em vez de esperar, você sempre acha que precisa *fazer alguma coisa*. Essa é uma boa qualidade de Áries, porque, quando enfrenta um revés, o nativo pode sair da tempestade num piscar de olhos. Enquanto outros ainda estão discutindo as opções, você está ativamente deixando todo mundo tonto com sua ação ousada e decisiva. Seu talento para ir até o fundo de um problema deixa todos admirados. Você prefere a simplicidade e não tem paciência com muita elucubração teórica ou discussões recorrentes. O fato de viver no presente mais presente e ter um fervor substancial leva você a fazer tábula rasa das complexidades da vida e agir prontamente. Para a mulher de Áries, a autodescoberta é sempre alcançada por meio da ação.

Esse impulso para a atividade leva os outros a considerá-lo muito precipitado, ousado, sem direção, impaciente, indisciplinado e, às vezes, impulsivo e autodestrutivo. Talvez você mesmo ache que tem algumas dessas qualidades. Evite agir quando se sentir despreparado, envolvido demais ou imprudente. O ariano faria bem se cultivasse um pouco de meditação refletiva e um senso de filosofia. Se você aprendesse a parar, olhar e ouvir, com sua coragem, sagacidade e energia, poderia conquistar o mundo. Contudo, alguns arianos precisam passar por um período de vida desregrada e de fracassos antes de finalmente encontrarem a melhor fórmula pessoal de sucesso.

Uma de suas qualidades mais louváveis é a completa ausência de pretensão. Você é uma pessoa direta: é muito raro o ariano bancar o superior. Nada de rodeios com você. Você não é nem um pouco dissimulado, e as pessoas rapidamente aprovam sua honestidade sem retoques. Além disso, para esconder os sentimentos ou agir furtivamente, é preciso ter uma duplicidade e uma paciência que você não possui. Contudo, quando alguém o aborrece, cuidado! Você é temperamental, ariano, e revela isso gritando, batendo portas e quebrando pratos. Não é à toa que seu regente, Marte, é chamado de planeta vermelho. Quem conhece e ama um ariano também sabe que sua raiva queima como seu elemento, o fogo. Você, certamente, não é vingativo, já que é preciso ter muita energia para manter um ressentimento duradouro. Sua melhor forma de aliviar o estresse são os esportes — quanto mais agressivos e radicais, melhor. É uma boa ideia canalizar a energia para a prática de uma atividade regular.

Relacionamentos

Em seus relacionamentos românticos mais profundos você exala o mesmo tipo de vitalidade que os amigos e colegas de trabalho consideram tão atraente. A maioria dos homens de Áries prefere uma mulher moderna e autossuficiente que seja confidente e parceira de igual para igual, a uma criatura dependente. Mesmo assim, o nativo de Áries gosta de ser o herói na vida de sua mulher e encontra maneiras de salvar a donzela em perigo — mesmo que ela não precise ser salva. Nunca deixe o ariano que você ama saber que ele não é tão bom quanto os heróis dos romances góticos — qual é o mal em deixá-lo pensar que é? Muitas mulheres de Áries gravitam naturalmente na direção de atletas ou homens de sucesso, atraídas por sua força e coragem. Contudo, não se engane, a mulher de Áries é muito bem-sucedida por si mesma. Ela é moderna, independente e pouco chegada a ficar ao lado do telefone esperando pacientemente que ele ligue. Ela sabe que o mar está cheio de peixes. Se o homem for bastante especial, ela simplesmente pegará o telefone e ligará para ele.

Tanto os homens quanto as mulheres desse signo podem demorar a se casar, porque precisam experimentar diversos desafios. O amor à caça é inebriante. Uma vez envolvido num relacionamento sério, o nativo de Áries amará o namorado, ou namorada, com uma paixão absoluta. Os arianos são amantes extremamente passionais. A cor de Áries é o vermelho, que também é cor da paixão e da lealdade. Seu intenso magnetismo está relacionado com o impulso sexual desinibido, básico e erótico. Na prática do sexo, você tende a experimentar, para maior prazer do parceiro. Como seu signo rege a pura força vital, é fácil imaginar como você gosta de sexo.

Um conselho para os admiradores que esperam conquistar seu coração: você não aceita comparação com outros amantes. Seu senso de individualidade seria ferido — você quer que seu amante veja você como alguém incomparável. Além disso, os arianos, principalmente os do sexo masculino, preferem ter uma relação equilibrada ou ser o parceiro dominante. Quando começa a namorar, você se decepciona se o novo relacionamento evoluir com muita facilidade, porque sua competitividade sempre presente — até mesmo no amor — exige a chance de provar sua coragem.

Uma vez envolvido num relacionamento estável, você quer manter viva a novidade e o jogo de gato e rato dos primeiros dias. Você não tolera rotina em parte alguma de sua vida. Como valoriza o humor e a espontaneidade, se a vida se tornar muito previsível, você fica inquieto. Você e seu par vão ganhar se conseguirem manter um relacionamento cheio de vida. Embora inicialmente você resista a uma situação estável, quando conclui que encontrou o parceiro ideal é possível que se torne um companheiro extremamente fiel, amoroso e sensual por toda a vida.

As atividades que vocês apreciam como casaı incluem viagens internacionais para lugares novos e exóticos, reuniões políticas e debates, esportes (principalmente novos ou emocionantes) e eventos esportivos. Você gostaria de pesquisar novos passatempos e interesses porque seu signo é muito alinhado com a criação de coisas novas. Alguns casais também podem considerar divertido elaborar juntos um novo plano de negócios. Contudo, entenda que, se seu cônjuge for de Áries, ele vai querer mandar, mesmo que a ideia do negócio seja sua.

Se você se casou (ou vai se casar) com um ariano, saiba que Áries, às vezes, pode ser teimoso, portanto, será muito útil ter habilidades de negociação diplomática. Muitas vezes Áries late mais do que morde, portanto, não se sinta intimidado se ele começar a gritar. No casamento, se você se tornar muito prático ou acomodado — se deixar seu espírito ser esmagado pelo peso das obrigações da vida —, isso poderá fazer seu ariano ficar inquieto ou até mesmo infiel. Naturalmente, nem todos os arianos têm tendência à infidelidade, mas para manter o casamento seguro você deve reconhecer que ele precisa de estímulo, muita atenção de sua parte e muitas descobertas. Por outro lado, você será recompensado com uma vida emocionante, cheia de surpresas e aventuras. Você nunca saberá o que vem pela frente — cada dia parecerá novo em folha.

FINANÇAS

Com relação a dinheiro, o nativo de Áries pode ser tanto mesquinho quanto extremamente generoso: convencer os amigos a pagar-lhe o almoço, as bebidas ou (quase) literalmente jogar dinheiro pela janela. Essa tendência a extremos parece viver dentro de cada ariano. Por um lado, eles têm o prático signo de Touro na cúspide da segunda casa, a casa dos rendimentos e ganhos, dando-lhes uma propensão para segurar cada centavo. Por outro lado, a necessidade de emoção e empreendedorismo pode levá-los a assumir riscos financeiros alucinados, às vezes com resultados terríveis. Quando joga, o ariano prefere apostar em si mesmo a apostar em alguém ou alguma coisa. No entanto, quando mergulha de cabeça em sucessivas oportunidades de negócio, está sempre correndo o risco de perder dinheiro. O nativo também pode ser culpado de aplicar recursos seguros em empreendimentos arriscados. Ele busca persistentemente mais capital para manter seu projeto vivo na fase inicial muito difícil. Ele nunca desiste de uma ideia. Ariano, para ficar do lado seguro, em termos de gerência financeira, tenha sempre um consultor financeiro experiente, quem sabe para segurar um pouco sua mão antes de você assinar tantos cheques.

A VIDA PROFISSIONAL

Você recebeu como dádiva do cosmos a fascinação por começar novos empreendimentos, portanto, como dissemos antes, você é o típico empreendedor. Contudo, logo descobrirá que precisa contratar para sua equipe executivos práticos e detalhistas, que saibam como estruturar uma organização complexa. Você não gosta de se preocupar com detalhes. Esse não é seu ponto forte. Em vez de se deixar afogar em minúcias, você deve supervisionar os aspectos mais gerais da operação e indicar constantemente o caminho para o futuro. A fase mais complicada da implantação exige coragem, determinação e conhecimento do mundo — seus melhores atributos. Uma vez completada essa fase, você deve confiar seu negócio a um presidente ou diretor financeiro que seja prático, de um signo de terra. Touro, Virgem e Capricórnio são bons candidatos. Esses executivos devem ter a paciência que você não tem, para transformar sua iniciativa em algo mais permanente.

Áries não é um signo sentimental, logo, é provável que você não crie uma ligação afetiva com seu negócio. Portanto, é fácil para você, ariano, repassar a empresa quando ela estiver pronta para abrir o capital, entrar numa fusão, vendê-la ou confiá-la a executivos mais qualificados. Você é mais objetivo sobre o valor de sua criação — e isso o ajuda a enriquecer. Essa objetividade permite que você, se mantenha concentrado em seu principal talento: criar novos empreendimentos. Você sabe, por instinto, o momento certo de vender — você não deixa a grama crescer sob seus pés. Sem dúvida, seu olhar já está firmemente fixado no próximo projeto grandioso, com o capital de risco já disponível.

Os arianos são perfeitos para trabalhar por conta própria. Se não forem executivos do próprio negócio, então, numa escala menor, podem ser donos de uma casa comercial ou de uma empresa de prestação de serviços. A estrutura corporativa não é boa para você, que considera perda de tempo as infindáveis reuniões tão do agrado das grandes empresas. A ideia de toda uma hierarquia organizacional acima de você lhe parece inaceitável, pois o ariano gosta de ser o chefe. (Seu estilo gerencial está mais para ditadura do que para democracia, mas acaba funcionando.) Os arianos que são empregados se julgam tão inteligentes quanto o chefe, ou até mais. Eles também acham que logo vão ocupar o cargo do superior. Você precisa se manter em movimento, não consegue permanecer na mesma posição por muito tempo. Áries sabe que o poder raramente é ganho — precisa ser tomado.

Além de ser um mago dos negócios, graças à regência de Marte, o planeta guerreiro, o ariano costuma se sair bem em carreiras das forças armadas. Áries também tem sucesso no uso de instrumentos cortantes ou de armas. O pensamento estratégico necessário vem com facilidade e pode transformar o nativo em um brilhante líder. Embora não goste da estrutura corporativa no mundo civil, nas forças armadas você tem a possibilidade de obter promoções mais rápidas. Certamente, vai passar o tempo batalhando pelo comando do próprio esquadrão ou divisão. Nada agrada mais a um ariano do que uma rápida ascensão pelas fileiras. Sendo corajoso e forte, você pode apreciar ser bombeiro, policial, detetive, agente federal ou algum outro tipo de oficial em atividades de manutenção da ordem ou de segurança. Com sua habilidade em manipular instrumentos cortantes, também pode pensar em se tornar cirurgião ou dentista, profissões em que Áries costuma ser excelente.

Quando escolher uma carreira, também considere a possibilidade de fazer algo que envolva esforço físico, para tirar proveito de sua admirável força interior. Por exemplo, os arianos costumam ser excelentes em vendas, porque são persistentes e têm extraordinário senso comercial e a força para atrair mais clientes em potencial que qualquer outro vendedor na equipe. Você também gosta de estar em atividade, ser dono do próprio destino, livre para apelar a quem quiser. Uma carreira como atleta profissional ou dançarino também exige muita disciplina, e você pode se sair bem nesses campos. Certa agressividade no mercado é natural em você, portanto, também seria natural uma carreira como estrategista/planejador ou nas áreas de marketing e propaganda. Os arianos também podem ser grandes exploradores e aventureiros, porque gostam de descobrir coisas novas. Fazer alguma coisa ousada ou incomum, como praticar pesca submarina, ser espião ou atuar como dublê em filmes de ação, também pode ser perfeito.

Alguns arianos se apegam a trabalhos técnicos e, nesse caso, você poderia se sair bem como engenheiro, mecânico, analista de informática, produtor ou empreiteiro. O signo de Áries rege a cabeça, portanto, alguns arianos se tornam cabeleireiros talentosos (naturalmente, como donos do próprio salão), criadores ou fabricantes de acessórios para cabelos ou de chapéus. Você precisa se expressar de forma pura e livre de restrições; ter liberdade para decidir sempre será extremamente importante para você.

Corpo, mente e espírito

Áries rege a cabeça. Quando o nativo está gestando uma grande ideia, até colocá-la em prática pode sentir dor física. Como os dentes fazem parte da cabeça, é importante ir ao dentista com frequência, porque dor de dentes pode ser o maior problema de um ariano. Outra possível área de problema é febre. Marte, seu planeta guardião, costuma provocar febre de vez em quando — o planeta vermelho pode inflamar ou superaquecer seus filhos. Infelizmente, alguns arianos também sofrem de enxaqueca.

Áries também rege o cabelo. Não se iluda, os nativos desse signo têm *muito* interesse pela aparência dos próprios cabelos. Antes de sair, homens e mulheres de Áries, muitas vezes, dizem aos parceiros: "Pode ir na frente, vou só dar uma conferida no cabelo — chame o elevador, pegue o carro, me encontre no restaurante." E o ariano ficará imensamente infeliz até o cabelo parecer satisfatório. Se seu namorado nativo de Áries perguntar se deve cortar o cabelo, responda rapidamente que sim. Áries valoriza ao extremo um corte de cabelo na moda e adora comprar produtos para os cabelos e passar uma quantidade absurda de tempo no cabeleireiro. Não subestime a importância do cabelo para seu amigo, amante, namorado, parente ou filho de Áries.

Resumo

Na astrologia, as características de cada signo compensam as qualidades em falta no signo precedente. Como primeiro signo do zodíaco, Áries simboliza a primavera e vem depois de Peixes, o último signo. Peixes também rege os valores universais; para ele, não há limites, somente amor universal. Por ser regido por Netuno, Peixes é o símbolo das próprias águas primordiais da criação. De dentro do útero da vida, da consciência coletiva da humanidade, Áries precisa emergir e expressar sua vontade para o mundo. Isso faz parte de seu destino, querido carneiro, portanto, é seu papel deixar uma marca definida e individual no cosmo, da maneira mais destemida e inovadora que puder. Seu entusiasmo e sua força inspiram-nos a pensar com grandeza e nos lançarmos em empreendimentos dos quais nunca nos consideramos capazes. Afinal, seu melhor papel sempre será o de visionário apaixonado e criativo.

OS MITOS DE ÁRIES E MARTE

Na época do ano em que você nasceu (21 de março a 19 de abril), a noite e o dia tinham a mesma duração. Isso também acontece com o signo de Libra, em outubro, seis meses depois de seu aniversário, porém com uma diferença notável: nas latitudes setentrionais, na primavera a luz do sol está aumentando, enquanto no inverno os dias estão gradualmente ficando mais curtos. Na astrologia, a força da luz diurna é simbolizada pelo Sol — portanto, tal como o Sol aumenta em importância em seu mapa, também aumenta a importância da individualidade. Desse modo, faz sentido que os astrólogos do passado tenham escolhido Áries como o signo que rege o ego e a formação da personalidade.

A Páscoa, uma das festas mais importantes e jubilosas da cristandade, símbolo do triunfo do espírito sobre o corpo (a matéria), ocorre na primavera no Hemisfério Norte. Portanto, você nasceu na época do ano em que muitas civilizações celebram o crescimento, a regeneração e o renascimento. Logicamente, o signo de Áries valoriza a identidade, a autoestima e a independência do indivíduo.

Zeus, Métis e Atena

Áries rege a cabeça e é representado pelo carneiro. Na mitologia grega, um mito maravilhoso tem muito a ver com o lado criativo do ariano e com Atena, a deusa da sabedoria. Quando soube que Métis, sua amante, estava grávida e logo teria um filho que iria destroná-lo, Zeus engoliu a amante. Nem um pouco feliz com isso, Métis martelou dia e noite no interior da cabeça de Zeus, produzindo um elmo. Isso causou a Zeus insuportáveis dores de cabeça. Ele pediu a Hefesto, o deus das ferramentas, para abrir-lhe a cabeça. Quando isso foi feito, da cabeça de Zeus surgiu a filha de Zeus e Métis, Atena, completamente vestida, adulta e portando um brilhante elmo. Esse mito dá origem ao ditado astrológico de que Áries sempre deve deixar que as ideias criativas floresçam; se permanecerem fechadas na cabeça, elas, literalmente, causarão dores de cabeça até serem concretizadas.

Jasão e o velocino de ouro

Este talvez seja o mito mais famoso associado com Áries. Frixo e Hele, filhos do rei Atamante e afilhados de Ino, estavam para ser sacrificados. No último momento, Zeus enviou para salvá-los um carneiro alado, coberto por uma pelagem dourada. O velocino dourado foi dado ao rei da Cólquida, que o pendurou numa árvore em uma clareira sagrada guardada por um dragão que nunca dorme. Jasão foi escolhido pela deusa Hera para recuperar o velocino.

Independente e aventureiro, Jasão representa a quintessência de Áries. Ele reuniu uma tropa de heróis famosos. Juntos, eles construíram *Argos*, o primeiro navio. Depois de uma jornada cheia de perigos, Jasão e os argonautas, com a ajuda de Medeia, conseguiram recuperar o precioso velocino de ouro e levá-lo para casa.

A história do velocino de ouro é importante porque mostra como, por meio do perigo e da adversidade, Jasão manifesta sua coragem, força e habilidade, atributos que poderá utilizar em explorações futuras. Áries é conhecido por, ao longo da vida, se colocar ocasionalmente em situações difíceis, exigentes ou até mesmo perigosas para testar a própria capacidade física, psicológica ou mesmo financeira. Os arianos competem não só com os outros, mas também consigo mesmos, sempre procurando alcançar um novo patamar pessoal.

Um tema que com frequência se materializa em mitos que envolvem figuras semelhantes a Áries é a rebelião contra a figura paterna. Alguns astrólogos pensam que muitos homens e mulheres de Áries alcançam a independência quando aceitam um relacionamento complexo com o pai. Talvez você tenha precisado questionar se deveria seguir o caminho tomado por seu pai no trabalho, no casamento ou em outros objetivos. Talvez depois de muita reflexão você tenha descoberto que precisa ser um pioneiro, mesmo que para isso tenha de romper com uma tradição familiar. Esse sentido de rebelião acabará por incentivar seu maior crescimento. Além disso, os mitos mostram que a mulher nativa de Áries, provavelmente, passou a infância testemunhando em sua família o sofrimento de um homem magoado — o pai, um padrasto ou mesmo um tio favorito. A determinação de se tornar especialmente forte e independente na própria vida pode ser resultado do desejo de evitar algumas das provações que aquela pessoa precisou suportar.

Marte, o guerreiro

Marte, o regente de Áries, tem uma rica mitologia. Para os romanos, ele era o deus da guerra, tão valorizado que o único deus mais importante era Júpiter. Na mitologia grega, Marte era chamado Ares, também deus da guerra, mas não era tão valorizado quanto na mitologia romana. Os gregos o consideravam rebelde, impulsivo e problemático. Contudo, eles lhe davam crédito pela coragem, paixão e boas intenções.

Ares amava Afrodite (Vênus), mas não se casou com ela; contudo, teve com ela cinco filhos, entre eles Eros (desejo e paixão), Anteros (desejo platônico ou não retribuído), Fobos (pânico) e Deimos (terror). A última filha, Harmonia, era irresistivelmente bela e a favorita de Ares. Sua doçura e graça suavizavam o coração selvagem do guerreiro. Isso mostra que, como todo mundo, Marte precisa de uma influência de calma e tranquilidade.

É interessante observar que Ares/Marte não era o herói de filmes de ação que poderíamos imaginar. Os mitos expressam sua determinação para alcançar sucesso e sua luta em busca desse resultado. Em uma história, Marte lutou contra Oto e Efialtes, os gigantes filhos de Posseidon, que finalmente prenderam o deus dentro de uma urna de bronze, na qual ele permaneceu durante um ano até que Hermes, o mensageiro dos deuses, descobrisse uma forma de libertá-lo. Em outra ocasião, ao lutar contra Hércules, Ares foi derrubado quatro vezes e finalmente expulso do campo de batalha. Existem inúmeras outras histórias, mas o fato é que a derrota não prejudicou a imagem do deus; ele ainda é respeitado como um dos maiores deuses do Olimpo.

Marte tinha outros deveres. Na Roma antiga, os festivais do deus celebravam a agricultura. Alguns mitólogos acreditam que a função original de Marte era reinar sobre a terra e só mais tarde ele assumiu o papel de principal guerreiro e protetor. Isso parece correto porque a colheita era um meio tão importante de sobrevivência da comunidade que era fundamental estar protegida e defendida. Quem poderia fazer isso melhor que Marte?

De acordo com outro mito, a cidade de Roma foi fundada pelos irmãos gêmeos Rômulo e Remo, filhos de Marte e Reia. Os gêmeos foram abandonados no alto de uma montanha, mas foram salvos por um pica-pau e amamentados por uma loba. Esses animais sagrados foram enviados por Marte e as crianças, posteriormente, foram recolhidas por pastores. Esse mito explica por que os filhos de Rômulo e Remo foram chamados de filhos da loba ou filhos de Marte.

Como pode ver, ariano, você tem um regente planetário imensamente poderoso. O papel zodiacal de Marte como protetor potente e confiante da comunidade e da agricultura, usando toda a ousadia e a inventividade necessárias, é a razão pela qual pensa-se que o ariano é abençoado com força, coragem e otimismo incomparáveis. Tenha sempre em mente seus sonhos luminosos, querido ariano, pois sem eles o mundo seria um lugar sombrio. Você é o herói original, o super-homem ou a supermulher do zodíaco e, com certeza, sempre se sairá bem. Você sempre chega lá!

A PERSONALIDADE DE TOURO

Touro

20 de abril — 20 de maio

Força condutora

"Eu MANTENHO."

O que alegra este signo

Touro encontra satisfação na posse de bens materiais, em ter economias e construir uma estrutura estável e segura, muitas vezes fortificando estruturas já existentes.

No novo milênio, sua contribuição para o mundo será...

Como primeiro signo de terra, no zodíaco você é o construtor prático e paciente. Você vai dançar à beira de tudo o que é relevante para a nova tecnologia e desfrutar as mudanças sociais que ela provoca. Espera-se que você crie estabilidade.

Uma citação que descreve o taurino

"A FORÇA NÃO RESULTA DA CAPACIDADE FÍSICA, MAS DE UMA VONTADE FÉRREA."

— MAHATMA GANDHI, *libriano*

Você acha que poucas pessoas conhecem seu verdadeiro eu? Se pensa assim, querido taurino, é porque sua natureza é mais reservada do que a da maioria dos signos, e conhecê-lo demanda mais tempo. Ao contrário de alguns signos mais extrovertidos, extravagantes ou com egos mais inflados, você se revela aos poucos. Quando isso acontece, descobrimos em seu núcleo uma poderosa calma interior e uma contida consciência de si mesmo, que são extremamente atraentes. Você tem um espantoso talento para aproximar pessoas, um encanto erótico tão sutil e ao mesmo tempo tão forte que, sem precisar erguer um dedo sequer, o objeto de seu interesse não consegue resistir.

Símbolos

♉ Os antigos consideravam o touro uma criatura profundamente erótica e sensual, de grande fertilidade. Se você desenhar em uma folha de papel o contorno da cara e dos chifres do touro (um triângulo invertido, com chifres), poderá ter a surpresa de ver um esboço do útero com as trompas de Falópio, o verdadeiro símbolo da procriação feminina. Touro já foi o primeiro signo do zodíaco, portanto, alguns historiadores especulam que a origem da primeira letra de nosso alfabeto, A (também usado no alfabeto hebreu), pode ser oriunda dessa imagem de uma cabeça de touro invertida. Alguns mitólogos também assinalaram que os chifres do touro lembram uma lua crescente, antigo símbolo de crescimento e regeneração; de fato, muitos monumentos no mundo antigo representavam chifres do touro. (Em Creta, em torno de 4000 a.C., inúmeras esculturas em pedra de chifres de touro, chamadas *bacrania*, foram feitas por fazendeiros.) No Egito, os hieróglifos do signo de Touro e da palavra touro eram retratados com a imagem de um falo. Hoje, dizemos que Touro rege o pescoço, enquanto Escorpião rege os órgãos de reprodução. Escorpião está exatamente a seis meses de distância de Touro, portanto, está no mesmo eixo, o que é considerado significativo, porque os signos do mesmo eixo são complementares.

♀ O pictograma astrológico de Vênus, regente de Touro, é um círculo sobre uma cruz, semelhante a um espelho de mão. Diz-se que a cruz representa a matéria, e o círculo acima dela é a alma. Nessa imagem vemos que a alma tem o poder de transformar a matéria em algo mais — em beleza espiritual.

INFLUÊNCIAS PLANETÁRIAS

Grande parte do que você é, taurino, se deve ao seu planeta regente, Vênus, que é diplomático, delicado, reservado, amante do prazer e sempre desejável, e até mesmo fascinante. Vênus não se esforça, porque isso não é necessário. Por ser tão cativante, ele se limita a esperar que os outros se aproximem, tal como faz você, querido taurino, seja do sexo feminino ou masculino. Vênus consegue seus resultados mais eficazes combinando uma atração sedutora com uma compostura serena, atraindo com doçura e sutileza, como se exalasse um aroma mágico e sutil, porém embriagador. E igualmente importante é o fato de Vênus insistir para que você, deliberadamente, abra espaço para a resposta do outro. Seu regente não precisa fazer muita força: a focalização do poder de atração quase sempre basta.

Seu signo está intimamente ligado com a terra, a agricultura e a fertilidade. Sua personalidade é virtualmente um espelho da beleza natural e dos ciclos das estações. Quando você nasceu, taurino, a terra estava viçosa e abundante. É o tempo em que a Mãe Natureza, virtualmente, irrompe numa celebração à vida. Portanto, não admira que seu signo aprecie especialmente a terra e todas as dádivas naturais.

O touro estaca com os calcanhares enfiados na terra, recusando-se a mover-se, a não ser que uma força externa o obrigue. Ele só se move na hora certa, o que também é verdadeiro no caso do fazendeiro e do jardineiro — as sementes precisam ser plantadas na hora certa, cultivadas "exatamente assim". Não podemos apressar o crescimento da semente gritando com ela ou fazendo qualquer coisa para acelerar seu progresso. Elas crescem e amadurecem no próprio ritmo, e nenhuma força externa pode acelerar esse processo — isso lembra sua personalidade, nativo de Touro?

Quando o verão chega, é hora de diminuir o ritmo e saborear os frutos do trabalho. O signo de Touro não se move com rapidez; pelo contrário, ele se movimenta devagar, tanto por vontade quanto por prazer. No outono, é hora de se preparar para a chegada do inverno e preservar cuidadosamente a colheita, de modo a garantir a sobrevivência. Mais tarde, todos sabem que será hora de vender o excedente da colheita para obter lucros, de modo que o nativo e seus amados possam atravessar o inverno sem medo de que faltem provisões ou dinheiro. Melhor que a maioria, o taurino entende a necessidade de se preparar para as demandas futuras. Tudo isso se relaciona com as qualidades de Touro como provedor e com sua habilidade na destinação dos bens e na formação da riqueza, atributos dos quais o nativo é rico. O taurino não desperdiça seus bens. No inverno, ele sabe que deverá ser prudente e ter paciência, enquanto o solo está coberto de gelo. Poucos signos são dotados de uma harmonia tão especial com a terra e a natureza; quando examinamos o ano como um todo, podemos ver como a personalidade do taurino reflete os ritmos da Terra e celebra a generosidade da natureza.

Dádivas cósmicas

Uma de suas qualidades mais atraentes é a capacidade de realmente ouvir o que os outros têm a dizer. Seus admiradores afirmam que sua intensa atenção é extremamente gratificante. Seu interesse é um dos maiores cumprimentos que você pode prestar a alguém, e sua pessoa faz isso o tempo todo. Você é um observador extraordinário, que perde muito pouco do que se passa ao seu redor. Além disso, por ser tão ponderado por natureza, quando tem algo a dizer, conquista bastante atenção, porque tem certeza de que sua opinião é relevante na discussão. Você pensa de forma profunda e forma opiniões, porém, por levar tanto tempo para tomar uma decisão concreta, em geral resiste a mudar de opinião mais tarde. Contudo, nesse ambiente cada vez mais conturbado e acelerado, cheio de perturbações, estática e pandemônio geral, você é um farol de calma coerência e força reconfortante, símbolo de constante devoção. No "planeta Touro", tudo é razoável, lógico e cuidadosamente ponderado.

Você, às vezes, perde a calma? Claro que sim. Afinal, você é humano. Quando se enraivece, o taurino fica furioso, mas é preciso muito para fazê-lo "perder o controle". Contudo, uma vez fora de si, é difícil de ser controlado. Você grita, quebra coisas e faz todo mundo querer ficar a distância. No entanto, seu estilo é mais para guardar silêncio, se recolher, ficar mal-humorado e fazer cara feia. Mais uma vez, isso é Vênus lhe dizendo para atrair os outros, em vez de buscar ativamente a atenção deles. No entanto, se alguém o fez perder a calma porque desrespeitou seus sentimentos ou se uma pessoa querida o humilhou diante de terceiros, o touro pode criar mais confusão que um macaco em loja de louças.

Pelo lado positivo, você tem uma surpreendente habilidade para simplificar conceitos complexos e chegar ao coração dos problemas; uma vez lá, dificilmente você perde de vista a questão. Como um signo prático, você não analisa muito — em sua mente, tudo é muito claro: se não for preto e branco, pelo menos tem poucos tons de cinza. Não ver dezenas de ângulos em uma discussão pode ser uma qualidade, porque você tem menos probabilidade de ficar confuso ou ser distraído por pequenos detalhes da massa de informação. Você vê as coisas como são e lida muito bem com a realidade, sem perder tempo se lamentando pelo que gostaria que ela fosse.

Sua vontade férrea e sua determinação perseverante de concretizar o que decidiu fazer, em geral, causam admiração. Quando Touro garante que algo vai acontecer, você pode apostar sua casa naquilo. Nada — nem chuva, nem neve, nem a escuridão da noite — impede o taurino de cumprir uma promessa. Sua resistência e tenacidade para atingir metas são inspiradoras — você não desiste. Esse traço de personalidade simples, porém supremo, é parte do segredo de seu sucesso em conseguir o que deseja. Você nem sonha em deixar alguém na mão.

Como a tartaruga, o touro trabalha de modo lento e cuidadoso, atento aos detalhes, sem perder de vista as promessas feitas, construindo com moderação e método uma carreira e uma reputação. Assim como a lebre, seus concorrentes podem pegar a pista de alta velocidade e deixá-lo para trás temporariamente, porém o mais provável que aconteça é eles ficarem na estrada. Seu lema sempre será "devagar se vai ao longe". Muito depois de todo mundo ter desistido, você ainda prossegue, quase sempre surpreendendo os críticos ao chegar em primeiro lugar.

A coerência é um dom, querido taurino, como poderá lhe dizer qualquer especialista, portanto, você nunca deverá subestimar o valor dessa característica. (Pense nas seguintes questões: sem coerência, quem conseguiria ser bem-sucedido numa dieta ou num programa de exercícios? Quem realizaria metas sem uma campanha publicitária coerente? Tente se reeleger como líder popular sem coerência — é quase impossível.) No processo de perseguir suas metas, Touro não pede aprovação nem aplausos. Como qualquer um, você gosta de receber um elogio de vez em quando. No entanto, se o elogio não vem, você não desiste; sua motivação vem de dentro. Isso é parte da coerência que você transformou em ciência e revela que Touro está sempre atento aos objetivos mais abrangentes.

Seu signo também é fixo, o que significa que você se mantém firme e não se deixa convencer com facilidade a mudar de opinião ou de caminho existencial. Isso pode ser bom, quando se define metas. Outras pessoas podem esquecer as resoluções de ano-novo, mas você é capaz de riscar item por item na lista do ano anterior. Se algum signo pode alcançar metas com sucesso, é o seu. Porém, quando você assume um compromisso, já sabe que do fundo do coração realmente quer cumprir o que prometeu. Contudo, às vezes, você se prende a ideias ultrapassadas, recusando-se a escutar os argumentos que julga capazes de mudar seus pontos de vista. Você não vê razão para mudar apenas por mudar. Outro lema do taurino é: "Se não está quebrado, não há por que consertar." Há quem o considere teimoso, talvez com razão. Numa crise, você provavelmente agirá com lentidão. Tenha sempre à mão alguém flexível — um geminiano, virginiano, sagitariano ou pisciano — para aconselhá-lo, e lembre-se de aceitar o conselho!

Você acha a previsibilidade confortável, porque uma rotina fixa lhe lembra o ciclo permanente das estações. Você é persistente, paciente e extremamente prático. Você também pode ser afetuoso e romântico, mas seu pragmatismo o impede de se tornar sentimental demais. Caprichos e riscos desnecessários não são bem-vindos em seu mundo. Sua falta de espontaneidade, às vezes, pode deixar um tanto enlouquecidos os que o cercam e amam. Quando estiver relutando rápido demais em aceitar novos pontos de vista ou métodos melhores, talvez seja bom, se possível, combater essa tendência. Aqueles que o amam sabem que essa é a desvantagem de uma personalidade que, ao mesmo tempo, tem tantas qualidades — principalmente a sólida estabilidade.

Da mesma forma, outra qualidade relacionada com sua propensão à inércia é a tendência a empacar, tanto literal quanto figurativamente. Isso pode ser um problema: se não combatê-lo, você poderá ser o último a saber que caiu num poço profundo e escuro. Quando isso acontece, você fica deprimido e as pessoas amadas podem achá-lo um tanto chato. Sua namorada pergunta: "Você quer ervilha ou cenoura? Biscoito ou bolo? Você quer alugar um filme ou jogar boliche? Ver sua mãe ou ir à praia?" No entanto, enquanto continua a ler jornal, ver TV ou olhar fixamente para o prato, você responde "Decida você", ou, pior ainda: "Tanto faz..."

Se você se surpreender fazendo esse tipo de coisa, pare e pergunte o que o levou a ser tão passivo. Se não mudar essa maneira de ser, sua vida terá sempre uma coloração cinza. Estranhamente, a mesma atitude de que é culpado aqui — a passividade —, você censura nos outros. Posso ver um sorriso em seu rosto enquanto lê isso porque se reconhece nessa descrição, não é mesmo? Você se dá bem, apesar disso, porque é leal e adorável. No entanto, a vida pode ser mais divertida, querido taurino. Seja qual for a sua idade, você é jovem demais para agir dessa forma.

Outra qualidade menos favorável em você é não gostar muito de se exercitar ou de fazer esforço. Para você, o fim de semana perfeito é aquele em que não faz nada. Eis seu sábado ideal: Touro adora um chamego pela manhã, portanto, você acorda e transa animadamente com seu parceiro, ou parceira. Então, empilhando todos os travesseiros de pena de ganso que consegue encontrar pela casa, você se acomoda embaixo de uma manta e põe a leitura em dia. O desjejum na cama com a pessoa amada pode ser composto de uma tigela de morangos grandes e suculentos, talvez um croissant com manteiga e uma taça ou duas do melhor champanhe que você puder comprar. Mais tarde, você liga a TV para conferir o tempo, as notícias e o relatório da Bolsa, enquanto alguém vai até a porta pegar a correspondência. Você investe tempo em ler as mensagens dos amigos e da família. Seu rosto brilha enquanto confere o extrato de investimentos, parando para admirar os gráficos coloridos que o banco fornece para demonstrar o impressionante crescimento que sua conta obteve até agora. Em seguida, um prolongado banho quente com uma espuma delicadamente perfumada aplicada com uma esponja natural; em seguida, sair para almoçar com os amigos. Depois do almoço, o programa pede umas comprinhas. Você vai a um leilão de arte e depois dá uma longa volta pelo campo com a capota do conversível abaixada para sentir o ar fresco. Enquanto dirige, usa o celular para fazer uma reserva num restaurante quatro estrelas para um jantar com seu amor... e assim por diante. Nada de muito esforço físico para você! Ginástica? Hoje não. Você diz: "Não tenho tempo!"

Relacionamentos

Como nativo de Touro, você dá aos outros bastante espaço e tempo para decidirem o que acham de você. Quando o objeto de sua atenção toma a iniciativa de se aproximar, você tem certeza de que, provavelmente, aquela pessoa está segura dos próprios sentimentos a seu respeito. Touro é reservado por respeito aos outros, mas também porque é uma atitude inteligente: sabe que o relacionamento resultante será mais sólido se o outro estiver convencido, por si mesmo, de que também quer ficar com você. Criar ligações permanentes e sólidas é muito importante para você — quando se relaciona, quer que seja para sempre. Esse lento processo de formar relacionamentos exige paciência, mas paciência é uma das virtudes supremas de Touro. Você sente que o tempo dedicado à construção de alicerces duradouros é muito bem-empregado.

Você tem um dos signos mais confiáveis, responsáveis e leais do zodíaco. Isso pode parecer um tédio até que se pense na possibilidade de viver um relacionamento com alguém que não tenha estas qualidades. A maioria de nós já passou por pelo menos um episódio doloroso envolvendo uma pessoa querida (amigo, parceiro, filho, namorado ou cônjuge) carente de algumas dessas características maduras e valiosas que você possui em abundância. Na verdade, a responsabilidade e a lealdade são duas das características mais importantes para formar um relacionamento estável. Que união poderia sobreviver sem elas? Assim, embora suas melhores qualidades possam parecer triviais, com o tempo você verá que não são nada disso.

Quando está comprometido com um relacionamento, você é constante e naturalmente aceita algum mau humor na outra pessoa. Quando a situação fica muito complicada, sua primeira reação é se recolher calmamente, confiante de que as emoções do seu amor logo irão se acalmar e normalizar. Isso geralmente acontece, talvez porque você não aperte o botão do alarme.

Surpreendente é o fato de você, em geral, sentir atração por parceiros com o temperamento oposto ao seu e que o completam porque possuem exatamente as características que lhe faltam. Isso pode acontecer com um cônjuge ou um sócio comercial que seja espontâneo, flexível, adaptável e versátil. Contudo, mais tarde, você pode descobrir que tem dificuldade em lidar com essa pessoa todos os dias. Você admira e procura essas qualidades, mas geralmente descobre que não pode conviver com elas. Alguns dos problemas não podem ser resolvidos com facilidade, porém, mesmo assim, você deve tentar, porque seu instinto inicial de neutralizar algumas de suas tendências mais enraizadas está certo.

Outra consequência natural de ser regido pelo refinado planeta Vênus é a sensualidade. Seus sentidos — visão, audição, tato, olfato e paladar — são sofisticadamente aguçados e se compõem em um todo integrado e belo. Na verdade, nenhum signo se compara a Touro na capacidade de apreciação sensual do mundo. À medida que vamos avançando pelo zodíaco, a sucessão do primeiro para o último simboliza a evolução da humanidade. A condição de recém-nascido está relacionada a Áries, o primeiro signo do zodíaco; em Touro, o próximo signo, vemos a representação do estágio seguinte do desenvolvimento humano, a primeira infância.

Nesse estágio, a criança consegue se sentar e estender as mãos para tocar o mundo e explorá-lo. O bebê ainda não consegue caminhar ou falar, mas, apesar disso, tem curiosidade sobre o mundo e usa os sentidos para descobrir o máximo que puder por conta própria. O bebê toca tudo o que consegue alcançar e gira os objetos para examiná-los por todos os lados. Em seguida, coloca um objeto na boca; depois, balança-o para ver se ele faz barulho. Se o objeto tiver um cheiro bom, ou se for uma comida com sabor doce ou amargo, o bebê também será capaz de perceber esses atributos. Ele emprega todos os sentidos para obter informações sobre o mundo a seu redor. Você faz o mesmo, taurino, apenas de modo muito mais maduro e sofisticado, menos literal.

Alguém disse que existem dois tipos de pessoa: os "amantes" e os "amados", ou seja, os amantes são mais atuantes e buscam ativamente a aprovação dos outros, enquanto os amados preferem que os outros os procurem. Seu regente, Vênus, faz de você um amado, mais passivo e receptivo do que agressivo e atuante. Em outras palavras, você não é insistente. Prefere sentar-se e esperar que o determinado Áries, o extrovertido Gêmeos, o expansivo Leão, o metódico Libra, o persuasivo Escorpião ou o humanista Aquário assumam a iniciativa. Você não é um conquistador e não vai convencer ninguém a fazer algo. Ao fim de uma importante entrevista, talvez diga: "Você sabe como me encontrar." Outro signo escreveria o número do telefone em letras garrafais para o entrevistador e insistiria em afirmar que estará na mesa de trabalho sempre que aquele precisar falar com ele. Você diz a si mesmo: "O telefone está no currículo. Se eu não estiver, é porque saí. Tenho serviço de caixa postal." Você prefere que as pessoas se aproximem de você por seu puro magnetismo ou, num sentido profissional, pela admiração e pelo respeito.

Seu predecessor, Áries, em geral está ocupado demais para parar e sentir o perfume das rosas. Áries corre de um lado para o outro e quer que tudo seja feito imediatamente. Como se espera que Touro equilibre Áries e complemente o que falta àquele signo, o primeiro não aceita ser pressionado, seja no amor, seja em qualquer outra área. Touro gosta de parar, olhar, escutar e assimilar as palavras num ritmo tranquilo. Isso o ajuda a ver os detalhes que outros não percebem e também permite que ele analise com calma vários assuntos. Você não só medita sobre os dilemas pessoais, como também investe tempo em analisar os acontecimentos do dia e considerar cuidadosamente onde está situado.

No amor, você é leal e verdadeiro, e também bastante possessivo. Quando diz "Quero você!", o faz literalmente. Isso é influência de seu regente, Vênus, que insiste para você "tomar posse" das coisas e, em alguns aspectos, também das pessoas. Você pode se perguntar: "Por que deveria continuar procurando se já encontrei a luz da minha vida?" Você ama de todo coração, razão pela qual o mero pensamento de perder o que considera seu pode precipitar um acesso de fúria ciumenta. Lembre-se de que *você* pode ter tomado a decisão, porém isso não significa que a pessoa amada tenha chegado à mesma conclusão. Se sua decisão for prematura, pode gerar pressão no relacionamento. No entanto, se isso acontecer, como taurino, você será muito paciente e dará tempo e espaço ao seu parceiro. Na verdade, se necessário, você é capaz de esperar para sempre — tendo decidido em seu coração que aquela é sua alma gêmea, está tudo resolvido. Você não é o tipo que propõe morar juntos em caráter experimental porque, quando sabe, *sabe*. Quando chega a hora, você troca promessas e alianças sem a menor hesitação. Uma vez tendo assumido o compromisso, você se empenha para sempre.

Vênus é responsável por fazê-lo desfrutar um afeto cheio de vitalidade. O planeta rege tanto Touro quanto Libra, e os antigos astrólogos deixaram o lado mais objetivo e intelectual do amor e os preceitos de beleza para Libra, o signo mais controlado e analítico. O lado mais passional do amor foi dado a Touro. Sua sensualidade natural e erótica está sempre viva e atuante (não importa qual seja a sua idade) e o sexo com você, certamente, é memorável. Você pode não surgir com muitas variações, posições ou ideias novas de lugares onde fazer amor, mas desfruta completamente a experiência e envolve mais sentidos do que quase todos os outros signos. É justo dizer que transar com você faz a terra tremer! O objeto de suas afeições deve ser sexualmente fiel — você não aceita nem se recupera com facilidade de um episódio de infidelidade. Seu amado tem sorte por ter você, taurino, pois poucas pessoas têm o alto nível de dedicação que você demonstra, e suas ações atestam a profundidade de seus sentimentos. Mais do que tudo, você deseja amor incondicional e, graças a Deus, talvez por isso ser tão importante para você, quase sempre encontra o tipo de amor fabuloso que procura.

Finanças

Rapidamente, o bebê aprende a exclamar "Meu!" quando vê algo de que gosta ou que deseja. Como ele, você também é notoriamente possessivo, o que decorre de seu instinto básico em adquirir e manter. Isso não surpreende, porque Touro está situado na segunda casa do horóscopo, a casa das posses e da riqueza. O conceito de propriedade, uma consequência natural do desenvolvimento da identidade pessoal iniciada por Áries, é um instinto muito básico e precoce nos seres humanos, e completamente natural em você.

Diz-se que cada signo compensa o que falta ao signo anterior. Ao contrário de Áries, que é mais motivado por novas ideias e conceitos do que por dinheiro, Touro tem muito interesse em riqueza material. O foco deste signo na acumulação de bens e dinheiro e suas qualidades de estabilidade tornam o nativo financeiramente conservador, prudente, porém, também sábio e capaz de construir e acumular riquezas em larga escala, se decidir fazê-lo.

Você tem muito talento em questões financeiras e considera importante ganhar dinheiro; às vezes, isso lhe parece um jogo agradável. Ocasionalmente, você ouve alguém dizer que não tem interesse em fazer fortuna e você nunca entende essa atitude. Balançando a cabeça e encolhendo os ombros, você encara essa visão como um dos mistérios da vida. Você sabe que não consegue funcionar assim. Touro precisa de dinheiro no banco para se sentir seguro. Até conseguir acumular uma reserva, você sempre se sentirá desconfortável e deprimido. Quando decide acumular riqueza, você procura um caminho prudente, passando longe de apostas arriscadas. Com frequência, também gosta de pagar à vista. Puxar uma nota de cem em vez de um cartão de crédito mostra autoconfiança de uma forma elegante e controlada, principalmente quando a carteira está cheia.

Com sua reconfortante estabilidade e confiabilidade, os responsáveis taurinos tratam o dinheiro alheio com o mesmo cuidado que têm pelo próprio. Dessa forma, são excelentes consultores financeiros.

Embora gostem de ganhar dinheiro, os taurinos também adoram gastar — com inteligência. Você não é pão-duro; interessa-se e se diverte comprando coisas bonitas. Um de seus investimentos favoritos são os imóveis, pois Touro rege as terras e fica feliz quando consegue alguns lotes para chamar de seus. Você gosta de ter, em vez de alugar, portanto, quando vive numa metrópole, é capaz de economizar para comprar um apartamento ou uma propriedade num condomínio. Um taurino, em geral, procura encontrar uma residência com vista para um parque ou um jardim.

Outros itens de consumo que o taurino daria qualquer coisa para possuir têm relação com sua sensibilidade e seu amor por coisas bonitas e funcionais. Você anseia por joias (para dar ou para ter), obras de arte, bons móveis, tapetes importados, uma coleção de vinhos, equipamentos de som, roupas de cama de boa qualidade, um bom automóvel e, talvez, um relógio de ouro. É quase certo que ninguém vai vê-lo usando um relógio de plástico com um mostrador de cristal líquido. Em sua lista de objetos de desejo, também figuram um belo laptop, uma coleção de músicas para seu estéreo, uma suéter de caxemira — todos bons exemplos de itens na sua lista de "tenho de ter" no futuro.

Até ganhar um salário anual de seis dígitos, você pode começar por se permitir um pequeno luxo de vez em quando, desde que possa pagá-lo (os taurinos, em geral, não perdem o controle com o cartão de crédito, porque seu lado prático lhes diz que não devem pagar juros altos). Alguns exemplos de luxos podem incluir ingressos para uma peça teatral de sucesso, uma massagem depois de um dia estressante ou uma refeição maravilhosa em um restaurante quatro estrelas para celebrar uma vitória. Quando você se casar, é importante que o noivo ou noiva pense da mesma forma sobre dinheiro e bens, para que não ocorra um grande conflito.

Você é um pouco materialista? Sim. Mas trabalha muito para adquirir seus luxos e gosta tanto deles que não podemos censurar essa inclinação. Contudo, seu amor pelas posses tem um lado negativo. Sempre há o risco de que possa ficar excessivamente envolvido com a beleza e a ganância, e que essa atração se transforme numa armadilha, um deslumbrante chamado que permanece inalcançável. Quanto mais você amar a beleza, mais vai querer levá-la para casa e possuí-la (o objeto de desejo pode ser uma coisa ou mesmo uma pessoa). Contudo, o nativo de Touro mais evoluído percebe que o verdadeiro dom é a apreciação da beleza, que não custa nada e está à disposição de todos.

Vida profissional

Você leva seu trabalho muito a sério e reconhece que o produto dele é um reflexo tangível do seu eu interior. Você considera sua reputação importante e quer que seu nome esteja associado ao seu melhor.

Na carreira, você se revela um talentoso produtor, organizador ou líder de comitê, capaz de pegar alguma coisa já iniciada e transformá-la em algo mais sólido e permanente. O que você constrói é durável. Embora Áries seja um signo mais conhecido como criador de novas ideias (processo pelo qual Touro não se interessa muito), após a fase inicial ele deixa para Touro a missão de dar a essas ideias uma forma mais permanente. O taurino é capaz de pegar praticamente qualquer coisa e transformar isso em algo muito mais sólido e duradouro.

Outro talento de Touro é a sensibilidade pragmática para novas propostas. Como signo de terra, você opera o tempo todo no mundo "real"; os outros signos podem desistir de apresentar-lhe propostas exageradas e cinematográficas. Você sabe que é muito pouco provável que seus clientes assinem esse tipo de acordo — pelo menos se a proposta não significar dinheiro em caixa ou não puder ser validada primeiro. Por que perder o tempo dos clientes pedindo-lhes algo que eles não podem pagar e nem mesmo querem? Todo mundo sabe que isso só irá irritá-los e, talvez, até os faça ir embora. O instinto de Touro está certo — por que perder tempo? Suas ideias, taurino, muito provavelmente serão estruturadas num projeto mais viável, que integre forma, função, beleza e durabilidade com orçamento e prazo realistas.

Em geral, no estágio de geração de ideias de um projeto, você não se sente tão bem quanto no segundo estágio: o de dar estabilidade a uma ideia incipiente. Para você, a fase conceitual é ainda muito nebulosa e pouco concreta. Por exemplo, pense em Áries como um roteirista cheio de imaginação e Touro como aquele que consegue obter financiamento e produzir o filme. Muitos dos dons especiais dos taurinos consistem em expandir as ideias dos outros, dando-lhes forma, função e fundamento. Podemos perguntar de que vale uma inspiração se ela não chega a ser produzida? Em outras palavras, para existir, um sonho precisa ser materializado. O dom do nativo de Touro é transformar sonhos em realidade tangível. E isso, querido taurino, não é um talento insignificante.

Existem muitas ocupações em que Touro se destaca, entre elas: corretor de imóveis, diretor financeiro, corretor de seguros ou de ações, analista financeiro, contador, banqueiro ou investidor. O amor de Touro pela terra e pelos imóveis pode inspirá-lo a ser arquiteto, agrônomo, botânico, paisagista, decorador ou designer de interiores comerciais ou residenciais.

Sua sensualidade e bom gosto lhe dão o talento natural para ser perfumista, consultor de estilo ou estilista. Pense também na possibilidade de ser um atacadista ou varejista de vinhos ou um *sommelier*. Você ainda pode decidir ser modelo ou dono de agência de modelos, editor de revista de beleza, diretor de arte, artista gráfico ou desenhista têxtil. (O taurino é muito criativo, uma qualidade que vem de Vênus, dotada de mente fértil e amante da beleza.) Talvez você aprecie ser massagista, florista, dono de creche, leiloeiro, dono de estúdio fonográfico, dono de restaurante, curador de museu, joalheiro ou designer de joias. Acrescente a essa lista as funções de consultor ou estilista de maquiagem e penteado, cirurgião plástico, dona de butique, fotógrafo, dublador, músico ou regente (Touro adora música). Finalmente, Touro rege a garganta, e alguns de nossos cantores mais talentosos — líricos e populares — nasceram sob esse signo.

Seja o que for que você escolha fazer, não deixe de garantir um contracheque regular. Você não consegue viver com uma renda muito oscilante como o pisciano criativo e despreocupado ou o ariano amante do risco e empreendedor. O fluxo de caixa do taurino precisa ser sólido e tão regular quanto o Sol e a Lua. Não há nada de errado nisso.

Corpo, mente e espírito

O taurino gosta de conforto e não vê razão alguma para ser incomodado. Depois de um duro dia de trabalho no escritório, você fica feliz quando fecha a porta, puxa as cortinas, senta-se em sua poltrona favorita ou no seu lado do sofá (Touro é muito possessivo em relação ao seu território) e vê TV segurando o controle remoto. Talvez você prefira se sentar e ouvir suas músicas favoritas sem ser interrompido pelo telefone ou por parentes e amigos carentes. Touro demarca firmemente limites claros. Enquanto relaxa, é bom ter alguns doces especiais ao seu alcance (você adora chocolate). Um perfumado buquê de flores em um vaso de cristal também não é nada mal.

Em sua vida diária, você não se limita a gostar da proximidade do verde — você precisa dele. O taurino se sente melhor, mais vivo e feliz em um ambiente bonito. A beleza o estimula a fazer um trabalho melhor. Flores frescas, plantas saudáveis ou um arbusto vigoroso podem suavizar as arestas do escritório. Seria ideal viver numa área rural, em meio a muita natureza, onde pudesse fazer longas caminhadas em todas as estações do ano. Se você vive na cidade, sem dúvida encontra meios de desfrutar frequentes viagens de fim de semana para fora da cidade ou de manter grande quantidade de plantas em seu apartamento.

Vênus, seu planeta regente, lhe confere um gosto refinado e sofisticado. O taurino veste-se bem e se apresenta com simplicidade e refinamento, até mesmo com elegância, nunca de forma vistosa, pretensiosa ou berrante. Touro prefere as tendências clássicas que perduram. Por exemplo, sua calça jeans nunca está suja, está sempre limpa e você a usa como uma camisa simples, bem-passada e lisa. Você sempre nota os menores detalhes de estilo e beleza. Enquanto conversa com uma amiga, a nativa de Touro pode se inclinar para tocar a manga do casaco dela, comentando: "Adoro esse tecido! E essa cor fica tão bem em você!" Ou, ao receber o namorado, abraça-o calorosamente e imediatamente detecta um novo perfume, mencionando logo seu agradável aroma. O taurino não perde nada.

Você tem padrões e pequenos rituais que fazem do seu dia uma rotina confortável. Na hora das refeições, quer um jantar, e não apenas um combustível para manter-se em movimento. Você quer se sentar em sua cadeira e comer na hora de sempre. Se seu namorado, ou namorada, pedir para parar numa lanchonete, incrédulo com a sugestão, você responde: "Nem pensar. Um hambúrguer gorduroso? Isso não é jantar." Você prefere passar fome a comer alguma coisa que não lhe agrade ou, pior ainda, ser forçado a comer com pressa. Você gosta de saborear a comida, mastigando devagar, para desfrutar de cada porção.

O taurino é o proverbial viciado em televisão. Por essa razão, costuma acumular uns quilos a mais ao longo da vida. Tente manter-se em movimento, nem que seja por motivo de saúde. Se você procurar no dicionário a palavra inércia, verá: "A tendência do corpo em repouso para permanecer nesse estado ou do corpo em movimento para continuar em movimento em linha reta, a menos que sofra a ação de uma força externa." Como pode ver, há esperança — você pode mudar de direção. Se conseguir motivar-se, não há nada que não consiga realizar. Quando afirma que vai perder um mau hábito ou começar uma nova rotina de autodesenvolvimento, o taurino mostra o tipo de ímpeto capaz de atravessar um muro de concreto. Se quiser, você consegue ser decidido. Melhor ainda, com sua paciência, é provável que os resultados sejam mais duradouros (ou até mesmo permanentes) que os dos outros signos. Portanto, querido taurino, você pode ver que sua natureza de signo fixo atua contra e a seu favor. Cabe a você decidir como essa qualidade será usada: de forma positiva ou negativa, para o melhor ou para o pior. Você decide.

Resumo

Confiável, leal, honesto, constante, devotado e conservador — estas são qualidades admiráveis que o descrevem, querido taurino. Feliz de quem o ama, pois você trabalhará a vida toda para ser o zeloso provedor familiar, além de ser um parceiro justo e leal para o cônjuge. Entre todos os signos, você tem a maior capacidade de apreciar intensamente os sentidos, o que, com certeza, traz alegria à sua existência. De forma gradual e metódica, você ensina aos que participam de sua vida a abrir os olhos e ver a rica beleza que o universo oferece. No fim, o que você tem a oferecer é um espantoso talento para contemplar.

OS MITOS DE TOURO E VÊNUS

Tal como o nativo de Capricórnio, o taurino tem o privilégio de ter nascido sob uma das constelações mais antigas do zodíaco. O signo de Touro foi, e ainda é, considerado um símbolo astrológico da fertilidade e do prazer erótico, pois, quando ele nasce, a natureza está em sua condição mais luxuriante e abundante. É provável que você fique maravilhado por saber que seu signo não era um touro qualquer, mas um animal sagrado, um dos mais reverenciados símbolos da fertilidade. Os historiadores dizem que a constelação de Touro recebeu esse nome em algum momento entre 4000 a.C. e 2000 a.C. Na Antiguidade, havia (no Egito, em Creta e na Assíria) um número considerável de estátuas e outros monumentos em homenagem ao touro, pois, tal como Roma, aquelas culturas veneravam esse animal. A ligação do touro com a fertilidade começou quando os fazendeiros egípcios perceberam que a constelação que hoje tem esse nome estava ascendente no céu vespertino na época em que as águas do Nilo recuavam o suficiente para que se pudessem arar os campos com a ajuda dos bois.

Naquelas culturas primitivas, os mitos do Touro e da deusa Lua se misturavam. Touro tinha o papel de parceiro masculino da Lua, pois os antigos sabiam que os dois eram necessários para a criação de nova vida e novas colheitas. De fato, os fazendeiros acreditavam que, para ter uma boa colheita, o ideal era plantar no Quarto Crescente (período entre a Lua Nova e a Lua Cheia), e não na Lua Cheia ou no Quarto Minguante (período entre a Lua Cheia e a Lua Nova). Astrologicamente, podemos entender essa escolha porque, até hoje, em geral começamos empreendimentos na Lua Nova e esperamos os resultados na Lua Cheia.

Nos tempos antigos, quando ainda estava sendo formado o zodíaco astrológico, Touro era considerado o primeiro signo. Não está muito claro por que há muitos milênios isso mudou. A causa talvez tenha sido a chamada precessão dos equinócios, o que significa que, nos primeiros dias do zodíaco, o equinócio de primavera caía no final de abril ou em maio, no Hemisfério Norte, em vez de cair em março, como acontece hoje. Contudo, não faz diferença se Touro é o primeiro ou o segundo signo do zodíaco. Em sintonia com as persistentes sensibilidades do signo, o taurino ainda é considerado um dos melhores realizadores do zodíaco, com um talento extraordinário para criar resultados tangíveis e dar mais segurança para si mesmo e para seus dependentes. Portanto, embora hoje Áries seja considerado o primeiro signo, todos os atributos originais de Touro persistem.

Uma estrela especialmente brilhante da constelação de Touro é chamada Aldebaran — tida como a 14ª estrela mais luminosa no céu. Seu nome significa, literalmente, "o centro do alvo",* porque se encontra no centro da constelação, aos 15 graus de Touro. (Cada signo abrange 30 graus.) Os romanos consideravam Aldebaran uma estrela mestra porque era a estrela que permitia aos astrólogos medir a longitude, fixando o ponto inicial da banda zodiacal.

Touro nos faz lembrar de que, para ter uma colheita abundante, é necessário haver uma personalidade que aceite a responsabilidade. Essa compreensão do que é preciso para alcançar resultados está presente nos três signos de terra (Touro, Virgem e Capricórnio), mas, no caso específico de Touro, essa ideia encontra eco na imagem da canga do boi. Astrologicamente, sabemos que o taurino permanece apegado sem hesitação a seu trabalho, levando-o com toda a paciência até atingir a meta, sem se deixar abater por qualquer obstáculo no caminho. Touro consegue superar todas as dificuldades graças à determinação e ao trabalho perseverante, constante e prático, atitude necessária no caso da agricultura. Touro nos diz que não é preciso

* No original "the bull's eye", que também significa "o olho do touro". (*N. da T.*)

perder a calma — a não ser que alguém abane um pano vermelho à sua frente, caso em que o animal fica furioso. Alguns astrólogos acham que, quando isso acontece, a metamorfose do touro de uma condição de estabilidade para um estado selvagem e passional é mais uma qualidade emocional "feminina". É razoável que na astrologia o touro receba uma carga negativa (feminina). Com isso, não queremos dizer que homens e mulheres de Touro sejam femininos. Isso simplesmente significa que, de acordo com a imagem de signo regido por Vênus, os homens de Touro têm mais tendência a desfrutar as sutilezas da vida, como vinhos especiais e alimentos sofisticados, e essa sensibilidade é vista como uma carga negativa ou feminina. A regência de Vênus torna o signo sofisticado e refinado, tendendo a dotar seus membros de talentos artísticos, principalmente para música e artes visuais.

Vários dos mitos a seguir envolvem a notória tendência dos taurinos para a sensualidade. Como veremos, essas histórias estão centradas no amor e no sexo (temas eternos de Touro), assim como na capacidade do signo para superar obstáculos. Também há uma história sobre o desejo de sucesso material levado ao extremo, uma armadilha na qual alguns taurinos costumam cair; mas, felizmente, nem todos.

Ishtar e Gilgamesh

Os sumérios, em reverência, chamavam a constelação de Touro pelo nome de Touro Celeste. Em um mito primitivo, Ishtar (uma versão mais lasciva de Vênus) apaixonou-se por um homem rude e heroico chamado Gilgamesh. A reputação de Ishtar como amante era bastante ruim — ela era considerada desleal, inconstante e pouco confiável. Portanto, não admira que Gilgamesh tenha rejeitado seus avanços. Indignada, Ishtar foi queixar-se ao pai, Anu, o rei dos deuses, pedindo-lhe que criasse um Touro Celeste gigantesco e imensamente poderoso para matar Gilgamesh, como castigo por rejeitá-la. Aquele touro se tornaria a constelação de mesmo nome. Mais tarde, o herói lutou contra o touro e venceu (um dos inúmeros testes e desafios que ele iria enfrentar). Alguns especialistas acham que Gilgamesh representava o estilo patriarcal de vida. O fato de não conseguir atrair o herói indica a futura perda de poder de Ishtar. Gilgamesh foi o primeiro herói de histórias de ação na mitologia e será discutido em mais detalhes em "Os mitos de Aquário e Vênus".

O AMOR DE ZEUS E EUROPA

Da mitologia grega vem outra história centrada na sexualidade, no entanto, no melhor estilo de Touro, ela contém muita delicadeza e beleza. Zeus, o senhor dos Céus, apaixonou-se por Europa, a filha do rei de Sidon. Zeus (Júpiter) apaixonou-se por muitas mulheres, mas Europa foi especial. De fato, além de jovem e inocente, ela era extraordinariamente bela. Um dia, Europa despertou de um sonho perturbador sobre "dois continentes" que assumiam forma feminina e desejavam apossar-se dela. Uma das mulheres se chamava Ásia e a outra não tinha nome, mas no sonho de Europa esta última declarou que Zeus certamente permitiria que a jovem se entregasse a ele. Após esse sonho inquietante, Europa acordou e decidiu ir até a praia ver as amigas.

A história conta que, ao amanhecer, a inocente Europa colheu todos os tipos de flores maravilhosas. Assim como a jovem, essas flores estavam no auge da perfeição, eram de cores variadas e incrível beleza, exalando um perfume embriagador. Sem que Europa soubesse, Zeus estava observando-a, maravilhado com sua beleza. Naquele momento, Vênus mandou Cupido flechar o coração de Zeus, que imediatamente apaixonou-se por Europa e decidiu seduzir a jovem. Hera, a esposa de Zeus, estava ausente, mas ele concluiu que seria mais sensato disfarçar-se como um touro de beleza assombrosa. Ele se transformou num touro sem igual, com um círculo de prata na fronte e chifres na forma de crescente. Atraídas pela beleza surpreendente e pelo comportamento pacífico do animal, Europa e as amigas acariciaram Zeus e aspiraram-lhe o perfume celestial. O touro ajoelhou-se aos pés de Europa, deixando que a jovem colocasse em seu chifres uma guirlanda de flores. Sentando-se nas costas do touro, a jovem convidou as amigas para cavalgar com ela. Porém, antes que as amigas de Europa pudessem responder, Zeus lançou-se velozmente na direção do mar. Ambos cavalgaram a crista das ondas. Enquanto Zeus e Europa viajavam, diversos personagens apareceram para acompanhá-los, inclusive Netuno (Poseidon), o irmão de Zeus, e ainda tritões tocando trombetas e nereidas montadas em golfinhos.

Europa ficou terrivelmente assustada, mas fascinada com toda aquela atividade e com o desenrolar dos acontecimentos. Ela se segurou em um dos chifres do touro e levantou o vestido roxo para mantê-lo seco. Para Europa, era evidente que o touro devia ser um deus, mas ela não saberia dizer qual. Sem saber para onde ia, ela implorou que o animal não a deixasse sozinha longe de casa. Amavelmente, ele a tranquilizou e disse, com franqueza, que o destino deles era Creta. Zeus fez amor com Europa sob os plátanos e ela deu a ele três filhos, dois dos quais, Minos e Radamantes, viriam a tornar-se muito conhecidos. Por seu comportamento justo na Terra, mais tarde os dois foram recompensados com o cargo de juízes dos mortos.

Afrodite sobre a concha

O outro nome de Vênus, Afrodite, significa, literalmente, "nascida da espuma do mar". Diz-se que a deusa surgiu da espuma verde do oceano, de pé sobre uma concha que saiu das ondas cobertas de espuma branca. Afrodite tinha a forma de uma mulher jovem, bonita e atraente, com esplêndidos cabelos longos. Pensa-se que o mar ou oceano representa o inconsciente coletivo humano e também as águas da criação. De acordo com a lenda, os amantes de Vênus sempre falavam dela "banhada em luz dourada", enfatizando seu papel divino de ajudar os amantes a desfrutarem dos cinco sentidos e também de acender a centelha inicial do amor. (Observe que o papel de Vênus não era criar casamento, mas o amor — para que surgisse o compromisso, foi preciso envolver outros planetas, o que discutiremos quando falarmos de Libra.)

O rei Minos e o Minotauro

Há um mito sobre o Minotauro que explica alguns dos talentos do amante taurino para fortalecer a coragem da pessoa amada, ajudando-a a enfrentar os medos. Nessa história, Poseidon (Netuno) enviou ao rei Minos um touro magnífico, ordenando que o animal fosse sacrificado. No entanto, ao vê-lo, o rei não conseguiu obedecer à ordem divina, pois o touro era esplêndido demais. Em vez de sacrificar o animal, Minos decidiu conservá-lo. Netuno e os deuses ficaram zangados. Em retaliação, fizeram a mulher de Minos, a rainha Parsífae, apaixonar-se pelo animal. Ela se acasalou com o touro e posteriormente deu à luz um monstro metade homem e metade touro, que foi chamado Minotauro. Sem saber o que fazer, o rei Minos prontamente escondeu a besta e pediu a Dédalo, um grande inventor e arquiteto, que construísse um labirinto de onde não fosse possível escapar, onde o Minotauro foi confinado. Para alimentar a criatura, eram realizados sacrifícios humanos no labirinto, mas, em vez de ficar satisfeito, o monstro tornava-se cada vez mais exigente. Com o passar do tempo, foi preciso realizar um número cada vez maior de sacrifícios.

Veja que o rei Minos representa o lado de Touro que sente curiosidade sobre a paixão intensa e irreprimível (que se julga ser o domínio normal de Escorpião). No entanto, quando é encontrado, esse nível de paixão torna-se assustador e Touro se sente incapaz de lidar com ele. O instinto do rei Minos ao lidar com o monstro não era agressivo, mas passivo: ele encarcerou a criatura. Isso é algo típico — a primeira reação de Touro pode muito bem ser no sentido de conter ou restringir a paixão incontrolável. Touro gosta de manter a calma porque sabe que tem em seu interior um animal selvagem que pode vir à tona, uma criatura que ele não consegue controlar — tal como um touro quando "vê a cor vermelha". Contudo, escolher sempre a passividade também não é uma coisa boa. Os taurinos podem se tornar prisioneiros da passividade; às vezes, veem-se incapazes de experimentar a vida em sua totalidade, portanto, se limitam a levá-la como podem.

Dando continuidade à história do rei Minos, entre as futuras vítimas do sacrifício levadas da Grécia para alimentar o terrível monstro, estava um homem chamado Teseu. Como queria matar o Minotauro, Teseu pediu ajuda à filha do rei, Ariadne (cujo nome significa "pura"). Ariadne deu a Teseu um fio mágico com o qual ele poderia marcar o caminho pelo labirinto, e, arriscando tudo, ela entrou com ele no abismo, carregando uma tocha para iluminar o caminho. Por fim, Teseu conseguiu matar o Minotauro, mas abandonou Ariadne de forma fria e impiedosa. A jovem havia ajudado e amparado Teseu, revelando-lhe seu próprio lado mais heroico. Sem a menor gratidão ou hesitação, ele a abandonou. (Mais tarde, ela formou um novo relacionamento com Dionísio.)

Essa história nos mostra o talento de Touro para "iluminar o caminho", ser um farol para o amante, ajudando-o a descobrir o próprio potencial graças ao poder do amor. No passado, era mais comum a mulher amparar o homem, ajudando-o em suas dificuldades e tribulações, mas nos tempos modernos pode acontecer o inverso, com o homem amparando a mulher. O nativo de Touro, em geral, gosta de assumir o papel de auxiliar, e costuma fazer isso muito bem.

No entanto, a atitude de Teseu para com Ariadne é perturbadora. Esse é outro tema recorrente em Touro: especificamente, a questão de ser abandonado quando deixa de ser útil, bonito ou importante para o parceiro de relacionamento. Vênus nos leva a perguntar: o que acontecerá quando já não formos a pessoa mais bela da região? (Na verdade, os homens de Touro têm a mesma preocupação, embora isso, em geral, seja considerado um problema mais feminino.) Essa lenda parece nos avisar que, com Vênus, sempre há uma tendência a se prestar mais atenção à beleza, ao prazer e às posses. O excesso de ênfase em superficialidades pode tornar o indivíduo vulnerável — principalmente o taurino. No caso de Ariadne, não havia muito que ela pudesse fazer para mudar a situação, mas essa história parece advertir: "A vida não é justa — pense nisso quando fizer planos." Os taurinos logo descobrem que os bens materiais não conseguem manter uma relação decadente. Esperemos poder criar uma ligação mais espiritual, amparada por valores maduros e substanciais, qualidades que mantenham juntos os amantes mesmo depois que a atração inicial tenha se dissipado. Naturalmente, esse não é o papel de Vênus, que inicia os relacionamentos, porém não os mantém. Será preciso contar com a ajuda de outros planetas, entretanto trata-se de um objetivo respeitável.

O rei Midas e seu mundo de ouro

Um último mito associado a Touro é familiar para muitas crianças: a história do rei Midas. Como os taurinos, Midas adorava a riqueza e era absurdamente materialista. Quando desejava ter mais ouro, seu desejo era atendido. No entanto, logo ele ficou horrorizado ao ver que o ouro afastava tudo mais de sua vida. De acordo com a lenda, o que ele tocasse — a comida, as roupas, até mesmo seus filhos — se transformava em ouro. Essa fábula adverte os taurinos a não colocarem o excesso de ênfase nas posses em detrimento aos relacionamentos humanos, porque, se levados ao extremo, esses objetos lindos e brilhantes podem tornar a vida muito solitária. A história parece sussurrar o princípio diretor de Vênus: sem amor humano a vida é vazia e inútil.

A poderosa habilidade de Touro para maximizar recursos será sempre um dos maiores dons desse signo. O fazendeiro trabalha o solo e, por meio de métodos diferentes descobre formas de tirar o máximo proveito das dádivas da natureza. Cultivar algo até a maturidade é um processo lento e contínuo que exige enorme paciência e resignação. Com certeza, Touro foi abençoado com essas qualidades. O importante, então, é não se fixar nos recursos recebidos, mas no que fazer com eles. Alguns, dissipam os maiores bens; outros, descobrem como multiplicar recursos escassos. Touro cria (com muito trabalho) um crescimento cada vez maior, mas não deixa que o processo fuja ao controle. Como signo de terra, Touro estabiliza o crescimento, trazendo ao mundo uma nova segurança por meio da abundância de alimentos que produz e que pode sustentar a si mesmo, à família e à comunidade no inverno mais inclemente. Não admira que Touro seja considerado um construtor fantástico, que expande as estruturas e os empreendimentos a que se dedica, garantindo, ao mesmo tempo, seu próprio futuro e o de todos os outros.

A PERSONALIDADE DE GÊMEOS

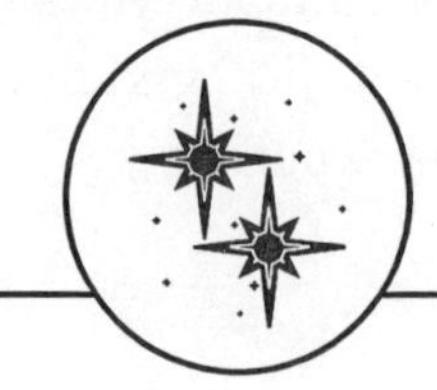

Gêmeos

21 de maio — 20 de junho

Força condutora

"Eu PENSO."

O que alegra este signo

Tem satisfação em estar ativo em diversas frentes ao mesmo tempo, reunindo, testando e compartilhando informações concretas e também novos conceitos e ideias.

No novo milênio, sua contribuição para o mundo será...

Seu papel no futuro é o de embaixador. Você usará seus notáveis dotes de comunicação para construir a unidade e a compreensão entre pessoas de vários países, religiões e classes sociais.

Uma citação que descreve o geminiano

"Nas mentes excepcionais e generosas, a curiosidade é a primeira e última paixão."

— Samuel Johnson, *virginiano*

Os geminianos são como o Coelho Branco do livro *Alice no país das maravilhas*, que falava sem parar: "Estou atrasado, estou atrasado para um encontro importante. Não tenho tempo para dizer alô ou adeus. Estou atrasado, estou atrasado, estou atrasado." É claro que o Coelho Branco está atrasado — ele está tentando incluir atividades demais em sua agenda. No entanto, se ele for nativo de Gêmeos — e acho que é —, essa é sua ideia de vida ideal. Gêmeos consegue realizar em um dia mais do que a maioria consegue realizar em uma semana. Parte do segredo do nativo é sua notória capacidade de fazer duas coisas ao mesmo tempo. Um geminiano típico fica entediado se estiver envolvido com apenas uma atividade. Você, geminiano, redige propostas comerciais enquanto vê televisão, fala ao telefone atualizando o talão de cheques e dita cartas pedalando na bicicleta ergométrica. Não perde um instante sequer!

Gêmeos é o terceiro signo do zodíaco, seguindo Áries e Touro. Ele simboliza o estágio da necessidade de comunicação com os outros e do aprendizado da linguagem. Áries, o primeiro signo, simboliza a energia contida, a força primordial da vida. Áries é o recém-nascido do zodíaco, o signo que diz "Eu, eu, eu" e que rege todo tipo de iniciação. Em seguida, vem Touro, simbolizado pela criança na primeira infância, aprendendo a engatinhar e estendendo a mão para tocar todas as coisas maravilhosas do mundo. O bebê de Touro diz "Meu! Me dá! Quero!", manifestando com isso um instinto muito básico e primário do homem: a necessidade de ter e de investigar por meio dos sentidos. Seu signo, geminiano, simboliza a criança um pouco mais velha, que já sabe falar, ler e escrever. Ela está sempre perguntando impacientemente "Por quê?". Quando viaja, essa criança pergunta, ansiosa: "Quando vamos chegar?" Existe um imenso mundo a ser explorado e Gêmeos mal pode esperar para chegar lá. Com a linguagem desenvolvida, seguem-se o raciocínio e a capacidade de análise. Portanto, este é considerado um signo muito pensante, racional e intelectual.

Gêmeos é o primeiro signo de ar, portanto, ele se assemelha a uma criança que está aprendendo tudo o que precisa ao mesmo tempo e com uma velocidade assustadora. A mente da criança está totalmente aberta e ela acha fácil aprender. Na verdade, nada é demais para ela, que quer saber tudo sobre todas as coisas o mais depressa possível. Os dois hemisférios do cérebro do geminiano analisam e digerem informação, trocando dados rapidamente, da esquerda para a direita e vice-versa, em busca da verdade. A dualidade da mente do geminiano permite que ele veja as diversas facetas de uma situação. Ele diz: "Por um lado, a situação é essa, porém, vista por outro lado, a perspectiva muda." Ou: "Vejo essa questão de dois ângulos." Esse conflito interno sobre as questões é bem característico de sua personalidade. Sua mente vai e volta enquanto pensa com uma velocidade assustadora. Seu sistema nervoso altamente desenvolvido faz com que os circuitos internos de sua mente processem informação de uma forma só sua. Você é curioso sobre todas as coisas, como se as visse pela primeira vez. Você faz questão de conhecer qualquer assunto por dentro e por fora.

Símbolos

♊ O pictograma de Gêmeos é o número II em algarismos romanos, símbolo do signo das identidades gêmeas. De acordo com os astrólogos da Antiguidade, em Gêmeos não há energias masculinas ou femininas, como nos outros signos. Aqui, encontramos a neutralidade — uma composição de yin e yang, que se completam. Gêmeos é considerado andrógino, logo, está apto para alcançar a totalidade divina.

☿ O símbolo de Mercúrio, o regente de Gêmeos, é o círculo do espírito e o crescente da alma. A mente une o espírito, a alma e a matéria (corpo).

INFLUÊNCIAS PLANETÁRIAS

Seu talento se alimenta da regência de Mercúrio, o planeta do intelecto, o mais objetivo e racional de nosso sistema solar. Mercúrio é considerado tão objetivo que, ao encontrar outro planeta, não dá cor à energia dele, mas é colorido por ele, passando a agir como se fosse o "porta-voz" daquele planeta. Mercúrio é o supremo intermediário, facilitador, guia ou mediador dos outros planetas, ajudando a esclarecer a mensagem deles. Como guardião de Mercúrio ou "filho de Mercúrio", você também tem esse talento. O papel de Mercúrio no horóscopo é ser completamente objetivo e racional, tão fleumático quanto possível. Esse é o planeta encarregado de descobrir a verdade, toda a verdade e nada mais do que a verdade. É por isso que, como geminiano, você está na posição ideal para dar notícias com objetividade, sem temperá-las com seus próprios preconceitos. Embora nem todos os geminianos sejam repórteres ou jornalistas, esse signo sempre se interessa pelo que está acontecendo — na empresa, na área de atividade, na comunidade ou no âmbito mundial. Gêmeos é o signo mais capaz de ficar de orelha em pé, portanto, se quiser saber o que está acontecendo, pergunte a um nativo desse signo. O geminiano tem um jeito misterioso de sempre conhecer a fofoca mais recente; ainda mais, de ter prazer em contá-la.

A ligação entre Gêmeos e a linguagem é profunda. À medida que o homem amadureceu e se tornou mais civilizado, aumentou a necessidade de uma linguagem precisa, em parte para transmitir as leis vigentes de um modo que todos pudessem entender. O regente mitológico do signo é Hermes, o mensageiro dos deuses, razão pela qual o papel do nativo, muitas vezes, é o de arauto ou intermediário para disseminar a informação. Os antecedentes mitológicos de Hermes e a influência desse deus sobre o nativo de Gêmeos são discutidos em "Os mitos de Gêmeos e Mercúrio". Sem acordos, procedimentos, regras e leis, reinaria o caos na sociedade, portanto, era imperioso que o homem dominasse a linguagem. Gêmeos é um signo de ar; como tal, seu papel é analisar, formular hipóteses e criar uma nova ordem mundial, compilada por meio da comunicação. O ar, como o vento, está em constante movimento, e o mesmo ocorre com você, geminiano. Seu signo é inquieto e errante, sem interesse em lançar raízes, desejando exatamente o oposto: liberdade completa.

Os antigos sentiam que havia alguma coisa mágica e sagrada no indivíduo capaz de "batizar" um objeto ou conceito, porque o nome filtra para sempre a maneira como o restante do grupo pensa sobre aquele conceito, objeto ou pessoa. E esse era o principal papel de Gêmeos: dar nome aos objetos, coisas e ideias e abrir novas linhas de pensamento. Por ser um pensador e relator, além de animal social, o nativo tem como principal papel reunir informações e divulgá-las para o mundo. Quanto a isso, os astrólogos do passado pensavam que Gêmeos era como um mágico, já que muitas vezes não conseguimos "enxergar" o que não tem nome. Mercúrio, seu planeta regente, lhe dá outro dom maravilhoso: aparentar juventude perpétua. Os astrólogos do passado escreveram sobre a aparência de juventude do geminiano em comparação com os nativos de outros signos. É verdade que você conserva certa jovialidade — uma qualidade de Peter Pan — e uma vivacidade que costuma assombrar os outros quando descobrem sua verdadeira idade. (Ser considerado mais jovem pode ser um pouco irritante quando se tem 17 anos, mas aos 67 é gratificante.) Se você é geminiano, tem muita sorte. O fato de permanecer jovem de mente, corpo e espírito tem muito a ver com a capacidade do nativo para manter viva sua criança interior. Isso o torna ativo não só mentalmente, mas também fisicamente. Sua abundante energia nervosa faz você se movimentar, andar de lá para cá e praticar esportes, costumando agir, se mexer e se divertir mais que a maioria dos signos.

Sempre curioso, sua expressão e principalmente seus maneirismos sugerem uma pessoa muito mais jovem. Isso é prova de que o caráter e a perspectiva podem colorir a aparência externa. Bendito seja, Gêmeos — sua curiosidade genuína sobre tantas coisas e seu senso de humor travesso contribuem para a impressão geral de que você permanece sempre jovem. Você é conhecido por fazer uma brincadeira de vez em quando e ter dentro de si uma Fada Sininho que mantém sempre presente em seus olhos uma centelha de luz.

DÁDIVAS CÓSMICAS

Todo signo compensa as características em falta no signo anterior, portanto, vamos comentar as diferenças entre esses signos vizinhos. Seu antecessor é Touro, conhecido pela estabilidade e também pela inércia. Touro é um signo fortemente ligado à terra, à agricultura e à colheita. O campo é preparado em Áries (que rege os começos), mas é semeado em Touro (que rege os resultados tangíveis). Com Gêmeos, não há necessidade de permanecer no campo — a lavoura foi plantada (por assim dizer), portanto, Gêmeos está livre para vagar e buscar estímulos em outros lugares, razão pela qual seu signo é conhecido como nômade. Os geminianos são famosos por gostar tanto de viajar que podem passar a vida dispondo apenas do conteúdo de uma mala — e apreciar cada minuto.

Ao contrário de Touro e Câncer, Gêmeos não se sente confortável com o conceito de permanência. Um geminiano não vai sonhar com a compra de uma casa na qual possa viver até a velhice; para Gêmeos, pensar no futuro é algo deprimente. O nativo espera morar em muitas casas: a mudança é bem-vista. Gêmeos deseja a flexibilidade, e não a rigidez. Portanto, o nativo quase sempre prefere alugar a comprar um apartamento. Afinal, na mente do geminiano, a qualquer momento pode surgir uma oferta melhor ou talvez a oportunidade de viver em outra cidade. Ele quer estar preparado, mesmo que não haja o menor indício de uma oferta sequer no horizonte mais remoto. O próprio conceito de "estar aberto às oportunidades" lhe é natural, o que pode ser a provável causa dos problemas afetivos do signo. Não é que Gêmeos seja avesso ao casamento, mas resiste a tomar decisões definitivas e irreversíveis em *qualquer* situação na vida. Gêmeos tem uma necessidade real de se preparar para mudar de opinião, tomar novas direções e explorar plenamente novos aspectos da vida.

Como você poderá ver quando estudar a mitologia de Gêmeos, Mercúrio e Hermes, em "Os mitos de Gêmeos e Mercúrio", seu melhor momento é quando você atua como intermediário. Podemos usar muitos termos equivalentes para descrever esse papel: guia, intermediário, canal, agente, mediador, entrevistador, porteiro, casamenteiro, mensageiro, editor, porta-voz e representante. No entanto, você se destaca mais quando age como catalisador e facilitador numa interação entre duas partes (ou ajuda a unir dois lugares ou eventos). Câncer, o próximo signo, tem uma personalidade mais semelhante à de Touro. Depois que o homem viajou por toda parte no signo de Gêmeos, Câncer, o próximo signo, precisa buscar refúgio nos sólidos alicerces do lar, construindo um ninho confortável para se abrigar do mundo.

Com tantas viagens, é natural que caiba a Gêmeos a tarefa de aperfeiçoar a linguagem. Em suas idas e vindas, conhecendo todo tipo de gente, o geminiano vai ouvir muitas línguas e dialetos, muitos tipos de uso das palavras, gramáticas e conjugações, podendo, com isso, aperfeiçoar a própria habilidade com as palavras para apreender-lhes as nuances sutis. Isso o ajudará a sempre escolher a palavra perfeita para expressar sua individualidade e seus murmúrios mais íntimos. Você aprendeu bem, querido nativo de gêmeos; nunca subestime seu poder de escrever, pesquisar e falar com eficiência.

Nos jogos de palavras, Gêmeos dá a volta em qualquer um, a qualquer momento. Você sabe que sempre ganha as partidas de pingue-pongue verbal em qualquer arena. Indivíduo ágil e sagaz, você sabe como pensar em mudar de direção rapidamente. Quando se encontra numa situação em que a persuasão é a chave para a liberdade ou para uma decisão, seu dom da palavra sempre o libertará. Algumas pessoas sabem que podem contar com o prestígio da família, o dinheiro ou um bom advogado. O geminiano sabe que não precisa de nada disso, porque seu intelecto nunca falha e as palavras sempre surgem quando ele precisa. Você não vai fugir de nenhuma confrontação difícil porque acredita que sua habilidade sempre vem em seu socorro na hora certa.

Quem discutir com um geminiano logo descobrirá que ele tem uma mente mercurial que se move à velocidade da luz. Tente dar uma rasteira num geminiano e ele saltará agilmente sobre você e estará vários metros adiante antes que você saiba o que aconteceu. Ele já jogou mentalmente esse tipo de xadrez milhões de vezes e analisou todas as suas jogadas futuras. Ele nasceu para ser capitão da equipe de debate e consegue defender qualquer lado de uma discussão. Os geminianos são ágeis, espertos e divertidos, mas às vezes difíceis de entender. Quando você acha que sabe qual é a dele, o geminiano já mudou de opinião — mais uma vez. Nossos amigos de Gêmeos se divertem com uma discussão, o que nem sempre ocorre com seus oponentes, porque Gêmeos é muito bem-informado e persuasivo em qualquer lado de uma discussão em que se envolva.

Os geminianos são tão bem-humorados e otimistas que é difícil não apreciá-los, mesmo quando não concordamos com eles. Eles raramente se zangam. Em qualquer discussão, permanecem calmos e muito lógicos. Embora alguns digam que os melhores advogados são de Libra (o signo mais interessado na justiça), os geminianos, na verdade, quase sempre são os melhores advogados, porque defendem tão bem uma causa que poucos discordam de seus argumentos iniciais e considerações finais.

O geminiano tem a fantástica capacidade de ver também o outro lado de uma discussão. Por essa razão, é vitorioso nos debates — ele conhece o assunto em discussão de dentro para fora e de alto a baixo porque esteve no lugar do oponente pelo menos uma vez (mesmo que tenha sido apenas ontem). Essa também é a razão pela qual o nativo do signo muda de opinião tantas vezes — para ele, isso é um sinal de mentalidade aberta, capaz de ver os dois lados de qualquer problema. Quem pode dizer que ele está errado? A defesa acirrada de um ponto de vista pode ser considerada uma atitude rígida — de que ninguém pode acusar um geminiano.

Se você marcar um encontro com um nativo de Gêmeos em determinado lugar e hora e não encontrá-lo ao chegar lá, procure o telefone público mais próximo. É provável que o encontre lá, totalmente envolvido numa ligação e inconsciente de que você o procurou por toda parte. Os nativos de Gêmeos extraem oxigênio do som de um telefone. Isso os anima e deixa felizes. Se seu amigo não estiver ao telefone, procure-o na banca de jornal. Revistas e jornais são como ímãs para ele. Numa livraria ou banca de jornal os geminianos ficam tão absortos que o tempo passa e eles não se lembram de que deveriam estar em outro lugar.

Pode levar algum tempo para você encontrar seu amigo ou amiga, porque o geminiano vai continuar a vagar por aí, passando da banca de jornal para o telefone, olhando as vitrines das lojas, mantendo-se ocupado até que você apareça. Nunca espere que um geminiano fique pacientemente de pé no mesmo lugar até você aparecer. Ele não se dá conta de que deveria fazer isso. Também há grande chance de que seu amigo se atrase — ele sempre subestima o tempo necessário para realizar os diversos projetos do dia e está o tempo todo correndo atrás dos minutos. No entanto, mais cedo ou mais tarde ele aparecerá, cheio de charme, contando como foi surpreendido pelo engarrafamento e pedindo desculpas pelo atraso. Ele parecerá imaturo e surpreso, contando casos sobre tudo o que aconteceu no caminho para o local do encontro, além de uma ou duas notícias que leu no jornal enquanto estava no táxi. Nos dois primeiros minutos ele faz você rir. Como se zangar com um amigo de Gêmeos? Ele é tão adorável e gentil que você vai querer abraçá-lo.

Geminiano, você é excepcionalmente habilidoso, sagaz, esperto, objetivo, racional, flexível, versátil, persuasivo e cheio de talentos — além de curioso. Mercúrio, o regente do signo, estimula-o a considerar qualquer assunto fascinante. É espantosa a sua capacidade de se manter renovado e flexível, principalmente quando comparado com Touro, que cai em diversas armadilhas por precisar de estabilidade. Você é generoso com seu dinheiro, tempo e talento (Gêmeos não faz orçamento, pois o considera muito restritivo). Um geminiano, por mais ocupado que esteja, nunca está atarefado demais para ajudar alguém que precise de sua opinião e seu apoio moral.

Se for verdade que a casa revela os valores profundos das pessoas, então a facilidade de Gêmeos para lidar com conceitos e ideias novas fica muito evidente quando se entra em seu espaço. Nota-se imediatamente a presença de palavras escritas ou faladas: estantes de livros, cestas cheias de revistas, noticiário na televisão a toda hora (é possível encontrar aparelhos de TV em diversos cômodos). Um geminiano típico não consegue dormir sem o ritual reconfortante de ouvir as notícias antes de se deitar. Se algo importante acontecer, ele pega o telefone para informar imediatamente os amigos e a família. Mais tarde, ele vai querer participar de uma discussão global sobre o que aconteceu e analisar os eventos nos mínimos detalhes.

Os nativos de Gêmeos jamais querem ouvir a afirmativa "Onde você esteve? Não consegui encontrá-lo! Eu tinha notícias muito importantes e agora é tarde!". O geminiano tem um choque anafilático quando escuta isso. Você deve ter percebido que ele não vai a lugar algum, nem mesmo ao supermercado, ao dentista ou a uma biblioteca, sem anunciar a todos que vai manter o celular ligado para o caso de alguém precisar encontrá-lo. Quando viaja a passeio, ele carrega a bateria do telefone e prega o itinerário da viagem por toda a casa e o escritório. Ao contrário do que fazem os escorpianos, que querem viajar em segredo, os geminianos sempre querem ser encontrados.

Se você teve a sorte de receber a carta de um amigo ou parente nativo de Gêmeos, sabe como isso é divertido — as cartas deles são fluentes, bem-escritas e geralmente incluem um recorte de jornal, uma fotografia ou alguma notícia sensacional. Às vezes, os nativos de Gêmeos fazem pequenos desenhos nas margens da carta. Eles nunca param de colocar coisas no envelope. Para um geminiano, mandar notícias é uma demonstração do desejo de manter contato com você; a dádiva de informação é sempre a melhor forma de mostrar amor e interesse.

Os nativos de Gêmeos também gostam de falar — e muito. Quando estão confinados com outras pessoas em um elevador, trem ou qualquer lugar, imediatamente estabelecem uma conversa — estão curiosos, é claro, sobre as outras pessoas no local. Em pouco tempo eles sabem tudo sobre todos os presentes e estão apresentando os estranhos que acabaram de conhecer uns aos outros. Nada disso é esforço para o gregário geminiano. Quando o vemos em ação, fica muito claro que todo mundo se sente instantaneamente atraído por ele. Esses nativos têm um estilo afável, sedutor e caloroso, e para transmitir suas ideias, usam não só as palavras e a inflexão da voz, mas também as mãos e uma quantidade de expressões faciais e corporais. Em geral, eles parecem conhecer todo mundo, pelo menos o suficiente para acenar e dizer oi. Eles sempre têm muita gente a seu redor e estão cheios de novidades, irradiando energia e a animação.

Tirando proveito de seu amor por tudo o que é novo, inovador, comunicativo ou tecnológico, os geminianos adoram instrumentos e aparelhos eletrônicos e de telecomunicações. Presenteie um geminiano com um chaveiro que apite quando se bate palmas (eles nunca conseguem encontrar as chaves). Ou então lhe dê uma poltrona massageadora para acalmá-lo e relaxar-lhe os ombros, que certamente estarão tensos depois de passar o dia segurando o telefone. Dê-lhe um espelho retrovisor gigantesco para o carro, porque ele passa muito tempo dirigindo. Tal como os nativos de Aquário, os geminianos são conectados. Gêmeos adora aparelhos eletrônicos: quanto mais modernos, melhor. Eles pensam que quem tem uma única linha telefônica vive na Idade Média e quem tem secretária eletrônica é socialmente recluso.

Gêmeos teme ficar sem recursos postais e mantém pela casa toneladas de selos para usar na correspondência diária. Na verdade, o nativo também deixa bem à mão todo tipo de suprimento, como papel especial para impressora a laser, tinta para o computador, papel pardo, formulários para Sedex, canetas e blocos de rascunho. A geladeira pode estar vazia, mas nunca falta fita adesiva.

Mas você, geminiano, não se interessa apenas por selos e transporte de carga. As tardes de sábado foram feitas para pesquisar e comprar em livrarias. Por mais livros que tenha, sempre haverá lugar para mais alguns, porque você considera irresistível e sensual o cheiro de livro novo. Você também adora papéis de carta e amaria ter uma caixa de elegantes folhas de papel com seu nome ou suas iniciais gravadas. Para completar a lista, uma excelente caneta-tinteiro; você poderia usá-la para escrever mensagens naqueles seus cartões maravilhosos.

Suas qualidades apreciáveis são muitas. Como disse antes, a mudança não o assusta, pois você gosta dela. Na verdade, você gosta de descobrir novas maneiras de fazer as coisas. É no domínio da geração de ideias que você realmente se supera, pensando de forma diferente e virando a rotina de cabeça para baixo. Você utiliza os dois lados do cérebro, tanto o analítico quanto o criativo. Uma de suas qualidades mais raras e valiosas é achar todas as ideias interessantes. Quando tenta resolver um novo problema, você provavelmente produz uma multidão de conceitos. Como um caçador de tesouros que busca pedrinhas brilhantes numa praia, quando uma ideia interessante atrai sua atenção, você imediatamente a agarra e vira de todos os lados para examiná-la de forma objetiva e imparcial.

Ao apresentar uma ideia, se o interlocutor não gostar dela, você dá de ombros e joga essa pedra preciosa de volta no oceano porque entende (após discutir) que ela não era boa. Sua capacidade de deixar de lado uma noção e rapidamente adotar outra é, em grande parte, responsável por seu sucesso. Você não discute — sabe que existem diversos outros espécimes à disposição na praia. No estágio inicial de um conceito, sua mente penetrante ainda não se comprometeu com uma solução única; você lança uma grande rede, pescando tantas ideias quanto possível.

Além de achar todo conceito interessante, você acha todas as notícias igualmente fascinantes. Você tem tanto interesse no carro que entrou pela vitrine de uma loja às duas da madrugada de hoje quanto pelos detalhes das negociações diplomáticas em andamento na China. Você quer saber das saborosas fofocas sobre sua estrela de cinema favorita e também estar informado das cotações mais recentes das ações e dos resultados de seu time do coração. Você considera divertido até o canal do tempo, e é capaz de se sentar em frente à TV durante uma hora vendo um documentário sobre os piores furacões do século. Qualquer notícia é tratada com o mesmo respeito e interesse.

Você se liga nas notícias por uma boa razão. Mercúrio rege tanto Gêmeos quanto Virgem, porém, este último, como signo mutável de terra, tem necessidade de qualificar e discriminar os diversos valores. Gêmeos não tem essa característica, por motivos fáceis de deduzir: o universo considerou importante que você recolhesse toda e qualquer informação de modo a ter um amplo espectro para analisar. Se tivesse a predisposição em favor de algumas, poderia deixar de relatar e analisar todas as notícias. Portanto, intencionalmente, o universo evitou dotá-lo da necessidade obsessiva de discriminar, classificar e priorizar informações — como acontece com Virgem. Seu papel — importante demais para ser prejudicado — é reunir e divulgar informações. E o universo tratou de garantir que isso acontecesse!

Cada signo está ligado de alguma forma ao signo oposto no mesmo eixo, e quem está a seis meses de distância de você é Sagitário, outro signo intelectual e mutável (ou seja, flexível e adaptável). Como geminiano, você se sai muito bem coletando montanhas de novidades e descobertas regionais, nacionais e internacionais. A tarefa de Sagitário será captar toda a informação que você acumulou e ensinar aos outros o que pode ser extraído delas.

O trabalho de Sagitário é ser o guardião das chaves das bibliotecas da humanidade. Cabe a esse signo extrair sentido da extensão da consciência humana através das fronteiras do tempo e da nacionalidade para se aproximar de uma compreensão do coração e da alma das pessoas em toda parte. Sagitário é o filósofo e professor, enquanto Gêmeos é o jornalista, viajante e pesquisador de campo. Sagitário diz a Gêmeos que este fica envolvido demais com os detalhes e perde o distanciamento que lhe permitiria ver o significado do evento no contexto da história humana. Gêmeos diz a Sagitário que este tende a ficar tempo demais em sua torre de marfim. Gêmeos sente que Sagitário, por ser tão filosófico e teórico, não participa bastante dos eventos diários. A contribuição dos dois signos é valiosa.

A terceira e a nona casa de um horóscopo regem as ideias e o aprendizado, e, ainda, as viagens. Gêmeos é o regente da terceira casa, enquanto Sagitário é o regente da nona. Os sábios astrólogos do passado tinham consciência de que viagem e aprendizado são sinônimos. Enquanto Sagitário, o outro signo viajante, rege as viagens internacionais de longa distância, Gêmeos rege as viagens de curta distância, como aqueles fins de semana revigorantes. Se você confinar um geminiano na cidade durante diversos fins de semana do verão, é melhor tirar as medidas dele para poder comprar-lhe uma camisa de força. As viagens curtas ou longas restauram seu espírito, portanto, continue a fazer as malas, querido geminiano.

Sua mente é tão forte que você "vive" no intelecto e às vezes se esquece de que tem um corpo carente de cuidados permanentes. De alguma forma, você sempre tem muita energia, deixando as pessoas impressionadas com sua disposição, mas isso se deve, em parte, à energia nervosa que busca um canal de escape. Você não parece precisar de tanto repouso quanto as outras pessoas. Para você, mudar o foco da atenção entre diversos tópicos e interesses costuma ser tão refrescante e instrutivo quanto umas férias. Você simplesmente não é capaz de realizar uma atividade de cada vez ou ver o mundo pelas lentes de uma câmera.

Gêmeos é classificado como um signo mutável porque nos ajuda a preparar a transição para a próxima estação. Por essa razão, o signo é muito flexível e adaptável. Quando um geminiano está perturbado ou zangado, precisa colocar a questão em pratos limpos imediatamente. O nativo não fica remoendo e não reprime nada. Para ele, é preciso ter muita energia para guardar alguma coisa. O geminiano expressa os sentimentos da forma mais lógica possível, de modo a resolver a questão e ponto final — não volta a tocar no assunto. Esse signo não guarda ressentimentos nem apela para o sarcasmo. Essas são duas qualidades valiosas que fazem o geminiano ser tão amado.

Gêmeos é chamado de dispersivo, superficial, vacilante e inquieto demais. Você não é muito persistente; talvez precise trabalhar nisso. Ao contrário de Touro, que pode ser lento, constante e deliberado, você faz tudo em alta velocidade. Em sua pressa, às vezes perde os detalhes de vista. A procrastinação também pode ser um problema. Você é inconsistente? Talvez. Quando hesita, talvez seja por causa de seu estado de humor do momento, um traço de caráter que às vezes deixa seus amigos e colegas enlouquecidos. Se seu filho choraminga querendo algo, você responde com um rápido "não, não e não". Contudo, uma hora mais tarde se pergunta por que está fazendo uma tempestade do pedido do baixinho e, então, entrega os pontos.

O que os outros não veem é que você muda de ideia porque continua a absorver informação, pensando no que acabou de ler ou ouvir, além de aprender com a experiência alheia. Esse processo não termina, portanto, é natural que você chegue a novas conclusões à medida que vai avançando. O geminiano continua a experimentar, procurando formas novas e melhores de fazer ou entender as coisas. O restante de nós pode aprender com você.

No entanto, quando você fica um pouco mais velho (em torno dos 30 anos), sua experiência de vida começa a se estabilizar. Você se torna mais organizado (o que pode ser realmente difícil para alguns nativos desse signo) e começa a perceber a necessidade de continuidade. Ao se conhecer melhor, você fica menos dispersivo e mais entusiasmado com a ideia de se concentrar naquilo de que mais gosta. Você já não sente mais tanta necessidade de experimentar tudo numa velocidade espantosa. Com o tempo, sua capacidade de comunicação também se torna ainda mais impressionante. Você é mais capaz de tecer diversos interesses e talentos na rica tapeçaria de sua vida, que é muito interessante.

Relacionamentos

A esta altura, você já tem uma boa ideia de quem é o geminiano — mas como ele é no contexto romântico ou sexual? Como são os nativos de Gêmeos nos relacionamentos mais íntimos? No amor, Gêmeos é mestre na arte de bancar o difícil. Seu estilo é superficial e volúvel, pelo menos no início. Como seu signo não é muito emotivo, geminiano, sua cabeça controla seu coração. Você reserva tempo para tomar uma decisão inteligente e racional, em vez de se deixar levar, e pode parecer um pouco frio, pelo menos no início. Você precisa de algum distanciamento para não perder o forte senso da própria identidade. Os melhores signos para relacionamento amoroso são outros signos de ar, como Libra, Aquário e Gêmeos, ou signos de fogo, como Áries, Leão e Sagitário. Todos eles entendem instintivamente suas necessidades e podem até compartilhar o mesmo sentimento. Se você se apaixonou por alguém de um signo diferente desses, não se desespere, porque no mapa natal pode haver uma configuração especial que é perfeita para você.

Em geral, Gêmeos prefere se casar mais tarde, com receio de perder sua independência. Mesmo dentro do casamento, você trata de não se sentir aprisionado. Seu signo tem uma necessidade poderosa de espaço psicológico. Proíba um geminiano de fazer algo (como viajar) e ele ficará obcecado por fazer exatamente aquilo.

O geminiano é inconstante? Alguns dizem que sim, porque o nativo tem forte necessidade de variedade, surpresa e estímulo. Na verdade, a maioria dos nativos desse signo deseja, acima de tudo, ter uma sensação de estabilidade; no entanto, quando a encontram, os nativos sentem que a vida parece ter se tornado muito previsível. Isso é uma questão de equilíbrio e depende muito do parceiro — se ele ou ela se conservar tão jovial e dinâmico quanto você, não deve haver problema algum em manter a fidelidade e a dedicação no casamento. Se seu parceiro parar de crescer intelectual ou emocionalmente, é provável que você fique inquieto. Às vezes, uma mudança na rotina ajuda o relacionamento. Ter algumas coisas pelas quais esperar ou trabalhar num projeto criativo pode ser o necessário para manter o progresso do relacionamento.

Como já foi dito, as palavras acendem a paixão de Gêmeos. Se você tem um amante geminiano, mande-lhe mensagens, leia para ele trechos de um romance erótico, memorize poemas e fale durante o sexo. A maior zona erógena do geminiano é a mente. A curiosidade infantil mantém a aparência do nativo muito mais jovem, e continuam a atrair o sexo oposto mesmo em idade avançada. Os nativos de Gêmeos talvez não consigam lidar com o nível de extravasamento emocional de um signo de água como Escorpião, Câncer ou Peixes, mas amam à sua maneira. Para eles, as emoções de um signo de água parecem exageradas, excessivas. Gêmeos pode ser fiel e emotivo, mas seu estilo é diferente. Antes que seu geminiano entre num clima amoroso, perceba que ele é tenso e precisa de algum tempo, portanto, tenha paciência. Os nativos de Gêmeos também são bem-humorados e admiram a agilidade mental, por isso, não tenha medo de tentar uma abordagem humorística. Escreva um e-mail para o geminiano, leia para ele ou mostre-lhe uma nova página na internet: ele vai prestar atenção em você!

Finalmente, quando se trata de amor, vamos falar de uma questão relevante: o geminiano é mesmo duas pessoas? Não. Se você é de Gêmeos, provavelmente está cansado de ouvir em festas os comentários depreciativos de pessoas que acham que sabem tudo sobre você astrologicamente. Por mais que algumas pessoas gostem de acusar o geminiano de ambivalência, ou seja, de ser um gêmeo brilhante e honesto e outro gêmeo malvado, nada pode ser mais falso. Embora em toda parte existam pessoas com duas caras, não acredito que o signo de Gêmeos tenha mais pessoas desse tipo do que qualquer outro signo.

O fato é que, como já mencionei, de vez em quando o geminiano muda de ponto de vista, de objetivos e até mesmo de aparência. Isso se deve a uma mente aberta que continua a processar informações mesmo depois de ter — temporariamente — formado uma opinião. Se você tiver um namorado ou namorada nascido em Gêmeos, também descobrirá que ele ou ela, inconscientemente, repete seu estilo e procura melhorar a comunicação copiando seus maneirismos, sua postura e sua maneira de falar quando vocês estão juntos. Essa atitude é muito eficiente e explica por que os geminianos são tão bons vendedores e escritores — o comprador ou leitor se sente à vontade com o nativo porque ele "é igual a mim". Contudo, seu geminiano não está tentando *se transformar* em você, está simplesmente buscando *se comunicar* com você com mais eficiência. Portanto, pare de se preocupar com essa história de que os nativos de Gêmeos são duas pessoas; eles são indivíduos. Lembre-se: nem mesmo gêmeos univitelinos são exatamente iguais.

Finalmente, talvez seja preciso algum tempo para se habituar ao estilo despretensioso e jovial do geminiano. Por exemplo, se seu namorado de Gêmeos tiver algo a lhe dizer, não espere que ele faça uma grande cena declarando: "Amanhã vamos nos sentar e discutir esse assunto." Isso não vai acontecer porque, para um geminiano, planejar um diálogo parece uma abordagem muito artificial e rígida, cercando a conversa pendente de muita tensão. Lembre-se de que esse signo é franco e impetuoso. Portanto, em vez disso, quando você estiver na cozinha ao lado do fogão temperando o peru e se preparando para receber 12 convidados, seu namorado geminiano é capaz de soltar o verbo: "Ontem, no banco, você me humilhou" ou "Acho que nós devíamos ter um filho." Você nunca sabe *o que* o nativo de Gêmeos vai dizer.

Se você espera que o geminiano faça o pedido de casamento no momento romântico perfeito, esqueça! Para isso, você precisa de um nativo de Câncer ou Peixes. Quando se decidir, o geminiano fará a pergunta onde estiver, seja de pé na fila do correio, no supermercado comprando abacaxis ou saindo do metrô com você, a caminho de casa. Esses momentos triviais são os mais prováveis para o nativo trazer à baila as questões e discussões mais importantes. Ele não consegue guardar nada, portanto, não espere ocasiões planejadas. Em vez disso, o que lhe cabe pode ser muito mais precioso e memorável: uma grande demonstração de entusiasmo no calor do momento em que ele ou ela está feliz. E, quando não está feliz, o geminiano é igualmente franco.

Finanças

Você já percebeu que compra tudo em duplicata? É claro — você precisa de um exemplar para seu "gêmeo perdido" simbólico. A mãe nativa de Gêmeos amorosamente coloca duas pequenas ameixas maduras em cada mão do filho, dizendo: "Olha aqui, amor, uma para cada mão." O geminiano nunca pensa em termos de unidade. Seu amigo de Gêmeos pode lhe dizer: "Esse é seu presente de aniversário, mas aqui está mais uma coisinha. Eu adorei os dois e não consegui decidir." Por que pensar em um quando se pode ter prazer em dobro? Isso sai caro quando você faz compras de Natal. Um presente para sua irmã e um igual para você; alguma coisa para a casa de seus pais e o mesmo para você; a lembrança perfeita para seu melhor amigo, idem para você, e assim por diante. Você passeia pelo shopping cantarolando uma musiquinha animada. O geminiano explica que essa opção de comprar tudo em dobro economiza tempo, mas sua necessidade de duplicação vai mais fundo. A dualidade de Gêmeos é tão instintiva que se reforça inconscientemente numa base contínua. Você precisa comprar dois, mesmo que não saiba por quê. Se pudesse, teria duas casas, dois filhos, duas profissões, dois carros, dois computadores, duas linhas telefônicas, tudo em dobro — e por que não?

Um geminiano deve se planejar para ganhar muito dinheiro, não só para comprar tudo em dobro, mas também para pagar pelos hobbies e interesses. Gêmeos está eternamente interessado no mundo e quer saber um pouco sobre cada coisa, e, então, descobrir mais temas a investigar. Há quem acuse o nativo de tentar abarcar mais do que pode e de ter conhecimento superficial de um número excessivo de assuntos, faltando-lhe tempo para aprofundar-se em qualquer um deles. É verdade que você pode ser dispersivo, distraído, desorganizado e esquecido. Às vezes é procrastinador, perguntando-se por que fazer isso hoje se pode fazê-lo amanhã. Essa atitude pode lhe causar problemas, mas você já sabe disso: pensou sobre a questão mas não a colocou em prática. Se isso o descreve, você depende da presença de alguns planetas nos signos de terra em seu mapa natal para ancorá-lo. Uma influência de terra, como a presença da Lua, de Mercúrio ou de outro planeta importante nos signos de Virgem, Touro ou Capricórnio, lhe daria mais capacidade de organização e foco.

Vida profissional

Os geminianos podem ter uma imaginação maravilhosa, especialmente para escrever livros, peças e material publicitário ou jornalístico. Os antigos chamavam o signo de Gêmeos de escriba ou contador de histórias. Muitos geminianos conseguem contar uma saga com tamanha riqueza de detalhes que, quando a história termina, a plateia sente que os personagens adquiriram vida. É por isso que tantos nativos desse signo se tornam romancistas ou autores de histórias infantis. Não admira que muitos geminianos tenham usado pseudônimos: isso faz sentido porque Gêmeos também precisa ter dois nomes.

Os nativos também se saem bem em todas as áreas da publicidade, trabalhando como redatores, editores, publicitários e até mesmo como diretores de arte. Eles também têm sucesso nos campos da comunicação, como radiodifusão e televisão, computação e internet, ou, ainda, trabalhando como relações públicas, vendedor e marqueteiro — ou até mesmo como professor. O amor de Gêmeos por documentos raros e históricos e por autógrafos torna os nativos desse signo especialmente competentes como colecionadores.

Alguns geminianos fazem carreira nas áreas de carga expressa ou serviços de mensagens; outros têm sucesso como funcionários dos correios, em serviços de encomendas, nos transportes de carga, na marinha mercante ou como industriais, importadores e proprietários de lojas de qualquer tipo, mas principalmente de belos livros e papéis, envelopes ou canetas e tintas raras. Os nativos também podem ser excelentes consultores de estilo e decoradores, porque entendem o valor dos acessórios. Finalmente, Gêmeos também rege o turismo, portanto, os nativos desse signo são excelentes agentes de viagens, pilotos, comissários de bordo, controladores de tráfego aéreo, condutores de trens, projetistas e executivos da indústria automobilística.

Corpo, mente e espírito

Tome cuidado para não adquirir o hábito de comer e dormir mal. Gêmeos rege os dedos das mãos, e você é excepcionalmente habilidoso. Talvez tenha aprendido a digitar muito depressa, tocar piano ou violão, ou fazer qualquer trabalho manual, inclusive tapeçaria, caligrafia, tricô, carpintaria ou costura. Para muitos nativos de Gêmeos, a maior tensão se acumula nos dedos e não no pescoço, portanto, você adora quando alguém massageia suas mãos com um pouco de loção aquecida ou óleo essencial. Suas mãos são tão ativas que provavelmente estão sempre com cortes e hematomas.

Além de ser suscetível à irritação dos nervos e dores nos dedos ou nas mãos (cuidado com a síndrome do túnel do carpo, caro geminiano, e use apoios para os pulsos quando digitar), você também precisa ter cuidado com problemas pulmonares. Os geminianos precisam manter os pulmões saudáveis, evitando qualquer coisa que possa prejudicá-los. Seria excelente fazer exercícios aeróbicos para melhorar a capacidade pulmonar. Gêmeos também rege a coluna cervical e os ombros, o que não surpreende, já que você, figurativamente, carrega muito peso nos ombros. Os amigos veem, primeiro, seu lado alegre e otimista; o mundo exterior não consegue ver a parte que se preocupa intensamente com as obrigações. No entanto, ela existe, e seu lado mais maduro e sensato só se revela mais tarde. Você promete que vai parar de comprometer excessivamente seu tempo e seu talento, mas em seguida esquece essa decisão e torna a sobrecarregar a agenda, programando com entusiasmo o maior número de atividades que puder.

A regência de Gêmeos sobre os pulmões faz sentido porque este é um signo de ar, simbolizado pelos Gêmeos em fuga. Aparentemente, o ar nos pulmões o anima, fazendo com que você sinta que pode desafiar a gravidade e flutuar no espaço. Na mitologia e em muitos contos de fadas, a respiração simboliza o espírito. Você quer voar, ser livre como um pássaro e cobrir o máximo de terreno na metade do tempo. Contudo, às vezes você parece inspirar e sorver a vida e, outras vezes, parece morder e engolir coisas demais de uma só vez. Você é propenso a sofrer de soluços e de uma espécie de tensão nervosa, porque literalmente engole excesso de ar. Será bom diminuir o ritmo, mas, frequentemente, não é isso o que você quer.

Resumo

Caro geminiano, você é um caleidoscópio de energia, sempre mudando e se transformando. Algumas de suas características mais notáveis são a suprema adaptabilidade, a flexibilidade, a natureza versátil e a surpreendente capacidade de comunicação. Se você já fez algo de uma maneira, tornará a fazê-lo? Você diz que, neste vasto mundo, a redundância é desnecessária. Agora que nos encontramos na era da informação, você é capaz de chegar aonde deseja. Não fique surpreso se o mundo lhe pedir conselhos sobre como lidar com esses tempos. Afinal, este é o mundo com que você sonhou e que você praticamente inventou — este novo mundo pode lhe parecer um lar. E isso é muito bom.

OS MITOS DE GÊMEOS E MERCÚRIO

Se olharmos para o céu numa noite sem nuvens, com certeza seremos atraídos para a região que contém duas grandes estrelas muito próximas. Uma parecerá um pouco mais brilhante, mas, se você continuar a olhar essa constelação, verá que na verdade os dois astros se alternam em brilho, cada um cedendo ao outro a posição de estrela mais luminosa. Você terá encontrado a constelação de Gêmeos.

A mitologia de seu signo é especialmente rica porque envolve dois pares de gêmeos, um mortal e outro divino, numa sugestão de que você tem a notável qualidade de ser completo. O primeiro par era composto de dois irmãos e o segundo, de duas irmãs. A bela Leda, disfarçada como um cisne maravilhoso, pôs dois ovos que continham os dois grupos de gêmeos. Como se trata de uma lenda de dualidade, não admira que os gêmeos masculinos e femininos tivessem dois pais: Zeus, o deus mais poderoso do Olimpo, gerou os irmãos Pólux e Helena, e o rei Tíndaro, o marido "humano" de Leda, gerou os mortais Castor e Clitemnestra.

Castor e Pólux

A lenda de Castor e Pólux deve ser uma das mais populares da mitologia antiga. Trata-se da história de dois irmãos tão unidos que se recusaram a ser separados, mesmo quando um deles morreu. Castor e Pólux faziam tudo juntos e, segundo os mitos, estavam sempre unidos. Castor era afamado como guerreiro e cavaleiro, enquanto Pólux era um famoso boxeador. Os jogos de Esparta eram dedicados aos dois irmãos. Ambos participaram da aventura de Jasão e os argonautas em busca do velocino de ouro.

Um dia, Castor, o irmão humano, foi morto, e Pólux, que era imortal, foi dominado pela dor. Ele implorou a Zeus que não o separasse do irmão. Pólux recusava-se a aceitar a imortalidade, presente do pai, se com isso Castor fosse obrigado a permanecer para sempre no mundo inferior, lugar que Pólux não podia visitar. Zeus apiedou-se dele e decidiu que os gêmeos passariam metade do tempo no céu e a outra metade no mundo dos mortos, o que coincide com os períodos em que a constelação de Gêmeos está visível (seis meses do ano).

Helena e Clitemnestra

Pelo lado feminino, as gêmeas Helena e Clitemnestra tinham personalidades muito distintas. Helena era filha de Zeus e Leda. Tal como a mãe, era excepcionalmente bela. Helena obedecia aos ditames da sociedade e nunca agia fora do padrão de comportamento aceitável. Há quem ache que sua indecisão foi a grande responsável pela guerra de Troia. A irmã mortal, Clitemnestra, não era a gêmea "boa", como Helena, já que assassinou o marido, o rei Agamenon, quando ele voltou da guerra de Troia. Como em todos os mitos gregos, temos aqui uma ironia: Clitemnestra pode ter sido a gêmea má, porém, era muito mais decidida e tinha uma energia passional atraente. Helena era uma deusa exemplar, porém passiva. No signo de Gêmeos, parece estar presente a advertência mitológica de que o equilíbrio é necessário e, para encontrá-lo, é preciso procurar pistas no alter ego. (Procurar o próprio gêmeo é como ser capaz de, literalmente, "sair" de si mesmo.) Nenhum dos gêmeos era independente e completo; cada um tinha traços de personalidade inexistente no outro. Só quando estavam juntos eles eram íntegros, maiores que a soma das partes.

É possível ver no simbolismo desses gêmeos uma relação com o conflito entre o ego luminoso e os instintos sombrios que fazem parte da personalidade e precisam ser reprimidos ou ocultos. É claro que isso representa uma luta inerente a todos os seres humanos, não apenas aos geminianos, mas essa mensagem parece estar clara no mito de Gêmeos. A luta desse signo para fazer o correto é consciente e intelectual, travada na mente superior, e não enterrada no subconsciente. Como um signo analítico de ar, Gêmeos é capaz de dissecar friamente as próprias motivações e procurar fazer de forma lógica o que é correto. (Mercúrio, o regente planetário de Gêmeos, é completamente objetivo e imparcial.)

Outra lição ensinada por esse mito é a necessidade que Gêmeos sente de contar com um mentor divino. Pólux não consegue alcançar o irmão depois que ele morre. Dessa forma, Castor se torna uma inspiração espiritual e representa o desejo de Pólux por uma associação com a parte espiritual da própria alma. Num sentido mais amplo, esse mito fala da necessidade que a fração intelectual do geminiano tem de alcançar metas grandiosas e celestiais por meio do amor e da inspiração de um alter ego.

Hermes, o mensageiro dos deuses

O mito de Hermes representa claramente o arquétipo das características de Gêmeos. Desde o nascimento, Hermes é muito precoce. Sua história começa quando ele ainda está nos primeiros dias de vida. Nascido numa caverna escura, ele era o filho do poderoso Zeus e de Maia, uma deusa menor, que poderia ser a deusa do céu noturno. Os mitos divergem quanto à identidade de Maia, embora a maioria admita que ela era filha do titã Atlas. Hermes foi fruto do relacionamento de Maia com Zeus, porém a deusa foi obrigada a ocultar essa ligação, permanecendo escondida numa caverna com o bebê.

Hermes sabia que seu pai reinava sobre o Olimpo. O menino não estava feliz em passar a vida numa caverna escura e também não gostava de ver os irmãos (os outros filhos de Zeus) viverem cercados de conforto e honrarias. Ele percebia que Apolo, o filho favorito de Zeus, vivia no palácio do pai, apesar de não ser filho de Hera. Entediado, Hermes saiu do berço e deixou a caverna. Ele avistou uma grande tartaruga e, sendo habilidoso e inteligente, matou o animal, esvaziou o casco e passou sobre a abertura sete cordas feitas de tripa de carneiro. Dessa forma, ele inventou a lira. Nessa passagem, ele revela a qualidade mais criativa e inventiva de Gêmeos. Contente, Hermes começou a cantar; fica muito claro que ele sabia como se divertir, e seu amor pela música revela uma personalidade alegre e otimista.

Em seguida, ele começou a procurar alimentos e encontrou um grande rebanho que, segundo soube, pertencia a Apolo. Hermes decidiu roubar cinquenta cabeças de gado. Não querendo ser apanhado por Apolo, em sua esperteza, fez os bois caminharem de costas para sua caverna. Dessa forma, o rastro dava a impressão de que o gado caminhara para o pasto de Apolo, não o contrário. Para disfarçar as próprias pegadas, o menino fez para si um par de sandálias especiais, usando gravetos, folhas e a casca de um carvalho abatido.

Uma pequena digressão: o rastro invertido do gado roubado por Hermes é reminiscente da ação retrógrada do planeta Mercúrio, a qual ocorre quatro vezes por ano, a intervalos de três semanas e meia. Na astrologia, quando está retrógrado, Mercúrio exerce praticamente sobre todo mundo o efeito universal de oposição. O planeta parece pregar peças nos mortais, desorganizando todas as áreas que governa — as comunicações, os transportes e o comércio. Quando está retrógrado, Mercúrio também causa esquecimento, perda de dados de computador, viagens para endereços errados e perda de bagagem. Os planos precisam ser refeitos, cancelados ou adiados. Essas também não são épocas favoráveis para se assinarem documentos. Talvez isso se deva ao fato de que, nesses períodos, Hermes tem chance de fazer suas travessuras.

Vamos considerar a importância da habilidade de Hermes para disfarçar as próprias pegadas enquanto roubava as cinquenta vacas. A capacidade de interpretar as pistas de animais é uma arte antiga, quase sempre necessária para a sobrevivência. Aqueles que sobreviviam na natureza sabiam como decifrar o significado de diversos sinais: um galho de árvore quebrado, a profundidade e a forma de uma pegada, chumaços de lã na casca de uma árvore. Assim como o detetive moderno, o caçador sabia como extrair significado de pequenas pistas. Como diz Lewis Hyde, escritor e especialista em mitologia, em seu livro *Trickster Makes This World*, as histórias sobre vigaristas e interpretação de pistas são, na verdade, histórias sobre "leitura" e "escrita" (o graveto quebrado é uma forma de comunicação escrita), uma parábola muito adequada ao mito de Mercúrio/Hermes, que tem tanto a ver com o signo de Gêmeos. Ao disfarçar habilidosamente as próprias pegadas, Hermes "reescreveu" os acontecimentos. Mais do que isso, as histórias da mitologia grega estão cheias de pessoas capazes de mudar a própria forma — trocar a pele —, e isso acontece porque essa era uma qualidade apreciada. Tal como deduz Hyde, os gregos da Antiguidade valorizavam mais a esperteza do que a rigidez e a falta de flexibilidade.

Voltando à nossa história, enquanto roubava as vacas, Hermes foi surpreendido por um fazendeiro chamado Batus, mas o garoto rapidamente subornou a testemunha. Como não confiava no fazendeiro, Hermes se disfarçou e voltou para oferecer uma recompensa a quem pudesse indicar o responsável pelo roubo do gado. Batus imediatamente se apresentou, provando que estava pronto para trair o deus. Hermes imediatamente puniu o velho, transformando-o em pedra. Isso mostra como o garoto era astuto; sua mente ágil estava o tempo todo em funcionamento, tal como a de um geminiano.

Na manhã seguinte, Hermes parou para acender uma fogueira. Ele matou duas vacas e assou-as para o jantar, tomando o cuidado de não deixar resíduo algum, queimando os cascos e as cabeças. Contudo, em vez de comer a carne, decidiu não dar atenção à fome. Ele dividiu o assado em 12 partes iguais e ofereceu um pedaço a cada um dos 12 deuses do Olimpo — Zeus, Posseidon, Hades, Héstia, Hera, Ares, Atena, Apolo, Afrodite, Artemis e Hefestos — e acrescentou um pedaço *para si mesmo*. Dessa forma, ele imediatamente equilibrou a situação. Esse ato foi significativo porque pela primeira vez os deuses comeram a carne do sacrifício.

À noite, ele voltou para seu berço e fingiu dormir. No entanto, a mãe deduziu o que a criança fizera e a confrontou. Hermes explicou que não pretendia passar a vida numa caverna escura, principalmente quando via seus irmãos viverem tão bem no monte Olimpo. Ele explicou que esperava que o pai, Zeus, o tratasse com as mesmas honrarias que dedicava a Apolo.

Enquanto isso, Apolo sentiu falta de parte de seu rebanho e começou a procurar o ladrão. Graças a uma série de presságios e outros meios, ele descobriu Hermes. Quando Apolo chegou à caverna, Hermes estava no berço. Apolo entrou no quarto e imediatamente iluminou o ambiente com um poderoso facho de luz dourada. O bebê Hermes parecia inocente e cativante em seu berço, porém, ao ser acusado de roubar o gado, sentou-se e começou a argumentar com o deus (revelando o lado mais sagaz de sua personalidade). Hermes acusou Apolo de persegui-lo, lembrando que ele era apenas um bebê — "nascido ontem". (Hermes havia, literalmente, nascido no dia anterior.) Embora não se tenha deixado enganar, Apolo sentiu-se cativado por aquela criança incomum. Vemos aqui aquela inocência infantil que todos nós podemos observar em Gêmeos. Usando a sedução, a originalidade e o talento, Hermes conquistou facilmente o apoio de Apolo, um talento encontrado na maioria dos geminianos!

Sabendo que Hermes nunca seria uma criança fácil de controlar ou conter e um tanto cansado com o episódio, Apolo decidiu levar o garoto para o Olimpo. Colocando Hermes no colo de Zeus, Apolo defendeu a causa da criança. Zeus se viu numa situação difícil. Embora reconhecesse imediatamente o próprio filho, não queria admiti-lo, porque teria de revelar à esposa o relacionamento com Maia. No entanto, Hermes era uma criança notável e Zeus também ficou fascinado com a natureza determinada do filho.

Enquanto Zeus pensava no que havia feito com o novo filho, Hermes começou a se queixar de que Apolo era mais bem-tratado que ele e pediu ao pai para corrigir essa situação. Zeus achou tão engraçado que começou a rir. Vemos aqui Hermes buscando o consentimento do pai como qualquer criança, em qualquer família. É importante observar que a rivalidade entre irmãos é um tema dominante também nessa história, e que, muitas vezes, está presente no simbolismo de Gêmeos. No entanto, o charme, a capacidade de persuasão e a determinação desse signo prevalecem e permitem que Gêmeos/Mercúrio/Hermes alcancem sucesso. Sabe-se que Zeus adorava crianças, portanto, estava num dilema. Não podia voltar as costas à situação de um filho (Apolo perdera algumas vacas), nem se dispunha a punir Hermes. Ele ordenou que os irmãos fizessem as pazes e mandou Hermes devolver o gado roubado.

Enquanto Apolo estava no pasto cuidando de seu rebanho, Hermes começou a tocar a lira. Apolo ficou encantado — ele nunca ouvira algo tão bonito — e logo esqueceu a raiva pelo roubo das vacas, que deixou de parecer importante. Apolo começou a negociar com Hermes a aquisição da lira. Hermes trocou a lira pelas 48 vacas restantes e imediatamente construiu outro instrumento, uma flauta de cana, que Apolo também adorou e desejou ter. Hermes trocou a flauta pelo cajado dourado de Apolo e, com isso, adquiriu a honra de ser o deus dos vaqueiros e pastores. Ele também recebeu aulas sobre adivinhação.

Quando tornou a encontrar Zeus, Hermes prometeu que não tornaria a roubar ou mentir se recebesse a mais alta das honrarias, o papel de mensageiro dos deuses. Zeus percebeu que esse filho jovial era ágil, esperto, divertido, bom negociador e falante. Na verdade, ele seria um excelente porta-voz para os deuses. Entre seus deveres, Hermes deveria guiar as almas para o mundo dos mortos e voltar em segurança. Dessa forma, o garoto adquiriu o raro e importante privilégio de ir aonde tivesse vontade, viajando livremente pelos três reinos: o céu, o mundo dos mortais e o mundo dos mortos. Ele recebeu de Zeus um elmo especial com asas para protegê-lo em qualquer clima, e sandálias douradas e aladas para garantir a rápida transmissão de mensagens. Hermes também recebeu um bastão de arauto, o caduceu, que representa a ligação entre mente e corpo no processo de cura.

Hermes passou a ser encarregado de garantir a segurança dos viajantes, de promover toda forma de comércio e de negociar tratados e acordos. O relacionamento entre pai e filho era muito bom. O garoto se tornou o companheiro constante de Zeus; na verdade, Zeus nunca vinha à Terra sem ter a seu lado o filho Hermes, cujo nome significa "aquele da pilha de pedras", em referência à pequena torre de pedras que os viajantes deixam às margens das estradas para marcar uma rota e ajudar os que vierem depois.

Aqui vemos a herança mitológica dos geminianos como intermediários ou elemento de conexão entre pessoas, objetos e acontecimentos no mundo em geral e também internamente, como parte da mente. Hermes também simboliza a mente — a razão, a fala, a escrita, as ideias e a comunicação —, assim como as viagens e os transportes. Mesmo no interior do corpo, a mente serve como mensageiro ao enviar impulsos voluntários e involuntários pelo sistema nervoso.

Credita-se também a Hermes o desenvolvimento do alfabeto grego e a invenção da escala musical, da astronomia, da ginástica e do boxe. Ele é o deus máximo da juventude, dos viajantes, dos comerciantes, dos mensageiros e da comunicação, e ainda dos ladrões e dos vigaristas.

Quanto a isso, o trapaceiro não é um personagem totalmente mau — ele é aquele que perturba a ordem das coisas, aspira ao trono ou, ainda, como estrangeiro, tenta passar pelos portões do palácio. Nesse caso, Hermes não achava justo viver numa caverna escura, mas teria passado a vida ali se não houvesse desafiado o sistema. A sociedade, muitas vezes, é beneficiada quando alguém consegue cruzar as linhas cuidadosamente patrulhadas e perturbar a ordem estabelecida. O vigarista, muitas vezes, age como profeta para criar um movimento acelerado na direção do bem social, já que, ao ultrapassar essas linhas, ele revela fronteiras das quais ninguém estava consciente. Sendo neutro, o vigarista nem sempre está consciente do bem e do mal, mas suas ações geram discussão e reavaliação.

Quando pensamos em um adorável e engraçado tipo brincalhão como Hermes, lembramo-nos de um gênio indisciplinado e criativo que abala as instituições estáticas por meio da inovação subversiva.

Os maiores dons de Hermes são a flexibilidade, a adaptabilidade, o bom humor, a criatividade e a comunicação, extremamente melhorados por meio do intelecto e da linguagem. Com esses dons, ele tem a capacidade de provocar impressionante progresso na sociedade.

A PERSONALIDADE DE CÂNCER

Câncer

21 de junho — 22 de julho

Força condutora

"Eu SINTO."

O que alegra este signo

Encontra alegria no lar e na família, desfrutando literal e figurativamente os relacionamentos entre pai e filho, tanto na qualidade de filho quanto na de pai.

No novo milênio, sua contribuição para o mundo será...

À medida que os indivíduos vão procurando novas formas de criar no mundo o sentimento de comunidade, seu amor pela instituição familiar e a visão de que ela é um elemento fundamental da sociedade serão cada vez mais importantes.

Uma citação que descreve o canceriano

"A VERDADEIRA BONDADE PRESSUPÕE A CAPACIDADE DE SENTIR O SOFRIMENTO E AS ALEGRIAS DOS OUTROS."

— ANDRÉ GIDE, *sagitariano*

Canceriano, se você estiver fora de casa e for surpreendido por uma nevasca, olhe para o céu na parte mais escura da noite e encontre seu planeta regente, a Lua. Delineada contra o céu azul-escuro da meia-noite e cercada por milhares de estrelas cintilantes que brilham como diamantes, a Lua aparecerá em toda a sua majestosa beleza, principalmente se sua face estiver mais redonda e cheia. Na função de companheira e alter ego da Terra, a Lua não tem luz própria, mas reflete a luz do Sol com deslumbrante radiância. Ao luar, o campo parecerá mais mágico do que jamais poderia ser durante o dia. O papel da Lua é ampliar a emoção, exumar velhas lembranças, provocar sonhos e aguçar a intuição. Todas essas propriedades são suas, canceriano, pois, como súdito do majestoso satélite, você é seu filho mais amado. Tal como a Lua, você é romântico, cheio de imaginação, gentil e, às vezes, introvertido, a tal ponto que os outros o consideram tão misterioso quanto o astro que o guia e protege.

Símbolos

Para os povos antigos, Câncer simbolizava o solstício de verão, a época do ano que representa a entrada da alma no corpo. Em nossos tempos, Câncer sempre está associado ao caranguejo. Os egípcios usavam um escaravelho como símbolo de Câncer, um totem sagrado que se referia à alma. Da mesma forma, para os gregos, Câncer era representado pela tartaruga e pelo jabuti — tanto o caranguejo quanto a tartaruga têm um abdome macio e um duro casco exterior. O jabuti se encolhe para dentro do casco quando está com medo ou assustado, uma característica também natural em Câncer. Depois da época de Alexandre, o Grande, ocorreu uma grande mistura de todas as culturas antigas do Mediterrâneo. Foi então que Câncer passou a ser associado com o caranguejo e a Lua.

Da próxima vez que for à praia, observe cuidadosamente os movimentos do caranguejo. Ele não avança diretamente rumo ao que deseja capturar ou atacar. Em vez disso, ele se move silenciosamente em zigue-zague, avança, primeiro, para a esquerda, hesita, olha para os lados, procurando alguma ameaça, e então se atira para a direita, para, observa, espera antes de seguir em frente e, depois, para a esquerda, e novamente para a direita. Dessa forma imprevisível ele avança até conseguir o que deseja. Se a presa parece que está a ponto de desaparecer e o caranguejo sente que não vai conseguir o que quer, ele ataca, saltando com grande precisão sobre o objeto de seu desejo. Se nesse processo o crustáceo perder uma pinça, a Mãe Natureza fará crescer uma nova. Câncer é imensamente obstinado na busca de seus objetivos e praticamente nada consegue detê-lo.

♋ O pictograma de Câncer parece um pequeno símbolo do infinito e lembra os poderes associados de yin e yang. Um exame detalhado do símbolo mostra que ele se parece com duas luas cheias ligadas a quartos crescentes (a alma), e esses conjuntos se relacionam em um padrão de oposição e integração. O símbolo evoca a procriação e a continuidade da vida. O símbolo também destaca os aspectos sentimentais do signo.

INFLUÊNCIA PLANETÁRIA

☽ Os astrólogos da Antiguidade escreveram que a Lua, regente de Câncer, governa a alma e é o repositório de lembranças, hábitos e sonhos, e também das reações inconscientes e dos reflexos. A época do ano em que você nasceu, o solstício de verão (no Hemisfério Norte), é aquilo que os observadores de estrelas da Mesopotâmia chamavam "o portão setentrional do Sol". Eles acreditavam que esse era um ponto mágico no qual a alma entrava no corpo — um momento muito espiritual e sagrado. O solstício de verão ocorre em torno do dia 21 de junho, e é o dia mais longo do ano no Hemisfério Norte. Por que os antigos escolheram como regente de Câncer a Lua, uma energia feminina noturna, fria, receptiva, apoiadora e protetora? Não seria mais adequado escolher a energia masculina, quente e agressiva do Sol, nesse que é o dia mais longo do ano?

Há uma boa explicação para isso. O solstício de verão marca uma virada no ano, já que, a partir dái, os dias ficam cada vez mais curtos. O Sol, que simboliza o ser, o ego e o indivíduo, começa a perder terreno enquanto a Lua, simbólica da consciência coletiva, com seu domínio sobre a noite, começa a ganhar importância. Portanto, na alternância do equilíbrio de poder e da amigável cooperação entre Sol e Lua, esta começa a recuperar a precedência. Por essa razão, ela foi escolhida para ser seu regente, querido canceriano. Indo um passo além, ser regido pela Lua, tendo também o Sol no signo de Câncer, lhe dá a extraordinária oportunidade de unir dentro de você as energias masculina e feminina, o que resulta numa notável inteireza num grande potencial de criatividade.

Desde os tempos antigos a Lua esteve associada à energia yin, que significa um impulso ou uma carga feminina e negativa; consequentemente, a influência do planeta em sua personalidade o torna receptivo, altamente intuitivo, contemplativo e magnético. Uma das características mais importantes de Câncer é a capacidade de, tal qual uma esponja, absorver as emoções e refleti-las de volta para o mundo com a eficiência de um espelho limpo e brilhante. Quando alguém próximo de você está triste, você sente com a mesma intensidade essa tristeza. Por outro lado, quando está com um amigo que irradia felicidade, você sente o mesmo. Você parece estar sintonizado com a música interna da Terra porque as fases da Lua e as constelações dos signos ressoam em seu interior.

A Lua faz uma volta completa em torno do Sol em 28 dias, permanecendo pouco mais que dois dias em cada uma das 12 constelações. Por ser tão ocupada (nenhum planeta do sistema solar percorre tanta distância num período tão curto), seu astro regente coleta muitas influências, sinais e vibrações diferentes dos signos que visita e com que se comunica em sua viagem. Essas influências, combinadas com o fato de Câncer ser um signo receptivo de água, são a razão pela qual você é conhecido pela abrangência e intensidade das emoções.

Sem dúvida, você encontrou na vida uma forma de atrair o que precisa e afastar aquilo de que não precisa. Você, provavelmente, já aprendeu que deve manter uma distância segura das pessoas negativas. Quando se encontrar pressionado por indivíduos exigentes ou situações de estresse, procure afastar-se e reservar um tempo de tranquilidade para pensar. Às vezes, uma melancolia é causada simplesmente pela pura exaustão física ou emocional. Pense se esse não é o seu caso.

Em todos os tempos, a Lua sempre inspirou poetas, artistas, fotógrafos, compositores, bailarinos e outros indivíduos criativos. São tantos os mitos associados à visão da Lua que simplesmente não conseguimos recontar todos. O ciclo começa com a beleza juvenil e virginal, a Lua Nova. Nessa fase, a face lunar está misteriosamente oculta, revelando apenas uma estreita faixa de luz na periferia do crescente. A Lua Nova estimula a troca de ideias e o plantio de novas sementes e novos inícios.

Duas semanas depois, o satélite estará em sua plenitude, lembrando uma mulher grávida em plena floração, radiante, expectante e pronta para dar à luz o filho. A Lua Cheia é a época de colher e de finalizar nossos empreendimentos diários. Nos três dias anteriores e posteriores à Lua Cheia, sentimos essa urgência — a energia aumenta e ocorre a consumação dos empreendimentos. Você também pode se sentir especialmente inspirado na época da Lua Cheia. Algumas pessoas sentem níveis muito aumentados de energia, têm dificuldade para dormir e ficam nervosas e irritáveis. Quando aprende a controlar essa espantosa energia, o canceriano se torna muito bem-sucedido em qualquer aspecto da vida.

Depois da Lua Cheia, a decrescente beleza lunar começa a recuar para as sombras. Durante a última semana do ciclo, a Lua parece desaparecer de todo, apenas para ressurgir quando o ciclo é reiniciado e repetido. O tempo do Quarto Minguante é o momento de refletir e estimular tranquilamente a criatividade. Também é o momento de se afastar do mundo exterior e se preparar para a chegada da Lua Nova. Esse é um bom período para pensar e planejar, mas não para agir — pelo menos por enquanto. É o período do mês que foi comparado ao estágio das mulheres mais velhas que, nos anos da menopausa, são sábias ou professoras/mentoras.

A constância da Lua nos tranquiliza e conforta, ensinando que, afinal, existe muita regularidade no universo. Os nomes da Lua Cheia nos diversos meses derivam de diversas culturas. Os nomes da Lua refletem determinados acontecimentos, cerimônias, condições climáticas ou feriados que caíam na época de certa Lua Cheia. Eles são poéticos e até mesmo familiares, como o termo Lua Azul, adotado para a segunda Lua Cheia em um mês.

Há outros nomes menos conhecidos da Lua, que passo a listar, simplesmente porque são belos: em janeiro, temos a Lua Velha e a Lua da Tempestade; em fevereiro, a Lua Casta; em março, a Lua da Seiva ou Lua Semente; em abril, a Lua da Relva e a Lua do Ovo; seguidas em maio pela Lua Leitosa, Lua do Plantio ou Lua da Lebre; temos em junho a Lua Rosa, Lua das Flores, Lua do Morango ou Lua do Hidromel. Então, vêm a Lua do Trovão ou Lua da Verruga (em julho) e a Lua dos Grãos ou da Cevada (em agosto). Em setembro vem a Lua da Colheita — que alguns chamaram de Lua Sangrenta. Em seguida temos a Lua do Caçador ou Lua da Neve (outubro) e as luas Gelada, do Carvalho ou do Castor (em novembro). Finalmente, imediatamente antes do Natal, surge a Lua Natalina. A Lua de dezembro também foi chamada de Lua do Lobo, que também pode cair em janeiro. Os índios Chippewa/Shoshoni também se referiam às diversas luas por nomes como Lua do Vento que Fala (março), Lua das Grandes Mudanças (abril e setembro), Lua dos Presentes (junho), Lua da Terra Sedenta (julho), Lua Fria (outubro), Lua dos Muitos Fogos (novembro) e Lua da Mulher Branca (dezembro). Estes não são os únicos nomes; várias culturas atribuíram à Lua outros nomes poéticos, mas é fácil perceber como o satélite inspirou o homem em todos os tempos.

Os astrólogos antigos escreveram que, no horóscopo, a Lua reflete o refinamento do caráter do indivíduo. Se as nuances do caráter só se revelam gradualmente, faz sentido que a Lua, um astro que surge na escuridão quando a visão é reduzida, tenha sido escolhida para, no zodíaco, ser o corpo celeste que revela nossa verdadeira natureza interior. Além disso, a Lua é descrita na astrologia como uma influência privada, do mundo interior, tendo, dessa forma, o domínio sobre o lar, o lugar mais pessoal. A regência da Lua sobre seu signo, caro canceriano, explica por que você se sente desconfortável no papel de agressor, preferindo atrair os outros de uma forma mais sutil e magnética, usando a sedução, a empatia, o intelecto e qualquer outro de seus cativantes talentos.

Também fazem parte do domínio da Lua as recordações, os sonhos e os pensamentos particulares. O satélite nos estimula a recordar e dá ao nativo uma memória notável, talvez até mesmo fotográfica. Você recorda incidentes com uma precisão surpreendente, inclusive com as emoções que sentiu na ocasião, como se aquilo tivesse acontecido há alguns momentos. Fatos e números também permanecem presentes em sua memória; sua capacidade de recuperá-los causa admiração nos colegas. Alguns cancerianos são especialmente dotados para a matemática, capazes de somar longas colunas de números mais depressa do que se usassem uma calculadora.

Dádivas cósmicas

Os cancerianos são altamente intuitivos, instintivos e dotados de percepção mediúnica, porque estão abertos ao influxo das forças universais que são canalizadas para dentro da mente e da sensibilidade do nativo. Como já mencionamos, os egípcios achavam que o signo de Câncer simbolizava a entrada da alma no corpo humano. A quarta casa (a casa do signo de Câncer) é considerada a base do mapa e o alicerce da vida.

Os signos cardinais (Áries, Câncer, Libra e Capricórnio) abrem caminho para as estações (respectivamente, primavera, verão, outono e inverno) e, dessa forma, são considerados bastante autônomos e abençoados com espírito pioneiro e capacidade de liderança. Tendo por regente a Lua, uma influência passiva, você é visto como uma alma reservada que não precisa nem deseja estar sob os holofotes. No entanto, quando o conhecem melhor, os amigos também veem que sob o exterior tímido existe um indivíduo surpreendentemente forte, que deseja ter sucesso em tudo — autodeterminação que você recebe do Sol. Dentro de você existe a capacidade para ter muito sucesso em qualquer empreendimento. Você tem a sorte de contar com a cooperação mútua das energias do Sol (masculino) e da Lua (feminina), de onde deriva um sentimento especial de completude. Essa é uma mistura poderosa.

A roda do horóscopo espelha a evolução humana. Para começar, Áries é o iniciador ou a pura força vital que diz "Eu sou", porque a contribuição de Áries é manifestar o novo. A seguir, Touro é o signo que ensina o instinto de posse e diz "Eu tenho". Em terceiro lugar, Gêmeos traz o instinto de aprender e diz "Eu sei". Câncer, a quarta casa do horóscopo, é o setor do mapa que rege os alicerces e as raízes da vida, a família e também a primeira experiência de ligação entre mãe e filho. Portanto, Câncer diz "Eu sinto." Essa casa do horóscopo também rege a morada física, o lar, a aparência e o que ocorre dentro do lar ao longo da vida.

Talvez mais do que qualquer outro signo, Câncer compreenda e ensine o cuidado pelos outros e a necessidade de também receber cuidados em troca. Na falta de um bebê para cuidar, alguns cancerianos cuidam de um animal de estimação ou de uma série de projetos criativos. Enquanto Áries está mais focado no desenvolvimento da identidade, quando a roda do zodíaco chega a Câncer a proverbial criança já evoluiu e está pronta para superar a preocupação com o "eu" e se aventurar pelas relações familiares. Em Câncer, o feto já trocou o útero (o local onde Gêmeos toma conhecimento do irmão) pelo ninho familiar. Contudo, o signo eternamente lembra a sensação de estar cercado pelas reconfortantes águas do útero, o primeiro lar, certamente o mais seguro. Assim como os irmãos (ou a falta deles) dão forma à personalidade de Gêmeos, a personalidade de Câncer é mais influenciada pela mãe. Mais do que qualquer outro membro da família, ela se transforma no principal catalisador.

Na verdade, ao longo da vida homens e mulheres de Câncer inconscientemente reproduzem o relacionamento mãe-filho com muito mais intensidade do que a experimentada por outros signos. Às vezes, eles adotam o papel de figura materna carinhosa para com os outros. Contudo, a mãe sempre é uma influência poderosa sobre os nascidos em Câncer, mas não perca de vista que, se você teve um relacionamento difícil com sua mãe, ela não vai condicionar seu destino — só você pode fazer isso. Muita gente supera um início de vida difícil e consegue alcançar grandes realizações por causa dessas dificuldades, e não apesar delas.

Querido canceriano, alguém já acusou você de impaciência e mau humor? Provavelmente sim, ainda mais quando você se sente ameaçado ou incompreendido. Nesses casos, você não age como Gêmeos, que impulsivamente falará com quem se dispuser a escutar; é mais provável que você se sinta melhor isolando-se do mundo e se fechando em sua casca. A família e os amigos talvez não entendam essa necessidade de isolamento, mas qualquer tentativa de abrir sua concha será inútil — e eles nem devem tentar. O caranguejo não se deixará convencer a voltar ao convívio da humanidade enquanto não estiver pronto para isso. Contudo, logo sua disposição para a alegria faz você deixar para trás esses períodos de irritação ou tristeza. As mudanças de humor do canceriano são rápidas. Assim que se reequilibra e entra em contato com seus verdadeiros sentimentos, você retorna, porém, nem um segundo antes. Os cancerianos podem ser muito decididos quando se trata de seguir a própria cabeça, apesar da influência dos outros, porque pertencem a um signo cardinal que insiste em fazer tudo a seu jeito — ou não fazer nada.

Tal como o esperto caranguejo na praia, você também é um mestre na sutileza e raramente encara as situações de frente. Você sente que ficará em desvantagem se revelar suas intenções aos parceiros, inimigos ou concorrentes, porque eles terão condições de defender ou melhorar a própria posição. Seus amigos mais íntimos dizem que nunca sabem o que você está pensando, até que você, subitamente, anuncie seu próximo movimento. Isso em geral vem na forma de uma declaração passional num momento em que você já não consegue mais esconder os sentimentos ou motivações. "Ontem, no supermercado, você não teve a menor consideração com meus sentimentos.

Quando eu disse que queria biscoitos recheados, você comprou as rosquinhas que queria! Você sempre faz as coisas do seu jeito! Nunca leva em conta minha opinião!" Então, o canceriano lança no ar mais uma declaração inesperada: "Chega! Amanhã eu vou pedir demissão no trabalho!"

Câncer tende a revelar seus sentimentos dessa forma, nas horas mais estranhas. Quem poderia imaginar que você se sentiu tão incomodado no dia anterior no supermercado? Seu amor tenta convencê-lo a não pedir demissão, mas a essa altura você se sente como um poço de emoções desordenadas e tudo no mundo parece errado. Não ter aqueles biscoitos recheados de chocolate foi a gota d'água, diz você. Está cansado de não contar com o apoio da chefia, dos colegas, dos vizinhos — talvez até mesmo dos filhos. Chega, você vai tomar uma providência! Você precisa é de solidariedade, e se tiver uma companheira sensata, ela lhe dará o apoio necessário.

Você tende a guardar os pensamentos e sentimentos, em vez de expressá-los. Mais cedo ou mais tarde, o dique se rompe, para sua surpresa, porque você — e com certeza ninguém mais — não fazia ideia de que estivesse tão perto do limite. Não admira que isso deixe seus próximos perplexos. Seu parceiro o acusa de esconder os sentimentos, de ser evasivo sem motivo ou de deixar os problemas se acumularem até não conseguir mais controlar-se.

Seria melhor se você falasse mais sobre seus sentimentos. Dessa forma, poderia evitar muitos problemas interpessoais. Nada disso é feito de forma intencional, é mais uma ação instintiva ou inconsciente. Você talvez não se sinta "à altura" de discutir com seu parceiro porque não tem certeza de poder ganhar uma disputa verbal, o que é tão fácil para Gêmeos, o signo precedente. Quando conhecer melhor seu parceiro, estará mais disposto a baixar as defesas. É um processo que pode levar anos. Contudo, expor completamente os pensamentos e sentimentos não é fácil para Câncer.

Você sabe que embaixo dessa couraça rígida você esconde um núcleo frágil e sensível que pode facilmente ser ferido. Você sente que não tem opção senão proteger sua vulnerabilidade. Embora os signos adjacentes possam falar abertamente dos próprios sentimentos (tanto Gêmeos quanto Leão são "livros abertos"), os cancerianos precisam de mais privacidade emocional.

Os astrólogos antigos explicavam que cada signo compensa as características em falta nos signos anterior e posterior. Sua natureza é mais refinada que a de Gêmeos e a de Leão; é uma sensibilidade mais delicada, compreensiva e compassiva. Reservado e tímido, Câncer não é como o extrovertido e gregário Gêmeos. Você também não tem os impulsos personalistas de Leão, o signo do final de julho. Mais introvertido e centrado que esses dois signos, você extrai seu poder de dentro de si mesmo, não do estímulo e da energia das pessoas a seu redor. No canceriano o ego é abrandado, o que é compreensível. Uma personalidade forte abalaria o equilíbrio da unidade familiar — Câncer, instintivamente, apoia a família, em vez de competir com seus membros. Diferente de Gêmeos e Leão, que têm muitos amigos, os cancerianos são mais resistentes a permitir aproximação. Como resultado, fazem um grande investimento emocional nos amigos e na família. Por ser muito generoso, você, canceriano, em geral está atento à menor nuance, ao menor sentimento, à expressão mais sutil daqueles que o cercam. Você, intuitivamente, se dispõe a responder com uma empatia quase paranormal às necessidades dos outros. Como também é muito criativo, Câncer em geral é capaz de transformar objetos e alimentos triviais em algo extraordinário.

Relacionamentos

A Lua intensifica a importância não só da família e do lar, mas também da mãe. Sua mãe era importante para você porque naturalmente foi a primeira pessoa com quem você teve um relacionamento. Mais tarde a maioria dos cancerianos dos dois gêneros descobre que quase sempre as mulheres continuam a exercer grande influência em seu progresso, ecoando esse tema lunar (feminino) primário. Você talvez descubra que as mulheres se esforçam mais para ajudá-lo ou que seus relacionamentos mais íntimos e felizes são com mulheres.

Para Câncer, a caridade começa em casa. Embora você possa achar que todo mundo tem esses mesmos instintos, querido caranguejo, isso não é verdade. Os aquarianos, por exemplo, estão firmemente voltados para o mundo, decididos a corrigir os males da sociedade, em vez de se voltarem para dentro, decididos a fortalecer a própria família. Em Peixes a ênfase recai em ajudar o maior número possível de indivíduos, desde familiares, amigos, colegas de trabalho até subordinados e completos estranhos. O pisciano está sempre recolhendo almas perdidas para ajudar e alimentar, sem se importar nem um pouco em saber se são membros da família ou não.

Seus críticos costumam dizer que você, canceriano, só se importa com a família, não dando a mínima para quem está fora dela. Isso só é verdadeiro no caso de alguns nativos pouco evoluídos. Na verdade, se pudesse, querido canceriano, você abrigaria todos aqueles que não têm lar, consolaria todos os órfãos, alimentaria todos os famintos. Em seu coração você espera receber o mesmo tipo de amor incondicional que prodigaliza, o tipo de amor que em geral recebemos da mãe ou de nosso principal cuidador. Essa lembrança de ser envolvido em amor na primeira infância permanece com você para sempre. Contudo, você não consegue dar o mesmo enquanto não se sente seguro — financeira, emocional e fisicamente. Talvez, de início, você possa hesitar e procurar ver se o sofredor realmente precisa de amparo antes de agir, porém jamais voltará as costas aos necessitados.

Seu signo é conhecido por adorar crianças. Como pais, os cancerianos costumam fazer um bom trabalho, porque esse é um papel que eles levam a sério e em que se lançam alegremente. Você ficará feliz vendo desenhos animados, lendo histórias infantis na hora de dormir ou rolando pelo chão no final do dia com seus baixinhos. Mais tarde, quando as crianças ficam mais velhas, você vai fazer palavras cruzadas ou jogar futebol com elas, ou ajudá-las com o dever de casa. Seu signo é o que mais se preocupa em conseguir uma boa babá ou frequentar as reuniões de pais na escola. Nunca diga a um canceriano que ele se preocupa demais com os filhos, porque isso, com certeza, tornará você impopular.

Contudo, alguns cancerianos podem exagerar. A Grande Mãe está fortemente enraizada no arquétipo de Câncer. Os nativos que não elaborarem esse simbolismo na própria vida poderão ofuscar a identidade dos filhos pelo excesso de carinho. As qualidades de signo de água trazem uma necessidade de unir e misturar indiscriminadamente. Os cancerianos são atenciosos a ponto de se tornarem superprotetores e até mesmo sufocantes, o que pode provocar uma perda de identidade — de si mesmos, dos filhos, ou de ambos. Com as melhores intenções, sem querer, esses cancerianos podem impedir os filhos de se tornarem pessoas independentes. No entanto, com o tempo, a maioria dos cancerianos *aprende* a abrir mão, assegurando-se de que os filhos estejam felizes e bem-ajustados e deixando que eles cometam alguns erros por conta própria. Os pais nativos de Câncer que conseguem dar espaço aos filhos tornam-se mais fortes, tendo o bônus adicional de descobrir que estão livres para explorar novas formas de expressão criativa para seus inúmeros talentos.

Os cancerianos cercados de cuidados exagerados pelos pais precisariam encontrar equilíbrio entre honrar esses pais que lhes deram a vida e encontrar o próprio espaço, a única maneira de se tornarem autênticos. É mais fácil falar do que fazer; se não for bem-trabalhada, essa questão pode causar muita frustração e até mesmo raiva.

No reino das relações interpessoais, os cancerianos são mestres na arte de entrar em sintonia com os sentimentos dos que lhe são próximos. Essa sensibilidade do nativo é tão refinada que ele pode perceber a menor mudança num relacionamento íntimo, numa base diária ou até mesmo horária. O canceriano percebe a menor estática no ar ou a expressão mais passageira, imperceptível a qualquer outro signo. Essa é a forma pela qual a natureza o ajuda a se proteger, dotando-o de um sistema de alerta precoce. Quando percebe uma perturbação na tela do radar, o canceriano se vê profundamente desconcertado e tem dificuldade de se concentrar em qualquer coisa que não seja o relacionamento. Nada parece merecer tanto sua atenção quanto o relacionamento, e o nativo se concentrará diretamente nele.

Como nativo de um signo de água, seus sentimentos em um relacionamento amoroso são tão profundos quanto o oceano e tão vastos quanto o céu. Você quer que seu parceiro ou cônjuge sinta o mesmo. Se isso não acontecer, ficará decepcionado. Em seu foro íntimo, você pode se perguntar se o parceiro o ama bastante ou, pelo contrário, se você está exigindo demais dele, ou dela. Perceba que, embora essas fortes emoções sejam naturais em você, pode não ser tão fácil para os outros ter a mesma intensidade de sentimentos. Sua melhor chance de ter uma alma gêmea espiritual está num relacionamento com outro signo de água: Peixes, Escorpião ou Câncer. Os signos de água combinam com rara beleza e graça o amor, a sexualidade e a espiritualidade; os outros signos não conseguem alcançar a amplitude emocional dos nativos de água.

Os cancerianos não querem sexo sem amor; eles querem ter uma experiência rica e variada, calcada em emoções autênticas. Eles mostram aos amantes como navegar em ondas de emoção num oceano de amor. Quando você faz amor, querido canceriano, é uma experiência sensual, romântica e muito intensa. E quando todas as condições são favoráveis, isso inclui uma expressão sincera de amor duradouro.

Lembre-se de que Câncer rege o estômago, portanto, seu amante deve ter isso em mente. A expressão "O caminho do coração passa pelo estômago" deve ter sido inventada para Câncer. (Homens de Câncer! Isso também vale para as mulheres do signo.) O canceriano não precisa de um restaurante caro para ser feliz; na verdade, ele aprecia mais uma refeição caseira. Conta muito para você o fato de alguém ter se dado o trabalho de preparar-lhe uma refeição. O canceriano também adora misturar comida e sexo, portanto, se você tiver um amor desse signo, ele, ou ela, vai adorar se você misturar os dois!

Outros signos talvez não sejam capazes de mergulhar com você nas profundezas dos sentimentos. Contudo, você também pode namorar um nativo de um signo de terra como Touro, Capricórnio ou Virgem. Você verá que os signos de terra trazem uma atraente estabilidade para sua vida, ancorando-o nas tempestades e ajudando-o a encontrar equilíbrio.

Contudo, será difícil para você deixar de desfrutar da compatibilidade com um romântico, sentimental e sensível signo de água: Peixes, Escorpião ou outro Câncer. Você se ofende com facilidade, portanto, se namorar um nativo de outro signo de água, ele, ou ela, terá o tato necessário para tratá-lo exatamente como você quer ser tratado. Nesse relacionamento, você saberá que seu amante compreende intuitivamente seus pensamentos e sonhos. Os signos de água parecem se comunicar num mundo à parte, como se utilizassem raios infravermelhos ou poderes mediúnicos. Como canceriano, você é campeão na leitura de linguagem corporal, o que também ocorre com Peixes e Escorpião. Vocês podem alcançar uma sintonia tão grande que acabarão por completar as frases um do outro e cantarolar ao mesmo tempo a mesma canção.

Os cancerianos são românticos. Eles adoram jantares à luz de velas, caminhadas pela praia, cruzeiros ao luar, poesia e recordações compartilhadas vendo fotografias antigas. Os nativos são colecionadores: amam livros de recortes e parecem ter inventado o souvenir. Eles também amam planejar ocasiões especiais, o tipo de evento que exige muita preparação. São fantásticos na organização de rituais como casamentos, batizados, formaturas e celebrações de feriados tradicionais que reúnem a família, porque conseguem criar uma experiência de amor e carinho.

Durante as festas de fim de ano, quem responde a perguntas sobre genealogia e herança ancestral é sempre o canceriano. O nativo deve ter nascido com um chip no cérebro para guardar todas as relações familiares. Sua irmã anuncia que Henry, um primo em segundo grau, vai se casar na primavera. O canceriano protesta: "Henry não é primo *em segundo grau* da tia Clare; é primo *em quarto grau*." A essa altura seu irmão pergunta como você consegue entender esses parentescos complicados e se você tem certeza de que eles estão corretos. Não duvide de um canceriano quando se tratar de relações familiares. Eles estão sempre certos. Eles passaram a noite na internet conferindo as raízes da família e chegando cada vez mais perto de completar uma árvore genealógica que recua até o século XVII. Os cancerianos, em geral, também são escolhidos para ser os fotógrafos e historiadores da família simplesmente porque fazem isso com muita criatividade e entusiasmo. São tarefas que eles adoram. Não hesite em pedir isso de um canceriano.

Para alguns nativos, encontrar a verdadeira família ou situação doméstica é um processo de toda a vida, que pode começar pela procura da casa perfeita para comprar ou do lugar ideal para viver, mesmo que isso exija uma mudança radical. A realocação nunca é tranquila. O canceriano prefere ficar perto da família e dos amigos, o tecido social de sua vida. A busca de Câncer por um lar e uma família pode incluir encontrar a mãe natural, se foram adotados, ou uma criança para adotar, se não puderem ser pais. Para outros, essa procura gira em torno de descobrir uma forma de cuidar com dignidade e compaixão de um pai ou mãe doente e idosa. Para esse signo, questões ligadas à família são temas vitais.

O divórcio e a separação não são ocasiões de adaptação fácil para Câncer porque o nativo precisa de estabilidade. Se você for um canceriano recém-divorciado, com filhos, pode ser tão difícil aceitar as novas tensões e exigências de ser pai ou mãe solteira quanto aceitar o fracasso do casamento. Os cancerianos gostam de ser casados e preferem tornar a casar a continuar solteiros indefinidamente. As mães descasadas do signo de Câncer se preocupam muito com o bem-estar dos filhos e têm especial dificuldade em dar conta de tudo o que precisam fazer. Os pais divorciados nativos de Câncer com filhos em idade escolar não se saem muito melhor. A não ser que tenha a custódia, o pai canceriano sofre muito com a separação dos filhos. Esses pais quase sempre são decididos (até mesmo obcecados) a não perder a ligação com os filhos. Além disso, em geral têm o cuidado de manter em dia o pagamento da pensão porque têm medo de ser "um tio" para os filhos, deixando para o segundo marido da ex-mulher o papel de pai "de fato". Às vezes, alguns pais cancerianos se preocupam sem necessidade — os filhos têm um jeito maravilhoso de saber no fundo do coração quem é pai deles e como são amados.

Às vezes, os homens de Câncer são tão zelosos do afeto dos filhos que inconscientemente afastam uma potencial parceira atribuindo-lhe uma posição secundária. É claro que é impossível competir com o amor do canceriano pelos filhos, portanto, a nova parceira fica numa posição muito difícil. O homem nem tem consciência de que faz isso. Essa situação tem solução? Se você for um canceriano divorciado, escute com atenção o que diz sua parceira. Uma atitude atenciosa ajuda muito.

Num relacionamento romântico, há o risco de que a mãe (ou sogra) nativa de Câncer interfira no relacionamento do filho, ou filha. O homem nascido nesse signo valoriza e respeita o relacionamento com a mãe a tal ponto que pode não dar à esposa o primeiro lugar. Sem saber, ele pode fazer a esposa, ou a namorada, se sentir inferior à mãe dele. Um desentendimento com a mãe é uma situação quase inconcebível para um canceriano adulto (por mais difícil que seja compreender isso). Em vez de lidar com o problema com facilidade e de uma forma descontraída, porém firme, ele pode transformá-la num drama, complicando ainda mais o caso. Sua passividade pode afastar a namorada, ou esposa, porque ele se recusa a ver o problema que criou.

Só é preciso haver um pouco de praticidade e um toque informal. Canceriano, não crie um incidente internacional onde não existe problema. As mulheres de Câncer também não estão imunes a essa situação; elas precisam separar-se um pouco da mãe quando se casam, já que sua primeira lealdade deve ser para com o marido.

Outro aspecto complexo que precisamos discutir é o fato de cancerianos dos dois gêneros precisarem levar em conta os sentimentos dos parceiros quando estiverem lidando com parentes. O nativo de Câncer sempre tende a achar que em qualquer situação a relação consanguínea é mais importante. Infelizmente, quando alguém menciona isso, a primeira reação do nativo é deixar pouco espaço para argumentação ou negociação. Às vezes, só é preciso fazer uma pequena mudança de perspectiva. Portanto, procure colocar-se na posição do outro. Como você é imensamente sensível, um pequeno esforço deve bastar para resolver qualquer dificuldade nessa área. Se seu amor tentar argumentar com você, escute-o com o coração.

O canceriano também é conhecido como "preocupado", mas às vezes você olha demais para trás e se tortura com arrependimentos. Isso pode sabotar sua autoconfiança. Procure aprender com os erros, mas não tenha medo de cometê-los. Você vai ganhar algumas vezes e perder outras — o importante é aprender com a experiência e não ser exigente demais consigo mesmo.

Você dá tanto valor à estabilidade que é capaz de manter por muito tempo um relacionamento ruim ou um emprego improdutivo esperando que as coisas melhorem. Mais tarde pode se arrepender de ter esperado tanto. A dedicação e a constância são virtudes do canceriano. Quanto mais velho você ficar, mais facilmente verá quando deve permanecer e quando deve sair da relação o mais depressa possível. Talvez seja bom pedir conselhos a um amigo de confiança — e segui-los.

Finanças

Na vida financeira, Câncer tende a gastar com cuidado e conservar o que comprou. Você adora fazer bons negócios e sai de seu caminho para encontrar uma promoção. O canceriano sempre confere o troco, usa cupons de oferta e verifica o recibo em busca de erros. Essa é uma maneira segura de enriquecer com o tempo. O canceriano não aposta no risco — só compra ações de primeira linha. Nem investe em extravagâncias, modismos ou artigos de gosto duvidoso. O investidor desse signo vai querer saber tudo sobre os donos e a história pregressa da empresa. Quando você compra roupas, querido canceriano, elas geralmente são benfeitas e clássicas, porque você gosta daquilo que pode usar por muitos anos. Não tem erro, o nativo de Câncer sabe usar o dinheiro. O signo é considerado um dos mais confiáveis e melhores nesse aspecto (juntamente com Touro, Escorpião e

Capricórnio). Não se incomode com as piadas dos outros — você vai rir quando for ao banco!

Vida profissional

Quais são as melhores profissões para você? Embora as possibilidades sejam muitas, vou mencionar apenas algumas: você seria um excelente executivo, portanto, por que não começar por cima como presidente ou diretor financeiro ou, ainda, trabalhar com contabilidade, finanças ou investimentos? Você ficaria muito atento aos resultados e conseguiria excelentes soluções para a redução de custos. Além disso, pelo lado mais humano dos negócios, os cancerianos também entendem a necessidade de prestar um ótimo atendimento ao cliente e são muito bons para resolver problemas delicados, principalmente por sua capacidade de compreensão. Trabalhar com atendimento ao cliente seria ideal para você.

Uma atividade em que possa oferecer comida, abrigo ou conforto também pode ser um lugar ideal para um canceriano. Áreas interessantes incluem chef de cozinha, dono de bufê, quitandeiro, padeiro, dono de restaurante, hoteleiro e varejista de alimentos, talvez no comércio de alimentos importados e sofisticados. Você pode se sair muito bem publicando um livro de receitas ou trabalhando numa página de receitas na internet.

Sua ligação natural com gravidez, parto e criação de filhos indica que você pode pensar em ser obstetra, enfermeiro (principalmente em obstetrícia), parteiro ou pediatra. Você pode ser um excelente recreador de creche ou professor de jardim de infância. O nativo ainda pode ser bem-sucedido na indústria de brinquedos ou em qualquer negócio relacionado com bebês e crianças pequenas. Pode, ainda, ser editor de uma revista sobre pais e filhos. Com seu amor pela história, você também pode trabalhar muito bem com antiguidades, como curador de museu ou historiador.

O lar é sua especialidade, portanto, pense em ser designer de tecidos ou produtos para o lar, de artigos para cozinha a lençóis, de molduras a tapetes. Você pode ser um arquiteto, decorador ou mesmo corretor de imóveis. Trabalhar como paisagista ou jardineiro também pode ser divertido. Finalmente, seu signo é de água, portanto, pense na possibilidade de trabalhar com água ou líquidos. Você pode fazer carreira na Marinha, ser um executivo em um navio de cruzeiro ou trabalhar na indústria naval. Pode administrar um laboratório fotográfico ou ser fotógrafo. Pode dirigir um vinhedo ou uma cervejaria, ser importador de vinhos, café ou chá ou, ainda, ser engarrafador de água ou refrigerantes. Por compreender a amplitude das emoções humanas e ter boa memória, você pode ser um excelente ator. Sua sensibilidade pode ser uma vantagem em qualquer arte, inclusive como o roteirista ou romancista.

Um aspecto pouco conhecido dos cancerianos é a notável competência para atrair publicidade e criar popularidade. Como as energias da Lua estão dirigidas para fora, para o inconsciente coletivo (o oposto do ego), Câncer tem um instinto supremo para sentir ou perceber o que o público deseja e se harmonizar com isso. Ser publicitário ou agente de talentos pode ser o ideal para você. Outros ainda podem pensar em trabalhar com marketing ou gestão de marcas.

Corpo, mente e espírito

Para o canceriano o lar é tão importante que o caranguejo carrega a casa nas costas para onde vai. Quando a vida fica muito assustadora, o caranguejo simplesmente se entrincheira dentro de casa, fechando a carapaça. É por isso que a felicidade doméstica é tão importante para o nativo de Câncer. Se não for feliz em casa, ele pode ficar doente. Quando isso acontece, o canceriano se sente indefeso frente a um universo cruel e indiferente. Seja modesto ou luxuoso, o lar é sagrado. O importante é que ele proporcione segurança ao canceriano e à sua família. Se o lugar não for ideal, o nativo vai trabalhar para melhorálo, se necessário a vida toda.

A maioria das pessoas concorda com a visão do nativo de Câncer de que o lar é um refúgio contra o mundo e um lugar de recolhimento, onde podemos experimentar e crescer. Queremos nos sentir livres, valorizados pela individualidade e estimulados a correr riscos em favor da família, daqueles que nos conhecem e que nos amam pelo que somos. Idealmente, o lar é o lugar onde podemos ser nós mesmos, um espaço para repouso e restauração. Enquanto os geminianos conseguem viver com o que cabe em uma mala, viajando constantemente por todo o mundo, Câncer não pode ficar longe de casa por muito tempo sem sentir saudades. Os caranguejos querem ter a própria cama, as comidas favoritas e os rostos familiares a seu redor. Esses simples prazeres da vida os deixam livres para lidar com questões mais relevantes e lhes fornecem o alicerce de que precisam para se lançarem no vasto mundo.

A residência do canceriano tem algumas características reveladoras. Para começar, ela será confortável e convidativa: Câncer quer o tipo de casa acolhedora, com bolo no forno, algo que lhe lembre a infância. O nativo desse signo não quer contratar um decorador que imponha um estilo determinado e moderno. Ele não quer um museu no qual as pessoas tenham medo de se mover. Em vez disso, quer um espaço autêntico, que reflita seu verdadeiro espírito. É provável encontrar espalhadas pela casa fotografias da família e dos amigos, porque as pessoas amadas por um canceriano nunca estão longe de suas vistas. Os nativos de Câncer são um pouco bagunceiros, portanto, se visitar um deles, você precisará passar por cima de sapatos no meio da sala de estar ou fingir que não notou a pilha de papéis no escritório. O canceriano também tende a defender o próprio território, portanto, caso se sente na poltrona favorita ou no canto dele do sofá, esteja preparado para mudar de lugar.

A cozinha é um território muito importante para Câncer e provavelmente será o centro da atividade do lar. Leão, o próximo signo, pode ter uma geladeira bastante vazia, com talvez uma garrafa de champanhe ou uma lata de caviar na prateleira da porta. Os leoninos não têm tempo para cozinhar: estão de saída para o próximo jantar comemorativo. Gêmeos, signo que precede Câncer, terá grande quantidade de selos e formulários de Sedex pela casa, mas provavelmente não terá leite (essas abelhas operárias adoram comida pronta).

Câncer, por outro lado, tem na despensa o suficiente para alimentar uma família de quatro pessoas durante um ano. Muitos cancerianos gostam de cozinhar, desde preparar uma fornada de pães de queijo para o café da manhã na cama com o seu amor até fazer um suflê para impressionar os convidados do jantar de sábado. Para você, cozinhar é diversão. O alimento liga o canceriano com o mundo exterior por dar-lhe a interação social que esse signo considera tão gratificante. Para Câncer a dádiva de alimento é uma declaração de amor.

Você tem grande chance de continuar saudável porque gosta de legumes e frutas e costuma beber muita água. Fique atento à possibilidade de alergia a laticínios. Embora não aprecie exercícios exaustivos, você gosta de dançar, fazer aeróbica, nadar, esquiar, praticar esqui aquático e patinar no gelo (você gosta de todos os esportes ligados à água). Como canceriano, você tem um estômago delicado, portanto, quando estiver sob tensão, é uma boa ideia comer comidas leves até se sentir melhor. As mulheres de Câncer devem ter o cuidado de fazer mamografia regularmente. Também é recomendável tomar uma dose extra de cálcio, principalmente as mulheres. Como você tende a reter água, não consuma muito sal. Outra provável área de preocupação nos cancerianos são os distúrbios alimentares. A bulimia e a anorexia são problemas frequentes nos nativos do signo. Sempre é melhor cortar o mal pela raiz. Em geral, você tem muitas chances de permanecer em forma e saudável.

Resumo

Para encerrar, se você amar um canceriano, pode ter certeza de que ele sempre irá cuidar de você e proteger e defender a família. Ele promoverá uma vida doméstica amorosa, terá prazer em cuidar dos filhos e será fiel durante toda a vida. Os cancerianos entendem a necessidade de uma sólida unidade familiar e não terminam com um casamento sem bons motivos. Eles são compassivos, gentis e cheios de consideração. Investem com sabedoria, não desperdiçam dinheiro e costumam acumular fortuna ao longo da vida. Poucos signos amam tanto e são tão carinhosos quanto Câncer, portanto, se você ama um canceriano, cuide de seu caranguejo com muito amor. Você vai perceber que ele, tal como a pérola rara e perfeita que esse signo simboliza, é um em um milhão.

OS MITOS DE CÂNCER E DA LUA

Há quem deseje não pertencer ao signo de Câncer, argumentando: "Que nome meu signo tem! Por que não recebeu outro nome?" Essas pessoas não conhecem a história mitológica esplêndida e maravilhosa do caranguejo. Esse crustáceo é uma criatura muito antiga, surgida há 500 milhões de anos. Portanto, é adequado que o signo de Câncer seja considerado o defensor das tradições e tenha interesse em história e genealogia. Os antigos gregos e egípcios chamavam esse signo de escaravelho, um besouro com pinças semelhantes às do caranguejo e considerado sagrado. A palavra *escaravelho* está relacionada com a palavra *sagrado*. Tal como o caranguejo, os cancerianos seguem uma rota indireta que lhes dá tempo para refletir e colocar as experiências novas no contexto das experiências passadas. Isso também faz sentido, uma vez que o regente do signo, a Lua, governa as lembranças. No entanto, às vezes os cancerianos podem ser muito teimosos — como as pinças que aferroam qualquer coisa que tenham agarrado no momento. O caranguejo tem o esqueleto do lado de fora, enquanto seu signo oposto, Capricórnio, tem o esqueleto interno. Por isso, o sentimento de vulnerabilidade de Câncer aumenta, assim como sua necessidade de se proteger.

Os caldeus, um dos primeiros povos a formalizar os preceitos astrológicos (ver *A história da astrologia*), diziam que Câncer representa os portões da humanidade, uma espécie de portal usado pela alma para se manifestar no mundo real. Além de reger o lar e a família, a quarta casa também rege os próprios alicerces da vida. Na astrologia, chamamos essa casa de *Immum Coeli* (expressão do latim que significa "fundo do céu" na roda astrológica) ou "IC". Trata-se apenas do momento em que o hoje se transforma, simultaneamente, no amanhã e no ontem. É a meia-noite no mapa, o que significa o início de um novo dia. As experiências de hoje subitamente se transformam em lembranças. Está certo, porque a Lua, regente dos sonhos e das lembranças, rege também o caranguejo.

Hércules e a Hidra de Lerna

Os gregos possuem um mito excepcionalmente belo que tenta explicar como Câncer passou a fazer parte das 12 constelações principais. O pivô da história é Hércules, um herói de ação, e duas deusas-mães, Hera e a monstruosa Hidra. De acordo com o mito, Hércules tinha que realizar os 12 famosos trabalhos encomendados por Euristeu, o rei de Mecenas. Se conseguisse realizar esses trabalhos, Hércules garantiria para sempre a imortalidade e um lugar entre os deuses. Como segundo trabalho, o herói devia lutar contra uma temida serpente marinha, um monstro chamado Hidra, uma fera terrível com muitas cabeças caninas (segundo alguns, ela possuía sete cabeças, mas, em outras versões do mito, ela chegou a ter 10 mil cabeças). Dizia-se que o hálito dessa fera terrível era mortalmente venenoso. Hércules sabia que uma das cabeças da Hidra era imortal, portanto, era claro que ele teria de cortar essa cabeça. No entanto, ela era igual às outras e não podia ser identificada com facilidade.

Durante o combate entre Hércules e a Hidra, um gigantesco caranguejo saiu do mar e aferrou-se ao calcanhar do herói. Com isso, o caranguejo demonstrava sua firme decisão de defender a Hidra, figura materna que representava o indivíduo bondoso, responsável por sua vida. Hércules golpeou o caranguejo, esmagando-o, e continuou a lutar contra a Hidra. O herói conseguiu decepar duas cabeças do monstro. No entanto, cada cabeça cortada era substituída por duas novas. Hércules pediu a seu amigo Íficles para ajudá-lo, cauterizando cada ferida nova com uma tocha, a fim de cortar o suprimento de sangue e impedir o surgimento de novas cabeças. O truque deu certo! Hércules finalmente conseguiu matar o monstro, cortando a cabeça imortal. A parte da história que se relaciona com você, canceriano, é o fato de que Hera, a Mãe Terra, observou os esforços do caranguejo em socorrer a Hidra durante o combate entre o monstro e Hércules. Inimiga do herói, Hera queria honrar o caranguejo por seus esforços. Usando estrelas, a deusa desenhou no céu uma silhueta de caranguejo e colocou-a como quarta constelação, Câncer, para permanecer ali eternamente, sendo até hoje um símbolo imortal do bravo e leal caranguejo.

Deméter e Perséfone

Outros mitos relacionados com Câncer estão calcados em figuras maternas. O mais dramático é a história de Deméter e sua filha Perséfone, contada neste livro em "Os Mitos de Escorpião e Plutão". Neste relato dos mitos de Câncer, em vez de falar de Perséfone, nos concentramos nos sentimentos da mãe depois que toma conhecimento do rapto da filha. Segundo o mito, Deméter, mãe de Perséfone e deusa da fertilidade e da colheita, em geral é uma figura bondosa e gentil, mas tem uma reação inusitada causada pela profunda dor e incapacidade de encontrar Perséfone. Deméter destrói as plantações e provoca uma escassez de alimentos que dura um ano. Em sua sabedoria, Zeus sente a necessidade de finalmente intervir e conseguir um acordo ou correr o risco de ver toda forma de vida na Terra definhar e morrer.

No mito, a mãe de Perséfone não quer abrir mão da filha, porque esta a faz muito feliz. Observe que, nesse caso, a mãe precisa tanto da filha quanto esta precisa da mãe — as duas criam um círculo de amor. Na história de Deméter e Perséfone, para crescer, a filha precisa libertar-se da mãe. A história relata a dor da separação. Esse tema é semelhante ao que muitos cancerianos experimentam em algum nível da vida diária: uma separação forçada entre pais e filhos ou entre membros da família, que pode ser temporária (trabalhar em outra cidade, por exemplo) ou permanente (dar um filho para adoção). No fim, decidiu-se que Perséfone passaria a metade do tempo na Terra e a outra metade no mundo dos mortos, um arranjo que não agrada à mãe, porque ela percebe que a vida nunca mais será a mesma. No entanto, ela aceita a solução como única viável. Na história de Maria e Jesus, talvez o mais comovente e conhecido arquétipo de mãe e filho, Maria quer proteger o filho dos horrores e da dor do mundo, mas é incapaz de fazê-lo. O amor materno costuma ser muito protetor. Esse tema é ampliado no signo de Virgem, mas o amor protetor da mãe certamente também diz respeito a Câncer.

O interessante na história de Deméter e Perséfone é que a mãe ainda foi capaz de se mostrar bondosa com terceiros enquanto procurava pela filha. As filhas de Celeu, rei de Elêusis, convidaram Deméter para se hospedar em seu palácio. Elas desconheciam a verdadeira identidade da mulher que convidaram, pois Deméter se disfarçou na figura de uma velha. Deméter ensinou ao povo de Elêusis e ao rei Celeu como reverenciá-la (na terceira pessoa) por meio de uma série bastante conhecida de ritos chamados Mistérios Eleusinos, talvez os ritos gregos mais populares e aceitos.

A rainha Meteneira contratou Deméter como babá de seu filho, uma tarefa que a deusa desfrutou enquanto esperava o retorno ou a descoberta do paradeiro de Perséfone. Deméter adorava o garoto de quem cuidava e também gostava dos pais, portanto, decidiu tornar a criança imortal. Toda noite a deusa colocava o bebê na lareira para "queimar a mortalidade" dele. Uma noite, a mãe entrou de surpresa e viu Deméter colocar o bebê na lareira acesa. Naturalmente, ficou horrorizada. Como não sabia que a babá contratada era a própria Deméter, despediu-a. Dessa forma, a deusa não conseguiu concluir a série de ritos em benefício da criança. No entanto, embora não se tenha tornado imortal, o garoto se tornou um grande líder de Elêusis.

Assim, vemos Deméter em seu papel mais poderoso, o de deusa que, embora disfarçada, tinha a capacidade de conceder a imortalidade. Ela pode ser vista demonstrando generosidade e amor. Tal como o signo de Câncer, Deméter tinha a capacidade de demonstrar muito amor, mesmo quando submetida a sofrimentos pessoais.

Édipo

Outro mito está relacionado com o arquétipo de Câncer: a história de Édipo. Embora a maioria das pessoas conheça essa lenda, muitos não se lembram ou nunca tiveram acesso aos detalhes. É uma história fascinante.

A dinastia de Cadmo era uma família respeitada na Grécia, onde teve origem. Cadmo viajou para Atenas em busca de sua irmã, Europa, que havia sido raptada por Zeus. Em Tebas, Cadmo foi atacado por um dragão. Ele conseguiu matar o monstro, mas este destruiu todo o seu exército. Para simplificar uma longa história, diz-se que Cadmo e cinco soldados ajudaram a construir a cidade de Tebas. Mais tarde o herói casou-se com Harmonia, uma das filhas favoritas de Ares (Marte) e Afrodite (Vênus). A família de Cadmo passou por dificuldades e tragédias, mas vamos avançar até a época de Laio, o bisneto de Cadmo e Harmonia, que foi o próximo a ascender ao trono. Ainda jovem, Laio foi forçado por usurpadores a deixar Tebas e viver em Olímpia. Nessa cidade o jovem foi hospedado na casa do rei Pélope, a quem traiu, sequestrado-lhe o jovem filho ilegítimo, Crisipo, que manteve para seu desfrute sexual. O jovem Crisipo logo cometeu suicídio para esconder seu envolvimento nesse relacionamento secreto.

Mais tarde Laio casou com uma mulher chamada Jocasta. O casal não conseguia ter filhos. Laio consultou o oráculo de Delfos em busca de uma cura, porém, em vez disso, o oráculo advertiu-o de que um filho seria motivo de grande infelicidade para ele e a esposa, já que o futuro filho mataria o pai e se casaria com a mãe. O oráculo foi muito claro sobre essa questão em três diferentes ocasiões. Laio decidiu obedecer ao oráculo e permanecer sem filhos, optando por nunca mais ter relações sexuais com a esposa — porém sem dizer a ela o motivo. Jocasta, porém, desconhecendo o aviso do oráculo, embebedou o marido e fez amor com ele, concebendo um filho homem, que era Édipo, com outro nome.

Aterrorizados (a essa altura Jocasta já sabia das possíveis consequências), eles entregaram o bebê a pastores que deveriam abandoná-lo no monte Citerão para morrer de frio. Com pena da criança, os pastores cuidaram para que ela não morresse. O bebê sobreviveu e mais tarde foi criado por Peribeia e Pólibo, que o amavam e lhe deram o nome de Édipo. A questão importante é que, crescendo aos cuidados da nova família, Édipo não conhecia sua verdadeira origem — ele achava que Peribeia e Pólibo eram seus verdadeiros pais. Contudo, ele não se parecia com nenhum dos dois. Uma noite, um convidado bêbado chamou-lhe a atenção para esse fato. Perturbado, Édipo foi para Delfos consultar o oráculo sobre suas verdadeiras raízes. Antes que pudesse fazer qualquer pergunta, Pítia, a profetiza de Apolo, ficou muito perturbada e ordenou-lhe que saísse do santuário, prevendo que um dia ele mataria o próprio pai e se casaria com a mãe. Édipo ficou muito abalado com essa terrível notícia. Ele ainda não sabia que Peribeia e Pólibo não eram seus verdadeiros pais, portanto, imediatamente decidiu ir para tão longe quanto possível.

Enquanto isso, em Tebas, as coisas não iam bem para o rei Laio, que sentia um medo inexplicável — ele precisava saber se a maldição ainda pesava sobre ele e a esposa. Nessa época, a Esfinge (um monstro terrível) também estava matando os cidadãos de Tebas. Laio se convenceu de que precisava voltar a Delfos e consultar o oráculo. Nesse ponto, os mitos diferem: alguns dizem que Laio ia procurar o oráculo na condição de rei, para descobrir como lidar com a Esfinge; outros afirmam que ia na qualidade de homem, para descobrir como evitar o destino relacionado com o filho. Durante a viagem, chegando a uma encruzilhada, Laio e seus companheiros viram um jovem na estrada e pediram-lhe para sair do caminho. O jovem, Édipo, recusou-se a sair da estrada. (É interessante notar que a palavra *oedipus* significa "pé inchado".) Aparentemente, uma roda passou sobre os pés do jovem ou um criado do rei bateu em sua cabeça (ou as duas coisas). Isso deixou o rapaz tão zangado que ele matou Laio, seu verdadeiro pai, embora não soubesse desse fato. Pai e filho tentaram evitar o destino e foram alcançados por ele numa encruzilhada. Laio não chegou a saber que naquele dia fora morto pelo filho.

Enquanto isso, em Tebas, a esfinge aterrorizava a cidade. Diz-se que Hera mandou o monstro para punir Laio pela forma como tratou Crisipo. A esfinge propunha o seguinte enigma a quem ousasse tentar responder: Qual é a criatura que caminha sobre quatro pés pela manhã, dois pés ao meio-dia e três pés ao anoitecer? Quem desse a resposta correta libertaria a cidade. Contudo, quem estivesse errado teria o terrível destino de ser devorado vivo pelo monstro. A esfinge acabara de comer o sobrinho de Jocasta, filho de Creonte. Enlutado pela morte do filho e do cunhado, Creonte ofereceu uma recompensa: uma grande soma em dinheiro e a mão da irmã em casamento a quem respondesse corretamente ao enigma da esfinge. Édipo tentou e foi bem-sucedido. Ele deu a resposta correta: O homem engatinha quando bebê, caminha de pé na vida adulta e usa uma bengala na idade avançada. Com isso, ele encerrou o reino de terror da esfinge e recebeu Jocasta em casamento, sem saber que se tratava de sua verdadeira mãe. Jocasta também não sabia que Édipo era seu filho, mas sabia que Laio fora morto na estrada para Delfos. Dessa forma, Édipo, o homem mais sábio da cidade, desconhecia a identidade dos pais verdadeiros e cometeu os próprios atos que tanto procurou evitar. Apesar de tudo o que Freud nos diz sobre essa lenda, ela parece afirmar que os filhos podem pagar pelos pecados dos pais — não há escapatória. A história de Édipo traz a moral de que devemos ter uma vida correta ou aceitar que nossas dores recaiam sobre nossos filhos.

Alguns cancerianos têm problemas familiares sérios e complexos que devem elaborar com o tempo. É verdade que os malfeitos dos pais podem causar muita tristeza aos filhos. Para alguns nativos de Câncer (ou com planetas em quadratura ou oposição a Câncer), superar o fato de ter sofrido abusos sexuais na infância ou descoberto algum segredo de família pode ser algo muito doloroso. Para outros cancerianos, não houve "malfeito", apenas a dificuldade de lidar com a vida familiar. Por exemplo, o problema pode ser decidir quando assumir o controle de um negócio de família sem ferir os sentimentos do pai, que fundou o negócio. Resolver questões familiares é uma preocupação dos cancerianos, para as quais eles estarão bem-preparados se tiverem sensibilidade e, principalmente, se agirem com objetividade. Para Câncer, é difícil separar os fatos das emoções, portanto, vale a pena buscar um profissional de confiança para ajudar nos detalhes e descobrir formas inovadoras de lidar com os desafios. O que estamos dizendo é que o problema não precisa terminar em tragédia. Dificuldades como problemas de família também podem resultar em triunfos. Ao contrário dos gregos, que acreditavam no destino, nós acreditamos que podemos controlar o próprio futuro.

A PERSONALIDADE DE LEÃO

Leão

23 de julho — 23 de agosto

Força condutora

"Eu CRIO."

O que alegra este signo

Fica feliz ao descobrir e comemorar tudo que é único; também deleita-se com as iniciativas de autoexpressão divertidas e criativas.

No novo milênio, sua contribuição para o mundo será...

Você é o artista criativo do zodíaco e sua função de oráculo cultural assumirá grande importância. Caberá a você retratar os futuros papéis masculinos e femininos por meio da arte, do cinema, da música, da dança, do drama, da comédia, da fotografia e de outros meios.

Uma citação que descreve o leonino

"O ESSENCIAL É DESPERTAR AS EMOÇÕES DOS ESPECTADORES. SE PARA ISSO FOR PRECISO ENCENAR *HAMLET* SOBRE UM TRAPÉZIO OU EM UM AQUÁRIO, NÓS O FAZEMOS."

— OSCAR WILDE, *libriano*

Como reconhecer um leonino à primeira vista? Esse signo maravilhoso quer ser visto, portanto, os nativos tratam de garantir que isso aconteça. Eles são o homem ou a mulher que chegam atrasados, vestindo roupas inesquecíveis e o acessório favorito do leonino: óculos escuros. Quando salta da limusine, o nativo de Leão fica encantado com o brilho dos flashes dos fotógrafos — aqueles instantâneos que aparecerão nos jornais da manhã seguinte. A aparência do leonino é muito copiada, porque é sedutora e, ao mesmo tempo, *absolutamente correta* para a ocasião. Os leoninos adoram os grandes rituais (como festas de despedida), as cerimônias (como casamentos) e os eventos especiais (celebrações e festas de aniversário), porque estão muito conscientes dos momentos grandiosos da própria vida. A mulher leonina sabe como criar uma impressão duradoura e irradiar energia. Para descobrir o típico homem deste signo, examine cuidadosamente os convidados da próxima festa. Ele é o sofisticado e exuberante convidado de traje a rigor que acabou de descer de um helicóptero no gramado do anfitrião, entrando na sala de estar na hora dos coquetéis. É provável que esteja cercado por alguns membros importantes de sua equipe. Talvez seja identificado pela excelente postura, pelo passo confiante, cheio de graça e determinação, ou, ainda, pela maneira discreta de conversar de vez em quando com seus auxiliares. O Leão pode ter sido o primeiro a declarar que "a apresentação é tudo!". Ele é o máximo. É impossível não notar um leonino. Cada um de seus gestos parece ser (e é) calculado. Os leoninos mantêm-se fortes, guardando a força dentro de si para não dissipá-la. Eles parecem ser independentes.

Caro leonino, você sempre tem aquela presença carismática que caracteriza as estrelas de cinema em ascenção ou as pessoas bem-sucedidas em qualquer atividade. Talvez você não tenha (neste momento) uma limusine ou um helicóptero à sua disposição, porém, qualquer que seja sua situação social, você tem tanta dignidade que as pessoas podem sentir que você ainda não é famoso, mas *deveria ser* e, muito em breve, *será*. Afinal, Leão é um signo de realeza. (A rainha Elizabeth, a rainha-mãe, é leonina, assim como Napoleão, cujo nome, literalmente, significa "leão".) Outros realmente querem captar um pouco de seu poder e luz. Esse ar de celebridade que você parece levar consigo pode derivar-se de sua boa aparência, mas, com muito mais frequência, essa "aura" resulta de sua poderosa segurança interior e autoconfiança. Sua confiança em si mesmo é extremamente sedutora e dá brilho a tudo o que você faz. (Todos nós podemos lucrar se aprendermos essa atitude do Leão.)

Símbolos

♌ O pictograma de Leão lembra a cauda do animal ou uma combinação da cauda com a juba. Na astrologia esotérica, a qualidade lírica deste símbolo representa *kundalini,* ou força vital, um poder serpentino que, pronto para ascender, se desenrola a partir de seu lugar de repouso, na base da coluna vertebral. Diz-se que as pessoas criativas parecem ser mais sensuais que as outras — o motivo do comentário pode ter sido Leão. Caro leonino, as paixões de sua juventude brilharão durante toda a sua vida, até mesmo na velhice.

☉ O símbolo do seu regente, o Sol, é muito simples: um círculo com um ponto no meio. O círculo reproduz a forma do Sol, mas o ponto simboliza a fonte infinita da energia e da vitalidade divinas, presente em todo ser humano. Ele significa o potencial, a parte da energia divina que criou todo indivíduo na Terra. O signo de Leão trata da completa autorrealização e criatividade.

Influências planetárias

Como signo de fogo, Leão irradia boas ideias e tem uma imaginação forte e caprichosa. O leonino não quer ser como os outros; você precisa "ser você mesmo". Haja o que houver, Leão, você procura fazer tudo com elegância, individualidade e estilo. As pessoas o imitam de várias maneiras — o tempo todo você vê atributos seus adotados por amigos e pela família. Pode ser o corte de cabelo, um acessório ou até mesmo sua forma especial de usar as palavras. Você não se importa com as imitações. Na verdade, considera esse fato lisonjeiro. Todo leonino sabe que para conseguir resultados é preciso captar a atenção de alguém, ou nada acontecerá. Os leoninos aperfeiçoaram este processo, transformando-o numa ciência. Assim como o geminiano precisa tanto de um telefone quanto de oxigênio, o leonino precisa do calor e da energia vital dos holofotes.

Na qualidade de segundo signo de fogo, Leão é sociável e gregário. O signo simboliza o estágio da evolução humana em que o homem deixa o conforto da família para tomar consciência de seu lugar na sociedade. Em Áries, o primeiro signo de fogo, temos o guerreiro ou empreendedor; em Leão encontramos o líder corajoso e defensor do povo, o rei-sol. Leão gosta de fazer o circuito das festas e dos eventos que outros signos costumam achar exaustivos — ir a uma exposição artística ou a um evento beneficente, ou aceitar um convite para fazer uma palestra em algum clube. Como extrovertido nativo de signo de fogo, o leonino aceita alegremente o papel principal. Na verdade, passar a noite na companhia de desconhecidos não deixa o leonino cansado, mas revigorado. Ser visto nos lugares da moda é um dos passatempos favoritos de Leão. Provavelmente, o único signo capaz de acompanhá-lo é Libra. Leão acredita que, ao receber, é preciso tratar os amigos como membros da realeza; a comida deve ser excelente, e o ambiente, inesquecível. Você seleciona os convidados com muito cuidado, reunindo, de forma hábil, pessoas de diversos níveis sociais para garantir que a conversação seja animada e gire em torno de assuntos interessantes. E se o trabalho interferir porque o patrão deseja receber um volumoso relatório na manhã seguinte? De acordo com o leonino, o trabalho pode esperar — por que desperdiçar uma noite maravilhosa? É mais provável que ele fique a noite toda em claro e, tendo pouca necessidade de sono, na manhã seguinte seja o primeiro a chegar ao trabalho para começar o projeto. Felizmente, o signo é forte e raramente perde a disposição.

Dádivas cósmicas

Muito se escreveu sobre o fato de o leonino adorar elogios, o que é verdade. Chega a ser comovente ver como o signo de Leão é vulnerável à lisonja. Por mais renomados e famosos que se tornem (ou por mais prêmios que acumulem), os leoninos ainda anseiam por um tapinha nas costas. Eles adoram ouvir alguém dizer que tomaram a decisão certa, que estão com uma aparência maravilhosa ou que foram excepcionalmente corajosos. (Afinal, o leonino é nada menos que intrépido.) Sua expressão autoritária parece derreter quando ele ouve um elogio, e é maravilhoso ver um leonino feliz. Você pode perguntar se todo signo não gosta de receber um cumprimento. Na verdade, não. Escorpião, por exemplo, tem dúvidas sobre o que motivou você a lhe fazer um elogio. Peixes ruboriza e se sente desconfortável quando está no centro das atenções e rapidamente leva a conversa de volta ao interlocutor. Câncer imediatamente retribui oferecendo comida e Virgem dá um sorriso modesto, toma nota de suas palavras e agradece educada e calorosamente — sem se alterar com a lisonja. No entanto, o leonino lhe lançará um olhar tão caloroso que poderia derreter chocolate, e isso lhe parecerá mais doce que um grande beijo. Tudo que você vai querer é encontrar mais palavras amáveis para agradar ao Leão.

O leonino é narcisista? Claro! Ser regido pelo Sol, o centro do sistema solar, a estrela mais brilhante de nossa galáxia e o provedor de toda a vida na Terra, pode causar isso. Em casos extremos, ele pode ser egocêntrico a ponto de não enxergar ninguém a seu redor. Devemos acrescentar que o leonino pode ser um pouco arrogante, agir com alguma superioridade ou até mesmo esnobismo, mas normalmente tudo isso é inconsciente. A causa dessa atitude é o excesso de autoconfiança, mas a maioria dos leoninos sabe exatamente onde traçar o limite. Quase todos os nativos do signo são alegres, generosos, entusiásticos e calorosos, de convívio extremamente agradável.

Os leoninos não conseguem resistir a uma boa fofoca quando têm a chance de ouvi-la. Eles gostam de gente. A fofoca é especialmente atraente quando se refere a pessoas famosas ou a conhecidos que o leonino admire. Como nativo deste signo, você não dá a menor importância ao fato de Edgar, o homem da sala de correios, estar saindo com a moça da contabilidade. Enquanto percorre os canais da televisão, o leonino vai parar e ficar temporariamente fascinado pelo programa sobre a vida dos ricos e famosos. O nativo sente-se motivado pelo programa que leva o espectador a visitar as mansões de pessoas de sucesso. Embora não seja terrivelmente ambicioso, Leão é competitivo (essa é uma estranha combinação: pressupõe ser superior sem precisar fazer muito esforço). Você, leonino, não só deseja ser admirado, mas também quer admirar alguém — está sempre procurando fontes de inspiração.

Se quiser saber o que está na moda e o que não está, pergunte a um leonino; os membros bonitos e prósperos da sociedade atraem sua atenção. Ele também não se importa de ser objeto de fofoca — na verdade, conta com isso! George M. Cohan disse uma vez: "Não me importa o que você diz a meu respeito, desde que diga alguma coisa e escreva meu nome corretamente." Isso resume a atitude de Leão e é uma das maiores razões do sucesso desse signo. Um leonino se recusa a ser ignorado.

Os astrólogos antigos afirmaram que cada signo representa o progresso do desenvolvimento humano, portanto, é interessante ver onde Leão se encaixa nesse esquema. O zodíaco começa em Áries, símbolo da pura força vital e dos inícios, como um recém-nascido voltado para si mesmo ("Eu!"). O próximo signo é Touro, que trata do aumento do instinto aquisitivo na criança ("Meu!"). Com Gêmeos têm início a linguagem e a comunicação, e vemos as primeiras tentativas da criança em dominar as palavras ("Por quê?"). Câncer, o signo que precede Leão, é a criança que desperta para os relacionamentos familiares (principalmente com a mãe) e explora o ambiente familiar imediato ("Mamãe.").

No signo de Leão a criança conhece o pai. Como resultado, ela se identifica com as figuras de autoridade, como costuma acontecer com os primogênitos (a quinta casa, regida por Leão, rege também os primogênitos). Cada signo do zodíaco compensa os excessos e as deficiências do signo anterior. Dessa forma, Leão considera muito claustrofóbica a ênfase de Câncer no lar e na família. A ligação do leonino com o pai o encoraja a ser mais independente e a se separar dos pais para explorar novos relacionamentos, e também aprender pela experiência. Da mesma forma, Leão quer se divertir e procura evitar as obrigações familiares que Câncer assume com tanto prazer. Virgem, o signo posterior a Leão, compensa por meio de uma produtividade extrema o foco do leonino sobre o prazer hedonista — os virginianos são, de longe, os trabalhadores compulsivos do zodíaco. A casa regida por Leão abrange criatividade, diversão, participação em esportes e passatempos e romance. Na evolução da humanidade, Leão é a criança no processo de autodescobrimento. Por meio de nossas preferências, aversões e esforços criativos, aprendemos bastante sobre nós mesmos e começamos a ouvir nossa voz interior. Virgem vai desfrutar da exatidão dos números e das palavras e também daquilo que podemos fazer com as mãos, como os trabalhos manuais e a carpintaria. Por outro lado, Leão trabalha com cores, formas, texturas, tecidos, tintas, palavras ou luzes para obter criações artísticas muito originais. Finalmente, apaixonar-se (também uma das atividades da quinta casa) marca um momento importante na vida. Qualquer um que tenha se apaixonado concorda que o amor traz o autodescobrimento porque, quando nos apaixonamos, nos sentimos valorizados por nossas diferenças, defeitos e tudo mais. Na quinta casa aprendemos não só a amar aos outros, mas também a amar a nós mesmos.

Antes de seguir adiante e examinar a abordagem leonina ao amor veremos os interesses de Leão, porque eles dizem muito sobre a natureza interior do nativo. Seus gostos, provavelmente, serão muito sofisticados, desenvolvidos e urbanos — Leão quer ter experiências valiosas e isso inclui seu gosto pela arte. (Por que perder tempo com coisas de segunda categoria?) Todo leonino que conheci adora música. É difícil encontrar um nativo de Leão com ouvido ruim, porque os sentidos dos leoninos são quase tão refinados quanto os de Touro, um signo difícil de ser superado neste departamento. O gosto do leonino em questões musicais também abrange a música popular, portanto, os nativos gostam de uma ampla variedade de estilos, do clássico ao blues, jazz, musicais, rock e músicas antigas. Dê a um Leão um equipamento de som ou entradas para um concerto e ele irá ronronar.

Os leoninos são o tipo de pessoa que lê críticas de arte no jornal e acompanha com entusiasmo diversos movimentos artísticos. A vertente vanguardista de qualquer disciplina não assusta o nativo, porque esse signo admira a originalidade. Um leonino quer ver o talento de um artista ser bem-desenvolvido — aqueles cujo trabalho é muito "verde" ou amadorístico não vão marcar pontos com ele. Leão quer admirar um mestre. Nas tardes de sábado, você poderá encontrar o ariano num parque de diversões praticando *bungee jumping*, o geminiano estará em seu carro esporte a caminho de um lugar desconhecido e o canceriano poderá ser encontrado na cozinha, experimentando uma nova receita. Enquanto isso, o leonino estará visitando as exposições mais recentes em galerias e museus. Os leoninos também adoram fazer compras (roupas de grife, obras de arte, livros e equipamentos eletrônicos). Os pobres virginianos, o signo depois do seu, sem dúvida estarão calculando os impostos ou arrumando armários. Ao contrário de Virgem, que gosta de executar as tarefas inadiáveis, o leonino vê essas atividades mais triviais como perda de tempo e não se importa se nunca forem executadas. Ele consegue viver numa casa que não seja tão imaculada assim ou deixar as tarefas simples para outros.

De todas as artes, o teatro é sua favorita. O palco lhe apresenta toda uma gama de emoções e questões filosóficas; você adora essa arte porque é o engrandecimento da vida. Que melhor forma de explorar a vida do que no palco? Como leonino, você quer experimentar tudo. E também quer desfrutar de uma criatividade colaborativa e multifacetada numa produção maravilhosa, que vai dos trajes resplandecentes e imaginativos e da trilha musical até a iluminação dramática e o diálogo bem-escrito. Talvez por se ver como uma estrela da vida real interpretando o roteiro da própria existência, você se sinta fascinado com os desafios e as escolhas de outros heróis. Por ser um signo de fogo cheio de espírito, Leão chora as derrotas do herói da peça juntamente com ele, e exulta nos momentos de triunfo. Como um signo otimista e cheio de vida, Leão prefere os finais felizes. Ele fica ainda mais contente se a história tiver algumas visões morais e éticas interessantes ou nuances mitológicas ou históricas, porque o leonino gosta de pensar sobre o que acabou de ver. Você também se interessa por épicos e por Shakespeare, e nunca sabe quando será possível aplicar essas inspirações aos dilemas da própria vida. Todos esses elementos se combinam para tornar uma noite no teatro a atividade favorita de Leão.

Os nativos desse signo não são conhecidos pela versatilidade e a adaptabilidade, mas são muito determinados. Se você for íntimo de um leonino, logo descobrirá que ele pode ser muito aferrado à própria opinião, portanto, não espere que mude de ideia. A natureza fixa deles cria barreiras para o debate político ou de qualquer assunto delicado. Se você namorar um leonino, talvez prefira não tocar em certos assuntos "quentes". Os nativos podem ser bastante dogmáticos em suas opiniões firmes sobre política. Eles consideram absurdo ter de pagar impostos ou obedecer a tantas normas governamentais. A criança dentro do Leão adulto quer ser livre. O nativo pode ter uma compreensão *intelectual* do conceito de democracia e seu princípio de "um por todos e todos por um", mas o sentido de nobreza dentro dele faz com que o leonino se sinta superior e, de certa forma, acima de determinadas regras. Naturalmente, ele sabe que nem sempre é possível, prático ou desejável gerir de maneira autoritária (mesmo quando são patrões), mas sonham com as coisas do seu jeito, principalmente na política. Quando decidem apoiar um candidato ou partido político, provavelmente nunca mudarão de ideia. Tal como ocorre com Touro ou Escorpião, se você quiser influenciar um leonino, precisará compreender previamente como ele pensa. No entanto, o lado bom dessa postura é que os leoninos são firmes em suas crenças. Sua convicção atrai muitos admiradores.

Embora muitos esperem que o nativo desse signo ceda quando as coisas ficam difíceis, ele faz exatamente o oposto. Os leoninos não perdem a cabeça e sempre mostram muita graça quando submetidos a pressão. Lembre-se de que eles podem parecer gatinhos — a maior parte do tempo, *parecem* gatinhos —, mas ofenda-os e eles irão estraçalhá-lo. Leões e leoas não aceitam a injustiça calados. Eles são extremamente obstinados e sempre lutam pelo que é certo.

Relacionamentos

Se for escolher um presente para um leonino — e, acredite, Leão adora ganhar presentes de surpresa —, assegure-se de comprar o artigo da mais alta qualidade que puder pagar. Por exemplo, se estiver comprando um vaso, em vez de comprar um cristal qualquer, compre Baccarat ou Waterford. Se preferir uma garrafa de vinho, gaste mais do que de hábito. O leonino irá perceber sua escolha e admirar seu gosto. Não tem dinheiro para comprar ouro (o metal de Leão)? Jamais compre uma peça folheada; prefira prata esterlina. Vai comprar uma caneta? Escolha a clássica Mont Blanc ou algo comparável. Entenda que você não está comprando um presente para Peixes, para quem o que vale é a intenção. O signo de Leão rege o luxo e acha que o sentido de dar presentes é maravilhar. Ao contrário de Virgem, que prefere algo prático e útil, o leonino jamais daria de presente algo que ele ou ela normalmente compraria para si mesmo, portanto, o nativo espera que você faça o mesmo. Mimar o leonino é uma excelente ideia — pense também em dar a seu amigo, ou namorado, uma hora (ou um dia) de total deleite. Comece por uma massagem e você estará no caminho certo.

Agora vamos estudar a visão vibrante que o leonino tem do amor. Os nativos são tão entusiásticos com relação a esse sentimento que praticamente vivem para isso. Leão adora a emoção da caça, o mistério, os bilhetes, as flores (tanto receber quanto enviar), as pequenas desavenças e até mesmo as lacrimosas reconciliações — sem esquecer o sexo apaixonado depois. O leonino sente uma atração irresistível por situações dramáticas. Os nativos são amantes inesquecíveis que conseguem criar o ambiente e o clima exatos, pois, além de apaixonados por teatro, verão em você o herói, ou a heroína, de seu drama da vida real. Se você estiver namorando um leonino, lembre-se de que ele não vive sem adoração. Se imaginar seu amor como um rei, ou rainha, você estará no caminho certo — cubra-o de atenções e continue a elogiá-lo com frequência para mostrar que sua paixão continua acesa.

Como já mencionamos, Leão é o dono da quinta casa, o lugar do amor romântico. Esta casa rege a especulação, o jogo e os riscos — portanto, os astrólogos do passado reconheciam que o romance e os riscos são inseparáveis. Leão tem uma compreensão instintiva desse fato e está sempre pronto a se arriscar no amor, se necessário vezes sem conta. Ele curte todo o processo: o primeiro encontro, o ser seduzido (ou seduzir), a emoção da caça e a rendição final. Os jovens leoninos devem ter cuidado para não ficarem mais "apaixonados pelo amor" do que pela pessoa com quem estão se relacionando. Felizmente, essa é uma tendência que geralmente é superada. No entanto, o tipo de amor regido por Leão (e que ele entende muito bem) é aquele primeiro arroubo da nova paixão, o amor que ainda não é sério (o amor sério é regido por Libra, a sétima casa do horóscopo). O amor experimentado na quinta casa ainda é superficial e inconsequente — há tempo para o compromisso depois (simbolizado pela sétima casa, o domínio de Libra).

Com isso não afirmamos que o leonino não se casa. Na verdade, o nativo tem a capacidade de manter o amor renovado por toda a vida, porque gosta demais de ter prazer com o parceiro. A maioria dos leoninos adora o casamento, mas tem de ser do tipo certo. É claro que existem alguns nativos pouco evoluídos que têm dificuldade com o casamento, porque são ansiosos ou incapazes de manter a atenção no relacionamento prolongado. Alguns consideram restritivas as obrigações, as rotinas e a falta de estímulo do dia a dia. Para outros, os desagradáveis detalhes do lidar diário com os gostos e desgostos do parceiro são difíceis demais para um signo que pensa mais em termos de "eu" do que de "nós". Tudo isso depende do nativo e de seu cônjuge, e da forma como se relacionam. Se você estiver namorando ou for se casar com um leonino, meu conselho é manter o senso de humor, conservar o frescor da união por meio de interesses novos e, se quiser ter filhos, contratar todas as babás necessárias a fim de ainda ter tempo suficiente para dedicar atenção a ele ou ela. Leão adora ser mimado.

Entenda também que os leoninos gostam de admirar os parceiros — querem um companheiro inspirador, portanto, não hesite em partir para o mundo e procurar alcançar fama própria. Apenas não se esqueça de dar a ele ou ela, a atenção necessária e de fazê-lo sentir que você precisa dele ou dela. Os leoninos adoram ser úteis, caso contrário, sentem-se incapazes e desnecessários.

Você pode ficar muito otimista quanto ao potencial de uma relação duradoura com Leão. Como se trata de um signo fixo, a maioria dos leoninos permanece no casamento, pois tende a valorizar a estabilidade. Além disso, existe a possibilidade de ter filhos, a outra parte da vida que sempre será agradável a Leão. Lembre-se de que a quinta casa do horóscopo, a casa deste signo, também rege a criatividade, a gravidez, o parto e os cuidados com os filhos. Portanto, ter filhos costuma ser a parte mais emocionante de uma união. Na verdade, muitos leoninos dizem que essa é sua maior motivação para o casamento. Os leoninos veem os filhos como sua maior criação, uma versão menor de si mesmos. O nativo gosta de brincar com os filhos e levá-los ao cinema ou a um museu de história natural. Como pais, gostam de derramar todos os tipos de influência cultural sobre as cabeças de seus pequeninos. A mãe ou o pai nativo desse signo decidirá pagar aulas de piano ou balé para que os talentos dos filhos sejam devidamente estimulados.

Se estiver namorando ou comprometido com um leonino, saiba que o nativo aprecia gastar com o amado ou amada. Esse signo não economiza. Espere conhecer os melhores restaurantes, shows, clubes e outros lugares interessantes, não só no início do namoro, mas também durante todo o relacionamento. Um homem de Leão vai oferecer à namorada programas luxuosos, podendo acrescentar ainda alguns presentes fantásticos. A mulher de Leão também surpreende o namorado, seja com ingressos para um programa especial, seja com um convite para um jantar cinco estrelas com tudo pago. Essa extravagância durante o namoro e o casamento é um instinto universal, presente em todos os signos? Não. Um signo mais frugal como Câncer pode não querer gastar muito ou se preocupar por estar prejudicando as obrigações familiares. O ambicioso Capricórnio, com frequência, fará horas extras no escritório; Virgem e Aquário preferem um hambúrguer de soja a um patê. Já o leonino... Ah, o leonino! Quem namorá-lo ou se casar com ele deve preparar-se para ter uma boa vida. Sua ligação com Leão pode parecer um caso de amor para a vida toda e certamente será divertida — só não deixe de manter acesa a chama do amor. Como discutimos antes, não deixe de elogiar bastante os leoninos e mantê-los seguros de que são desejáveis. O estranho é que há grande chance de que o nativo se esqueça de elogiar você, tamanho o envolvimento dele consigo mesmo. Certo, apenas tenha consciência disso e ache engraçada essa característica. É provável que você não precise tanto de afirmações quanto o seu leonino.

A propósito, se alguma vez você tiver um encontro com um homem desse signo e verificar que ele está sem dinheiro, não se ofereça para pagar. Isso iria ferir-lhe o orgulho. Se ele estiver passando por um período difícil, não ofereça empréstimo, a não ser que ele peça. Ele poderá achar que você o considera incapaz de conseguir um emprego, o que talvez destrua seu ego para sempre. As leoninas não parecem ter esse problema, que pode ser um condicionamento social. No entanto, elas também têm orgulho. Os membros da família não devem julgar que elas não vão conseguir sair do buraco sem ajuda, porque é provável que as leoninas resolvam a questão muito bem, obrigada. Querer ser autossuficiente é uma maravilhosa qualidade de Leão, parte da sua furiosa independência.

Este signo real governa a quinta casa do zodíaco, a casa que rege as crianças, o que é lógico se considerarmos que as famílias reais dão grande importância à linhagem e à prole. Também faz sentido que os projetos criativos pertençam à mesma casa. Assim como os reis garantem a perpetuação do nome e do poder da família por meio dos herdeiros, muitos procuram garantir uma espécie de imortalidade tendo filhos ou se dedicando a empreendimentos criativos.

O relacionamento entre pai e filhos é coberto pelo signo de Leão, mas será mais amplamente desenvolvido depois, em Capricórnio, regido por Saturno. Em Áries, o primeiro signo do zodíaco, o pai é reconhecido como fonte da vida, mas também como um concorrente a ser desafiado ou destronado. Em Leão, o pai é visto como um protetor pessoal que ama profundamente os filhos e é uma figura benevolente e dedicada. O leonino é competitivo, mas não compete com os filhos. Ele os ensina a se manterem seguros (como Dédalo tentou fazer com Ícaro: ver "Os mitos de Leão e do Sol") e também a deixar uma marca no mundo exterior, principalmente por meio de empreendimentos imaginativos e criativos. Mais tarde, em Capricórnio, voltaremos ao tema da figura paterna ou de autoridade. Lá, o pai (ou outra figura masculina importante) será visto como juiz, simbolizando a necessidade humana de obedecer aos padrões para ser aprovado por figuras de autoridade mais críticas.

Finanças

O Leão gosta de frequentar lugares com gente bonita e os melhores círculos sociais. Uma razão para tantos leoninos se tornarem editores e políticos é o fato de os dois campos abrirem para eles círculos sociais interessantes. Finalmente, Leão rege tudo o que custa caro (os antigos astrólogos realmente atribuíram a este signo as coisas dessa natureza). Muitos descobrem que há grandes oportunidades nas áreas de atuação que envolvem artigos de luxo, como bons vinhos, champanhe, chocolates importados, caviar, alta-costura, peles, automóveis, joias caras e qualquer outro item de luxo que possamos imaginar. Se artigos de luxo parecem bons para seu uso, leonino, também podem ser bons para seu bolso. Corra atrás!

Como podemos imaginar, é preciso muito dinheiro para viver o estilo de vida que o leonino espera ter. No entanto, a menos que receba uma gorda herança, o nativo terá de trabalhar para isso. Chegamos, então, à questão do dinheiro — como ganhar, guardar e gastar. Leão detesta quando a realidade lhe cai em cima. (Boba sou eu de tocar no assunto...) Entretanto, mais cedo ou mais tarde os leoninos pagam por seus pecados quando não conseguem fechar as contas. Os orçamentos são tão restritivos! Raramente os leoninos gostam deles. Esses nativos preferem ter uma vida maior que a própria vida. Eles esperam gastar sem preocupação. Dentro de cada Leão vive um conjunto de expectativas que inclui o estilo de vida que ele julga merecer. Se as condições impedem o leonino de viver esse estilo de vida, ele se sente ultrajado. Ao contrário do que fazem Câncer e Virgem, os signos anterior e posterior, que são os preocupados crônicos, os leoninos não se "esquentam" com o futuro, mesmo quando estão passando por momentos de dificuldade. Leão nunca perde o otimismo. Ele é amado pela sorte e logo estará de volta ao topo. Ele parece um pouco preguiçoso? Às vezes. A menos que esteja caçando, o leonino se pergunta por que ficaria assoberbado e preocupado com essas coisas. Ele prefere ver se alguém em torno dele pode realizar as tarefas desagradáveis em seu lugar. Qual a vantagem de ser o rei se tivermos de fazer tudo?

Não é pelo fato de não querer trabalhar demais que o leonino deixa de ser generoso. Observem seus amigos leoninos quando estiverem jantando fora. O nativo tem bom coração, seu espírito benevolente faz com que ele pegue o talão de cheques em qualquer restaurante fino para pagar a conta de todos os amigos. Ele fica muito feliz em bancar as despesas, pois esse é um signo genuinamente magnânimo. Se ficar rico, seguramente o nativo irá doar parte da fortuna, arcando com os custos da ala de um hospital ou de um andar de um museu. Embora seja improvável que o leonino doe dinheiro anonimamente — os nativos gostam de receber o crédito e de ter o nome nas marquises —, não economizará nas doações. Eles são grandes filantropos.

Entenda que o maior desejo do nativo é ser respeitado. O leonino é muito orgulhoso e se este for seu signo, você admitirá isso imediatamente. Em qualquer negociação ou disputa, dê a seu leonino a chance de se sair bem ou você não vai conseguir o que quer. Se necessário, dê-lhe uma rota de fuga, mas nunca o humilhe. Ter o respeito dos outros é muito mais importante para Leão do que o resto — inclusive dinheiro. Enquanto Áries quer ganhar de todo mundo, Leão quer ser popular. Outros signos conseguem se recuperar de uma perda, mas duvido que Leão consiga. Ele precisa ser admirado a qualquer preço.

Vida profissional

A energia de Leão pode ser direcionada para fora, numa carreira política, ou para dentro, expressando o divino poder interior de forma artística, como criador. Enquanto estamos falando puramente de talento, vamos examinar alguns dos melhores dotes do Leão e as ocupações e áreas de atuação mais propícias ao signo.

No momento, vamos focalizar a aparência de seu escritório. Se você nasceu sob este signo, sabe que gosta de um espaço de trabalho tão confortável e agradável quanto possível. Se sua empresa o autoriza a trazer móveis de casa ou encomendar mobiliário novo, logo você irá superar o chefe pela pura beleza e design de seu equipamento. Leão gosta de flores frescas e obras de arte, possivelmente na forma de um bonito pôster na parede. Segundo o nativo, já que é preciso passar tanto tempo no trabalho, o ambiente deve ser tão confortável quanto o de casa.

Nas paredes do seu escritório você também exibe diplomas e prêmios, além de fotos suas com gente famosa. Você não coloca na parede fotos com pessoas menos importantes. Aquelas fotos servem para levantar seu moral enquanto sonha com a conquista de posições de autoridade. Elas são troféus por si mesmas. Se você tem filhos, também terá pela sala muitas fotografias deles. O leonino sente orgulho dos filhos.

Recentemente, uma revista publicou uma entrevista com vários vencedores do Oscar, analisando onde cada ganhador colocou sua estatueta quando decidiu exibi-la. O pisciano, provavelmente, escondeu o troféu numa caixa, com outras lembranças, para não humilhar ou ferir os sentimentos de ninguém. O produtivo virginiano deve usar a estatueta em alguma função prática, como peso de papel ou apoio de livros, mas nenhum leonino que se preze vai esconder ou usar o troféu para qualquer fim que não seja lembrar o sucesso alcançado.

Embora o Oscar possa não estar no hall de entrada da casa — os nativos não são assim tão indelicados —, o ganhador não verá razão alguma para não colocá-lo em exposição na sala de estar ou sobre a escrivaninha do escritório. "Por que não exibir um símbolo de status tão difícil de adquirir?", pergunta ele. Para isso servem os prêmios: recompensar a capacidade e assinalar as diferenças. O leonino é muito consciente destas questões.

A criatividade é uma qualidade imensamente importante do fogoso Leão e, em geral, ela precisa de uma válvula de escape. Poucas coisas na vida conseguem dar a satisfação intrínseca que se obtém com uma carreira criativa. O Sol, regente do querido leonino, promove uma nova vida e sustenta todas as coisas vivas; portanto, é lógico que o nativo tenha fortes impulsos criativos. Na roda do zodíaco, após o plantio em maio (Touro), a lavoura começa a crescer em agosto. A colheita só ocorrerá em setembro (Virgem). Assim, é hora de desfrutar a vida, e Leão está pronto para obedecer a esse comando. O leonino não é um trabalhador compulsivo como o virginiano. Na verdade, podemos dizer que Leão tem um lado um pouco indolente. Para ser totalmente criativo, o indivíduo precisa manter um espírito jovem, um tanto infantil e propenso a experimentar, e o leonino é excelente nesses aspectos.

Muitos leões conseguem mostrar seu talento com cores nos campos da arte e do design. No final de julho, o Sol está no auge do brilho e da intensidade, portanto Leão adora um belo design e cores vivas, preciosas, estimulantes. Seu talento artístico pode ser manifestado no trabalho. O leonino tem um extraordinário sentido de estilo que os outros gostam de copiar; Jackie Kennedy, por exemplo, era nativa de Leão e inspirou milhões de pessoas em todo o mundo. A alta-costura é outra área em que muitos leoninos se destacam: Coco Chanel e Oscar de la Renta são dois leoninos notáveis. O nativo também pode ter sucesso como projetista gráfico, decorador de interiores, diretor de arte, diretor de criação, diretor de cinema, webmaster, webdesigner, cenógrafo, figurinista de teatro, fotógrafo, músico, dançarino, ator ou em outras carreiras no entretenimento. Muitas "divas" são leoninas.

Madonna e Whitney Houston são dois exemplos do sexo feminino, enquanto Mick Jagger é um equivalente masculino. A indústria do entretenimento é incrivelmente rica em nativos de Leão. Por ser gregário e generoso, o signo não guarda as ideias; prefere compartilhá-las. A natureza dotou Leão de grande autoconfiança e necessidade de expressão. Essas duas qualidades garantem que seu talento será manifestado.

Os leoninos são famosos pela organização, motivo pelo qual se saem tão bem nos negócios, no ensino, na política, na publicação de livros ou em qualquer outro campo. Leão tem grandes aspirações, o que pode ser muito inspirador para seus subordinados. Decidido, perceptivo e intuitivo, o leonino sabe como definir um programa de trabalho e segui-lo, haja o que houver. Contudo, não é maníaco por detalhes; Virgem compensa sua deficiência nessa área. No entanto, como é um intenso signo de fogo, os outros querem segui-lo; portanto, sua capacidade de estimular o entusiasmo alheio é fenomenal. Uma vez tendo acionado o poder de sua determinação, o nativo consegue obter sucesso apesar de todos os contratempos. Para isso, é preciso ligar um botão interno, porque alguns leoninos simplesmente não usam a impressionante usina que possuem dentro deles. Outra qualidade notável de Leão é a grande capacidade de planejar e definir estratégias. Norman Schwarzkopf, o grande herói militar da operação "Tempestade no Deserto", é um bom exemplo de leonino que usou todo o seu talento. (Ele nasceu em 22 de agosto, na cúspide entre Leão e Virgem, e manifesta os melhores talentos dos dois signos.) Leão tende a não hesitar: como líder, ele lembra constantemente aos subordinados as metas definidas pelo grupo. Pelo lado pessoal, o leonino se lembrará pacientemente de todas as suas promessas e fará com que você mantenha a palavra dada. Os leoninos podem ser chefes maravilhosos, porque costumam ter exuberância e entusiasmo pela vida, a tal ponto que, quando lançam sua luz sobre os colegas de trabalho, podem ajudá-los a manifestar todo o seu potencial. Eles querem ver os outros alcançarem sucesso e farão o possível para que isso aconteça.

Outro talento menos conhecido de muitos leoninos é a habilidade mecânica para consertar coisas. Você provavelmente reconhece isso em si mesmo, caro leonino. Mesmo na infância, o nativo certamente foi fascinado pelo funcionamento das coisas e fez o possível para descobrir esses mecanismos. Muitas crianças leoninas destroem objetos, mas depois são capazes de restaurá-los. Seja paciente se seu filho nativo de Leão quebrar coisas, pois ele ainda estará aprendendo. Homens e mulheres de Leão talvez pensem que esse talento não é "nada demais" até olharem em torno e constatarem que ninguém mais tem a mesma capacidade de descobrir como as coisas funcionam. Talvez você use esse talento em sua carreira, como um engenheiro, por exemplo. Entretanto, mesmo que não o faça, as pessoas a seu redor terão sorte, porque não há muita coisa que você não seja capaz de consertar para elas.

Os leoninos também são excelentes professores. É provável que, por sua paciência, clareza e capacidade de expressão, você possa explicar uma questão de forma maravilhosa e memorável. Além disso, qualquer área de atuação voltada para crianças deve ser incluída em sua lista de boas carreiras: a criação de programas ou filmes para crianças ou a publicação de livros infantis também são excelentes oportunidades para o nativo. Esse signo tem uma compreensão natural das necessidades infantis; sua criança interior, sempre viva e atuante, sabe como despertar o interesse dos pequeninos. O amor do nativo por cores vivas e bom design pode tornar vencedor qualquer projeto em televisão, livros ou cinema em que trabalhe.

Corpo, mente e espírito

Ter uma aparência sedutora talvez seja mais importante para Leão do que para qualquer outro signo. Como já discutimos, os nativos são muito competitivos e gostam de ver que estão ganhando o concurso de beleza. Leão está acostumado a ser o líder. Isso poderia explicar por que alguns leoninos tendem a ter casos na meia-idade. A constatação de que ainda estão tão cheios de vida e têm uma aparência tão boa quanto na juventude é necessidade constante e nada tem a ver com sentimentos dos nativos para com os cônjuges. (No entanto, tente explicar isso a um cônjuge desolado). Homens e mulheres deste signo não gostam da ideia de envelhecer e são os primeiros a chamar o cirurgião plástico quando percebem que não são mais os campeões de beleza. Eles têm um estilo brincalhão e não conseguem perceber que ficaram mais velhos; constatar isso sempre é um choque para eles. O leonino espera se sair melhor e ser mais bem apessoados do que todo mundo, e permanecer assim para sempre. Embora o signo mais jovial do zodíaco seja Gêmeos, os leoninos fazem um excelente trabalho na manutenção da aparência jovem muito depois de outros já terem desistido. Leão pode trabalhar muito mais do que os outros na manutenção da aparência!

Poderíamos pensar que o grande interesse de Leão por manter uma boa aparência faria dele um atleta. Bem, isso não acontece. Para isso seria necessário realizar um grande esforço. Áries, Virgem e Sagitário (signos muito disciplinados) fazem o que for preciso, mas o leonino prefere sentar-se e encomendar uma pílula que prometa emagrecer e tonificar os músculos. A maioria dos leoninos não sente qualquer atração por suar na esteira. Eles detestam qualquer tipo de esforço exagerado, principalmente se o tempo estiver frio. (Ou seja, esquiar está fora de questão, a menos que haja alguma outra coisa no horóscopo que indique o contrário. Um passeio numa praia ensolarada é muito mais atraente para Leão.) Lembre-se: o leonino só vai malhar na academia se for obrigado; ele prefere jogar basquete, correr na praia ou fazer uma caminhada.

Se você é do signo de Leão, precisa tomar sol regularmente para não ser afetado pela depressão sazonal, um sentimento de melancolia que ocorre com mais frequência no inverno por falta de exposição à luz solar. Já se constatou que a luz solar afeta a parte do cérebro que regula o humor. Novos estudos também indicam distúrbios no metabolismo da serotonina, na produção de melatonina e no ritmo circadiano. O remédio é simples: ficar ao ar livre na hora do Sol mais intenso do dia. Fazer uma caminhada acelerada, mesmo que seja apenas até o banco ou o supermercado, para respirar ar fresco e tomar Sol, por mais ocupado que você esteja. De quebra, ainda vai conseguir sua cota de vitamina D. Se você vive em um lugar onde o tempo é escuro e chuvoso durante a maior parte do ano, uma fototerapia também ajuda.

Se você é leonino, deve dar atenção especial a outras áreas da saúde. Para começar, seria bom cuidar do sistema cardiovascular. Na astrologia médica, assim como o Sol, seu regente, é o centro de nosso universo, o coração é o centro do corpo humano, e ambos têm propriedades fundamentais de vitalização. Dessa forma, o signo de Leão rege o coração. No entanto, o coração e o sistema circulatório são as áreas mais prováveis de dificuldades para o leonino, sobretudo se este não se mantiver em boa forma. Alguns nativos têm somente problemas menos graves, como má circulação. Dê a seu corpo o que ele precisa, para que mais tarde você não se arrependa por não ter prestado mais atenção à alimentação e aos exercícios. Você tem um grande coração, querido leonino — mantenha-o em forma. A outra parte do corpo regida por Leão é a coluna vertebral, portanto, quando fizer atividade física, faça também alguns exercícios que fortaleçam as costas. Você quer manter uma boa postura, compatível com a criatura poderosa que é.

RESUMO

Talvez mais do que qualquer outro signo, Leão sabe que a vida é um palco. Dentro de cada leonino existe uma estrela que deseja brilhar. Caro leonino, fique de olho nesse poder divino dentro de você, pois tudo o que você precisa está lá, pronto para ser colhido. Mesmo que seja preciso esforçar-se para encontrar esse poder, ele estará à sua espera. Você foi abençoado com uma imensa energia criativa, e de fato, se fortalece com o poder do Sol.

OS MITOS DE LEÃO E DO SOL

No horóscopo, não há nada que se compare ao Sol — ele é o rei dos corpos celestes, o astro brilhante que simboliza toda a vida, a vitalidade e a força. Ele também simboliza a "vontade dirigida", o senso de propósito que nos permite fazer diferença no mundo. É a luz que brilha dentro de cada um, o espírito divino, a fonte da energia e da criatividade que nosso criador nos deu quando nascemos.

O Sol fascinou todas as culturas em todas as épocas. Em alguns mitos muito antigos essa estrela era retratada como um "herói" nascido da Mãe, a Terra. Os quatro elementos que compõem a vida — ar, terra, fogo e água — foram caracterizados como masculinos ou femininos. Os elementos masculinos — ar e fogo — nasceram dos elementos femininos — água e terra. A astrologia ainda reconhece as energias yin e yang, e o astrólogo nos estimula a misturar e equilibrar os elementos masculinos e femininos para atingir uma totalidade dentro da individualidade. A história de Apolo, o rei solar grego, que apresentaremos em seguida, incorpora essas energias e fornece um bom modelo para Leão. No signo de Leão há o risco de que o Sol, considerado uma força masculina e doadora de vida, perca o foco ao utilizar seu imenso poder. O leonino precisa aprender a direcionar essa energia para se beneficiar dela sem se tornar narcisista ou egocêntrico (eventuais armadilhas inerentes ao signo de Leão).

Por que o Sol é considerado masculino? Em certos mitos, repetidamente a figura do Sol ascende ao topo do céu (meio-dia, luz plena). O calor do Sol a pino queima toda a umidade, fazendo com que as nuvens se rompam em trovões. A chuva, por sua vez, fertiliza a Terra No simbolismo mítico, o fogo e o ar são considerados princípios mas culinos pois julga-se que o herói Sol fertiliza o solo. No poente, o astro mergulha no horizonte e nas profundezas da noite. Nosso herói, o Sol, mergulha no abismo desconhecido, o mundo subterrâneo; ao combater seus medos, ele é capaz de mostrar a própria coragem. Mais tarde ele retorna da escuridão desconhecida e surge de volta na luz. Na astrologia, assim como na mitologia, "verdade" e "luz" são sinônimos.

Apolo

Um dos primeiros mitos que nos vêm à mente quando pensamos no Sol é o de Apolo, o deus grego, filho de Zeus e da titã Leto. Apolo era um dos deuses mais populares; como diz a mitologista Edith Hamilton, ele era "o mais grego de todos os deuses". Apolo governava a cura e a medicina, a matemática e a música, e também era considerado possuidor do dom da profecia. Diz-se que era o deus da luz e da verdade. Aqui vemos o hemisfério direito e esquerdo do cérebro unidos em Apolo, possuidor da racionalidade (masculina), da música e da matemática, e também do dom intuitivo (feminino) da profecia. Portanto, o deus era capaz de equilibrar e unir essas energias. Ele é considerado puramente bom e beneficente, embora algumas vezes se tenha mostrado cruel.

Antes de construir seu templo Apolo avaliou vários locais possíveis. Ele descobriu que a melhor localização era Delfos, local considerado o centro do mundo. Contudo, Píton, uma grande serpente, guardava a cidade, portanto, o deus precisou, primeiro, matar o animal. Depois de uma terrível batalha, Apolo venceu e estabeleceu seu santuário em Delfos, que depois passou a ser conhecido como a cidade da profecia. Mais tarde, as sacerdotisas, conhecidas como pitonisas, anunciavam no oráculo de Delfos suas previsões para quem fosse pedir conselhos. Ninguém *podia* (nem *ousava*) questionar a profecia. Dessa forma, Apolo recebeu o crédito pelas leis que mais tarde foram promulgadas a partir de Delfos. Sobre os portões do templo havia as inscrições "Nada em excesso" e "Conheça-te a ti mesmo". Assim, o oráculo instruiu os mortais a manter o equilíbrio, evitando os excessos da vontade ou da autoconfiança descontrolada que resultam em arrogância e soberba. O valor do autoconhecimento consiste no reconhecimento dos próprios talentos e deficiências, e também no estímulo ao máximo desenvolvimento dos próprios dons.

Esse conselho é bom para qualquer signo, mas, astrologicamente, é o mais relevante para Leão, porque o nativo do signo pode facilmente se tornar egocêntrico. Afinal, o Sol é o centro do sistema solar, ao passo que Apolo, o regente mítico de Leão, é o deus da verdade e da luz. Ele pode trazer clareza, concentração e percepção racional ao mundo caótico. Ele tempera toda inclinação para o orgulho e o egoísmo com uma intuição mais ligada ao hemisfério direito do cérebro (feminino). É também o deus da matemática e da música, disciplinas muito racionais e exatas. Ao mesmo tempo, é profeta e curandeiro, combinando o melhor das duas energias. Dessa forma, Apolo é um excelente modelo de comportamento para Leão.

Hélio, o deus grego do Sol

Embora Hélio seja considerado um deus "menor" (não faz parte dos 12 principais deuses do Olimpo), sua imagem como o rei do Sol é especialmente bela e poética. Como deus do Sol, Hélio era o doador de luz. Ele era filho dos titãs Hipério e Teia, eles próprios deidades anteriores do Sol e da luz. Na companhia da irmã Eos (a madrugada) e portando um elmo dourado, Hélio era uma figura de grande beleza. Ele iniciava cada dia no Oriente e, em uma carruagem puxada por quatro magníficos cavalos, cruzava o céu até desaparecer no horizonte ocidental. Durante a noite, o deus fazia o caminho de volta para o horizonte oriental. No entanto, como na época o mundo não era redondo, Hélio precisava percorrer o perímetro da Terra navegando pelo rio Oceano dentro de uma imensa taça de ouro.

Durante as horas do dia, enquanto cruzava o céu em sua carruagem, com seu olhar penetrante, Hélio via tudo o que se passava na

Terra. Não admira que ele tenha se tornado uma boa fonte da verdade. Foi ele quem avisou Hefesto de que Afrodite mantinha um romance com Ares; também foi ele quem informou Deméter de que Hades havia raptado Perséfone. Ninguém conseguia se ocultar ao olhar do Sol; portanto, os mortais, muitas vezes, juravam em seu nome, cientes de que, se quebrassem a promessa, o deus saberia.

A irmã de Hélio, Eos, a deusa da madrugada (cujos braços eram rosados), levantava-se toda manhã de um trono dourado no Oriente para anunciar a chegada do irmão. Apesar do nome, Eos representava não só a luz da madrugada, mas também toda a luz do dia. Ela passava o dia ao lado do irmão na carruagem do Sol. Eos apaixonou-se por Astreu ("O Estrelado"), filho do titã Crios e de Euríbia, filha de Ponto e Gaia. Eos foi mãe de três ventos: Zéfiro (o vento oeste), Bóreas (o vento norte) e Notos (o vento sul). Essa união também produziu Eósforo (a estrela da manhã), assim como todas as estrelas do céu.

Os 12 trabalhos de Hércules

Hércules é um herói maravilhoso e eterno, o mítico herói em quem pensamos em primeiro lugar quando se trata do signo de Leão. Hércules resume as melhores qualidades deste signo: é protetor e inspirador, com coragem e determinação para vencer a despeito de todos os obstáculos. Particularmente relevante para Leão é o fato de, no primeiro de seus 12 trabalhos, Hércules ter matado o leão da Nemeia, pois nessa empreitada o herói controlou as paixões e enfrentou seus medos, condições fundamentais que lhe permitiram suplantar o feroz animal. Diz-se que nesse primeiro trabalho o leão possuía uma pele especial que não podia ser penetrada por pedra ou metal. Na verdade, Hércules logo descobriu esse fato porque a clava, as flechas e a espada foram inúteis contra a fera. Ele logo viu que seria necessário um combate corpo a corpo. Hércules bloqueou uma das duas entradas da caverna do leão. Ao atacar, desarmado, a fera, o herói atirou-a ao chão e estrangulou-a até matá-la.

Então, usando as garras do próprio animal para esfolá-lo, Hércules transformou a pele do animal em um manto e a cabeça em um elmo. O herói usou essas vestimentas quando foi ver o rei Euristeu para receber as instruções do segundo trabalho da série que teria de realizar. O rei ficou aterrorizado com a vestimenta de Hércules e ordenou ao herói que deixasse fora dos muros da cidade os troféus de seus futuros trabalhos. Depois do primeiro trabalho, sempre que Hércules aparecia, o covarde rei se escondia dentro de um jarro, passando a mandar suas ordens ao herói por meio de um mensageiro.

No primeiro trabalho, Hércules "tornou-se" o feroz leão ao vestir a pele do animal. Ele podia fazer isso porque havia dominado o leão, a quem temia; dessa forma, assumiu o espírito do corajoso animal. Nos trabalhos seguintes, Hércules matou diversos monstros e gigantes e capturou várias feras. Ele teve que resgatar dois objetos valiosos e também completar uma tarefa humilhante: limpar as estrebarias do rei Áugeas. Depois de completar os 12 trabalhos, Hércules encontrou outra função para a pele do leão. Quando um grupo de gigantes atacou o Olimpo, Hera profetizou que nenhum dos deuses seria capaz de derrotar os invasores. Ela previu que só teria sucesso o mortal que usasse uma pele de leão. Portanto, Zeus mandou Hércules para o campo de batalha. Mais uma vez revestido da pele e do capacete do leão, o herói, sozinho, matou todos os gigantes.

Os leões aparecem em muitas histórias heroicas; a mais antiga é a história babilônica na qual Gilgamesh está procurando as ervas da imortalidade para trazer de volta à vida seu amigo Enkidu. Tal como Hércules, Gilgamesh teve de passar por uma série de testes. O primeiro foi combater um bando de leões (ver "Os mitos de Aquário e Urano"). Gilgamesh matou os animais, triunfando no primeiro rito de passagem, o que, como no mito de Hércules, parece sugerir a necessidade de dominar o medo e domar as paixões selvagens internas e externas, um tema recorrente do signo de Leão.

A astrologia estabelece uma distinção entre o guerreiro sem medo que compete com a imagem paterna (Áries, o primeiro signo de fogo), o sábio rei-Sol (Leão, o segundo signo de fogo) e o rei-filósofo

(Sagitário, o terceiro signo de fogo). O leonino não deve superestimar sua capacidade ou se tornar tão exuberante a ponto de se prejudicar, negando inadvertidamente certas realidades. Essa ideia é exemplificada pelo mito clássico de Ícaro, relatado a seguir.

Ícaro, o jovem que chegou perto demais do Sol

Ícaro era filho de Dédalo, um mestre artesão. Pai e filho construíram o labirinto para o Minotauro do rei cretense Minos. O labirinto tinha uma série tão complexa de corredores que era virtualmente impossível sair dele. No entanto, Dédalo mostrou a Ariadne como Teseu poderia escapar do labirinto. Quando soube que os atenienses haviam encontrado uma saída, o rei Minos ficou furioso e teve certeza de que Dédalo os havia ajudado. O rei aprisionou Ícaro e Dédalo — o labirinto se tornou uma armadilha para seu próprio criador.

Dédalo teve uma ideia. Embora não houvesse uma saída fácil por terra ou pela água, o ar e o céu eram relativamente acessíveis. Ele poderia fazer dois pares de asas de cera com as quais ele e o filho poderiam escapar do labirinto. Quando as asas ficaram prontas, Dédalo instruiu Ícaro a não voar perto demais do Sol, pois as asas poderiam derreter. Também avisou que o filho não deveria voar muito baixo, para que o mar não molhasse as asas. (A mensagem do pai para o filho era: busque o meio-termo, a moderação.) Deliciado com o voo, Ícaro subiu em direção ao Sol, esquecendo a advertência paterna. Como resultado, caiu no mar e as águas o cobriram. O pai conseguiu chegar em segurança ao destino, na Sicília. Dando pela falta do filho, Dédalo começou a chamá-lo. Apesar de procurar o filho por toda parte, o pai não conseguiu encontrá-lo. Nessa história, o excesso de poder — muita exuberância ou entusiasmo — pode ser motivo da queda (literalmente) de alguém.

O leonino, como um grande governante, precisa superar e enfrentar a fera que personifica o inimigo. Se o rei não fosse capaz de proteger o povo na batalha, o oponente poderia tomar o poder;

portanto, a guerra representava a sobrevivência do mais apto, física e espiritualmente. Os egípcios, por exemplo, contavam com um sistema que mantinha os reis fortes e destemidos. Eles não só insistiam em que líderes mantivessem pura sua linhagem (aptidão física), mas também cuidavam para que tivessem o caráter necessário para realizar a vontade divina: o povo submetia os reis a uma série de testes (aptidão espiritual). Os egípcios não queriam esperar por uma invasão para descobrir a qualidade de seus líderes.

Como você pode ver, a necessidade de testar continuamente a própria capacidade física e moral é muito característica de Leão; como Hércules, depois de matar o leão (ou o dragão), você cresce em triunfo e leva esse poder consigo para sempre. Isso dá um novo significado ao ditado "O que não mata, engorda". Você não concorda, querido Leão?

A PERSONALIDADE DE VIRGEM

Virgem

24 de agosto — 22 de setembro

Força condutora

"Eu PRODUZO."

O que alegra este signo

Encontra satisfação em ser organizado, produtivo e perspicaz e em melhorar corpo e mente, porque tem grande necessidade de levar tudo a um estado ideal.

No novo milênio, sua contribuição para o mundo será...

Por ter nascido na época da colheita, você se supera como produtor. Com o influxo de grandes quantidades de informação para a humanidade, o papel de Virgem será mostrar o que tem e o que não tem valor.

Uma citação que descreve o virginiano

"A PERFEIÇÃO NÃO É ALCANÇADA QUANDO NÃO HÁ MAIS NADA A ACRESCENTAR, MAS SOMENTE QUANDO NÃO HÁ MAIS NADA A SER RETIRADO, QUANDO O CORPO FOI REDUZIDO À NUDEZ."

— ANTOINE DE SAINT-EXUPÉRY, *canceriano*

No balcão da loja de departamentos uma nativa de Virgem se aproxima do espelho e fecha um pouco os olhos enquanto passa batom. Comparando as nuances de duas cores diferentes, ela não parece precisar de ajuda, mas, mesmo assim, a vendedora pergunta se pode ajudar. A jovem cliente, que tem uma pele maravilhosa e uma aparência fresca, de quem acabou de tomar banho, responde: "Estou na dúvida entre essas duas cores. Eu experimentei as duas com o cotonete (naturalmente, porque a higiene é vital para Virgem). Não consigo decidir qual delas é *perfeita* para mim. Gosto da primeira, mas tenho medo de ficar com cara de bibliotecária. A outra parece dizer: 'Aí, garota, vamos para a balada!' e é isso o que eu quero. Mas não sei se ela me favorece tanto quanto a primeira. Talvez seja moderna *demais*. O que você acha? Eu sou muito tímida na maioria das ocasiões sociais e, se esse batom me ajudar a me destacar, bem, ele vai cumprir seu papel."

Surpresa com uma resposta tão prática e articulada da parte de uma jovem evidentemente reservada, a vendedora garante que qualquer uma das duas cores ficaria bem. Correndo o risco de dizer o óbvio, a vendedora assegura à cliente que ela é muito bonita. Estou certa de que a cliente não tem consciência de ser tão atraente; os virginianos raramente percebem a extensão de suas qualidades, principalmente no quesito aparência. Eles são muito cuidadosos com a saúde. Homens e mulheres do signo de Virgem têm o que todo mundo quer: o brilho de uma boa saúde e um bom caráter, qualidades que não podem ser compradas. Eles costumam estar em boa forma, ter um corpo magro e invejável e também excelente pele.

Enquanto isso, no departamento masculino, uma cena muito similar está se passando em outro balcão. Nesse caso, um jovem virginiano está examinando em diversos balcões as marcas, os estilos e as cores diferentes de camisas de manga comprida, de algodão puro, e as várias padronagens de gravatas para encontrar aquelas que ficarão "perfeitas" com seu novo terno de grife. Os virginianos dos dois gêneros adoram qualidade e estilo. Não é coincidência o fato de serem os reis de Paris. Virgem rege uma boa modelagem e um bom corte, com detalhes bonitos como botões de boa qualidade e um forro bem-escolhido. Enquanto Leão, o signo precedente, procura roupas do estilista mais moderno e exclusivo para despertar o respeito e a admiração dos amigos e colegas, Virgem compra artigos de elegância discreta que durarão muito tempo. Por ser um signo mais prático, Virgem quer fazer um *investimento* em moda, em vez de fazer uma *declaração* com a moda. Os virginianos não perdem tempo e dinheiro, se puderem evitar. Como são muito exigentes, eles compram roupas que sempre parecem novas, mesmo quando já atravessaram várias estações (ou anos).

Nosso homem de Virgem passou mais ou menos 45 minutos procurando a combinação perfeita de camisa e gravata, mas o vendedor sabe que não deve interrompê-lo. Ele já conhece esse comprador e sabe que ele sempre é educado, que deve ter um bom emprego, talvez como editor numa revista de moda masculina. A temperatura externa deve chegar a 37ºC, mas o cliente parece confortável, nem um pouco suado. É evidente que ele está decidido a encontrar algo especial, portanto, a decisão pede uma análise cuidadosa. A linguagem corporal do cliente parece dizer: "Não fale comigo ainda — deixe-me em paz." Portanto, o vendedor toma a decisão correta e permanece a distância. Quando um virginiano procura a perfeição, é melhor deixá-lo pedir ajuda do que perturbar sua concentração. Eles não gostam de ser interrompidos.

Caro virginiano, os antigos determinaram suas características astrológicas e seus talentos examinando a estação do ano em que você nasceu. Seu aniversário cai no final do verão no Hemisfério Norte, a generosa época da colheita. Isso lhe dá forte ligação com terra, agricultura, saúde e nutrição. As frutas e os legumes que cresceram sob o dourado sol de Leão agora estão prontos para serem colhidos, celebrando a abundância do verão. Os dias quentes e preguiçosos do verão estão chegando ao fim. Logo os dias serão frescos e bem mais curtos. É tempo de retornar às tarefas rotineiras da vida. O ritmo se acelera, já que está na hora de colher. Se a lavoura não for cuidada, as frutas murcharão nas árvores. É preciso tomar as providências para o sustento e a sobrevivência da comunidade no inverno que se aproxima. É preciso colher, selecionar a colheita, separar, preparar conservas, enlatar e armazenar. Não há tempo a perder! Portanto, caro virginiano, sua estação de nascimento lhe dá uma forte necessidade de ser produtivo.

O virginiano sente forte impulso para cuidar dos projetos e concluí-los a tempo. Você tem uma espantosa capacidade de organizar qualquer atividade, por mais complexa que seja. A natureza crítica e ponderada do virginiano torna seu signo especialmente talentoso para separar, ordenar e classificar, capacidade que você aplica a tudo que faz. (Quando os frutos são colhidos das árvores, você é o auxiliar da natureza ao escolher o destino de cada um — para comer, enlatar, cozinhar ou transformar em adubo.) Você também é muito esforçado, reconhecendo a beleza e a graça alcançadas ao realizar com nobreza as tarefas. Deve ter sido virginiano o autor do ditado "Tudo o que merece ser feito, merece ser bem feito". Você tem prazer na rotina e nos detalhes necessários à vida diária. Essa apreciação e o orgulho da produtividade estão presentes em todo virginiano e são a base de muitos dos talentos do nativo.

Muitas culturas consideram setembro, a época do nascimento de Virgem, o início psicológico de um novo ano — a hora de voltar ao trabalho, ou à escola, renovados e prontos para novas metas. Mercúrio, seu regente e planeta do pensamento, lhe proporciona um grande amor pelas atividades intelectuais. A época de seu aniversário é o momento de entrar em casa, levar as coisas a sério e realizar as tarefas pendentes. Talvez por essa razão Virgem seja considerado um signo sério e cerebral, muito disciplinado.

Símbolos

Virgem e Peixes compartilham o mesmo eixo astrológico, portanto, são complementares e opostos em termos simbólicos. Todos os signos ligados por um mesmo eixo trabalham juntos de forma especial. Em Virgem encontramos o desejo por um grande perfeccionismo do indivíduo, um impulso para a pureza e um autodesenvolvimento grandioso. O signo oposto, Peixes, muda o foco do plano individual e do conceito virginiano de serviço para o sacrifício pelo bem de toda a humanidade em nome do amor universal, mais indefinível e abrangente. Portanto, o elemento "virgem" do simbolismo do signo de Virgem se refere a um estado puro e inocente que se transforma em um indivíduo mais sábio e desenvolvido, simbolizado pela colheita de Virgem. A aparente atitude ensimesmada de Leão, seu signo precedente, dá lugar a uma compreensão da necessidade de serviço em benefício da humanidade como um todo.

Há outro contraste interessante entre Virgem e Peixes. O signo de Virgem é a imagem da donzela que segura o ramo de trigo, enquanto Peixes simboliza o pescado. Alguns estudiosos de astrologia notaram como o trigo e o peixe remetem à história bíblica do milagre dos pães e peixes. Dessa forma, teríamos alimento suficiente para todos, para nutrir não só o corpo, mas também a alma, por termos sido recebidos com hospitalidade. Esse é um dos milagres da cristandade e ilustra como nos signos de Peixes e Virgem é forte a necessidade de compartilhar e cuidar dos outros.

Os estágios da maternidade estão elegantemente representados pelos signos de Touro, Câncer e Virgem. Em Touro, a mulher é a figura fértil, cheia de vida e com as formas arredondadas da gravidez. Para Touro, um signo de terra, o amor é físico. Em Câncer, a imagem mostra uma mãe resplandecente com a criança. Portanto, em Câncer, a ênfase recai sobre o papel materno daquela que nutre e cuida com amor. Em Virgem, o sexto signo do zodíaco, a mulher percebe que precisa dar à criança espaço para que ela possa crescer livremente e se tornar um indivíduo. Em Virgem, signo de terra, o amor materno demanda um sentimento de realidade e praticidade — a mãe já não consegue reter o filho junto de si e deve confiar no bom-senso da criança e encorajá-la à individualidade, deixando-a voar livremente.

♏ O pictograma de Virgem é tão similar ao de Escorpião que os principiantes em astrologia com frequência os confundem. O símbolo de Virgem se volta para dentro, denotando a reflexão e o desenvolvimento interno do ser, enquanto o signo de Escorpião se volta para fora, o que revela uma necessidade mais agressiva de influenciar o mundo.

☿ Gêmeos e Virgem têm o mesmo regente, o planeta Mercúrio, e é interessante notar as similaridades e diferenças entre esses signos. Se você ainda não leu o capítulo sobre Mercúrio e Gêmeos, "Os mitos de Gêmeos e Mercúrio", por favor, leia-o, porque as referências daquele capítulo também dizem respeito a você. O símbolo de Mercúrio associa o círculo (espírito), sobre a cruz (matéria), com um pequeno crescente no topo do círculo (a alma ou a emoção). Além disso, Mercúrio, como o deus Hermes, levava o caduceu, o símbolo usado até hoje pela comunidade médica para representar a cura. Esse simbolismo destaca a forte conexão mente-corpo de Virgem, tão integrada na personalidade do nativo desse signo.

INFLUÊNCIAS PLANETÁRIAS

Mercúrio é o planeta do intelecto e do pensamento racional, o astro que sempre promove a busca da verdade de uma forma objetiva e imparcial. Como resultado, os signos de Gêmeos e Virgem produzem excelentes jornalistas, escritores e editores, assim como outros comunicadores capazes de transmitir pensamentos com muita clareza. Signo de terra e muito prático, Virgem tem o benefício adicional de ser organizado, detalhista, deliberado e meticuloso. Por ser um signo de ar, Gêmeos não tem essas qualidades. No entanto, os dois signos são muito semelhantes, porque são regidos por Mercúrio e se sentem bem com a atividade constante. Você já reparou quanta coisa seu amigo de Virgem consegue realizar em um dia? Os virginianos (e geminianos) conseguem fazer uma montanha de trabalho, muito mais que os outros signos. Os dois também são muito flexíveis e adaptáveis, embora haja diferenças entre eles. Por exemplo, embora ambos gostem de livros, Gêmeos — signo de ar — coleciona ideias por elas mesmas, simplesmente para comunicá-las, enquanto Virgem

— signo de terra — tem mais motivação por buscar uma aplicação prática para elas.

Mercúrio, regente dos dois signos, é um planeta que se move muito depressa, portanto, você tem dificuldade para ficar muito tempo parado. Mercúrio rege o sistema nervoso, logo não é surpresa que Virgem muitas vezes funcione com base na pura energia nervosa. Tanto Virgem quanto Gêmeos são conhecidos por se manterem magros, mais do que qualquer outro signo. Ambos estão sempre em movimento, o que torna improvável acumularem gorduras. No entanto, Gêmeos rege as mãos e os ombros, enquanto Virgem rege o sistema digestivo, o que explica a dificuldade de digestão desse signo, o que não ocorre com Gêmeos. A influência de Mercúrio sobre Gêmeos e Virgem se manifesta de formas diferentes. Em Gêmeos, o primeiro signo mutável, Mercúrio está bem confortável, porque o signo se adequa à necessidade do planeta para se mover velozmente, conversar muito e reunir muita informação. Em Gêmeos, Mercúrio promove a investigação e a exploração de todos os tipos de dados e resume o espírito geminiano de curiosidade juvenil. Esse signo não tem uma necessidade específica de usar a informação, porque todo dado lhe interessa. Como signo de ar, Gêmeos considera importante divulgar essa informação rapidamente para o mundo, espalhando-a aos quatro ventos. Em Virgem, signo de terra, a influência de Mercúrio é mais estável e estimula o signo a buscar maneiras práticas de usar a informação descoberta. Virgem é sagaz e detalhista, portanto, a qualidade da comunicação conta mais, incluindo detalhes como a inflexão da voz ou, quando a comunicação é escrita, a ortografia e a gramática.

Os antigos sempre disseram que o pensamento de Mercúrio é frio, racional e objetivo. De fato, o planeta nunca está a mais de 28 graus de distância do Sol, uma energia masculina. Portanto, o Sol comunica a Mercúrio parte de sua racionalidade, clareza e brilho masculino.

A influência de Mercúrio sobre Virgem, o segundo signo mutável e segundo signo de terra, fica evidenciada pelo impressionante poder de comunicação do signo ao escrever, falar, perceber ou ler; essa influência também pode ser vista na extraordinária capacidade de análise do signo. O grande talento de Virgem para a organização e a discriminação é claramente superior ao de Gêmeos, seja lidando com ideias puramente conceituais, seja com propriedades físicas mais tangíveis.

Os virginianos apreciam usar as mãos, tanto no trabalho quanto em atividades de lazer. Sua habilidade motora é notável e muitos virginianos usam as mãos em atividades de lazer como carpintaria, restauração, tricô, crochê, costura e bordado, tapeçaria, digitação ou, ainda, tocando um instrumento musical como violino ou piano. A mãe de uma garotinha virginiana me contou que a filha costumava se aproximar dela com as mãos estendidas, dizendo: "Mamãe, estou chateada, quero fazer alguma coisa com as *mãos*!" Essa criança tem talento para resolver quebra-cabeças, pintar, costurar (ela adora fazer roupas para as bonecas) e modelar cerâmica. A mãe é bastante sábia para dar à filha muitos materiais diferentes. Nunca subestime a importância do uso das mãos para um nativo de Virgem, principalmente quando criança.

Virgem também se encanta com a ordem encontrada na matemática e nas palavras. O signo costuma ser bom em ortografia e vocabulário e adora jogos com palavras, como palavras cruzadas ou anagramas. É claro que até mesmo seu tempo de lazer é produtivo, querido virginiano. O nativo do signo também gosta de acumular informações sem importância, de comparar a própria inteligência com a dos amigos e de ver programas de TV que testam a agilidade mental e a capacidade de lembrar alguns fatos obscuros. Para Virgem, o jargão técnico pode ser diversão, mas usá-lo com muita frequência pode confundir os outros. (Se seu interlocutor parecer um pouco perdido, reduza a velocidade e explique-se.) Os virginianos têm atração magnética por detalhes, porque alimentam seus cérebros famintos e hiperativos.

Quando se levanta pela manhã (você pode apostar que o virginiano acorda de madrugada, sem usar despertador), o nativo está cheio de energia e pronto para começar. Ele é aquele que está saindo da academia quando você chega, às 7h; ele já terminou e está partindo para a próxima atividade da lista. Os nativos mantêm o templo do corpo puro e forte, pois têm uma tendência interna para isso.

Dádivas cósmicas

À medida que vamos nos movendo pelo zodíaco a partir do primeiro signo, Áries, vemos uma reprodução do progresso do homem. Em Áries temos o recém-nascido que simboliza a força vital. Áries se especializa em todas as iniciações e novas ações que requerem coragem, portanto, promove a atividade empreendedora e os inícios. Em Touro, o primeiro signo de terra, o bebê aprende a explorar o mundo por meio dos sentidos e a adquirir bens de valor para acumular fortuna e ganhar segurança. Gêmeos traz certa compreensão do domínio da linguagem. Ao chegar a Câncer, a criança conhece o meio ambiente imediato por meio do apoio da unidade familiar, principalmente o amparo da Mãe. A seguir vem Leão, e a criança acumula conhecimento por meio de empreendimentos divertidos e criativos e é fortalecida na ligação com o pai. À medida que a criança vai ficando mais velha, Leão encoraja o crescimento pela experiência do amor romântico. Em seguida, vem seu signo, Virgem, e aqui a evolução do desenvolvimento individual é ampliada no serviço à comunidade e na compreensão da necessidade de trabalho e responsabilidades. Se Leão é o rei simbólico que existe dentro de todos nós, Virgem descobre a beleza e a nobreza do humilde servidor que também temos dentro de nós. A criança em crescimento aprende a importância da ordem, da estrutura e da rotina como parte da vida; tudo isso pertence à sexta casa do horóscopo, regida por Virgem.

A constelação de Virgem é a imagem de uma donzela segurando uma espiga de trigo, e essa imagem simboliza a busca do nativo por pureza de mente, corpo e espírito. Modesto e despretensioso, o nativo de Virgem é conhecido pela forte integridade pessoal e pela força de caráter sem pretensões. O momento de seu nascimento é a época não só de colher, mas também de separar o joio do trigo. Portanto, Virgem tem um talento inato para discernir o que tem valor e o que deve ser rejeitado. Ao contrário de Libra, você não profere contrassensos. Sua natureza prática faz com que, para você, tomar decisões seja um processo direto. Se seu mundo não é exatamente preto e branco, certamente também não tem muitos tons de cinza. Essa capacidade de ver as coisas em termos claros e pragmáticos o ajuda a avançar com decisão.

Virgem é um signo mutável, ou seja, aquele que encerra uma estação. Assim como Virgem marca o final do verão no Hemisfério Norte, Sagitário encerra o outono, Peixes, o inverno, e Gêmeos, a primavera. Um signo mutável faz mais do que encerrar a estação. Esses signos têm a capacidade de fragmentar e dissolver condições estabelecidas, sintetizando os componentes de outra forma para ajudar a nos preparar para a próxima tendência. Você tem a distinção especial de ser o único signo de terra entre os signos mutáveis, o que lhe dá a capacidade de encontrar uma aplicação nova, prática e quase sempre tangível para os diversos conceitos e ideias que descobre. Sendo por natureza muito analítico e conservador de recursos (qualidades atribuídas por Mercúrio), você se esforça bem e produz formas inovadoras de simplificar os métodos de trabalho para obter resultados confiáveis.

Seu credo é encontrar, analisar, purificar, refinar e melhorar tudo aquilo em que foca sua mente altamente analítica. Virgem transmuta a mente e o corpo, ressintetizando seus elementos e reconstruindo-os para formar um todo maior e mais forte. Para Virgem, qualquer área pode ser melhorada: o próprio desempenho no trabalho, o relacionamento, a mente ou o corpo — as possibilidades são infinitas. Virgem está sempre em missão de autoaperfeiçoamento.

Esse signo pode ser descrito como altamente produtivo, organizado, detalhista, limpo, forte, disciplinado e focalizado nos resultados. Apesar dessas admiráveis qualidades, Virgem continua a ser um dos signos menos compreendidos. Alguns astrólogos afirmaram que os nativos são pessoas frias e críticas, cujo convívio não é muito agradável. Na verdade, os virginianos são calorosos, gentis e quase sempre muito divertidos, porque são muito inteligentes.

Embora seja verdade que os virginianos não costumam gostar de passar horas assistindo a séries de televisão, novelas, luta livre ou simplesmente dormindo, eles não são desmancha-prazeres. O típico nativo de Virgem prefere ver um filme ou ler um livro de mistério, assistir a um documentário ou um bom filme dramático, porque o signo sente atração por coisas que precise interpretar ou decodificar. O virginiano não aprecia coisas muito óbvias ou básicas — ele, naturalmente, busca a complexidade. O nativo também é muito generoso, sempre procurando formas de ser útil aos amigos; tal como Peixes, seu oposto, Virgem acha difícil dizer não.

As tendências perfeccionistas do signo podem realmente ser um problema, porque os nativos correm o risco de exagerar nessa qualidade, jamais se satisfazendo com o trabalho, a aparência ou os relacionamentos (entre outras coisas), tratando de encontrar maneiras de melhorá-los. Às vezes, os virginianos se escondem por trás do perfeccionismo. Eles se convencem de que seu trabalho nunca está suficientemente bom para ser mostrado ou que precisam de mais tempo, e nunca conseguem o que deveriam ou poderiam conseguir, porém, esse tipo de virginiano é mais raro. Contudo, se essa descrição lembra você, querido nativo, não deixe que a busca da perfeição se torne uma desculpa para não concretizar suas metas. Querer alcançar um padrão muito alto ou um resultado perfeito pode tornar o virginiano muito tímido ou temeroso de correr riscos, incapaz de realizar seus sonhos. Isso é muito triste! Esses virginianos sempre dizem que precisam de mais tempo, mas o motivo real da postergação é o desejo de evitar críticas. Na verdade, eles já foram avaliados pela crítica interna, certamente muito mais exigente do que a de qualquer pessoa no mundo exterior. Esses nativos de Virgem ficam presos num limbo, numa jaula que eles mesmos construíram. Eles evitam correr riscos e, dessa forma, perdem a chance de desfrutar plenamente a vida. O perfeccionismo exige muita energia, a qual poderia ser mais bem-empregada, querido virginiano. Reconheça a diferença entre a perfeição boa e a ruim.

A necessidade de perfeição também pode assumir outro aspecto, o da obsessão, quando você se lança numa atitude de "tudo ou nada". Nesses casos, o virginiano se tornou excessivamente fanático. Como exemplo, temos o viciado em exercícios, aquele que passa várias horas por dia na academia. Quando a vida interfere com a rotina de atividade física, o virginiano compulsivo fica perturbado e frustrado porque é inflexível demais para aceitar uma mudança em seus hábitos. A vida foge ao controle. O trabalho e os relacionamentos podem ser prejudicados quando uma meta ou atividade tem prioridade sobre todo o resto. Esse não é um problema frequente, mas ocorre de vez em quando, geralmente quando o nativo está submetido a estresse. Virgem, você é muito concentrado em objetivos, porém sempre existe o risco de ficar concentrado demais nas folhas da floresta e não enxergar as árvores. Às vezes, é preciso dar um passo atrás e estudar o conjunto.

Vamos mencionar outro aspecto não tão positivo da personalidade dos virginianos (terrena e centrada na realidade): às vezes o nativo deste signo supervaloriza o que pode ser provado, engajando-se na defesa da comprovação científica, porque tem dificuldade em aceitar qualquer tipo de ambiguidade. Aprenda a confiar em sua intuição, pois nem tudo pode ser correlacionado com fatos e números.

Embora a terceira casa do horóscopo responda pela capacidade básica de aprendizado (a área de atuação de Gêmeos, regente da educação primária), a sexta casa, o domínio de Virgem, leva o aprendizado mais além, cobrindo as lições mais genéricas da vida e o processo de responsabilidade pessoal, coisas que costumamos aprender com nossos pais. Temos ainda fatores como a importância de ser pontual, de fazer o dever de casa, de assumir voluntariamente responsabilidades como o primeiro trabalho (tomar conta de crianças ou entregar jornais). Essa casa do horóscopo também cobre habilidades que não são usadas apenas no trabalho, mas na vida em geral. Entre elas, podemos incluir aprender a dirigir, nadar, dançar, tocar um instrumento, cozinhar, fazer carpintaria ou consertos em casa, usar uma máquina fotográfica ou um computador ou navegar na internet. Essas habilidades podem ou não ser ensinadas nas escolas, porém são úteis à medida que crescemos. A sexta casa do horóscopo, "propriedade" de Virgem, rege a mente consciente que é alerta, desperta, perceptiva, sempre questionando a realidade. Rege também o corpo físico que resume tanto do que Virgem realmente é. Esse setor do mapa governa os procedimentos que executamos para melhorar a saúde (a primeira casa, regida por Áries, governa a vitalidade), o que explica por que os virginianos têm tanto interesse em melhorar a saúde física e o bem-estar.

A sexta casa, regida por Virgem, *não* governa a ambição, a carreira, o prestígio ou a reputação na profissão que escolhemos ou no mundo como um todo. Esses fatores são domínio de Capricórnio, a décima casa do mapa. Virgem é a casa que prepara o indivíduo para eles. Essa casa ensina a Virgem o valor de ter bons métodos de estudo e trabalho, assim como um relacionamento adequado com os colegas, principalmente do mesmo nível e subordinados (mas não os chefes). Essa, provavelmente, é a razão pela qual o virginiano é tão gentil com o contínuo quanto com o presidente da empresa — Virgem não faz distinções sociais. A mesma sexta casa ensina a cooperação, a devoção, a concentração e a pureza de intenções, qualidades que Virgem tem em abundância.

O signo também entende o conceito de que "Cada um tem um propósito e, para cada propósito, há um momento e um lugar". Agir de forma apropriada é uma qualidade presente em todas as ações de Virgem no dia a dia, motivo pelo qual os nativos fazem questão de aprender a ter boas maneiras e cortesia e de conhecer os protocolos e a ética que devem aplicar em diversas situações. Sem uma compreensão da sabedoria prática ensinada por essa casa do horóscopo, um indivíduo careceria do sentido de propósito, da aprendizagem básica e das habilidades sociais necessárias para progredir. Virgem compreende que essas habilidades formam a base indispensável para tudo o que espera fazer.

Os animais de estimação, que podem replicar as raízes agrícolas da sexta casa, também são regidos por esse setor do horóscopo, pois certamente, numa fazenda, haverá muitos animais pequenos com que brincar e a alimentar. Cuidar dos animais de estimação geralmente é responsabilidade de uma criança. Não surpreende que muitos virginianos adorem bichinhos e cuidem bem deles.

Se você telefonar para uma virginiana às 14h de sábado e ela atender com voz sonolenta, jamais pergunte-lhe se estava dormindo. Acredite, sua amiga não estava dormindo. Os nativos de Virgem ficam injuriados com essa insinuação porque têm orgulho de sua eterna energia, presente 24 horas, sete dias na semana. Até aquela hora do dia, essa ave matutina viu o Sol nascer, leu os jornais da manhã, passou aspirador de pó em todos os tapetes, escreveu um relatório importante para o chefe, leu os e-mails, pegou a roupa limpa na lavanderia, foi ao correio e fez as compras do supermercado. Quando você ligou, ela estava esperando a máquina acabar de lavar a roupa. Ela falou baixinho porque toda a família estava dormindo. Provavelmente, ela vai dar um jantar para dez pessoas à noite. Dormir? Pelo amor de Deus! Sem chance. Os virginianos têm mais energia que o açougueiro, o padeiro e o fabricante de velas juntos.

Você já ouviu dizer que Virgem é o signo da limpeza? É verdade! É quase impossível um virginiano aceitar poeira embaixo da cama. Os nativos desse signo precisam se sentir calmos, e fazem isso mantendo um ambiente limpo e ordeiro. Para eles, a limpeza sugere paz e espelha a condição interior. Basta que, neste mundo conturbado, tudo se torne lógico, racional e ordeiro, exatamente como o interior de seu apartamento imaculado. O virginiano vai ficar em casa e alegremente arrumar os armários apenas pela alegria que sente quando os abre de vez em quando; às vezes, o nativo recusa um convite para um fim de semana na casa de campo dos amigos ou para uma festa somente para fazer as tarefas domésticas. Uma virginiana que acabou de ter um filho precisa sair de casa para descansar — quando o bebê dorme e a nativa finalmente tem chance de se sentar, ela só vai conseguir enxergar o resto das tarefas que estão por fazer por falta de tempo. (Lembre-se: Virgem é centrado em resultados, uma característica que remete à colheita e à necessidade de ser pontual e produtivo.) Para essa mãe, uma babá vale cada centavo, porque é sua única esperança de conseguir descansar.

A maioria dos virginianos gosta do pensamento "Um lugar para cada coisa e cada coisa em seu lugar". No entanto, embora seja uma qualidade fantástica, essa mania de ordem pode ser cansativa para quem vive com o nativo. Quando estão fazendo as tarefas domésticas ou o trabalho no escritório, os virginianos podem ser excessivamente compulsivos (as toalhas têm que ser dobradas "exatamente desse jeito"), com isso, roubam energia preciosa de outras áreas. Reserve algum tempo para se divertir, caro virginiano. Dito isso, embora a maioria dos nativos adore organização, alguns levam uma vida desordenada. Pode ser surpreendente a bagunça do escritório se eles estão trabalhando há meses em um projeto. Contudo, peça-lhes alguma coisa, qualquer coisa — por exemplo, um documento ou dado — e o nativo será capaz de extrair aquilo da cabeça ou de alguma pilha de cima da escrivaninha, instantaneamente e sem esforço. Os virginianos raramente dizem que não sabem alguma coisa ou que não conseguem encontrar algo — dentro de suas cabeças formidáveis o mundo é sempre limpo e organizado.

Relacionamentos

Nas questões do coração, se você ama um virginiano, logo descobrirá que a maior dificuldade dele é aprender a relaxar, o que o impede de entrar no clima de deixar o amor fluir. Virgem precisa de um tempo para a transição entre o trabalho e o prazer.

Os virginianos são muito críticos com relação àqueles com quem vão namorar ou casar? Sim, um pouco, principalmente na questão da aparência. O nativo pode até inventar uma volta no shopping com seu amor para melhorar a apresentação dele, ou dela, pode sugerir um corte de cabelo diferente ou fazer comentários sobre cores e estilo de roupas. O homem de Virgem não quer ver muita maquiagem no rosto da namorada — ele gosta de uma aparência natural, limpa.

Os nativos valorizam uma imagem limpa e simples — a sujeira os repele. Como dissemos, eles são exigentes. Se você for virginiano, experimente ser mais flexível e conciliatório para não passar o resto da vida jogando paciência.

Boas maneiras, cortesia e uma aura de nobreza são muito apreciadas por esse signo. Não conte com usar linguagem grosseira, chegar atrasado, ser rude ou popular com seu virginiano. Isso vale tanto no namoro quanto no casamento — os virginianos querem ver uma atitude educada. Quando estiver azarando um nativo de Virgem, não é preciso gastar muito dinheiro — ele, ou ela, ficará feliz com sua companhia e não se deixará impressionar por programas extravagantes ou dispendiosos. Mesmo no casamento, Virgem não vai querer que você gaste muito em presentes ou jantares. A natureza prática do signo faz o nativo detestar desperdício e não se impressionar com exibicionismo. Talvez porque trabalhem tanto para ganhar dinheiro, os virginianos são econômicos e gostam de ver essa qualidade também no parceiro. Muito autossuficientes, têm medo de ficar sem dinheiro. Eles querem tudo menos depender de terceiros para seu sustento — nem mesmo do parceiro — e procurarão ter uma pequena reserva para emergências.

No amor, o que Virgem quer é ver valores duradouros. No topo da lista estão o respeito, a honestidade e a fidelidade no amor, confiabilidade, consideração e senso de responsabilidade. Essas qualidades podem parecer um tanto chatas até você tentar viver um relacionamento de fato com alguém que careça delas. A sensibilidade terrena e prosaica do nativo sempre sabe quais são os valores simples que ele prefere. É raro ver um virginiano impressionado com superficialidades. Os signos mais compatíveis são outros signos de terra como Capricórnio, Touro e Virgem. Signos de água (Peixes, Câncer e Escorpião) também combinam muito bem com Virgem e ajudam a sustentar as necessidades emocionais do nativo. A primeira é a necessidade de equilíbrio intelectual, e os virginianos vão procurar por toda parte alguém com quem possam comunicar-se num nível profundo e sólido. Eles vão gostar de namorar e transar com alguém capaz de compartilhar o prazer de discutir as últimas notícias, livros ou arte (antes de ir a uma peça de teatro ou a um show, o virginiano vai ler as críticas e depois decidir se concorda com elas).

Quando se trata de assumir um compromisso com alguém, o nativo de Virgem se pergunta: como será essa pessoa mais tarde, quando vierem os filhos? Será que conseguiremos sobreviver às exigências do dia a dia? Nós dois ganhamos o suficiente para viver sem medo? Esse é o tipo de pergunta que passa pela cabeça do nativo deste signo. Embora isso possa parecer pouco romântico, o fato de fazer essas perguntas garante uma união mais sólida depois que se assume o compromisso. Os virginianos não deixam a paixão prejudicar seu bom-senso.

Finalmente, se você for transar com um nativo, ou nativa, de Virgem, arrume o quarto. Ele, ou ela, sentirá repulsa ou ansiedade com a bagunça, se você não preparar o ambiente. Se você tiver feito isso, a próxima questão a ter em mente é que este é um signo verbal, portanto, quanto mais você falar, mais quente será a interação. As palavras têm um poder extraordinário de estimular os nativos deste signo. Eles se comunicam muito bem, portanto, só é preciso ouvir com atenção seus sussurros. Eles lhe dirão tudo o que você sempre quis ouvir.

Finanças

O nativo de Virgem é um consumidor prudente, consciente de custo-benefício. Você não quer correr riscos, querido virginiano. Se perguntarmos a uma nativa do signo quanto ela gastou naquele dia, ela lhe mostrará uma planilha. E terá uma cesta cheia de recibos para comprovar as despesas — para a declaração de imposto de renda, é claro. Afinal, nativo, seu nome é detalhe. Quando um artigo apresenta defeito, você tem um recibo para comprovar que ele ainda está na garantia — parabéns, virginiano! Isso nunca deixa de fazê-lo economizar. Os amigos riem de seu zelo organizacional, mas você ri mais quando vai ao banco, portanto, não mude sua maneira de ser. Quando vai às compras, Virgem compara cuidadosamente marcas e preços e conhece todas as vantagens e desvantagens de cada produto. Se você estiver comprando um artigo caro, provavelmente consultará revistas especializadas para ver os resultados de testes antes de assinar o recibo. Sua capacidade de pesquisar e observar detalhes é uma grande qualidade quando se trata de finanças. Os nativos pagam as contas no prazo e não são chegados ao consumismo ou a um estilo de vida extravagante. Você quer receber valor em troca de seu dinheiro simplesmente porque trabalha muito. A última coisa que deseja é desperdiçar um dinheiro que se esforçou tanto para ganhar.

É provável que suas maiores despesas sejam os gastos com a academia de ginástica, o seguro de saúde, vitaminas (os virginianos gostam de manter a saúde) ou um computador (eles também gostam de escrever e de ser organizados). Por ser nativo de um signo de terra, você é realista quando se trata de dinheiro. Você sabe o que pode comprar, quanto é sensato pagar e quando dizer não a uma nova compra. Como gasta seu dinheiro com inteligência, sempre tem o suficiente quando precisa. Você sabe que o estresse monetário é exaustivo e desnecessário. Esse signo dá muito valor à produtividade e tende a banir qualquer coisa que atrapalhe seu desempenho.

Para esse signo, o maior obstáculo ao sucesso profissional é partir do princípio de que os outros são mais qualificados. Isso raramente procede. Nove em cada dez vezes você é mais capacitado. Você precisa divulgar suas realizações, caro virginiano. Ocasionalmente, envie um relatório de produção para que seu chefe tome conhecimento de seu progresso. Se você for o próprio patrão, escreva um release e faça publicar uma história sobre sua empresa no jornal de sua região.

Sua mente ágil opera com clareza cristalina. Você sabe que numa dificuldade financeira pode confiar em sua inteligência e capacidade de análise para descobrir uma solução inteligente.

Vida profissional

Agora vamos falar de Virgem no trabalho. O trabalho é a suprema segurança do nativo; quando está sem trabalho, Virgem sente-se tão inquieto quanto Câncer sem uma casa. Quando está desempregado, encontrar um novo emprego se transforma numa ocupação de tempo integral. Virgem não descansará enquanto não mandar dúzias de currículos, entrar em contato com todo mundo e investigar todas as possiblidades. Se você for virginiano, provavelmente está balançando a cabeça porque se reconheceu nessa descrição! Um virginiano aceita ficar solteiro, mas não aceita ficar sem emprego, porque o trabalho lhe confere um sentimento de identidade, confiança e realização; mais importante, ele é um canal para sua abundante energia. Estranhamente, o emprego certo acalma Virgem. Esse signo é verdadeiramente um dos *workaholics* do zodíaco, e você trabalha incontáveis horas extras sem reclamar. Até mesmo cumpre alegremente as tarefas que ninguém quer, nem que seja porque alguém precisa fazê-las. Deixar alguma coisa incompleta é uma impossibilidade absoluta em seu mundo.

Quando, em alguma área da vida, as coisas não vão bem, você tende a mergulhar de cabeça no trabalho, porque isso lhe proporciona a satisfação que falta nas outras áreas. O trabalho pode ser uma terapia, porque oferece uma rotina segura e confortável na qual pode se abrigar quando o mundo parece muito cruel. O estilo favorito de Virgem é trabalhar em silêncio, na solidão, e isso o ajuda organizar os elementos do seu mundo. Os virginianos precisam ser úteis e em nenhum lugar eles se sentem tão necessários e valorizados quanto no trabalho. Se for realizado com um senso de equilíbrio, o trabalho permite ao virginiano recuperar a autoestima quando as coisas vão mal.

Ter uma renda regular também é importante para você, como signo de terra para o qual a segurança é muito importante. Esse signo não é especialmente empreendedor (o risco assusta o virginiano). No entanto, se trabalhar por conta própria, você terá a disposição e a disciplina necessárias para alcançar sucesso. Com mais frequência, Virgem gosta de trabalhar para outros como representante ou agente (graças a Mercúrio, seu regente, o mensageiro dos deuses) ou como assistente de um ou mais funcionários de escalão mais alto, fornecendo detalhes fundamentais e apoio para a equipe. Virgem também gosta de trabalho manual (Mercúrio rege os dedos e as mãos), razão pela qual esse signo *não* deve procurar uma posição gerencial.

Um mago dos sistemas organizacionais, o nativo descobrirá a melhor forma de executar uma atividade, e, nesse contexto, melhor significa com o menor esforço, no menor prazo e pelo menor custo. Os virginianos nunca deixam de surpreender os colegas e chefes com a quantidade de trabalho que realizam num dia e com sua capacidade de lidar com muitas tarefas ao mesmo tempo. Alguns nativos mantêm diversas listas, porém outros não gostam dessa prática. Por serem tensos, os nativos podem ficar nervosos demais se pensarem constantemente em tudo o que falta fazer. Outros simplesmente memorizam todas as tarefas a realizar; a memória fotográfica que costumam ter é muito útil nessa situação. Não se engane — os nativos tratam de garantir que nada escape ao controle.

Os amigos censuram o nativo por trabalhar até tarde e nos fins de semana, dizendo-lhe "Comece a viver!", mas o virginiano responde que está muito bem, obrigado. Não diga a um nativo de Virgem que ele trabalha demais, pois é no trabalho que ele encontra mais satisfação. Mais tarde ele sempre receberá a recompensa por sua irrestrita devoção à carreira. Você não vai encontrar muitos virginianos que tenham feito sucesso de uma hora para outra — eles tendem a escalar o monte Everest da forma mais difícil, passo a passo, pelo lado mais íngreme. Como ocorre com a tartaruga, o progresso do virginiano às vezes é lento, mas ele sempre alcança posições elevadas de respeito e responsabilidade. Escrupulosamente honesto e ético, o virginiano quer conquistar elogios da forma tradicional. Ele não gosta nem entende as políticas do escritório e costuma evitar essas situações.

Em vez de procurar cargos de chefia, os virginianos ficam mais felizes na retaguarda, carregando a prancheta, preparando o fluxograma e definindo prazos para uso dos colegas. O nome deles é detalhe. Logo tudo está organizado. Nenhum outro signo astrológico se compara a este na atenção às minúcias. Absolutamente nada escapa ao olhar do nativo. Faça a um virginiano uma pergunta simples e você receberá de volta um dossiê sobre o assunto. Virgem pratica a máxima "sempre surpreenda fazendo mais do que foi pedido e mais do que é esperado!". Ele chama isso de ser meticuloso, um objetivo sempre presente neste signo. Alguns sentem que esse rigor é uma maldição que gostariam de deixar de lado. Eles nunca se satisfazem com o resultado.

Um virginiano não precisa de muita supervisão. Se você contratar um nativo, pode ter certeza de que ele, ou ela, vai executar a tarefa com o maior cuidado. Na verdade, os virginianos ficam aprimorando o trabalho até ficar perfeito ou até que você diga: "Está ótimo, pode parar agora!" (Eles têm dificuldade em abandonar o controle.) No trabalho, os relatórios dos virginianos são sempre completos e entregues no prazo. O nativo gosta de manter ao lado da cama lápis e papel para anotar as ideias que surjam durante a noite — a mente do virginiano nunca repousa por muito tempo. As ideias ficam surgindo, quer ele esteja dormindo, quer acordado. Os nativos de Gêmeos, Sagitário, Leão, Áries e alguns nativos de Peixes precisam muito de um virginiano por perto para garantir que nada seja esquecido. Se você pedir a um nativo de Virgem um pequeno favor — como ir ao banco para você —, receberá de volta o canhoto do cheque grampeado no recibo da transação. Tudo o que ele faz é perfeito. Se você tiver instruções específicas para um jovem virginiano, ele escreverá o passo a passo em um caderno e consultará as anotações com frequência. Virgem quer agradar encontrando uma nobreza prazerosa no fato de completar tarefas pequenas ou grandes. O virginiano pode chegar à presidência de uma empresa? Certamente! Quando isso acontece, ele é um excelente líder, porque é muito competente no estabelecimento de metas e sensível no trato com os subordinados. O virginiano é um chefe modesto e trabalhador, que serve bem à comunidade. Virgem quer aprender, examinar, analisar, estudar e experimentar tudo em busca de possíveis melhorias.

O virginiano é visionário, porém pragmático. Essa é uma combinação fantástica porque estimula o nativo a colocar suas visões em prática na vida real e em tempo real. O nativo nunca aceita as coisas como são, preferindo-as como podem ser, e isso evidencia seu lado crítico, tantas vezes malcompreendido. Embaixo daquele intelecto aguçado bate o coração de um idealista que quer fazer diferença, melhorar o mundo. Enquanto o primeiro signo de terra, Touro, entende melhor o que pode ser visto e tocado, Virgem pode ir muito além do mundo físico, entrando no domínio dos conceitos, sonhos e ideias.

Os virginianos prestam serviços sem querer receber o crédito e sem pensar em recompensas pessoais, principalmente se a tarefa envolver fazer algo pelo bem-estar dos outros; esse é um de seus pontos fracos. Por exemplo, um virginiano e um leonino passam pelo local de um acidente e param para ajudar. Eles ficam felizes por salvar a vida de alguém. Um repórter pergunta seus nomes. O leonino dirá o próprio nome claramente, podendo até entregar ao repórter um cartão de visitas para ter certeza de que o nome será publicado sem erros. Leão é muito generoso e talvez até se ofereça para pagar o tratamento da vítima do acidente, se esta não tiver dinheiro. O nativo desse signo não evita receber os créditos — ele gosta disso. Por outro lado, o virginiano dispensará o repórter dizendo modestamente que ficou feliz por ajudar e explicando que o paciente já foi atendido e ele precisa ir embora. Virgem evitará os louvores, porque é extremamente modesto. Ele acredita que não fez nada demais, fez apenas o que qualquer um faria nas mesmas circunstâncias. Os virginianos sempre vão reagir com modéstia e sem ostentação.

Se uma profissão pode resumir como é o signo de Virgem, é a profissão médica. Os médicos precisam tranquilizar, confortar e curar; essa inclinação é muito poderosa nesse signo. Madre Teresa de Calcutá, uma virginiana, incorporava os melhores atributos do signo: a serva incansável dos necessitados, alguém que deixou de lado a preocupação consigo mesma para cuidar dos outros. Outras ocupações adequadas para Virgem giram em torno da cura e dos cuidados com a saúde do corpo. Virgem pode ser excelente como dentista ou higienista oral, quiroprático, técnico de raios X, paramédico, técnico de banco de sangue e bioquímico. Pense na possibilidade de ser fisioterapeuta, técnico de laboratório, agente de saúde pública ou farmacêutico. Virgem também adora os animais de estimação — considere a possibilidade de ser veterinário, dono de pet shop ou adestrador de cães. Alguns virginianos gostam das profissões de nutricionista, treinador esportivo ou especialista em educação física, verdureiro ou dono de loja de produtos naturais. Outros nativos do signo podem gostar de ser esteticistas, massagistas ou responsáveis por uma clínica de estética com manicure, pedicure e limpeza de pele (todas essas atividades são regidas por Virgem).

Por ser muito inteligente e comunicativo, o nativo de Virgem tem grande habilidade para chegar ao fundo das questões; ele pode ser um fantástico escritor, pesquisador e comunicador. Quer escolha ser repórter, jornalista ou âncora de televisão, quer trabalhe numa atividade mais criativa como romancista, dramaturgo, roteirista, diretor ou produtor de cinema, o nativo se sentirá realizado em qualquer um desses papéis. Os virginianos lidam bem com a complexidade, portanto, são capazes de dar forma a todas as peças de um enredo, produzindo um todo coerente, o que pode ser muito difícil para outros signos. Eles também se tornam excelentes editores, pesquisadores, bibliotecários, redatores de publicidade, jornalistas, relações-públicas, executivos de agência de publicidade ou produtores em televisão, cinema ou agência de publicidade (Virgem trabalha incansavelmente e não esquece nada). O virginiano é muito rigoroso, portanto, pode empregar bem seu pensamento penetrante como crítico literário ou de gastronomia, cinema, arte ou qualquer outra área que se possa imaginar. O ensino também pode ser um bom campo para o nativo de Virgem, assim como ser um educador que cria padrões e testes. Por ser regido por Mercúrio, o planeta verbal, você pode ser um excelente filólogo, conferencista ou fonoaudiólogo.

O talento para números e a capacidade de ser rigoroso e preciso podem ser bem-empregados se você trabalhar como contador ou responsável por escrituração contábil, matemático, estatístico, analista de mercado, agente censitário ou atuário. Considere também a possibilidade de ser projetista de software ou programador (onde os detalhes são realmente importantes), ou gerente de sistemas de informação ou de tecnologia de informação. Acrescente a essa lista as funções de controlador de custos, auditor fiscal, consultor de administração ou analista de tempos e métodos. Os nativos também são excelentes planejadores e estrategistas corporativos.

Graças à regência de Mercúrio, que era o deus mitológico Hermes, o supremo intercessor, Virgem se sai bem quando trabalha como intermediário, seja como corretor, agente, representante comercial ou até mesmo como mensageiro (ou dono de uma empresa de serviços de encomendas). Em vez de trabalhar na linha de frente, os nativos preferem posições de apoio gerencial, como assistentes de um executivo de alto nível. Também pense em estudar para ser arquiteto (onde é importante seguir regras e códigos), astrônomo, mecânico ou engenheiro civil, engenheiro mecânico ou engenheiro eletricista. Virgem também tem qualidades para ser técnico em computação, inspetor, faz-tudo, técnico em eletrônica ou até mesmo relojoeiro. Além disso, com sua tendência para a pureza e a ordem, o nativo pode administrar um serviço de camareiros ou faxineiros.

Finalmente, o extraordinário sentido de organização de Virgem permite que o nativo atue como especialista em ajuda humanitária em catástrofes, na defesa civil ou na Cruz Vermelha. Os virginianos são aqueles que vão para locais de desastres naturais para reconstruir do zero, pois nada os assusta. Por mais caótica que seja a situação, Virgem calmamente reúne os elementos para fazer com que tudo volte a funcionar. Numa área destruída por um furacão ou tornado, o virginiano decide onde colocar as tendas, como distribuir água e alimentos e como manter elevado o moral das vítimas. Os virginianos também serão fantásticos na fase de reconstrução, pois são os supremos produtores do zodíaco. Eles também ajudam a curar, pois têm forte ligação com a medicina e a saúde, e serão sensíveis e atenciosos com as vítimas.

Corpo, mente e espírito

Muita gente pode achar que a saúde é um fato consumado, mas Virgem não age assim. Raramente veremos o virginiano comer em lanchonete, na verdade muitos nativos são vegetarianos. Alimentos leves são mais adequados a seu sistema digestivo, muito delicado. Os virginianos são notoriamente exigentes com relação ao que comem. Aposto que aquelas informações nutricionais são impressas nas embalagens dos alimentos por causa dos virginianos. Eles gostam de controlar a própria dieta e ter certeza de que estão recebendo nutrientes suficientes; como rodam com base na energia nervosa, quase sempre se sentem melhor quando reservam tempo para a prática de atividade física. Os exercícios são para eles uma forma positiva de canalizar as energias.

É notável a forma como Virgem pode reconstruir o corpo para ter melhor desempenho com o passar do tempo. É comum o nativo ter problemas de saúde durante a primeira metade da vida, e essas fraquezas alimentares aumentam sua determinação de manter a forma e evitar problemas na segunda metade. Portanto, à medida que vai envelhecendo, o virginiano pode (e geralmente consegue) ficar mais saudável. Quando encontra um obstáculo ou problema, o nativo não deixa pedra sobre pedra até descobrir o que pode fazer para se recuperar. Com sua inclinação por fazer pesquisas meticulosas e ler todos os artigos, livros e páginas da internet que puder encontrar, logo encontrará muitas opções. Não é de admirar que os virginianos sempre encontrem alguma maneira de administrar, melhorar ou acabar com qualquer dificuldade física por que passem. Virgem não costuma ser um signo vaidoso, mas é motivado pela vontade de fazer tudo certo e ser o melhor que puder. É por isso que os virginianos vivem tanto e tão bem!

Virgem precisa tratar o sistema digestivo com atenção. Quando a vida se torna estressante, você precisa comer alimentos muito delicados. Dar algum repouso ao seu sistema é a melhor coisa que pode fazer. Alguns virginianos têm problemas como a síndrome do intestino irritado e outros têm doenças mais graves, possivelmente no cólon. Se isso lhe parecer familiar, procure ajuda o mais cedo possível. Além disso, quando tomar remédios, pergunte ao médico ou farmacêutico sobre os eventuais efeitos colaterais. Seu corpo sensível absorve rapidamente os remédios, às vezes depressa demais, o que pode fazê-lo sentir-se desequilibrado. Sua insistência em obter informações é sábia. Muitos virginianos preferem a homeopatia à alopatia. Se houver um tratamento natural, o virginiano, em geral, vai descobri-lo e preferi-lo.

Alguma vez você se perguntou por que seu signo rege o intestino? Muitos astrólogos dirão que, assim como Áries rege a cabeça e Peixes rege os pés, as partes do corpo avançam da cabeça para os pés de forma ordenada, em sintonia com o zodíaco. Isso é verdade. No entanto, existe outra razão. Como dissemos, o símbolo de Virgem é uma donzela segurando um ramo de trigo. Tal como o trigo é debulhado, seu intestino separa os nutrientes dos alimentos e decide o que é necessário para o corpo e o que deverá ser eliminado, um símbolo adequado a Virgem. Você já se perguntou por que Virgem é considerado um signo organizado e limpo, sempre interessado em mãos limpas e boa higiene? Isso ocorre porque no zodíaco seu signo é o mais preocupado com a saúde — essa é a razão!

Alguns virginianos são propensos a alergias alimentares; pode valer a pena fazer um teste com um especialista se você achar que tem alergia. Os nativos também podem ser suscetíveis a distúrbios alimentares. Embora isso seja mais comum em Câncer, também acontece com alguns virginianos (principalmente os jovens). Em outros casos, os nativos são apenas ruins de boca e não sabem por que não engordam. Aqueles que ganham peso tendem a se maltratar com dietas muito rigorosas — às vezes a autodisciplina de Virgem é exagerada (até mesmo o nativo admite isso). Pegue leve, querido virginiano — Roma não foi feita em um dia.

Alguns nativos de Virgem são hipocondríacos? Sim, mas nem todos. Contudo, você precisa admitir que tem mais interesse pela saúde que a maioria dos signos e que observa o próprio corpo todo dia, mais do que outras pessoas. Às vezes, é fácil imaginar que se tem uma doença, principalmente quando estivemos lendo sobre ela. Por outro lado, quando está confuso, o médico facilmente rotula alguém de hipocondríaco, uma experiência muito desagradável para quem passa por ela. Por alguma razão, a maioria dos virginianos já passou pela injustiça de ser erroneamente acusado de hipocondria. Se você tiver necessidade de procurar ajuda médica, peça uma segunda ou terceira opinião e não pare de procurar até encontrar a resposta.

Resumo

Virgem pode servir como símbolo do homem ou da mulher moderna. A imensa carga de informação que pode esmagar o comum dos mortais não assusta nem um pouco o nativo de Virgem. Ele tem um talento extraordinário para organizar e comunicar. Permanecer altamente produtivo é seu objetivo de vida, e para isso os virginianos avaliam sempre a produção diária. Alguns dizem que o virginiano é crítico, mas na verdade isso apenas demonstra o idealismo feroz do signo. Nascido na época da colheita, ele deve expressar o completo potencial de tudo o que toca. Sua natureza terrena e prática é uma qualidade, pois permite que o signo transforme os sonhos em realidade. No amor, o homem e a mulher de Virgem são passionais em termos particulares e pessoais. Ao longo dos anos, os virginianos permanecerão firmes, e o amor amadurecerá e se tornará mais profundo, como a colheita que o signo simboliza.

OS MITOS DE VIRGEM E MERCÚRIO

Virgem, o sexto signo do zodíaco, tem uma mitologia muito rica.

Astreia

Um dos conceitos mais adoráveis é a associação que gregos e romanos fazem entre o signo de Virgem e a donzela Astreia ("a virgem das estrelas"), filha de Zeus e Têmis (a justiça divina) e irmã de Modéstia. Quando vivia na Terra, durante a Era de Ouro, Astreia compartilhou com os mortais suas ideias sobre justiça. Alguns relatos também sugerem que ela conviveu por algum tempo com os camponeses da região. Segundo o mito, depois de um tempo, ela constatou que a humanidade havia perdido o interesse por ideais elevados; decepcionada, voltou para o céu e ocupou seu lugar entre as estrelas, onde deve viver para sempre na constelação de Virgem.

Ísis

Para os egípcios, Virgem é a deusa Ísis, tendo ao colo Hórus, filho do Sol. Essa imagem é semelhante e antecessora da bela imagem cristã de Maria com o filho, Jesus. Nos dois ícones, a mãe é imensamente respeitada e reina suprema, porém ela também está por vivenciar uma perda terrível quando a criança for embora para descobrir o próprio caminho na vida.

Mercúrio rege Virgem e Gêmeos

O planeta Mercúrio, chamado mensageiro dos deuses, rege Gêmeos e Virgem porque havia apenas oito planetas e dois corpos luminosos (o Sol e a Lua) para serem atribuídos aos 12 signos; alguns signos precisaram compartilhar um planeta. Os antigos nunca viram muita comprovação física da presença do veloz Mercúrio, portanto, parece lógico atribuir-lhe suas tarefas — disseminação de informação, comunicação e transportes. Se você ainda não leu "Os mitos de Gêmeos e Mercúrio", deveria ler esse capítulo agora. Como dissemos nele, Mercúrio tem qualidades que tornam seus súditos inteligentes, sedutores, originais, curiosos, ágeis, versáteis e adaptáveis. Certamente, tudo isso descreve bem Gêmeos e Virgem.

Virgem, não Gêmeos, receberia as qualidades de Mercúrio relativas aos cuidados de saúde — lembramos que Hermes portava o caduceu —, já que as qualidades terrenas de Virgem parecem mais adequadas a esse papel. Virgem é o signo sempre mais envolvido com a saúde e a cura e com a influência da mente sobre o corpo ("domínio da mente sobre a matéria") e vice-versa ("o espírito deseja, mas o corpo é fraco"). Os virginianos tratam de curar a si mesmos — na verdade, alguns dizem que eles trabalham para se "aperfeiçoar" — e daí partem para curar os outros. Portanto, o lado tangível e físico da influência de Mercúrio pode ser facilmente observado em Virgem. Os virginianos cuidam do corpo (comendo bem, fazendo exercícios), da mente (lendo e se dedicando amplamente a atividades estimulantes do intelecto) e do espírito (por meio da prece, da reflexão ou da meditação). Em Virgem vemos nessas áreas um esforço concentrado que geralmente não observamos em Gêmeos.

Os alquimistas medievais falavam de Mercúrio como um elemento da transformação espiritual. O elemento "Mercurius" era andrógino, de natureza masculina e feminina, simbolizando o espírito interior de todas as coisas vivas. O planeta Mercúrio era considerado possuidor da habilidade de transformar a realidade terrena em algo mais. Tal como a colheita simboliza a mudança — as sementes passam da condição de plantadas para a de plenamente frutíferas, com todo o seu potencial —, em Virgem vemos um desejo de aperfeiçoar não só a mente, mas também o corpo. A regência de Virgem sobre o baixo-ventre (intestinos) simboliza a necessidade de internalizar e digerir as experiências da vida e a informação levantada pelo signo. A sexta casa, a casa de Virgem no horóscopo, é local de serviço; portanto, Virgem busca desenvolver-se, não por motivo de vaidade, mas para servir melhor aos outros. Em Virgem a mente, o corpo e o espírito se combinam magnificamente (desde que, é claro, os excessos sejam evitados e se encontre o equilíbrio).

Hermes, o mensageiro dos deuses

Os egípcios consideravam semelhantes os papéis de Mercúrio e de Thoth, o deus que transportava as almas; os romanos tinham uma visão paralela de Mercúrio como Hermes (ver "Os mitos de Gêmeos e Mercúrio"), o mensageiro dos deuses. Nesse último papel, Hermes se movimentava a grande velocidade e livremente entre o Céu, a Terra e o Hades. Nenhum deus ou mortal tinha como Hermes a capacidade ou o acesso para viajar sem impedimento. Dessa forma, a mente (Mercúrio, Thoth, Hermes) pode ir aonde tiver vontade; ela é verdadeiramente livre. Da mesma forma, esse simbolismo nos lembra que a mente não conhece fronteiras. Nossos pensamentos costumam ficar centrados nas questões corriqueiras da vida real, mas a mente é capaz de, ao mesmo tempo, entender sonhos e emoções, desejos e remorsos, o futuro e o passado. Como o Mercúrio de Hermes, a mente age como nosso guia nos mundos interior e exterior e nos ajuda a descobrir nossas próprias almas.

Em um mito grego, Mercúrio e Afrodite se uniram e o filho deles foi chamado hermafrodita — nem masculino, nem feminino, mas simbolicamente de ambos os gêneros. Portanto, na morte do masculino-feminino, na união dos dois hemisférios cerebrais, temos algo maior: a união do pensamento racional e da intuição. É a transmutação que une tudo, produzindo um todo que é maior que a soma das partes. Refinamento, comunicação, autodesenvolvimento e uma completa transformação para melhor são os temas de Virgem. Por seu desejo de refinar, aperfeiçoar, discernir e servir, todos nós lhe agradecemos, caro virginiano.

A PERSONALIDADE DE LIBRA

Libra
23 de setembro — 22 de outubro

Força condutora
"Eu EQUILIBRO."

O que alegra este signo
Encontra satisfação na colaboração, inclusive em associar, harmonizar e equilibrar graciosamente a energia com outros seres numa eterna busca pela verdade, beleza e justiça.

No novo milênio, sua contribuição para o mundo será...
Seu talento para conseguir uma solução pacífica dos conflitos e sua extraordinária capacidade de forjar relacionamentos serão cada vez mais valorizados por todos, em toda parte.

Uma citação que descreve o libriano
"Os mais preparados para tratar os outros com justiça são os que se sentem tratados com justiça pelo mundo."

— William Hazlitt, *ariano*

É persistente o boato de que os nativos de Libra são mais bonitos que os outros. Embora essa ideia não pareça lógica e possa até soar absurda, aí também existe um fundo de verdade, como em qualquer boato. Os nativos deste signo quase sempre têm uma expressão gentil, um rosto clássico, oval e de feições finas e agradavelmente simétricas. Em geral, as jovens de Libra amadurecem cedo, e mesmo quando são magras, têm formas arredondadas, sem angulosidades. Os homens de Libra exibem uma figura enérgica, com passo confiante e seguro, irresistivelmente atraente. Homens e mulheres deste signo costumam ter uma pele radiante, com um leve rubor de saúde, como se tivessem acabado de chegar de um fim de semana no campo onde fizeram exercícios vigorosos ao ar livre. Vênus, o planeta da graça e da beleza, é o regente do signo e maior responsável pela boa aparência dos librianos.

A grande atração de Libra pode estar mais relacionada com nossa *percepção* do que com qualquer característica identificável. Os nativos têm personalidades tão cativantes que, mesmo quando não têm uma beleza clássica, nós vemos neles essa qualidade. Vênus, regente de Libra, faz este signo brilhar sejam quais forem os padrões de beleza vigentes. Na verdade, Libra parece desafiar padrões rígidos do que pode ou não ser considerado bonito ou atraente. Este signo sempre possui alguma coisa que atrai as pessoas, mesmo que elas não percebam o que provoca esse efeito. Um nariz “estranho”, uma boca carnuda demais, olhos muito separados — qualquer característica —, de alguma forma parecem corretos quando fazem parte do conjunto do rosto, que transcende a soma das partes. Isso é Vênus, o planeta regente, operando sua mágica.

Em sociedade, os librianos são campeões. Na lista de convidados favoritos de todo mundo, o libriano parece conhecer a todos e, certamente, todos querem conhecê-lo. A lista de nomes na surrada agenda do nativo impressiona e inclui pessoas que não são tão próximas e até mesmo gente de outras regiões do país e de outros países. Este é um signo sedutor, e aonde vai ou descobre algum interesse, o nativo é seguido por novos amigos.

Diz-se que a progressão dos signos do zodíaco espelha os estágios da vida do homem, do nascimento à velhice. Quando chegamos ao sétimo signo, Libra, o indivíduo começa a trabalhar em conjunto com um companheiro ou companheira cujas preferências e opiniões devem ser levadas em consideração, integradas e equilibradas no conjunto do relacionamento. Na astrologia, esse ponto é considerado muito importante porque a sétima casa mostra um desenvolvimento fundamental do indivíduo: a capacidade de compartilhar e colaborar. Trabalhar de forma individual e independente só nos leva até certo ponto, porém, para progredir mais no sentido espiritual e material, é necessário um parceiro. Mais tarde, no próximo signo, Escorpião, surge e evolui a ideia de intimidade e sexualidade, porém, por enquanto, Libra nos diz que a primeira prioridade é encontrar o amor "eterno" ou, pelo menos, ser capaz de criar relacionamentos duradouros.

Símbolos

Simbolizado por uma balança, Libra detém uma habilidade especial para julgar e pesar as diferenças — por menores que sejam — entre pessoas, coisas e acontecimentos, seja o que for que se esteja estudando. Libra convida a comparar, julgar e tirar conclusões sobre peso, ordem, tamanho, cor, forma, harmonia e tempo. Em Libra a importância do indivíduo se reduz, enquanto a cooperação afetuosa e a união com o alter ego se tornam mais importantes.

♎ Libra nasce na época do ano em que o dia e a noite têm exatamente a mesma duração. No Hemisfério Norte, este signo assinala a chegada do outono. A partir daí, as horas de escuridão aumentam e as horas de claridade diminuem. O pictograma de Libra mostra duas linhas retas com uma corcova sobre a linha superior, representando o braço horizontal da balança. Alguns especialistas acreditam que essa imagem simboliza o horizonte da Terra com o Sol nascendo (ou morrendo) no centro.

♀ O símbolo astrológico de Vênus é um círculo sobre uma cruz. A cruz representa a matéria e o círculo sobre ela representa a alma. Nessa imagem, vemos que a alma tem o poder de transformar a matéria em beleza.

Cada signo compensa o que falta aos signos anterior e posterior; aqui, Libra claramente compensa a inclinação de Virgem pelo excesso de trabalho e sua necessidade imperiosa de completar inúmeras tarefas. Virgem tem pouco tempo para a vida social, pois a lavoura precisa ser colhida, selecionada, classificada e talvez até mesmo transportada. Em Virgem, é preciso colher, e o homem deste signo aprende a ser disciplinado e trabalhar de forma organizada e eficiente. Virgem também ensina o valor de servir à comunidade. Em Libra, é hora de relaxar e deixar amadurecer o romance que surgiu em Leão, pois aqui o amor se transforma em compromisso. Num nível prático, cotidiano, a colheita foi realizada e os alimentos foram preparados e armazenados graças a Virgem. Em Libra, todo alimento considerado excedente pode ser vendido. É hora de pesá-lo e negociar um preço de acordo com a oferta e a procura. No próximo signo, Escorpião, a necessidade de disciplina, intensidade espiritual e solidão reaparece e, com ela, nos afastamos novamente da alegria e da socialização. Por enquanto, porém, é tempo de desfrutar o produto de nosso trabalho, ponderar os relacionamentos atuais e, talvez, reservar tempo para encontrar o parceiro para toda a vida.

Influências planetárias

Na superfície, o planeta Vênus parece um bolinho recheado porque seu papel é espalhar amor e prazer em toda parte. Após examinar de forma mais detalhada, porém, vemos que o verdadeiro papel do planeta é vital: criar uma atmosfera de amor que conduza ao compromisso e garanta a propagação da espécie. Vênus também garante que o homem não vai comer o pão sozinho. A vida deve ser desfrutada e não apenas tolerada.

Quando se trata de amor e casamento, Vênus não consegue fazer tudo sozinho. Inúmeros outros planetas precisam contribuir. Esse planeta adorável é considerado especialmente eficiente quando trabalha em conjunto com Marte, seu amante mitológico. Quando Vênus e Marte estão alinhados em ângulos benéficos, é muito fácil surgir um novo amor. Marte adiciona o tempero especial do flerte e a química sexual que fortalece o magnetismo entre os amantes. Porém, para que um relacionamento realmente se sustente é preciso que mais planetas entrem em jogo. Talvez o principal astro seja a Lua, que contribui com uma satisfação emocional e um sentimento de segurança. Espera-se que o Sol traga a gratificação do ego e a determinação de fazer o relacionamento funcionar. O papel de Mercúrio é prover a boa comunicação e Júpiter deve ser convocado para acrescentar o otimismo, uma conexão espiritual e possivelmente uma base financeira para viabilizar a união. Se tudo correr bem, desde o início não haverá aspectos adversos de outros planetas, principalmente Saturno e o imprevisível Urano (quando está em posição negativa em relação a Vênus, Urano pode rapidamente acabar com a festa causando todo tipo de distúrbio e mudança súbita). Quando o relacionamento chega a um estágio mais maduro, Saturno promove o compromisso e garante que os envolvidos sejam realistas e estejam prontos para assumir a relação. Finalmente, quando o amor do casal amadurece, Netuno, chamado "a oitava superior" de Vênus, levará o amor para um nível de mais prosperidade, trocando o espírito de "só quero me divertir" por mais compaixão, altruísmo e inspiração. Mais do que qualquer outro signo, Libra sabe o que é necessário para criar um relacionamento amoroso. Este signo também entende que é improvável conseguir que todos os elementos estejam na forma perfeita, e que isso não é necessário para se ter um relacionamento de sucesso.

Vênus não tem em sua natureza um lado "cerebral". Representando o sentimento puro, Vênus não traz qualquer senso de moralidade ou ética para questões amorosas, nem se espera que o planeta faça isso. No horóscopo, "pensar" é papel de Mercúrio, considerado a influência racional e objetiva. Os planetas atribuem certa pureza de propósito às respectivas áreas do horóscopo. Se cada planeta fosse perturbado pelos atributos dos outros, nenhum teria poder suficiente para exercer a pura influência necessária. Não entenda mal — Libra é naturalmente intelectual por ser um signo de ar. Idealmente, no mapa do horóscopo, os dois planetas trabalham juntos para dar equilíbrio ao indivíduo: Mercúrio nos ajuda a distinguir o certo do errado, além de fornecer outras funções racionais, mas Vênus traz a qualidade intangível da sedução, do charme e da atração, tão necessárias para unir as pessoas.

Dádivas cósmicas

Não há dúvida de que os librianos navegam habilmente pela sociedade porque têm um impressionante jeito para lidar com as pessoas. Libra constitui uma das colas mais fortes da sociedade porque gosta de apresentar, mesclar e unir pessoas de formas muito criativas, para o trabalho ou a amizade. No entanto, os nativos realmente se sobressaem no papel de casamenteiros. Desde cedo, essas precoces e gregárias criaturas exibem uma habilidade especial para compreender as motivações dos outros e também para identificar talentos nos amigos. Libra vai estimular o talento dos amigos e ajudá-los a tirar proveito deles. Quando a interação social fica difícil, pode-se contar com os librianos para encontrar algumas soluções criativas para os conflitos, ajudando a unir novamente os envolvidos.

Libra inventou a parceria porque gosta de ajudar os outros a fazer novas amizades. Não hesite em pedir ajuda ao nativo nessa questão; ele adora unir as pessoas certas. Se ele não conhecer quem possa ajudar a um amigo, certamente saberá quem conhece. E essa apresentação é um presente que pode mudar nossa vida. Quando o libriano o encaminhar a algum amigo, aceite o conselho, porque os nativos deste signo são especialistas em reunir pessoas.

Os librianos são gentis, compreensivos, generosos, tolerantes, sofisticados e educados. Também são civilizados e refinados e têm um sexto sentido sobre o que é ou não é adequado na interação social.

Boas maneiras são importantes para este signo. Se um nativo de Libra disser que você foi grosseiro, cuidado; para ele, esse é um dos piores pecados. Os librianos consideram indesculpável serem tratados de forma indelicada, grosseira ou vulgar, porque isso ofende os ensinamentos nobres de seu regente. Provavelmente era libriano o autor do primeiro livro de etiqueta (e também das primeiras regras da "netiqueta"). Compreensivos e cheios de consideração, os nativos de Libra não ferem os sentimentos de ninguém.

Por ser um signo de ar, Libra compartilha com Gêmeos e Aquário o espírito comunicativo. Todos estes signos gostam de saber o que está acontecendo a seu redor. Libra com certeza foi dotado de uma sólida capacidade analítica e logo envolve os outros em debates. Defender nossa posição frente a este signo de mente ágil pode não ser fácil porque, como todos os signos de ar, Libra tem o dom da palavra. Afinal, este signo está em busca da verdade, da lealdade e da justiça, e fará qualquer coisa para consegui-las.

A indecisão e a vacilação são características de Libra, mas isso pode ser mais vantajoso do que problemático. Da próxima vez que pesar alguma coisa, observe o fiel da balança, o símbolo de Libra, flutuar enquanto procura o resultado correto. Ele vai hesitar por um ou dois segundos enquanto busca continuamente o equilíbrio perfeito e adequado. O libriano sempre deseja desesperadamente encontrar a resposta certa. Portanto, se você for nativo deste signo, sempre estudará cada lado de uma questão, nunca tendo a certeza de ter chegado à resposta certa. Os outros signos criticam sua vacilação, mas a seu favor existe o fato de saber que para você nada é simplesmente preto ou branco. Você procura ver toda a complexidade de qualquer matéria, examinando os prós e os contras. Você não deve ser criticado por ser assim, deve ser aplaudido.

A imparcialidade e a justiça para todos são questões muito importantes para Libra, seja qual for sua posição social. Já na infância o nativo dizia "Mas isso não é justo!", como se tivesse nascido pensando que a vida sempre deve prover igualdade, harmonia e proporção. Sua meta é encontrar a situação em que todos ganhem, o perfeito meio-termo, a solução criativa. Os librianos gostam de ser pacificadores e aproveitarão toda oportunidade de atuar nesse sentido. Eles desprezam qualquer tipo de conflito, mas são estranhamente atraídos para eles. Não é incomum um libriano observar dois estranhos discutindo e parar, perguntando docemente aos oponentes: "Qual é o problema?" É claro que a pergunta nem sempre é bem-recebida, mas isso não impede o libriano de se envolver de vez em quando. Libra não se importa de estar no centro de uma situação porque esse parece ser o seu lugar natural. Este signo é simbolizado pela deusa mitológica chamada Justiça Cega; vendada, ela segura uma balança. Às vezes, a insistência do libriano em ser justo coloca-o em dificuldade se os amigos esperam que ele tome partido num conflito, mas a objetividade do nativo não lhe permitirá fazê-lo. Contudo, se os amigos se aborrecerem, ele encontrará uma forma de apaziguar a situação.

Relacionamentos

O sociável libriano não é um animal doméstico; ficar confinado deixa o nativo um tanto claustrofóbico. Contar como uma constante corrente de pessoas em sua vida aumenta-lhe a energia e o prazer de viver. Quando telefonar para um amigo de Libra, saiba que provavelmente falará com a secretária eletrônica. Os nativos podem sair todas as noites e nunca sentir o cansaço de dormir tarde, mesmo quando ficam mais velhos.

Em geral, ser amigo íntimo de um nativo de Libra quase sempre é uma experiência agradável e estimulante. Eles são generosos e fazem o possível para ajudar os amigos. Acreditam no valor das novas experiências, portanto, têm muitas ideias sobre coisas a fazer, e quase todas elas são especiais e enriquecedoras. Quando o libriano nos ouve ou fala conosco, é como se não houvesse mais ninguém na sala — ou no planeta! No entanto, atente para o fato de que ele espera o mesmo de você. Se você não lhe der atenção irrestrita, ele irá lembrá-lo disso, dizendo "Você não está escutando!". Qualquer falta de atenção é imediatamente percebida e censurada.

Essas crianças do zodíaco regidas por Vênus levam uma grande vantagem nas questões do coração. Principalmente num primeiro encontro, o comportamento confiante e imperturbável do nativo em geral faz os corações baterem mais forte. Autoconfiança é um grande afrodisíaco. Libra é chamado o signo do casamento porque os nativos entendem perfeitamente o ritual de acasalamento. Participar de um jantar com vinho com um nativo de Libra é uma experiência memorável e deliciosa. As nativas de Libra tendem a obedecer às regras, esperando que o homem tome a iniciativa e seja hábil no jogo do amor. Afinal, o principal papel de Vênus é mandar Cupido flechar os corações de amantes desprevenidos em toda parte. Cupido sabe que, para decolar, o romance precisa de um impulso na direção correta. Sendo o signo favorito de Cupido, Libra adora se apaixonar.

Você pode ser tentado a pensar que, por ser regido pelo planeta do amor, Libra é um signo muito emotivo, mas isso não acontece. A cabeça do libriano controla o coração. Este signo não gosta de se sentir arrastado pela onda do sentimento amoroso. Você vai perceber nele certa reserva, principalmente no período do namoro. A influência de Vênus sobre o signo torna o nativo um tanto preguiçoso, e por isso os librianos são especialistas em encontrar maneiras de fazer com que os outros os procurem. Libra não quer ser apenas um amante, quer ser o adorado objeto da afeição. Para serem mais felizes, os librianos precisam que o amor aconteça nos seus termos. Eles perguntam: "Para que correr atrás se os outros vêm a mim?" Isso funciona: poucos conseguem resistir ao poderoso magnetismo deles.

Você pode contestar o fato de termos acabado de dizer que Vênus é o planeta do amor e do romance, do charme e da beleza, livre do racionalismo, da moralidade e do intelecto. Tudo isso procede. Vênus é só sentimento, nada racional, às vezes até mesmo um pouco narcisista, porque é um planeta considerado receptivo e não agressivo. Embora os librianos possam ser chamados de vaidosos, eles não são egocêntricos. Isso pode ser uma distinção sutil, mas os nativos de Libra estão sempre pensando nos parceiros. Vênus atrai os outros, mas não age de forma agressiva (falaremos mais a esse respeito em seguida). Na verdade, Libra é um caso exemplar de equilíbrio dos opostos.

No entanto, não é a influência de Vênus que torna o libriano tão analítico e cerebral nas questões do amor, mas o fato de Libra ser um signo de ar — e esses signos costumam pensar até ter dor de cabeça. Os signos de ar simplesmente analisam tudo até os menores detalhes. É raro o nativo de Libra molhar o travesseiro de lágrimas por causa de uma desilusão amorosa, pois nesses casos o libriano se recupera mais depressa do que a maioria. Não só isso, mas raramente veremos um nativo de Libra procurando desesperadamente o amor. Por mais que o nativo queira amar, é preciso que seja nos próprios termos, caso contrário, ele não está interessado. Já falamos sobre isso. Não é que o libriano seja frio — de jeito nenhum! Os nativos têm os corações abertos e desejam dar muito amor aos namorados e parceiros. Em vez disso, é sua grande inteligência que os faz dizer: "Se ela (ou ele) não me dá valor, vou encontrar quem dê!" Nesse caso, o que vemos em ação é uma grande autoestima, e eu acho isso saudável. Embora o nativo de Libra goste de dar as cartas, ele faz isso de forma tão sedutora que o objeto de sua afeição fica muito feliz em ceder as rédeas.

Os librianos valorizam tanto os relacionamentos que raramente se encontra um deles sozinho. Quando isso acontece, eles estão no processo de encerrar uma relação, mas provavelmente não ficarão sozinhos por muito tempo. Um novo amor está muito próximo. Assim como o caranguejo de Câncer fica perdido se não tiver uma casa, Libra se sente desprotegido sem um parceiro. De fato, alguns jovens deste signo, principalmente do sexo masculino, por condicionamento social, podem ser vistos namorando indiscriminadamente e virando a cabeça para toda mulher que passa. Contudo, até isso fica cansativo, e eles ficam prontos para o compromisso.

No amor, assim que encontram a alma gêmea, os librianos querem formalizar o compromisso, e isso costuma envolver o casamento ou algum outro tipo de acordo formal. Mas não é assim com todo mundo? Os nativos de Sagitário, Gêmeos, Aquário e alguns nativos de Áries, por exemplo, gostam da condição de solteiros e tentam prolongá-la tanto quanto possível. Peixes, um signo voltado para a criatividade, também pode escolher ficar livre por muito tempo. Os signos mais compatíveis com Libra são outros signos de ar: Gêmeos, Aquário ou outro libriano. Entre os signos de fogo que combinam bem com um elemento de ar temos Sagitário, Áries e Leão. No entanto, a relação com estes signos pode ser problemática se os nativos de Libra não estiverem inclinados a um casamento precoce: pode se passar algum tempo até que as duas partes se entendam. Alguém pode propor noivado a seu amor libriano e ele, ou ela, subitamente hesitar. Os nativos de Libra costumam balançar na hora de tomar uma decisão. O libriano demora a se decidir, portanto, não se surpreenda se seu amor disser que vai pensar por mais algum tempo.

É interessante observar que Libra não governa a quinta casa, do amor verdadeiro, dos filhos e da criatividade; ele rege a sétima casa, dos relacionamentos dedicados. O amor foi ficando mais sério à medida que avançou pelo zodíaco e finalmente se estabeleceu na sétima casa, a casa de Libra. Todos os empreendimentos conjuntos, tanto pessoais quanto de negócios, recaem nesse mesmo setor da sétima casa.

Quando dizemos que Libra é o signo do casamento, cabe lembrar que essa instituição era muito diferente quando os antigos desenvolveram a astrologia há milhares de anos. O conceito de casamento por amor não era a principal razão da união dos casais — em geral, os casamentos eram arranjados. Só na Idade Média o amor e o casamento começaram a ser levados a sério, como nas histórias arturianas de Guinevere e Lancelot. Mais tarde, Shakespeare imortalizou o amor jovem e romântico de Romeu e Julieta, mas também passou a mensagem de que, embora levasse ao êxtase, o amor romântico muitas vezes era causa de tragédia. Portanto, o romance, a diversão, os jogos, os enigmas, as atividades de lazer e todo tipo de especulação, inclusive o risco, foram colocados na quinta casa, a casa do amor. Todos os empreendimentos conjuntos que envolvem um contrato — as parcerias de negócio, as fusões de empresas, os tratados e o casamento — foram colocados na sétima casa e são regidos por Libra.

Como não há planetas suficientes para reger todos os signos, alguns planetas governam dois signos. Libra compartilha com Touro o planeta Vênus. Em Touro, o amor de Vênus se expressa de uma forma muito erótica e mundana, enquanto, em Libra, Vênus se expressa de uma maneira mais espiritualizada, imparcial, idealizada e intelectual, pois Libra se relaciona mais com a mente do que com o corpo. Há outras diferenças. Touro é um signo fixo e Libra é um signo cardinal; embora se saiba que os signos fixos são determinados, eles também são pouco flexíveis. Os librianos têm uma perspectiva mais proativa e enérgica em comparação com os taurinos, o que ajuda os primeiros a decidir ousadamente o próprio destino. Touro tende a ser um signo mais reservado, recatado, "feminino", enquanto Libra é um signo mais ativo, "masculino". Como signo de ar, Libra é mais investigativo do que Touro e muito mais interessado em assumir a responsabilidade por um relacionamento; no entanto, essa tendência se expressa com sutileza, tema ao qual voltaremos em seguida.

Para encontrar a alma gêmea, os jovens librianos devem passar algum tempo sozinhos, para se conhecer melhor, mas não é provável que isso aconteça porque, para Libra, a socialização é deliciosa. Mesmo na infância, os librianos jamais parecem querer a solidão. Até para fazer o dever de casa eles querem companhia. Isso acontece porque, em qualquer idade, esses nativos trabalham melhor na presença de um amigo ou orientador. Libra é considerado um signo "duplo", como Gêmeos ou Peixes (dois irmãos ou dois peixes); Libra tem os dois pratos da balança e gosta de operar de forma dualista. Na verdade, os librianos se definem por meio dos parceiros, pois aprendem muito sobre si mesmos na interação com alguém em quem confiem. Eles gostam, principalmente, de ter um amor disposto a avaliar as ideias que têm para seus inúmeros projetos. Ao se comparar com outros, os librianos começam sua viagem de autodescobrimento. Perceber o que falta no parceiro os leva a valorizar as próprias qualidades.

Toda essa informação sobre amor e casamento pode nos levar a pensar que Libra é um signo extremamente emotivo, mas isso não poderia ser menos verdadeiro. Os librianos não apreciam as emoções desordenadas. Desse modo, um signo de água como Escorpião, Peixes ou Câncer pode não ser boa companhia para eles. Os nativos de signos de água esperarão que o libriano mergulhe nas profundezas de um mar de emoções, razão pela qual Libra combina melhor com um signo de ar ou fogo, que permanece na superfície. Signos de terra — Touro, Capricórnio ou Virgem — também podem não combinar com Libra, porque o relacionamento seria esmagado pelo pesado pragmatismo desses signos.

Uma vez casados, os librianos parecem muito contentes e estão dispostos a fazer o necessário para que o casamento seja feliz. Contudo, eles devem ficar atentos para o risco de buscar a paz a qualquer preço, conciliando demais em nome do amor. Em seu esforço para agradar, os librianos podem ficar excessivamente complacentes, perdendo de vista as próprias necessidades. Em alguns casos, eles podem acreditar erroneamente na necessidade de ceder sempre, acabando desiludidos ou decepcionados com o relacionamento. É fácil resolver esse dilema. Se você é libriano, assuma com firmeza sua identidade e decida previamente seus limites e quando irá ou não ceder.

Como já dissemos, apesar de aparentarem suavidade e gentileza, os librianos gostam de ficar no leme do relacionamento e determinar seu ritmo e direção, seja a relação pessoal ou comercial. Os librianos podem ser autoritários, mas conseguem prevalecer graças a seu charme, ao qual poucos conseguem resistir.

Como signo cardinal, Libra tem medo de ser dominado pelo parceiro, portanto, inconscientemente, trata de garantir a posição de ascendência. Os nativos admiram a força em um parceiro, mas não querem ser intimidados. Se você se casar com um libriano, jamais ganhará uma briga gritando "Faça isso porque eu estou dizendo!". O libriano o afogará em tantas perguntas e discussões que você será levado a se perguntar como achou que poderia se dar bem com aquela atitude. A situação ideal é uma parceria equilibrada. No entanto, mesmo querendo dominar, os nativos fazem isso de maneira firme, porém gentil. Eles vão ganhar o controle com habilidade, doçura e sedução e você talvez nunca saiba como aquilo aconteceu.

Feliz a criança que tem pais librianos, pois eles são ideais para a tarefa. Honrados e justos, os nativos ouvirão os dois lados de qualquer discussão entre os filhos, tentando encontrar uma solução feliz. Os pais nativos de Libra expõem os filhos desde cedo a toda forma de arte, comprando ingressos para o *Quebra-nozes*, o circo ou uma filarmônica infantil, lendo histórias de autores e poetas laureados ou tocando música de muita qualidade. O gosto do nativo é eclético e sofisticado, portanto, haverá muita variedade. Se uma criança mostrar interesse por tocar um instrumento ou aprender a dançar, o libriano providenciará as aulas. Os nativos querem mostrar aos filhos as coisas boas da vida, dando-lhes uma mesada e ensinando-os a gastar e economizar. Na família de um libriano, sempre acontece alguma coisa divertida. Os nativos se dedicam muito ao casamento e à família porque são muito focados nessas questões.

Finanças

Vênus não é apenas um planeta vaidoso ou sedento de amor. No horóscopo, ele é considerado um planeta financeiro, portanto, os librianos são tidos como excelentes gestores de dinheiro. Eles administram com sabedoria e confiabilidade grandes orçamentos de terceiros, quer se trate dos recursos de conhecidos, quer das finanças da empresa onde trabalha. Embora adorem comprar coisas bonitas, os nativos também gostam de ter dinheiro no banco. Com habilidade, eles conseguem ter as duas coisas.

Libra tem um lado prático surpreendentemente forte quando se trata de poupar e administrar o dinheiro, outra bênção de Vênus. Certamente este signo precisará de recursos para arcar com as coisas boas da vida que valoriza. No entanto, os nativos aproveitam toda chance de usar sua grande habilidade de barganha para conseguir bons preços — eles simplesmente partem do princípio de que tudo é negociável. (Ficamos surpresos de ver como eles estão certos!) Um dos investimentos favoritos do nativo é em ouro ou pedras preciosas.

Não espere ver uma libriana se casar com uma estrela do rock se houver um sólido e prosaico banqueiro disposto a pagar as contas e ajudar a criar os filhos. Quando se trata de finanças e recursos compartilhados, Libra pode ser um signo muito pragmático.

VIDA PROFISSIONAL

Se o direito é a arte de conciliar (e muitos librianos já me asseguraram isso), Libra é seu melhor administrador. O amor deste signo pela justiça torna o nativo naturalmente talentoso no papel de advogado, juiz, assistente de advogado, pesquisador, oficial de justiça, escrivão, agente de condicional, agente da lei ou em qualquer outra atividade ligada à lei, como especialista em direitos autorais ou marcas. Como são pensadores e estrategistas habilidosos, os librianos são um grupo progressista e inovador que não tem dificuldade de se ajustar a novos tempos. Ao contrário do que ocorre aos signos fixos, a mudança não assusta o libriano; na verdade, ele gostaria de se colocar na linha de frente de tudo o que é novo e interessante. Os librianos são excelentes em qualquer profissão em que a capacidade de negociação seja valorizada. Se você é nativo de Libra, considere a possibilidade de trabalhar como negociador sindical, árbitro, sindicalista ou agente.

Como já dissemos, Libra tem grande interesse pelas artes. Entre as boas profissões, temos curador de museu, dono de galeria de arte, crítico profissional de cinema, gastrônomo, artista plástico, músico, escritor ou ator. Adicione a esta lista as funções de promoter, organizador de eventos, publicitário, professor de artes plásticas ou de história da arte, designer, ilustrador, compositor, maestro, professor de piano, técnico de som, cantor lírico ou dublador. Também encontramos grande número de nativos de libra trabalhando como floristas, jardineiros, cerimonialistas e joalheiros ou designers de joias. Pense também na possibilidade de trabalhar como editor de livros de arte, antiquário ou agente de talentos. Librianos também são excelentes compradores de lojas de departamentos, principalmente para vestuário, joalheria, móveis, acessórios e qualquer artigo supérfluo. Como gerente ou patrão, os librianos nunca deixam de valorizar os subordinados e colegas, razão pela qual são tão procurados como profissionais. O nativo está sempre atento aos sentimentos dos outros e trata todo mundo com respeito.

Há outras carreiras que podem ser interessantes para os librianos, principalmente no campo da beleza. Os nativos de Libra são excelentes cabeleireiros, maquiadores e consultores de estilo, são até mesmo surpreendentes criadores ou divulgadores de novos cosméticos e perfumes. Conforme dissemos, os nativos têm boa aparência, portanto, muitos se tornam modelos, embora a carreira de ator pertença principalmente a Leão, o signo do entretenimento, ou a Peixes. Libra também pode pensar em abrir uma agência de modelos ou um spa, ser decorador ou designer têxtil, ou, ainda, trabalhar em qualquer atividade na indústria de cosméticos. Os nativos apreciam carreiras relacionadas com a pele, de massagem a reflexologia, ou os estudos que permitam trabalhar no campo dos cuidados com a pele, tornando-se dermatologistas ou abrindo um salão para limpeza de pele, manicure e pedicure.

Corpo, mente e espírito

Libra está numa missão para embelezar o mundo e é raro o libriano que não venere alguma forma de arte. O regente, Vênus, também é encarregado das artes decorativas, do luxo e dos mimos. Vênus rege a pintura, a música, os doces, as flores, as cartas de amor, a dança, as joias e pedras preciosas, os perfumes e cosméticos, as roupas sofisticadas e os tecidos luxuosos. Esses artigos regidos por Vênus não são de primeira necessidade, mas o que seria da vida sem eles? Vênus também aguça os sentidos deste signo de sorte. Os librianos quase sempre têm talento musical e tocam um instrumento, compõem música ou são especialmente sensíveis à beleza da música bem-interpretada. Não surpreende que homens e mulheres de Libra tenham usado o poder dos perfumes com a habilidade de um alquimista. O que quer que eles escolham para se perfumar, certamente será eficaz.

Uma característica fundamental do nativo é sua aparência de limpeza. Você sempre consegue identificar um libriano pelo ar de quem acabou de sair do chuveiro. Mesmo que todos estejam desmaiando embaixo de uma onda de calor, os librianos conseguem permanecer secos e frescos. Libra rege a pele, portanto, é natural que os nativos gostem de tecidos macios e gostosos de tocar. Este signo quer ter junto à pele as melhores fibras naturais, desde as mais finas sedas e peles até algodão importado, cetins e lãs macias e elegantes.

Na astrologia médica, Libra rege não só a pele, mas também a região lombar, as veias (é claro — os vasos que vão para o coração) e os rins. A regência dos rins parece especialmente apropriada porque esses órgãos agem como filtro ou passagem em muitas funções corporais; tal como na vida, os librianos sempre se encontram na posição de canais. Libra representa o equilíbrio, a destilação, a sublimação e a filtração das funções corporais. A região lombar é considerada a área mais vulnerável do signo, embora os problemas venosos e circulatórios também possam incomodar. Libra também é suscetível a nefrites e problemas na bexiga. A saúde pode ser mantida por meio de check-ups frequentes, boa alimentação e exercícios adequados.

Cada um dos signos de ar usa a conectividade de forma diferente. Gêmeos a usa para se informar sobre os eventos correntes, mas não é conhecido por ser especialmente interessado em moda ou pertencer à tribo "in", como Libra. Aquário tem interesse principalmente nos novos desenvolvimentos da ciência, da computação, da eletrônica e da alta tecnologia, mas não faz a menor questão de ser considerado moderno ou popular a ponto de ser convidado para as festas "quentes". Libra, porém, regendo a sétima casa do horóscopo, a casa dos relacionamentos, dá muita importância à posição social. O nativo precisa de aprovação social e aplica muita energia para consegui-la Estar na moda é importante. Para começar, isso significa usar as últimas criações, frequentar os melhores restaurantes e saber tudo sobre os livros mais vendidos e outros eventos culturais. Libra adora criar tendências e é um dos principais formadores de estilo da sociedade.

O convívio com os famosos torna o libriano especial, mas também exige que ele tenha que escolher entre expressar a própria identidade ou perdê-la na ânsia de ter a aparência e seguir as tendências do momento. Uma coisa é ser moderno, outra muito diferente é ser uma vítima da moda. Isso parece muito estressante, mas o libriano está à altura do teste e é hábil em contornar as armadilhas. Este signo tem um jeito especial para se produzir de forma inovadora e também para adaptar essas produções, criando um estilo individual e único. Não admira que os nativos tenham tantos imitadores.

Por ser muito crítico e um tanto competitivo, o libriano às vezes parece esnobe. Se você estiver usando uma roupa insatisfatória, o nativo o olhará com um misto de superioridade e pena, talvez até mesmo revirando os olhos com desprezo por sua aparência. Ele se perguntará como você foi capaz de sair de casa daquele jeito, sem entender que as pessoas podem se preocupar com outras coisas além da moda. Felizmente, Vênus dá tato ao nativo, mas a expressão facial será difícil de disfarçar. Para Libra, ser desleixado é um desastre e a feiura devia ser banida. Caro libriano, se você se identifica com essa descrição, talvez não deva tentar convencer sua irmã a procurar um cirurgião plástico. Ela pode levar a mal e considerá-lo irremediavelmente superficial. Libra tem seus padrões, mas uma atenção exagerada ao supérfluo em detrimento da essência pode fazer com que você seja malcompreendido. Graças a Deus, não são muitos os nativos que caem nessas armadilhas, mas esse exemplo extremado indica a maneira como as coisas podem acontecer se os pratos da balança de Libra começarem a se desequilibrar.

Deixando o estilo clássico para Touro, Virgem, Capricórnio, Câncer e Escorpião, Libra quer os estilos mais modernos e acha que a apresentação é tudo. Os leoninos também gostam de moda, mas os librianos são diferentes, capazes de transformar suas roupas de grife em algo totalmente exclusivo e muito elegante. Em vez de usar qualquer coisa chamativa, Libra tende a escolher tons pastel ou neutros, enquanto Leão prefere cores vivas. Vênus suaviza e refina tudo o que toca e não precisa de muito dinheiro para ter um grande visual. Os librianos são objeto de admiração, porém, mais do que isso, eles também conseguem atrair sentimentos de amor. Sua disposição alegre efetivamente desarma os críticos. Eles nos convenceram de que Libra é o melhor signo para se ter. Eles podem estar certos.

Resumo

Libra é um signo idealista que ensina a tolerância pelos pontos de vista alheios e pela efetiva colaboração com pessoas de diversas origens e opiniões. Esse conceito, criado em Libra, mais tarde será expandido por Aquário. No entanto, ao contrário de Aquário, que se concentra nos grupos, em Libra o foco permanece voltado para o trabalho em relacionamentos íntimos, pessoais e exclusivos. Libra contribui para a tarefa de Aquário, que fortalece o nível básico da sociedade ao tornar o casamento e as alianças comerciais e contratuais mais sólidas por meio da cooperação mútua.

Se você é libriano, sinta-se orgulhoso. Você é elegante e sofisticado no turbilhão social. Seja homem ou mulher, seu charme e estilo são famosos. Você é positivamente fantástico para reunir as pessoas certas de forma que elas comecem a se entender. Por ser inteligente, analítico, pacificador e excelente colaborador, você é um especialista nas parcerias e pode ensinar a todos nós alguma coisa sobre cooperação. Você é leal no amor, assim que consegue encontrar a devoção desejada. Você se sente bem num relacionamento formal, procurando manter uma parceria equilibrada e calcada no respeito e na admiração mútua. Feliz é aquele que se casa com um libriano, porque este signo quer se dedicar ao casamento para mantê-lo sempre renovado. O mundo seria um lugar muito triste sem você, caro libriano. Embora nunca pretenda ser diferente do grupo, é preciso admitir que você é original. *Vive la difference!*

OS MITOS DE LIBRA E VÊNUS

Com o braço da balança contra o azul do céu, Libra é o único signo do zodíaco simbolizado por um objeto físico, feito pelo homem. De início, podemos pensar que é estranho ter um objeto mecânico como símbolo de um signo regido pela graciosa e diplomática Vênus. No entanto, a imagem dos pratos da balança cristaliza perfeitamente o conceito do equilíbrio de forças em operação no equinócio de outono, quando o dia e a noite têm exatamente a mesma duração. Regendo a sétima casa do horóscopo, o fiel da balança de Libra resume perfeitamente a sensibilidade deste signo, o dar e receber presente em qualquer tipo de relacionamento. Afinal, uma balança mecânica é um instrumento de precisão, portanto, o nativo de Libra é considerado calmo, intelectual e estético. Menos erótico do que Touro e menos emotivo do que um signo de água como Peixes, Libra está mais envolvido com a idealização clássica da beleza. Libra também procura equilibrar os dois eternos opostos: o materialismo do mundo real e a espiritualidade do mundo interior. Sendo mais sociável, o libriano está muito atento às consequências de seus atos; quando a roda do horóscopo chega à sétima casa, o homem já saiu de dentro de si mesmo e está atento a um parceiro cujas necessidades e desejos também devem ser levados em conta. Por meio dos outros podemos nos conhecer melhor e, assim, Libra cristaliza o conceito de relação. Todos os tipos de parcerias sérias e compromissadas têm imensa importância para Libra.

Para os egípcios, o símbolo da balança possui um significado sagrado. Sabemos que os egípcios acreditavam que, quando alguém morria, Maat, a deusa da lei, colocava a alma humana em um prato de uma balança e colocava uma pena no outro prato. Se a alma desequilibrasse a balança, mesmo levemente, não era considerada pronta para entrar na outra vida. Essa alma deveria reencarnar para que o indivíduo evoluísse o suficiente para perder o "peso" extra e ficasse pronto para a vida após a morte.

Os egípcios, na verdade, foram o primeiro povo antigo a reconhecer a constelação de Libra. Quando o zodíaco estava sendo formulado, os babilônios não conheciam Libra e seu zodíaco tinha apenas 11 signos. Naquele tempo, as estrelas de Libra ainda faziam parte das pinças do Escorpião. Os gregos viram nesse mesmo grupo de estrelas uma balança segurada pela deusa da justiça, Astreia, mas associaram a deusa com o signo de Virgem. Os egípcios notaram que o belo grupo de estrelas de Libra surgia no horizonte no céu noturno da primavera, portanto, associaram Libra com o bebê do ano-novo, chamado a Criança Divina ou Chonsu (para os egípcios, o ano não começava no primeiro dia de janeiro, mas no início da primavera). Como discutimos no capítulo sobre Áries, a primavera coincidia com o primeiro signo porque a constelação de Áries sobe no horizonte ao amanhecer. Na qualidade de signo oposto a Áries, surgindo seis signos depois, Libra ascende no horizonte exatamente 12 horas mais tarde, ao anoitecer.

Na arte primitiva, Vênus, o regente de Libra, era representado como uma Mãe Terra, o símbolo arredondado da pura fertilidade. Como esquecer a Vênus de Willendorf que o professor de arte nos mostrou na infância? Aquela é a primeira figura de Vênus descoberta até hoje. Julga-se que ela tenha sido feita entre 30000 e 25000 a.C., e foi descoberta numa caverna de Willendorf, uma aldeia nos Alpes austríacos.

A deusa Vênus

O escritor grego Hesíodo (cerca de 800 a.C.) refinou completamente essa imagem em sua obra *Teogonia*, dando uma visão de Vênus como um retrato de amor e beleza. A adorável pintura renascentista

O nascimento de Vênus, de Botticelli, apresenta uma visão mais moderna dessa popular deusa do amor e da beleza. Vênus fascinou poetas, pintores, músicos e outros criadores durante séculos, provavelmente porque amor e sexo são necessidades humanas tão intensas e constantes.

Hesíodo começa a *Teogonia* com uma descrição do mundo surgindo do caos. Ele relata o nascimento dos 12 titãs cujos pais eram Urano (o Céu) e Gaia (a Terra), o casal mitológico que é considerado responsável por gerar todas as formas de vida. Quando Urano se revelou um governante tirânico e um mau pai (que tinha o hábito de esconder todos os descendentes dentro da esposa, Gaia), a mãe da criação pediu aos filhos que a ajudassem a contê-lo. O filho mais novo, Saturno (como Cronos), atendeu a esse pedido fazendo planos para castrar o pai com uma foice. Depois de realizar esse feito, Saturno jogou a genitália do pai no mar, espalhando as sementes do Céu por toda parte, inclusive o oceano.

Dessas águas primordiais da criação, do meio da névoa branca e da espuma do mar, filha dessas sementes, Vênus emergiu radiante dentro de uma concha. Em grego, o nome da deusa era Afrodite (literalmente, "que surge da espuma"); diz-se que, quando ela saiu das águas, sob seus pés nascia grama verde. As Três Graças — Aglaia (a claridade), Tália (a deusa da comédia) e Eufrosina (a deusa da alegria), acompanhantes de Vênus — embelezaram e vestiram a deusa e a escoltaram até o Olimpo, onde ela se juntou às outras deidades.

Vulcano, Vênus e Marte

Outro mito nos fala do relacionamento de Vênus com o marido Vulcano, que era um artesão gentil, porém pouco atraente, considerado o deus da metalurgia. Muito envolvido com seu trabalho, Vulcano costumava negligenciar Vênus. Embora fosse bela, a deusa necessitava de constante confirmação de seus dotes. No entanto, como Vulcano era tão envolvido com o trabalho, ela não recebia a afirmação de que tanto precisava. Vênus se sentiu abandonada, mas não por muito tempo.

A gentil e receptiva Vênus descobriu uma atração mútua com o agressivo guerreiro Marte, a combinação mais clássica e sensual possível. Os opostos se atraem, e esse par é a prova disso. Ao suspeitar que a esposa estava apaixonada por Marte, Vulcano preparou uma armadilha para tentar comprovar-lhe a infidelidade. Primeiro, o deus anunciou à Vênus que passaria alguns dias ausente, presumindo corretamente que a esposa convidaria o amante para seu palácio tão logo o marido se ausentasse. Para prender os amantes, Vulcano criou uma rede de elos dourados que depois prendeu nas vigas do teto do quarto de dormir, escondidas sobre a cama de modo que pudessem ser baixadas sobre o casal desavisado quando estivesse fazendo amor.

Como previu Vulcano, assim que julgou o marido ausente da cidade, Vênus chamou Marte para sua casa. Logo eles estavam fazendo amor. Vulcano aproveitou o momento e baixou rapidamente a rede sobre os amantes nus, que continuaram a fazer sexo enquanto eram aprisionados pela rede dourada. Então, o marido tomou a abominável providência de chamar todos os deuses e deusas do Olimpo para ver os amantes humilhados. No entanto, as deusas tomaram o partido de Vênus e recusaram o convite do marido, embora quase todos os deuses tenham aparecido para olhar. No entanto, esse convite talvez não tenha surtido o efeito desejado por Vulcano. Mercúrio disse a Marte (Ares) que trocaria alegremente de lugar com ele porque ficar com Vênus lhe parecia bastante bom. O compassivo Netuno finalmente deu fim à atmosfera de deboche, exigindo que Vulcano libertasse imediatamente o par, o que aconteceu.

Hoje os astrólogos sabem que quando, no horóscopo, a amorosa e receptiva Vênus está em determinado ângulo com o sedutor planeta Marte, o resultado é o aumento da sensualidade. Esses dois amantes cósmicos certamente sabem como ligar a atração e intensificar o magnetismo. No entanto, como discutimos no capítulo sobre Libra, Vênus e Marte sozinhos não são capazes de sustentar uma relação, nem é esse o seu papel. Para ajudar os amantes a levar o relacionamento para um nível mais profundo, se desejarem, é preciso o concurso de muitos outros planetas. Por outro lado, aquela centelha inicial que sentimos quando nos apaixonamos costuma ser obra de Vênus e Marte. (Marte também rege os fogos de artifício e os dispositivos incendiários, entre outras coisas.) Vênus não só estimula a capacidade de amar, como também promove a autovalorização quando está num ângulo favorável com outros planetas. No entanto, por ser hedonista, esse planeta não pensa muito sobre o futuro, porque quer apenas se divertir. Imagine se Vênus não existisse: não haveria casos de amor, paixão — talvez não houvesse sequer bebês! Vênus estimula em nós também o amor por nós mesmos; segundo alguns especialistas, isso é necessário para que qualquer relacionamento duradouro possa começar.

Platão foi um dos primeiros filósofos a estabelecer a distinção entre amor e amizade e esclarecer a possibilidade de dois tipos de amor entre pessoas não aparentadas. Em sua obra *O banquete*, Platão propõe que a Vênus descrita por Homero e Hesíodo representa duas deusas diferentes que personificam tipos diversos de amor: o amor sexual (romântico) e o não sexual (platônico). Na visão do filósofo, o último era infinitamente melhor. Platão também escreveu que não pode haver uma amizade espiritual entre homem e mulher porque sempre haverá uma influência sexual, por mais que as partes envolvidas afirmem ser "apenas bons amigos". Dessa forma, segundo a visão do filósofo, o amor platônico só pode existir entre homens. Na verdade, para Platão, o homossexualismo era uma das formas mais elevadas de amor, porque não depende da sexualidade. Ele escreveu especificamente que o sexo entre homens era opcional, mas, entre homem e mulher, o relacionamento sempre será sexual (mesmo que apenas sob a superfície). É claro que essa é uma visão controvertida e uma dessas questões clássicas que talvez não sejam universalmente aceitas, mas sobre a qual é interessante pensar.

Como vimos no mito sobre a rede de Vulcano, Vênus não era perfeita — ela era casada, mas teve um caso de amor com Marte. Vênus também podia ser insegura, ciumenta e, às vezes, até vingativa. Na história do Julgamento de Páris, que veremos a seguir, surgem dois lados do caráter de Vênus. O primeiro, retratado por Afrodite, mostra as inseguranças da deusa; o segundo, retratado por Psiquê, caracteriza o lado mais positivo, aquele que idealiza a igualdade, consequentemente, a devoção no casamento. Embora existam diversas versões do Julgamento de Páris, o enredo é basicamente o mesmo.

O JULGAMENTO DE PÁRIS

O mito chamado Julgamento de Páris é um dos mais apropriados para explicar a psicologia de Vênus e Libra. Nessa história, quase todos os deuses e deusas foram convidados para o casamento de Tétis e Peleu. Éris, a deusa da discórdia, não foi convidada. Irritada, ela jogou para as deusas presentes à festa de casamento uma maçã de ouro com as palavras PARA A MAIS BELA. Hera, Atena e Afrodite disputaram o prêmio. Finalmente, exasperado, Zeus mandou Hermes (Mercúrio) acompanhar as três deusas a outro lugar no qual pudessem continuar sua discussão perturbadora, portanto, o trio foi para Troia. Páris, um príncipe troiano conhecido como o mais belo mortal, foi convidado a decidir qual das deusas era a mais bonita e merecia o pomo de ouro.

Hera governava o parto e o casamento e era esposa de Zeus. Ela ofereceu o mundo a Páris. Em outros mitos, Atena, a deusa virgem da sabedoria, das artes práticas e da guerra, é considerada responsável pelo anseio de Libra pela beleza e ainda pela notória atitude cerebral desse signo com relação à vida. Atena ofereceu a Páris uma posição de poder e garantiu que, se fosse escolhida, ele celebraria a vitória. Afrodite, a deusa do amor, ofereceu a Páris o amor de Helena, a mulher mais bela do mundo. Ele preferiu a beleza à carreira e ao poder. Seu prêmio foi a magnífica Helena, que infelizmente já era casada com o rei grego de Esparta, Menelau. Por insistir em receber Helena, Páris provocou a Guerra de Troia. Ironicamente, problemas relativos ao amor e à beleza, muitas vezes, surgem nas vidas daqueles que têm Libra como signo solar, tornando-se um tema recorrente.

Eros e Psiquê

No mito grego sobre Eros e Psiquê, somos informados de que Afrodite (outro nome de Vênus) ficou ultrajada ao saber que outra mulher, chamada Psiquê, era mais bonita do que ela. Afrodite ficou com ciúmes e resolveu proteger seu reinado, não só por vaidade, mas também por uma questão prática. Ela percebeu que uma beleza rival poderia fazer com que os cidadãos parassem de adorá-la e passassem a adorar sua rival. Afrodite pediu ajuda ao filho, Eros. (Conhecemos Eros pelo nome de Cupido, que cria o amor por meio de flechadas que fazem os mortais se apaixonarem instantaneamente.) Nesse caso, porém, Afrodite ordenou a Eros que matasse Psiquê.

Eros foi à procura de Psiquê e a encontrou vendada e amarrada a uma rocha. Quando se preparava para executar as instruções da mãe, ele acidentalmente flechou-se com uma de suas setas mágicas e apaixonou-se por aquela criatura maravilhosa. Ele desamarrou a jovem, casou-se com ela e levou-a secretamente para seu castelo.

Temendo pela própria segurança, Eros pediu a Psiquê para permanecer vendada sempre que eles estivessem juntos, para evitar que ela descobrisse a identidade do marido. Ele não podia revelar que era Cupido, o deus do amor. As irmãs de Psiquê insistiram que ela procurasse descobrir quem era o marido, sugerindo que talvez ele fosse um monstro e por isso não quisesse revelar o próprio rosto. Aparentemente, não foi muito difícil convencer a jovem e logo ela surgiu sem a venda diante de Eros. Com o susto pela traição da esposa, o amor desapareceu literal e figurativamente no instante em que Eros fugiu pela janela. Psiquê ficou desolada por ter perdido o marido e implorou a Afrodite que o devolvesse. Afrodite cedeu, na condição de que a jovem completasse uma série de tarefas extremamente difíceis, escolhidas pela deusa para humilhar e derrotar a rival. Afrodite estava segura de que a outra nunca seria capaz de completar as tarefas. No entanto, Psiquê atendeu às exigências com a ajuda do reino animal (tal como Cinderela no conto de fadas). Afrodite não teve outra opção senão devolver Eros.

Todos nós reproduzimos a mitologia de Eros e Psiquê quando nos apaixonamos. Tal como a jovem, quanto sentimos um novo amor, tendemos a ficar cegos para as deficiências do amante, porém, mais cedo ou mais tarde, percebemos que precisamos ver o amado à luz brilhante do dia. O resultado sempre é alguma decepção, o que marca a hora da verdade no relacionamento: continuar ou terminar? (Ninguém jamais afirmou que a estrada do amor é fácil.)

Vênus rege Libra e Touro

Como vimos, Vênus rege não só Libra, mas também Touro. As diferenças nos atributos do planeta em cada um desses signos são fascinantes. Em Touro, um signo fixo de terra, Vênus expressa seu lado mais possessivo. Os taurinos não acreditam no que não podem ver, tocar, provar, ouvir ou cheirar, porque são um signo muito prático: Touro usa os sentidos para obter informações e tende a ser motivado pelo prazer e pelo conforto, portanto, se alguém (ou alguma coisa) dá uma sensação boa, soa bem, tem boa aparência, o nativo diz “Eu quero”.

Por outro lado, em Libra, Vênus exerce uma influência mais delicada, etérea e muito mais intelectual. Ser bem-cuidado e parecer refinado é muito importante para Libra. As boas maneiras também são importantes, principalmente em questões de amor. Aqui, Vênus exemplifica um padrão idealizado de beleza e de amor elegante, refinado, clássico e glamouroso. Nos librianos, pelo menos metade do relacionamento se passa na mente. O ideal de amor e beleza por este signo pode ser tão grandioso que se torna inatingível. Para Libra, Vênus é a maravilhosa estrela de cinema na tela, a modelo na capa da revista ou o novo amante que colocamos no pedestal. Apesar disso, Libra acaba por ser o mais puro signo do casamento, sempre mais feliz quando casado com alguém a quem ame.

A PERSONALIDADE DE ESCORPIÃO

Escorpião

23 de outubro — 21 de novembro

Força condutora

"Eu INVESTIGO."

O que alegra este signo

Sente-se feliz quando desvenda os talentos até então ocultos de outras pessoas, esperando pela intensa luz da descoberta deles.

No novo milênio, sua contribuição para o mundo será...

Você é muito perceptivo e intuitivo, dotado do talento de desvendar mistérios. Na qualidade de detetive do zodíaco, tem consciência de que respostas são ou não plausíveis. Com tantos dados para assimilar no futuro, o mundo valorizará sua percepção.

Uma citação que descreve o escorpiano

"O CHAMADO SAGRADO É AQUELE QUE TRANSFORMA. TRATA-SE DE UM CONVITE PARA NOSSA ALMA, UMA VOZ MISTERIOSA QUE REVERBERA DENTRO DE NÓS, UM ABALO NO CORAÇÃO QUE NÃO PODE SER RECUSADO OU NEGADO. POR DEFINIÇÃO, ESSE CHAMADO CONTÉM A MAIS PURA MENSAGEM E A PROMESSA DA LIBERDADE ESSENCIAL."

— DAVID COOPER, *signo desconhecido*

Imagine que você está de pé no convés de um navio que cruza mansamente o oceano durante a noite. Observe como a água parece parada e escura. É impossível enxergar através dela, o que talvez nos leve a querer saber qual será sua profundidade e o que se esconde sob a superfície. Intuitivamente, ao olhar para esse mistério vasto e escuro, sentimo-nos ameaçados. Durante a madrugada, parece que qualquer coisa pode sair dali, o que faz nossa imaginação vagar. Em uma noite sem luar como essa, não deve haver muita gente disposta a visitar os tesouros das profundezas marinhas, pelo menos enquanto o dia não nascer.

Escorpião é um signo de água; portanto, é justo que o estudo das qualidades desse elemento nos fale das complexidades do signo. A água costuma guardar zelosamente seus segredos. Da mesma forma, um típico nativo de Escorpião consegue mascarar bem as emoções, não deixando transparecer a menor indicação dos dramas que se escondem sob a superfície. De acordo com o axioma, as águas paradas costumam ser profundas. Se um escorpiano precisar defender seu ponto de vista, logo descobriremos que a profundidade de sentimento do nativo pode ser incomensurável, alcançando o fundo do oceano.

Se você quiser fazer um escorpiano mudar de opinião, lembre-se de que este é um signo fixo. Não espere que o nativo se deixe convencer com facilidade, porque ele se apega firmemente às próprias opiniões. A profundidade de seus sentimentos também é uma boa qualidade; você nunca vai encontrar um amigo ou amante mais devotado. Escorpião é um signo muito perceptivo e seletivo; assim, os nativos não aceitam muitas pessoas em seu círculo de amigos íntimos. Quando recebem alguém, eles apoiam essa pessoa em qualquer situação.

Às vezes, o escorpiano pode parecer um pouco teimoso e reativo à mudança, embora este seja o signo que governa a transformação e a evolução. O estranho é que os nativos não gostam de mudar — preferem deixar as coisas como estão. Como signo fixo, o talento de Escorpião não é ser flexível ou adaptável (qualidades características dos signos mutáveis: Peixes, Gêmeos, Virgem e Sagitário), mas permanecer rigidamente fiel às suas metas. O papel de Escorpião será lembrar os compromissos assumidos a todos os signos. A disciplina e a objetividade do nativo nos inspiram e transparecem em tudo o que ele faz. Esse é um grande fator de sucesso do escorpiano na carreira, na personalidade e nos relacionamentos.

Agora, imagine aquele vasto oceano subitamente afetado pela chuva e pelo vento. Veja as grandes ondas que se movem em ritmo acelerado e ondulante. Imagine o mar revolto com ondas que fariam um homem adulto tremer de medo. Observem a formação de turbilhões furiosos capazes de engolir não só um ser humano, mas um navio inteiro. Imagine isso e você estará diante de outra faceta do poder das emoções íntimas de um escorpiano. Como um tufão ou um tsunami, o nativo de Escorpião não se submete com facilidade aos esforços para domá-lo ou confiná-lo. Embora sejam raras as cenas de um escorpiano tomado pela emoção, podemos ter certeza de que grandes paixões se agitam sob seu exterior calmo e tranquilo, embora não possamos vê-las.

Ainda estamos encarando nosso oceano imaginário, em que a terrível tempestade já passou. Neste momento, o Sol aquece suavemente as águas; o cenário (e o ambiente emocional dentro do escorpiano) mudará drasticamente. A água está coberta de espuma branca, brilhante e convidativa, semelhante a uma pintura impressionista. As águas, que há pouco pareciam aterrorizantes, agora nos atraem com uma sensualidade, convidando-nos a um mergulho. Refletindo o céu como um espelho, o oceano exibe um azul brilhante e uma superfície clara e translúcida.

De pé na borda de um barco, examinando a beleza dessa cena, não sentimos medo; ao contrário, ficamos em êxtase. Se apertarmos os olhos para protegê-los do brilho da água, poderemos ver passar um cardume de lindos peixes. A ira da tempestade desapareceu e a água está tranquila, capaz de nos acalmar como nenhum outro elemento — exatamente como qualquer nativo de Escorpião que você conheça. Os sons do oceano são calmantes e refrescantes, próximos do silêncio e da tranquilidade, exceto pelo som ocasional do sino do barco, do grito de uma gaivota, dos ruídos intermitentes da bandeira do navio agitando-se furiosamente com o vento fresco. Hoje, o oceano parece tão puro quanto água-benta, muito diferente da tormenta do dia anterior.

A ampla gama de humores que a água pode evocar representa com justiça o amplo espectro das emoções do nativo de Escorpião. Se você conhece e ama um deles, já percebeu que isso é verdade. Se você mesmo for escorpiano, sabe que deseja ver os outros mergulharem na profundidade do seu oceano íntimo e se elevarem como águias a altitudes que nunca imaginaram poder atingir. Quando amigos ou amantes não conseguem acompanhar suas emoções, você se sente frustrado e decepcionado. O escorpiano é o dilúvio e a seca, ao mesmo tempo calcinado e encharcado — raramente o meio-termo. Seu gosto pelos extremos é a razão pela qual nós o amamos, querido escorpiano. De todos os signos do zodíaco, você tem os sentimentos mais passionais. Essa sua característica nunca se revela à primeira vista. Podem ser necessários anos de conhecimento para que saibamos como seus sentimentos são profundos e quem você realmente é.

Embora os escorpianos não esqueçam essas tempestades interiores depois que elas passam, tendendo a guardar lembranças, é um tanto injusta a fama de ressentidos e calculistas que eles recebem dos textos astrológicos. É claro que, às vezes, os nativos podem ser assim; mas, em geral, eles são o signo mais gentil e compassivo. Como membros da família da água, eles também têm uma tremenda capacidade de compreender e ser empáticos. Basta encarar os olhos grandes e expressivos de um deles para perceber seu coração bondoso e leal, bem como suas nobres intenções.

Os desafios parecem trazer à tona as melhores qualidades do escorpiano. O signo nasce na época do ano em que, no Hemisfério Norte, as folhas caem das árvores e nutrem a terra com sua fertilidade. No final de outubro, os dias ficam escuros, o céu é temperamental e raiado de púrpura, enquanto a terra repousa e rejuvenesce. Como Perséfone, o escorpiano mergulha no mundo das trevas para viver durante algum tempo e depois emergir mais forte que antes, após um período de meditação, ou talvez de combate, com as necessidades íntimas e conflitantes.

Na qualidade de signo dos extremos, Escorpião pode escolher alguns caminhos para utilizar suas poderosas energias. Um pequeno número de nativos pouco evoluídos mergulha nas profundezas, optando por uma vida no crime (seu regente, Plutão, representa o mundo subterrâneo e os desafios). Porém, um número muito maior voa para o alto como uma águia, até o topo das montanhas. Você consegue esse resultado quando usa seus impressionantes poderes estratégicos e sua inteligência para realizar feitos de grande significado para a humanidade. Seu planeta guardião também governa a regeneração e a renovação espiritual.

Regido pela oitava casa, o ciclo de nascimento-morte-renascimento parece natural. Escorpião, com frequência, é considerado um signo religioso, capaz de encontrar um grande reservatório de força em suas convicções espirituais. Por estar mais próximo dos mistérios da morte, Escorpião parece compreender a vida de uma forma que escapa aos outros signos. Este signo costuma ser muito curioso com relação a religião e filosofia e gosta de se informar sobre as percepções e a odisseia espiritual de outros indivíduos. Enquanto Sagitário se interessa por uma compreensão intelectual da filosofia, Escorpião sente atração por ela de uma forma mais humana, por conta de uma abordagem intuitiva e instintiva. Os signos da água costumam saber coisas sem saber por quê — sabem simplesmente por saber.

Símbolos

♇ O símbolo astrológico de Plutão admite dois pictogramas. Alguns astrólogos usam as letras maiúsculas "PL" reunidas em um símbolo, representando as duas primeiras letras do nome do planeta ou as iniciais de seu descobridor, Percival Lowell. Outro símbolo usado pelos astrólogos para representar Plutão é uma cruz com um crescente voltado para cima e um círculo flutuando acima dele. Na astrologia, usamos uma cruz para representar "matéria". O crescente é interpretado como "emoção" ou "alma" e o círculo expressa o "espírito".

O símbolo sugere que a alma e o espírito triunfam sobre a matéria, como cabe a um planeta que rege a transformação. A matéria é o alicerce do símbolo de Plutão, tornando-se um pedestal necessário para apoiar o espírito. Na Antiguidade, antes da descoberta de Plutão, Marte era considerado o regente de Escorpião, e ainda é o regente secundário do signo.

♏ O símbolo de seu signo, escorpiano, é uma letra M com a ponta em forma de flecha voltada para cima. Alguns astrólogos acham que a flecha voltada nessa direção lembra a cauda do escorpião, pronta para atacar. Os escorpianos são famosos pela boa memória — eles jamais esquecem uma ofensa. Se você ofender um nativo de Escorpião, saiba que ele encontrará uma forma de retribuir. Alguns astrólogos pensam que a ponta levantada do pictograma simboliza uma serpente pronta para atacar; isso indica sabedoria, pois muitas culturas associavam cobras a uma percepção ou conhecimento especial. A seta também pode ser considerada um símbolo fálico. Todo signo rege uma parte do corpo; Escorpião governa os órgãos da reprodução, o que é bastante adequado, porque a regência natural de Escorpião sobre a oitava casa do horóscopo governa não só a sexualidade, mas também o ciclo completo de nascimento-morte-renascimento.

Escorpião é o único signo que tem três símbolos. Cada um deles resume, à sua maneira, o que o nativo é. Todos os símbolos podem ser um pouco assustadores, porque os três são criaturas que defendem agressivamente seu território. Os símbolos são o escorpião, a cobra e a águia (ou a fênix). Assim como o escorpião, os escorpianos são famosos por usar seu veneno, mas a verdade é que eles só fazem isso quando se sentem muito ameaçados ou querem proteger o futuro da espécie. Para preservar sua prole, o escorpião está disposto a dar a própria vida. É um fato bastante conhecido que ele morre quando usa o veneno; portanto, a criatura não apela para esse curso de ação se não perceber que corre grande risco. Dessa forma, a vingança costuma ser um ato de sacrifício para o escorpiano e não é seu maior interesse. O lado vingativo dos escorpianos menos evoluídos, muitas vezes, é autodestrutivo e não muito produtivo, uma forma de extravasar uma raiva que não parece ter outro canal de liberação. Os escorpianos mais evoluídos controlam a energia da raiva e a direcionam para o bem coletivo, como os programas comunitários dedicados a corrigir injustiças.

A serpente é um símbolo interessante, porque nos faz lembrar o Jardim do Éden e o lado sexual do signo de Escorpião, a parte que ecoa a grande força regeneradora e reprodutiva interna deste signo. A cobra regularmente troca de pele, renovando-se e transformando-se de forma contínua. Na mitologia, o símbolo da cobra é fascinante, pois algumas culturas antigas acreditavam que o réptil tem grande sabedoria. Para mais detalhes veja "Os mitos de Escorpião e Plutão".

Finalmente, temos a fênix, que ressurge das cinzas da derrota. Ela simboliza o fato de que tanto Escorpião quanto toda a humanidade esperam que sempre haja coragem e determinação para superar as forças das trevas, por mais sombrias que elas pareçam. Quando são derrotados, a exemplo da fênix, os escorpianos sempre encontram uma maneira de se reerguerem do abismo da destruição. Dos 12 signos astrológicos, Escorpião e Áries são considerados os mais decididos a não aceitar a derrota. Escorpião sempre foi associado a uma sabedoria profunda, intuitiva e até mesmo instintiva, também com poderes místicos e sobrenaturais.

Influências planetárias

Se você for nativo de Escorpião, também será capaz de encontrar maneiras muito originais de utilizar os recursos disponíveis. Afinal, Plutão, seu regente, é chamado o planeta dos "tesouros ocultos" ou da "riqueza oculta". Seu signo domina tudo que se move da escuridão para a luz e você tem talento para descobrir energias latentes e tesouros ocultos, bem como encontrar formas de utilizar todos os poderes desses recursos. Os nativos também têm o dom de descobrir segredos e utilizá-los da melhor forma!

Um aspecto interessante de sua relação com Marte, seu regente secundário, é o fato de que esse planeta costuma trazer muito ruído físico para a vida ao seu redor. Marte rege Escorpião e Áries. Contudo, neste, a energia se expressa de forma mais direta, espontânea e rápida, enquanto naquele expressa-se de uma maneira mais contida e menos ostensiva, tendendo a circular sob a superfície com mais sutileza e discrição. Ela também é mais focalizada e intensa que a energia de Áries, com a capacidade de se manter por um período mais longo, graças à resistência do signo.

No entanto, há semelhanças entre Áries e Escorpião. Os dois signos têm a disposição necessária para perseguir um objetivo difícil, cuja concretização requer muita fé e determinação, desde literalmente ir à guerra até alcançar sucesso em qualquer empreendimento que exija muita superação, como o trabalho em vendas.

Dentro de cada escorpiano existe um pequeno rebelde que não aceita ser controlado. Isso pode ser uma boa característica se for expressa da forma correta, porque leva o escorpiano a questionar a autoridade, em vez de se submeter cegamente a ela. Ele também tem um lado irritadiço, porém inofensivo, que indica força interior. Os pais de crianças deste signo podem ajudar os filhos a direcionar a abundante energia interior sem esmagar-lhes o espírito nem deixar que ela fuja ao controle. A tendência de Escorpião para a desobediência, muitas vezes, é parte de uma personalidade que tem autocontrole, mas se recusa a ser controlada pelos outros. Naturalmente, há escorpianos que simplesmente se deixam levar à beira do precipício, porém, se for corretamente canalizada, sua rebelião poderá indicar um espírito maduro, controlado e empreendedor. Para assumir grandes riscos na vida é preciso que a personalidade seja um pouco extremada.

Dádivas cósmicas

Sua capacidade de dar vida a iniciativas e relacionamentos, às vezes muito depois que os outros já desistiram, também está ligada a esse tema. E este é um de seus melhores e mais extraordinários talentos. Você vê, em determinadas situações, um potencial que ninguém mais vê; por ser de um signo experiente, esperto e criativo, o nativo parece saber promover instintivamente um renascimento. Essa é uma qualidade importante. Por exemplo, em um sentido mais amplo, é a imagem de um líder capaz de levar uma empresa agonizante de volta a uma posição de força. Numa escala pessoal, esse talento pode ser visto quando o marido entende que, para salvar o casamento, precisa mudar. Uma vez que o escorpiano opte por uma meta, sua capacidade de persistir é impressionante. Não importa a dificuldade do objetivo, a natureza fixa do signo leva o nativo a fazer o necessário para realizá-lo.

Sua capacidade de persistir e transformar é muito útil em crises de saúde. Plutão costuma dar a este signo uma capacidade notável de curar o próprio corpo, às vezes para surpresa dos médicos, que perderam a esperança. Isso também se verifica quando o nativo se recupera de uma situação impossível. Os escorpianos muitas vezes descobrem formas de promover um retorno miraculoso, graças às suas reservas interiores. Quando o nativo deste signo decide realizar alguma coisa grandiosa, nada o impedirá — nem a fadiga, nem o sofrimento físico ou emocional, tampouco a falta de recursos (como escorpiano, você sempre encontrará os recursos de que precisa). Você tem o signo de imensa autodeterminação, o rei do retorno. Plutão é a "oitava acima" de Marte e leva a energia do planeta guerreiro a um estado mais refinado. Em vez de mostrar um comportamento marciano de projetar a energia no mundo de forma rápida e competitiva — como faria Áries — em Escorpião, graças à corregência com Plutão, a energia de Marte adquire outra intensidade, voltando-se para dentro e promovendo notável transformação dentro de você.

Escorpião também sabe quando perder, já que um de seus talentos é reconhecer o que deve eliminar quando assume o poder. É importante concentrar sua energia porque, como todos nós sabemos, ficar sobrecarregado não costuma ser algo produtivo. Plutão rege o lixo, os resíduos, as perdas, a decomposição, a evacuação e a eliminação. O poder puro de Plutão cobre os dois extremos do espectro: a energia atômica, paixão e sexualidade por um lado, e metamorfose, procriação, purificação e reprodução, por outro. Além dos órgãos da reprodução, outras partes do corpo regidas por Escorpião são os órgãos da eliminação: o cólon e a bexiga. Voltando a ouvir Plutão, seu planeta guardião, ele lhe diria para desistir daquilo de que não precisa, para focalizar melhor as energias.

Como diria qualquer pessoa criativa, no caos da criação uma pequena quantidade de resíduos faz parte do nascimento de qualquer coisa. Em sua intensidade, às vezes os escorpianos têm dificuldade de eliminar e descarregar as paixões ou a raiva, porém isso pode ser resolvido com um pouco de prática e esclarecimento. Você tem grande habilidade para se reinventar de muitas maneiras. Na verdade, dizem que os escorpianos experimentam três capítulos distintos em sua vida, radicalmente diferentes entre si. Quer se distribuam igualmente ao longo da vida, quer venham em rápida sucessão, esses capítulos dão testemunho da capacidade do escorpiano em lidar bem com os términos e em saber intuitivamente quando iniciar uma nova fase.

Relacionamentos

Quando estudamos o eixo que liga Escorpião a seu signo oposto, Touro, percebemos que os dois representam, de formas diferentes, o conceito humano do desejo. Touro representa o desejo pessoal, já Escorpião significa e se focaliza no desejo compartilhado por duas pessoas ou por duas ou mais entidades — no sentido físico, sexual, pessoal ou comercial. Um dos talentos de Escorpião é encontrar meios de compartilhar recursos, trabalhando de forma cooperativa para criar algo novo e benéfico para todas as partes envolvidas e para o mundo. Poucos conseguem direcionar a energia de maneira tão intensa e concentrada quanto os nativos de Escorpião. Portanto, ele sempre será o signo mais associado à criação de vida nova.

Naturalmente, tanta energia concentrada pode tender à obsessão, e às vezes isso realmente acontece. No amor, você pode ser possessivo e, até mesmo ciumento; seu namorado, ou namorada, pode achar essa atitude uma gracinha ou um horror. O escorpiano espera do parceiro uma devoção do tipo tudo ou nada, porque é isso o que ele dá. Se você se apaixonar por um nativo deste signo, logo descobrirá que ele ou ela retribui seu amor com uma intensidade que poucos signos são capazes. Na verdade, provavelmente será o tipo de sentimento que inspira romances. O amor de um escorpiano é inesquecível. Talvez, como pessoa amada de um nativo deste signo, você se sinta estimulado a retribuir na mesma medida.

Você pode se perguntar por que Escorpião é considerado um signo sedutor e magnético. Há escorpianos sedutores de muitos tipos, porém todos têm algo em comum: uma autoconfiança perceptível a quilômetros de distância. O bom é que qualquer escorpiano pode criar essa aura, não apenas os que nasceram bonitos. Se você for nativo deste signo, sabe que pode exercer uma atração muito forte, até mesmo magnética, embora sua doce "presa" (no bom sentido) não saiba bem por que tem tanto interesse por você. Sua sexualidade inata, embora sutil, está sempre borbulhando sob a superfície, atraindo pessoas como uma forte corrente.

Escorpiano, você adora sexo e mostra isso de muitas formas sutis: em suas maneiras, na risada, até mesmo na forma como toca de leve o ombro de alguém. Uma de suas qualidades mais memoráveis é o olhar de alcova, capaz de derreter qualquer um que o receba. Esse famoso olhar penetrante do escorpiano é renomado e fascinante (em um homem ou mulher), capaz de conseguir qualquer coisa que deseje. Use bem seu poder, caro escorpiano!

Uma das piores situações possíveis, provavelmente, é um nativo de Escorpião às voltas com um casamento sem amor e sexo. O sexo é importante para este signo. Afinal, você é regido pela oitava casa, a casa do sexo, e precisa expressar essa paixão. No entanto, para Escorpião o amor é eterno. Se o escorpiano se encontrar casado com alguém que se distanciou, essa situação pode ser realmente difícil. Por mais árduo que seja buscar proximidade com seu parceiro, vale a pena tentar, mesmo recorrendo à terapia de casal.

Alguns escorpianos podem preferir sublimar seu espantoso poder sexual para utilizá-lo em projetos criativos. Você parece provar a teoria dos cientistas sociais de que pessoas criativas têm muito mais energia sexual do que o restante da população. (Não admira que Picasso tenha sido nativo de Escorpião.) Sempre que um escorpiano se atira ao trabalho com a característica dedicação do signo, sua criatividade tem imenso potencial de grandeza.

A necessidade do nativo em se ligar intelectual, física e emocionalmente com alguém é sempre extremada. Nos negócios, ele leva a acordos que discutiremos em seguida, mas falemos primeiro dos relacionamentos pessoais. Uma vez seguros de que estão apaixonados, os escorpianos quase sempre desejam "apossar-se" da outra pessoa. Como nativo de Escorpião, é provável que muito depressa você se disponha a um compromisso definitivo. Se seu amor não estiver pronto, você não aceitará o pedido dele para continuar a namorar sem compromisso. Quando você está certo de que ama alguém, é melhor que essa pessoa tenha certeza de sentir o mesmo por você. Isso faz parte da devoção incondicional tão característica da personalidade do nativo deste signo. Se você estiver apaixonado, concordará em esperar um pouco, mas só um pouco. Depois disso, provavelmente gritará "Tô fora!". E, após essa fala, ninguém será capaz de trazê-lo de volta.

Proteger a própria privacidade parece ser um traço de personalidade conflitante com o que acabamos de discutir, mas as duas qualidades coexistem — a necessidade de privacidade e a de se associar completamente e de todo coração (depois de ter-se decidido por alguém). Como nativo deste signo você sabe que prefere ter a pessoa querida junto de você na maior parte da vida diária. No entanto, este é um signo taciturno; portanto, você não precisa conversar à toa. Na verdade, você acha que bater papo não faz sentido e é perda de energia. É típico de Escorpião se trancar no escritório durante horas a fio ou enfiar a cara em um livro ou jornal, mal murmurando "Bom dia" ou perguntando "Como foi seu dia?". (Você se reconhece?) Quando se comunica, quase sempre é com um aceno de cabeça, um sorriso, um grunhido, uma sobrancelha levantada ou um gesto, porém nunca com palavras.

Sua falta de interação pode fazer seu amor pensar que você não gosta dele e não o quer por perto, mas isso não poderia ser menos verdadeiro. Você o ama — na verdade, muito. Apenas não é capaz de demonstrar muito bem! Escorpiano, você precisa admitir que gosta de ficar sozinho a maior parte do tempo. O excesso de atividade social é cansativo; portanto, logo você começa a recusar convites de modo a reservar tempo para recarregar as baterias e se restaurar. Isso não é uma característica positiva ou negativa — é só uma característica.

Para entender como você pensa nesse caso, saiba que Escorpião considera a informação algo precioso, às vezes de grande valor, que não deve ser compartilhado ou tratado sem o devido respeito. Em consequência, você só dá informações em caso de necessidade e, mesmo assim, com moderação. Esse lado taciturno, o lado que o mantém em silêncio para preservar algum controle sobre a própria vida, pode ser incompreensível para outros signos, principalmente em questões de amor e amizade. Seu lado regrado só é compreendido por aqueles que têm as mesmas tendências; no entanto, se você estiver lidando com um falastrão como o geminiano, nativo de um signo que é um livro aberto, sua necessidade de distanciamento pode causar conflitos e ferir os sentimentos alheios. Um amante geminiano pode acusá-lo do pecado de omissão — não de mentir, porque Escorpião costuma ser muito apegado à verdade, mas de omitir deliberadamente alguma informação para levar vantagem. Isso pode ocorrer em seu relacionamento com qualquer signo; sua visão sobre "gerência de informação" é bastante diferenciada.

Sem dúvida, a maior parte do tempo você gosta de ficar longe do resto da humanidade. E isso parece um tanto com Plutão, seu planeta regente, que se encontra nas regiões mais distantes do nosso sistema solar, tão longe que parece estar girando sozinho num universo próprio. Da mesma forma, os escorpianos querem evitar ser influenciados ou contaminados por outros signos, talvez para preservar a pureza de propósitos e a forte integridade. Aparentemente, isso requer muita visão e força interior. Sua intensa necessidade de reclusão também está de acordo com a descrição geral de sua personalidade porque seu signo rege, entre outras coisas, a paixão, a sexualidade, a reprodução e também uma parte muito íntima e privada da vida. Em questões de amor e sexualidade, Escorpião é tido como um signo promíscuo; mas, na verdade, é furiosamente fiel.

No horóscopo a área dos segredos e da confidencialidade se relaciona com o tema da privacidade e também faz parte do domínio de Escorpião. Se você contar um segredo a um escorpiano, aquela informação estará segura; no entanto, o nativo não lhe contará os próprios segredos. É como aquela brincadeira: "Não posso te contar isso, porque teria que matá-lo." O nativo de Escorpião leva muito a sério toda e qualquer confidência ou segredo. Peça-lhe para não revelar alguma coisa e ele não divulgará essa informação nem sob tortura. Se você não guardar um segredo que ele lhe contou, a amizade estará acabada. Ele terá dificuldade para tornar a confiar em você. Para o escorpiano o ato de revelar o segredo é muito mais grave do que o próprio segredo. Sabemos que a fidelidade sexual é muito importante para os escorpianos. Este signo leva muito a sério as promessas. Não se esqueça de que Escorpião é um signo fixo, muito leal e propenso a manter a palavra e a insistir em confiabilidade completa.

Lembre-se também de que, por outro lado, Escorpião é um signo que gosta de poder. Ele costuma ser muito prático e ter jogo de cintura; os nativos se dão muito bem com a realidade, ou seja, sabem o que pode e o que não pode ser mudado. Ao mesmo tempo, quando dão a palavra, é para sempre. No amor e nos negócios, os signos mais compatíveis com o seu são outros signos de água (Peixes, Câncer ou Escorpião) ou os sólidos e práticos signos de terra (Touro, Capricórnio ou Virgem). Os signos de terra estabilizam de forma atraente sua energia altamente carregada, enquanto os signos de água serão praticamente capazes de ler seus pensamentos de maneira muito fluida e instintiva, fazendo você se sentir em sintonia. Os signos de água são os melhores, com os de terra logo em seguida. Lembre-se de que você deve examinar todo o mapa; portanto, pode haver razões para considerar compatível praticamente qualquer signo do zodíaco, dependendo das suas configurações pessoais.

Nos negócios, Escorpião aperfeiçoou a arte de fazer acordos e conhece muito bem a necessidade de manter e garantir as fronteiras do próprio território. Em questões comerciais, o lema do signo é "suspeitar de todos e não confiar em ninguém". Não ria; os escorpianos vivem em função desse lema. Embora muitos nativos sejam tensos, poucos percebem; eles são bons jogadores de pôquer, tendo levado o jogo ao nível de ciência. Se você for nativo de Escorpião, sabe que nem pisca, porque tem nervos de aço, o que o ajuda a lidar com enorme pressão. Os antigos sabiam que, no caminho para o sucesso, Escorpião é capaz de tolerar muita dor em qualquer nível — físico, emocional, mental ou financeiro — graças ao regente secundário, Marte. O Planeta Vermelho lhe dá determinação para nunca desistir.

Finanças

No horóscopo, a oitava casa é o lugar natural de Escorpião, a casa que rege a morte e a renovação, e também as questões financeiras não relacionadas com salário e dinheiro ganho com o trabalho, mas relacionadas especificamente com heranças, empréstimos, royalties, comissões, hipotecas, seguros e tributos. Essa ênfase no "dinheiro alheio" explica por que esse signo produz alguns dos melhores negociadores do zodíaco. Se você for escorpiano, provavelmente é dotado de perspicácia e jogo de cintura. Também é conhecido por estudar a situação antes de chegar à mesa de negociações, trazendo consigo um dossiê sobre o interessado numa associação (ou oponente). O escorpiano não faz nada ao acaso.

Você sabe que seu poder diminui se você der a perceber que quer alguma coisa — então, não fará isso. Você é excelente na arte de esconder seu nervosismo projetando um exterior calmo, porém, ao mesmo tempo, exibindo grande intensidade que mistura perfeitamente intenção e desejo. Com certeza, Escorpião é um signo que compreende não só o poder puro, mas também a necessidade de controlá-lo. Você tem nervos de aço e está sempre disposto a se levantar da mesa de negociação e sair aparentando indiferença, mesmo que deseje muito chegar a um acordo. É assim que, em geral, você consegue o que quer. Seu regente, Plutão, gere empresas globais muito poderosas e diversificadas. Quando ele está ativo no mapa, normalmente está presente em sua vida algum poderoso patrocinador corporativo. Trabalhar com pessoas ou entidades poderosas não assusta o escorpiano; na verdade, o nativo gosta disso e pode passar toda a vida envolvido com grandes empresas.

Embora o dinheiro e os acordos comerciais sejam importantes, o elemento-chave para Escorpião é angariar respeito. Os signos de água são signos do espírito; portanto, as emoções envolvidas numa situação são tão importantes — ou mais — quanto o ganho financeiro. Os escorpianos deixam a mesa de negociações se ficar evidente que o interlocutor não tem por eles (e por sua posição) o respeito e a deferência devidos. Quando isso acontece, o jogo subitamente perde o sentido; os escorpianos estão prontos a recolher a bola e sair de campo, porque sabem que o mar está cheio de peixes e, para eles, aquele acordo não vale o desgaste.

A sociedade costuma limitar as inovações criando obstáculos para testar nossa decisão. A maioria dos escorpianos sente que vale a pena tentar persuadir os VIPs a ver a própria situação como uma condição específica, que foge às regras gerais. Embora quase sempre seja verdadeira a ideia de que "as regras foram feitas para serem quebradas", isso não significa que o nativo goste de violar a lei. Escorpião é um signo muito envolvido em toda forma de mediação humana entre crime e castigo. Esse é um ponto de vista muito positivo e típico de Escorpião, pois significa que os nativos sentem intuitivamente que podem mudar a opinião de qualquer um, contanto que apresentem seus argumentos da forma certa e persuasiva. Um verdadeiro escorpiano mantém vivas todas as suas expectativas e opções. Quem nunca se viu numa negociação comercial com uma ideia inovadora que sofre uma grande oposição aparentemente sem sentido? É notória a capacidade do escorpiano em vencer apesar das adversidades.

Também relacionada com esse conceito, caro escorpiano, está sua habilidade em determinar o próprio padrão de sucesso. Seu signo deve ter cunhado o conceito de recorde pessoal. Os nativos não gostam de se comparar com outros, preferindo comparar-se consigo mesmos, sempre tentando superar as vitórias e os avanços anteriores. Essa qualidade torna-os menos suscetíveis à influência das atitudes estabelecidas, fazendo com que prefiram ouvir os ditames do próprio coração. Os nativos costumam se divertir quando os outros sentem necessidade de opinar, elogiar ou criticar seu desempenho. Por dentro, provavelmente eles pensam: quem nomeou você meu chefe? Quem é você para criticar meu desempenho? Essa confiança e segurança impressionantes o ajudam a realizar muito. Você tem menos probabilidade de ter altos e baixos emocionais com as variações na avaliação dos outros. Você segue em frente com os olhos firmemente fixados na meta e sabe que o mais importante é o que você pensa de si mesmo.

Escorpião também é muito competitivo. O escorpiano jamais abre mão do poder voluntariamente. Seu mantra é: "Ninguém ganha o poder: ele tem de ser conquistado." A habilidade dos escorpianos em determinar os próprios termos, padrões e metas, em vez de permitir que o concorrente fixe tais padrões, é o que os leva a vencer. Ser competitivo e, ao mesmo tempo, ser dono de si parece uma contradição, mas essas duas atitudes convivem tranquilamente na *persona* do escorpiano.

Não falar muito pode ser uma vantagem, já que poucos vão adivinhar o que você está pensando. Você vai saber tudo o que precisa sobre quem fala, mas seus interlocutores raramente conhecerão qualquer detalhe sobre você. Como excelentes ouvintes, os escorpianos não prestam atenção só às palavras, mas também à linguagem corporal e às expressões faciais. Seu signo rege as raízes que mergulham na terra e todas as coisas escondidas, e isso o torna esperto e intuitivo. Seu faro é sensível ao que ocorre ao seu redor. Essa é uma qualidade que você usa diariamente de forma pessoal, nos relacionamentos, e também na carreira. Os escorpianos são excelentes como detetives ou jornalistas investigativos, e são os melhores em qualquer campo que exija descobrir algo, porque veem o que se esconde sob a superfície. Sua aguda sensibilidade avisa quando alguém está mentindo. Quando chega a essa conclusão, você fica especialmente determinado a descobrir a verdade e a revelar o que foi escondido, por mais tempo que isso leve. Com certeza, Escorpião tem incrível resistência e paciência.

Não pense que você pode enganar um escorpiano, porque isso não é possível — ele sempre o pegará na mentira. E mais: não é apenas a capacidade de ver detalhes que faz os escorpianos brilharem, mas também a maneira como eles entendem as motivações humanas. Essa é a especialidade deles. Os virginianos podem levar uma pequena vantagem na capacidade de perceber pequenas pistas e detalhes, mas os escorpianos são melhores quando se trata de "somar dois e dois" depois de identificar os detalhes.

Vida profissional

Muitas profissões fazem o melhor uso das características e talentos do escorpiano. O signo rege a esfera do trabalho de detetive, da espionagem e das atividades subversivas e ocultas, assim como dos serviços de inteligência. (A propósito, os agentes Fox Mulder e James Bond têm características clássicas de Escorpião.) Os nativos também são excelentes policiais e agentes da lei. Trabalhar como promotor público, juiz ou advogado também pode ser uma carreira compatível. Os advogados do signo de Escorpião são considerados especialmente convincentes em suas argumentações, porque tratam de forma sucinta as racionalizações mais relevantes para o júri.

Tarefas que dependam de coragem e capacidade de suportar situações fisicamente desafiadoras também são perfeitas para você, assim como aquelas que exigem a habilidade de resumir e priorizar. Portanto, pense na possibilidade de trabalhar em vendas ou, graças à sua disciplina e coragem, fazer carreira nas forças armadas.

Tanto o mundo dos negócios quanto a área de defesa do governo podem valorizar o talento do escorpiano como estrategista. Tal como o campeão de xadrez ou o general que vai enfrentar uma batalha, você planeja com cuidado, considerando todos os possíveis movimentos do oponente. O escorpiano não faz nada sem preparação prévia.

O domínio de seu signo sobre a oitava casa o torna talentoso em qualquer atividade que envolva lucro. Você pode se beneficiar levantando capital para um empreendimento de risco, gerenciando um orçamento vultoso, negociando acordos, trabalhando com tributos e outras leis ligadas às finanças e atividades similares. Também pode apreciar e ter sucesso trabalhando em bancos, administradoras de bens, fundações, seguradoras, empresas de contabilidade ou, ainda, com legislação fiscal, administração de imóveis ou mercado de ações.

Outra possível carreira para Escorpião está ligada à profissão médica, graças à grande habilidade de transformação de seu regente, Plutão, e à ligação desse planeta com a arte da cura. A oitava casa, a dos fins e recomeços, rege as cirurgias (o médico remove a parte do corpo que já não é mais necessária). Dessa forma, levando em conta a influência de Marte, regente secundário do signo e dos instrumentos cortantes, os nativos de Escorpião costumam ser cirurgiões magníficos. Todas as áreas da medicina provavelmente serão favoráveis. Os escorpianos também são bons químicos, farmacêuticos, biólogos, bioquímicos, pesquisadores, clínicos gerais, patologistas, obstetras, especialistas em fertilidade, radiologistas e acupunturistas. Não esqueça o reino da mente, já que Escorpião é um grande conhecedor das motivações humanas. As carreiras de psicólogo, psicanalista e hipnoterapeuta também são excelentes.

Pense em trabalhar na indústria de segurança, como especialista em vigilância, chaveiro ou guarda-costas. Os escorpianos também podem ser excelentes na indústria de mineração, prospectando metais, minérios, combustíveis fósseis e pedras preciosas, um eco de seu líder, Plutão, que rege o que está oculto ou no subterrâneo. Finalmente, o elemento de água do signo lhe garante sucesso como comerciante de vinhos ou bebidas alcoólicas e não alcoólicas, ou em qualquer área da indústria de cruzeiros marítimos.

Corpo, mente e espírito

Os escorpianos consideram o tempo passado sozinho muito revigorante, uma necessidade ocasional para manter o equilíbrio. Dotados de metabolismo acelerado e muita força (como disse, seu regente secundário é Marte, o ativo planeta guerreiro), os nativos precisam de intensa atividade para dissipar sua grande energia. Praticar corrida de resistência ou de velocidade, ou treinar para uma maratona pode servir-lhe como um oásis de paz no meio de um dia atarefado. Escolha uma atividade física que lhe permita dosar o esforço e trabalhar no próprio ritmo. Talvez você também se interesse por musculação. Embora seja muito competitivo, na saúde e na manutenção da forma você não se preocupa em comparar seu desempenho com o dos outros. Você trabalha para a própria satisfação, o que é uma atitude muito saudável.

Não se engane: com um regente como Plutão, o grande e poderoso transformador, os nativos de Escorpião são muito robustos e dotados de uma resistência notável. Plutão também é chamado o planeta da obsessão. Você é conhecido por se exigir demais, porque tem altas expectativas sobre si mesmo. Tenha o cuidado de descansar o suficiente, querido escorpiano, e tente não ficar tão envolvido com o trabalho a ponto de deixar de fazer alguma refeição.

O fato de querer se sentir e parecer mais sedutor no sexo pode motivá-lo a manter a forma e a saúde durante toda a vida. Você geralmente não tem desejo por alimentos gordurosos ou doces. Na verdade, para você, quanto mais simples a alimentação, melhor. Alguns escorpianos têm o estômago delicado, o que pode explicar por que você prefere pratos clássicos e simples. Com essa alimentação e tanto exercício, você costuma conseguir manter o peso baixo.

Astrologicamente, as partes do corpo que Escorpião (e Plutão) rege são os órgãos da reprodução, a bexiga e o reto; portanto, essas áreas podem ser motivo de preocupação. Isso pode representar, por exemplo, para os homens, problemas com a próstata ou os testículos; para as mulheres, problemas nos órgãos da reprodução (ovários, útero). É importante fazer check-ups regulares para identificar rapidamente os problemas. Talvez seja melhor que as mulheres de Escorpião prefiram dar à luz em um hospital geral, a escolher uma maternidade, para o caso de ser necessária alguma atenção médica durante o parto. Normalmente, porém, este signo é bastante forte, portanto você, com certeza, terá as reservas interiores necessárias para superar praticamente qualquer obstáculo.

Resumo

Escorpião é um signo voltado para o poder e o controle deste. Isso vem do planeta guardião, Plutão. Você não desperdiça energia, ao contrário, concentra-a agudamente sobre o objeto de seu interesse. É por isso que o escorpiano realiza tanto e parece emitir energia de uma usina interior. Em vez de dissipar energia (como alguns signos), Escorpião retém e a utiliza aos poucos, de forma premeditada e cuidadosa. Outros signos têm dificuldade em acompanhar seu ritmo porque, tal como o elemento plutônio, você jamais esgota sua potência. Assim como o plutônio, você não consegue enterrar, queimar ou destruir sua energia. É fato documentado que a determinação de seu signo pode atravessar uma parede de concreto. Muitos nativos de Escorpião também são perfeccionistas exagerados porque gostam de fazer tudo de forma completa e bem.

A força de Escorpião sempre virá do domínio emocional. Quanto aos outros signos fixos, Leão irradia energia criativa, Touro tem a capacidade de transformar dinheiro em empreendimentos de força material e Aquário contribui para o mundo com ideias inovadoras e científicas. O talento de Escorpião consiste na capacidade de projetar energia emocional e espiritual; dessa forma, este é o signo mais misterioso. Já foi bastante comentada a capacidade de o escorpiano guardar ressentimentos durante anos e buscar vingança. Ao mesmo tempo, a capacidade de ser fiel a uma promessa ou um compromisso duradouro, a despeito de qualquer obstáculo inesperado, é, sem dúvida, parte da persona do nativo de Escorpião.

OS MITOS DE ESCORPIÃO E PLUTÃO

No Hemisfério Norte, onde surgiram todos os mitos da astrologia, outubro é a época do ano em que a Terra começa a escurecer. As árvores perdem as folhas e vão nutrir o solo. Nas antigas religiões da natureza, pensava-se que, no outono, os deuses e as deusas começavam a viver no mundo subterrâneo e que a primavera só voltaria se essas divindades também retornassem à Terra.

Faz sentido que muitas culturas celebrem os feriados do Dia das Bruxas (31 de outubro) e Finados (1º de novembro) no signo de Escorpião, o signo que rege o ciclo da vida, morte e nascimento. A primeira celebração conhecida do Dia das Bruxas era a festa de Samhain, um feriado celta, considerado o momento em que se erguia a cortina que separava os mortos e os vivos, permitindo a livre passagem entre os dois mundos. Na América Latina, durante as duas primeiras semanas de novembro (regidas por Escorpião), também há feriados que comemoram e prestam homenagem aos mortos.

Na maioria dos mitos, os heróis precisam provar sua coragem e determinação. Nenhuma jornada era considerada tão assustadora e perigosa quanto uma visita ao mundo dos mortos. Hades, rei daquele mundo (simbolizado por Plutão), nunca recebia bem os visitantes, e quem viajava para visitá-lo nunca retornava — pelo menos isso se aplica à maioria. Quem retornava certamente era considerado um herói.

Perséfone e Hades

A história de Perséfone está recheada de simbolismo e parece ecoar vários temas de Escorpião. Ela era a filha única de Zeus e Deméter. Zeus, naturalmente, era o deus mais poderoso do Olimpo, o soberano do Céu e da Terra, dos deuses e dos humanos. A esposa de Zeus era a deusa da fertilidade e da colheita. Hades, deus do mundo subterrâneo, viu a adorável Perséfone e imediatamente apaixonou-se por ela, decidindo que a virgem seria sua. Um dia, quando a jovem estava brincando numa campina entre as flores, ele a sequestrou e levou para o mundo subterrâneo.

Em outra versão do mito, Hades apareceu numa carruagem puxada por quatro cavalos negros, correndo como um raio pela campina. Ele segurou Perséfone com um braço e a deflorou ali mesmo, naquele momento, deixando o campo semeado de pétalas de todas as cores. No momento do rapto, Perséfone estava acompanhada. Ela pediu socorro, esperando que as amigas ou a mãe a escutassem, mas, de acordo com a lenda, Hades foi tão rápido que ninguém viu o incidente; consequentemente, ninguém pôde ajudá-la. A propósito, parece que Zeus, de quem Hades era irmão, sendo, portanto, tio de Perséfone, sabia antecipadamente do sequestro, porém nada fez para evitá-lo. Depois que Hades se apoderou de Perséfone, a carruagem desapareceu numa abertura misteriosa na Terra, que os engoliu sem deixar traços.

Quando chegou para buscar a filha na campina e não a encontrou, Deméter, a mãe de Perséfone, ficou terrivelmente preocupada. Durante os nove dias seguintes ela buscou a filha em todos os cantos do mundo, sem parar para comer ou dormir. Deméter, naturalmente, estava perturbada — na verdade, furiosa —, embora ainda não soubesse o que havia acontecido. À sua passagem, ela destruía plantações, terras e rebanhos, procurando pela filha em toda parte. Logo ficou evidente que, se Deméter continuasse a agir daquela forma, a Terra ficaria totalmente devastada. A mãe estava enlouquecida, sem respeitar nada, e logo destruiria toda a humanidade.

Deméter finalmente foi informada por Hécate, a deusa da Lua Nova, de que Perséfone havia sido raptada, mas não se sabia bem por quem. Deméter e Hécate consultaram o deus-Sol, Hélio, que tudo vê, graças à sua luz brilhante. Ele confirmou que Hades havia sequestrado Perséfone e contou exatamente o que aconteceu. Deméter ficou horrorizada e, embora Hélio tenha tentado persuadi-la a aceitar o destino da filha como esposa de Hades, ela se recusou a aceitá-lo.

Na verdade, Deméter se recusou a voltar para o Olimpo. Ela também estava furiosa porque suspeitava de que Zeus talvez pudesse ter evitado o sequestro. Transformando-se em mortal, ela percorreu a Terra proibindo-a de produzir frutas, legumes ou ervas. Após um ano de fome, Zeus entendeu que teria de intervir e fazer algo drástico para salvar o mundo. Se Deméter persistisse naquele caminho, todas as coisas vivas morreriam e não haveria mortais para adorar os deuses. Zeus estava visivelmente preocupado.

Inicialmente, ele enviou diversos deuses para conversar com Deméter, porém sem resultados. Ela, decididamente, recusou-se a fazer qualquer acordo até receber a filha de volta. Por fim, Zeus percebeu que Deméter não iria ceder. Portanto, mandou Hermes, o mensageiro dos deuses, procurar Hades para negociar. O deus dos mortos concordou em liberar Perséfone, já que ela ainda não havia provado do alimento dos mortos. Perséfone estava tão deprimida que se recusava a comer.

Pouco antes de deixar o mundo subterrâneo (provavelmente sentindo-se muito feliz e aliviada), Perséfone foi enganada por Hades, que a convenceu a provar uma semente de romã. (Algumas versões do mito divergem nesse ponto, afirmando que o jardineiro de Hades apresentou-se para dizer que a jovem já havia comido sete sementes de romã durante sua estada.) Seja qual for a versão do mito que você aceite, todos os relatos concordam que qualquer um que visitasse Hades não podia ir embora se houvesse comido do alimento dos mortos. Como podemos ver, subitamente criou-se um grande problema.

Reia, mãe de Zeus, Deméter e Hades, ofereceu uma solução que, embora relutantes, todos concordaram. Perséfone passaria seis meses (segundo algumas versões do mito, de três a quatro meses) no mundo subterrâneo e o restante do ano com a mãe, Deméter, na Terra. Durante os meses de frio que passava com o marido, Perséfone reinava como rainha do mundo dos mortos. Deméter manteve a promessa de restaurar a fertilidade da Terra e também voltou a seu lugar de direito no Olimpo. Além disso, de acordo com os termos do pacto, no período em que sua filha deixasse o mundo dos vivos para se tornar esposa de Hades, a Terra ficaria fria e estéril, até que ela retornasse na primavera, quando haveria calor e voltaria toda a folhagem, os frutos e a beleza da vida.

Além de simbolizar o renascimento e o rejuvenescimento, Plutão também simboliza as perdas e o que abandonamos para abrir espaço para o crescimento e a maturidade. Muitas vezes, quando experimentamos um forte trânsito de Plutão, perdemos algo que considerávamos vitalmente necessário. Podem ocorrer a morte de uma pessoa amada, o término de um relacionamento de longa data ou a perda de uma situação, como um emprego. Os finais fazem parte da vida, e embora, às vezes, sintamos que não podemos continuar a viver depois daquela perda, ela nos deixa mais fortes.

Além disso, Plutão cobre os pensamentos e as ideias reprimidas que residem no subconsciente. (Netuno também governa o subconsciente, mas tem papel diferente: supervisionar os sonhos, as inspirações e as aspirações.) De acordo com esse mito, Deméter abriu mão da filha, Perséfone, e passou por uma experiência terrível de dor e perda. Deméter também sofreu com a perda da inocência da filha; portanto, o mito fala da separação de mãe e filha, tão necessária para que a última se torne mulher. Com o retorno de Perséfone para a mãe e para o mundo dos vivos, o mito simboliza o despertar espiritual cíclico, a alegria e a nova vida que sentimos na primavera. Quando Perséfone voltou para a mãe, estava mudada, e as duas entendiam isso. Como Perséfone, a natureza de Escorpião tem um lado extremamente luminoso que coexiste com um lado sombrio, seu oposto. Escorpião tem a capacidade de escolher que energia irá predominar: a boa ou a má.

As aventuras de Gilgamesh

Há outro mito poderoso associado ao signo de Escorpião, um conto muito antigo da Suméria, datado de 2000 a.C., a história heroica mais antiga conhecida pela humanidade. São as aventuras de Gilgamesh, também contadas neste livro em "Os mitos de Aquário e Urano". A história é longa demais para ser contada aqui, porém essencialmente, trata-se de uma viagem realizada por Gilgamesh, um rei sumério, durante a qual ele precisou cruzar territórios perigosos e montanhas guardadas por dois leões (signo de Leão), um touro (signo de Touro) e pelos assustadores "homens-escorpião". O mito está centrado no teste da coragem do herói. Depois de lutar contra os dois leões, ele teve de atravessar um túnel de 60 quilômetros de total escuridão. Ao sair da escuridão do túnel e entrar na terra dos deuses, o herói foi recompensado, chegando a um lugar mágico em que joias preciosas pendiam dos galhos das árvores. Essa viagem pela escuridão foi comparada à jornada pelos abismos do Hades, presente em muitos mitos posteriores, e que diz respeito à capacidade do personagem em enfrentar os demônios internos e encontrar sentido na vida.

Os antigos pensavam que o único caminho para a sabedoria era a experiência adquirida por meio das dificuldades. Para alguns, mergulhar nas profundezas de si mesmo pode ser uma experiência dolorosa se for preciso lidar com questões psicológicas pessoais e perturbadoras. No entanto, a força de Escorpião mostra a saída — os escorpianos são mais fortes que a maioria e, dessa forma, possuem um poço de energia quando precisam dela.

As serpentes sempre foram criaturas interessantes e aparecem na Bíblia e em todos os tipos de mitos e rituais. Para se renovar, as cobras trocam de pele sempre que crescem — um símbolo adequado a Escorpião. Se você leu "A personalidade de Escorpião", sabe que a cobra é um dos três símbolos mais intimamente associados a este signo (os três são o escorpião, a serpente e a águia).

AS SERPENTES QUE SIMBOLIZAM ESCORPIÃO

Em Creta, no passado, a serpente era considerada a guardiã de segredos de vida e morte, além de ser um símbolo da sexualidade. Em outras histórias, o réptil transmite sabedoria, como na história de Cassandra de Delfos, uma profetiza com o dom de prever o futuro. De acordo com esse mito, incidentalmente Cassandra foi deixada pelos pais durante a noite no templo sagrado de Apolo, em Troia. Enquanto dormia, serpentes lamberam-lhe as orelhas para purificar-lhe a alma e dar-lhe o dom da profecia, dádiva que ela conservou por toda a vida.

As cobras também eram usadas nas cerimônias religiosas (a ligação do signo de Escorpião com a religião e a espiritualidade é muito intensa) porque se considerava a serpente possuidora dos segredos da vida e da morte. O veneno da serpente era usado em diversos rituais porque julgava-se que ele era capaz de provocar um estado de alucinação que incluía a capacidade de ter visões. Alguns antigos pensavam que a ingestão de veneno de cobra ajudaria a curar doenças. Culturas mais antigas também acreditavam que a ingestão do veneno permitiria visitar os mortos para aprender os segredos da saúde e da cura antes de voltar ao mundo dos vivos. A ligação entre a cura e as cobras é um tema recorrente que chega a nossos dias; lembramos o símbolo do caduceu, usado na profissão médica, que consiste em um bastão sobre o qual se cruzam duas serpentes.

Finalmente, Escorpião, o segundo signo de água, é muito diferente de Câncer, o primeiro signo desse elemento. Câncer está relacionado, principalmente, com a família e o cuidado das crianças, enquanto Escorpião quebra a ligação entre pais e filhos, como na história de Perséfone, para formar um relacionamento verdadeiro e mais íntimo com o parceiro. A regência de Plutão assinala a necessidade de unidade por meio da sexualidade ou da união. Esse tema da forte ligação com outros precisa ser controlado; é como se os escorpianos, subconscientemente, percebessem que, pela intensidade de sua associação com o outro, podem perder a própria identidade. Assim, os nativos se apegam fortemente a ela, buscando algum tipo de domínio ou controle sobre a situação e o relacionamento.

Sexo, gravidez, parto e morte são forças silenciosas que tocam o âmago dos mistérios da vida e ocorrem nas profundezas do ser. A água que nos cerca no útero reflete a vida interior intensa e passional de Escorpião. Ela nos remete ao próprio ato sexual, talvez a atividade mais íntima e privada de nossa vida. Escorpião é considerado um signo "feminino" (que produz uma carga negativa) e, como tal, aumenta a intuição e a compreensão da sabedoria universal nos nativos dos dois gêneros. A intuição do escorpiano é um mecanismo de sobrevivência que prevalece, um poço profundo no qual ele busca aquilo de que precisa, sempre.

A PERSONALIDADE DE SAGITÁRIO

Sagitário

22 de novembro — 21 de dezembro

Força condutora

"Eu PRETENDO."

O que alegra este signo

Fica feliz quando expande os horizontes por meio de viagens e da coleta e preservação de informações para colocá-las à disposição de todos, em todo o mundo.

No novo milênio, sua contribuição para o mundo será...

Na qualidade de filósofo do zodíaco, seu papel é estudar o rico espectro dos acontecimentos humanos para entender a consciência coletiva do homem. Agora, mais do que nunca, sua excepcional habilidade nessa área será encorajada e admirada.

Uma citação que descreve o sagitariano

"NÃO CONTEMPLO A NOITE, MAS UM ALVORECER PARA O QUAL NINGUÉM JAMAIS ACORDOU A TEMPO."

— HENRY DAVID THOREAU, *canceriano*

Rememorando os tempos de escola ou da universidade, você se lembra do seu professor favorito? Talvez tenha sido um professor que deu aulas de teologia, ciência política, ética, lógica ou sociologia. Com sua maneira inteligente de apresentar as matérias, esse mestre poderia ter ensinado qualquer assunto em qualquer série. É possível que, ao chegar à turma dele, ou dela, você não tivesse grandes expectativas, mas, quando o ouviu falar, sua atitude mudou. Você ansiava por mais. Ele provavelmente o encorajou a fazer perguntas sobre as quais jamais havia pensado, e o desafiou a procurar as respostas. Com sorte, pode ter havido um ou dois professores assim durante toda sua vida. Um professor como esse pode nos ajudar a descobrir talentos latentes e nos dar autoconfiança para desenvolvê-los plenamente. Um professor talentoso nos tira da rotina e nos dá uma sacudida. Provavelmente seu professor favorito era sagitariano, pois isso descreve o que esse signo faz tão bem. Dentro de cada nativo de Sagitário existe certa grandeza de mente, coração e espírito que é positivamente contagiosa e inesquecível.

A capacidade de ensinar está no sangue do sagitariano. Os nativos desse signo expressam essa maravilhosa qualidade no sentido formal, trabalhando como professores universitários, mentores ou chefes de subordinados talentosos, ou de maneira mais informal, como o amigo ou progenitor que dá conselhos sábios e nos estimula a ver além. Sagitário sempre estimula os outros a fazerem as perguntas relevantes, em vez de simplesmente aceitarem as aparências superficiais.

Símbolos

A constelação de Sagitário, situada na Via Láctea, é a do centauro, a criatura metade homem, metade cavalo. Os astrólogos pensam que esse símbolo resume a capacidade de o homem se elevar acima dos instintos animais, porém mantendo parte da força e do poder sobre-humano dos animais. Os signos de fogo são reconhecidos como muito intuitivos e inovadores, além de impetuosos e criativos. Nessa constelação, o centauro segura um arco e aponta a flecha em direção ao céu, indicando o supremo otimismo deste signo e sua necessidade de aspirar por metas elevadas. É verdade que, tão logo Sagitário atinge uma meta, já se põe a caminho de concretizar outra.

♐ Se existe uma verdade sobre a personalidade deste alegre signo, é o fato de esperar pelo melhor, atitude que quase sempre se revela premonitória. O pictograma de Sagitário copia seu papel de arqueiro: é uma seta com uma cruz na parte inferior. Esse simbolismo parece representar a eterna luta entre o sonho e a realidade, mas, na verdade, sugere o tremendo poder do guerreiro na batalha. Com a seta aponta para cima, portanto, o guerreiro está sempre seguro da vitória. Se algum signo algum dia declarou "Sim, sou capaz de fazer isso!", esse signo foi Sagitário.

♃ Examinar o simbolismo do pictograma de seu regente revela o importante simbolismo de Júpiter e Saturno. O pictograma de Júpiter é semelhante ao de Saturno, porém é seu exato reverso (ver o símbolo de Saturno em "A personalidade de Capricórnio"). E isso faz sentido porque esses planetas têm influências opostas. Saturno restringe e limita, ao passo que Júpiter expande e traz abundância. Em Júpiter o crescente se eleva acima da cruz, o que significa que, apesar de a mente e a matéria estarem relacionadas, a primeira consegue ascender e se colocar acima do mundo material. O papel de Júpiter é expandir do centro para fora, enquanto o de Saturno é trazer do exterior para o interior, na direção do centro. Júpiter é grande e leve, ao passo que Saturno é pequeno e denso.

Júpiter representa a necessidade que a alma tem de crescer, melhorar e experimentar mais. Ele também representa a necessidade humana de sucesso e, em questões de saúde, de experimentar o bem-estar. A fé também faz parte de Júpiter, já que o crescente (sentimento) está acima da cruz da matéria. O pictograma de Saturno é exatamente o inverso — a cruz da matéria repousa acima do crescente da alma. Em outras palavras, a realidade do mundo material domina o reino de Saturno, enquanto na esfera de Júpiter a fé conquista tudo. Ambas as necessidades precisam ser equilibradas. Por exemplo, se não for controlado, o crescimento promovido por Júpiter pode tornar-se grandioso, inflado, e sua expansão pode ficar descontrolada. Apesar de manter tudo dentro do domínio da realidade, equilibrando a exuberância de Júpiter, se não for controlado, Saturno pode reduzir-se muito depressa, tornando-se oprimido e deprimido — limitado demais para conseguir seguir adiante.

Influências planetárias

Você, sagitariano, é abençoado por ser regido por Júpiter, o planeta tido como o maior doador de sorte, prosperidade, compaixão, fé e verdadeira felicidade. No conhecimento astrológico, Júpiter é o planeta que protege e cuida como um pai amoroso, recompensando o trabalho árduo, a bondade para com os outros e a fé em si, nos outros e no criador. Esse papel protetor de Júpiter tem base científica. A ciência nos diz que há muitos anos Júpiter vem desviando da Terra asteroides ameaçadores. Seu espantoso campo gravitacional tira esses meteoros da rota e os envia de volta para o espaço.

Júpiter aumenta as chances e traz mais sorte ao criar novas oportunidades e novos contatos. Em um mundo cheio de dificuldades e atribulações, esse planeta gera uma esperança contínua. Seu imenso tamanho nos leva a pensar com grandeza e também a sentir mais otimismo e entusiasmo. Além de aumentar a boa vontade e a generosidade dos outros para conosco, Júpiter indica o escopo e a natureza de nossa generosidade para com as outras pessoas no mundo.

Em questões de saúde, sabe-se que Júpiter aumenta a vitalidade, a força e a felicidade, assim como a resistência a doenças, pois também foram atribuídos ao planeta qualidades de cura. Para quem tem uma doença crônica ou grave, um trânsito de Júpiter com planetas importantes tem a capacidade de trazer ajuda na forma de um médico que provavelmente entenderá seu problema, alguém que possa prescrever o tratamento correto para o alívio ou a cura. Esse é, de fato, um planeta poderoso, e os antigos escreveram que Júpiter era capaz de estender sua influência para além do plano físico, penetrando nos domínios espirituais. Os astrólogos do passado chamavam Júpiter de planeta da fé e dos milagres e viram provas disso quando ele estava alinhado com outros planetas naquilo que os astrólogos chamam de aspecto raro e especial. Com um planeta guardião dessas qualidades, é fácil ver por que os sagitarianos são considerados tão otimistas.

Nos capítulos devotados a Leão discutimos a influência do regente daquele signo, o Sol, no horóscopo; com relação a Sagitário, falamos da influência de Júpiter como planeta guardião desse signo. Em um mapa, tanto o Sol quanto Júpiter são influências benéficas, mas, como os dois astros guardam semelhanças, pode ser fácil confundir a contribuição de cada um. Vamos considerar as semelhanças e diferenças e ver o papel de ambos.

Em um mapa, tanto Júpiter quanto o Sol têm a capacidade de promover a boa saúde e uma grande vitalidade, e também de nos ajudar a obter o beneplácito de pessoas colocadas em posição de autoridade. Contudo, o Sol (centro de nosso universo e regente de Leão) tem influência mais individual e pessoal, pois um de seus papéis é localizar qualidades únicas e talentos mais refinados. O Sol também ajuda a construir a autoconfiança. Por outro lado, pensa-se que as bênçãos de Júpiter vêm da interação entre nós e aqueles que se dispõem a nos ajudar a atingir nossos objetivos. Júpiter também pode nos dar o magnetismo especial para atrair uma ligação romântica, amigos e um sentimento agradável de ser aceito. Em outras palavras, o papel de Júpiter é social, trazendo experiências felizes do mundo exterior, enquanto o Sol é pessoal, ajudando-nos a desenvolver plenamente nossos talentos. Júpiter, muitas vezes, também traz benefícios financeiros — presentes, dinheiro, ganhos inesperados —, que nos permitirão obter felicidade mais facilmente. O regente de Leão, o Sol, quando bem-posicionado, promove a autoconfiança e o orgulho de nossa singularidade, o que, por sua vez, nos faz avançar, porque sentimos que merecemos ter sucesso. Quando nos mostramos confiantes, os outros ficam mais dispostos a ajudar.

Seu regente, o planeta Júpiter, aumenta a sensatez: ele é encarregado da lei, da moral e da ética, portanto, esse planeta também é considerado responsável pelo papel do governo como guardião do povo. Em um nível mais pessoal, Júpiter ajuda o nativo a estruturar uma visão pessoal do mundo e de seu lugar nele, visão que integra as esperanças, os sonhos e as crenças espirituais e religiosas, formando uma filosofia de vida unificada e pessoal. Quer seja criada conscientemente, quer de forma inconsciente, essa filosofia é a planta básica a partir da qual você opera, fornecendo-lhe os princípios, a moral e a ética em que sua pessoa pode se pautar para tomar qualquer decisão importante. Isso é muito especial e às vezes é chamado de nosso "caráter" fundamental.

Dádivas cósmicas

Um horóscopo é uma espécie de mapa que nos fala de nós mesmos, mas também, em sentido mais amplo, traça o desenvolvimento e o progresso da humanidade ao longo da vida. O signo de Sagitário, na nona casa do zodíaco, é o lugar em que o ser humano cuida de suas necessidades imediatas relacionadas consigo e com os pais, irmãos, companheiro, ou companheira, e filhos. Na nona casa, o homem já evoluiu e amadureceu o suficiente para ter uma visão mais ampla de seu lugar no universo. Nesse ponto do desenvolvimento ele precisa dar forma a suas crenças religiosas, fazer planos para a educação e tomar decisões sobre moral e ética pessoais. Ele está se preparando para decidir qual deve ser sua grande contribuição para o mundo e, se for preciso ler e estudar mais para dar essa contribuição, ele adquire os conhecimentos nessa casa. A nona casa faz parte do "meio do céu" ou do ápice do mapa. A partir daqui, as qualidades de liderança começam a florescer. Estudo e conhecimento — seja pelo aprendizado, seja pelo ensino — terão um papel extremamente importante para este signo de fogo muito meditativo e intelectualmente criativo. É uma tarefa de vulto, porém demasiadamente gratificante.

Por ter Júpiter como regente, o nativo de Sagitário sempre pensa com grandeza. Júpiter é o maior planeta de nosso sistema solar. Em um horóscopo ele costuma ser chamado de "grande benfeitor" ou "doador de talentos e sorte". Astronomicamente, se reunirmos todos os planetas do sistema solar (excluindo o Sol, que é uma estrela) em uma região do Céu, Júpiter será maior que todos os outros planetas juntos! Esse tamanho espantoso e a associação do regente com bênçãos e boa sorte dão a Sagitário uma personalidade vibrante. Os nativos deste signo são generosos, joviais, alegres, otimistas, curiosos, ousados e, sim, muito afortunados!

Os sagitarianos são famosos por aumentar tudo o que fazem e estender o conhecimento para além dos limites exteriores do que todo mundo julga ou sonha possível. Seu tipo de otimismo é tão inebriante que, se pudesse ser engarrafado, as pessoas fariam fila para comprá-lo. Às vezes, todo mundo quer ser você, sagitariano, principalmente nos momentos difíceis, quando sua atitude inabalável sustenta o espírito das pessoas ao seu redor — e você está aqui para ensinar aos outros como cair sempre de pé. Você acrescenta lógica, razão e sabedoria a tudo o que toca, e quando enfrenta condições variáveis, mostra-se bastante flexível para continuar a produzir planos alternativos. Já se disse que sempre há uma multidão em torno do sagitariano, ouvindo o que ele diz. O que não me admira! Suas ideias são bem-escolhidas e bem-pensadas, e o mundo nunca se cansa delas.

Intelectualmente, você é um dos maiores pensadores e filósofos do zodíaco. Um criativo signo de fogo, Sagitário não tem medo de fazer as perguntas misteriosas da vida no sentido religioso, filosófico, moral ou ético. Desejoso de ver as ideias consolidadas, Sagitário trabalha muito para eliminar teorias superficiais, porque sempre luta pela pureza da verdade e do conhecimento. Pense em si mesmo como responsável no zodíaco pelas chaves das bibliotecas do mundo, que contêm todo o conhecimento da civilização em todos os tempos. Manter o padrão desse conhecimento é uma tarefa difícil, e Sagitário encara esse trabalho com responsabilidade. Quem quer que tenha escrito um livro sabe que o editor faz questão de ver diversas fontes para a informação veiculada. Sagitário, o signo que rege a atividade editorial, entende esse rigor factual em todos os tempos.

A maioria dos sagitarianos gosta de fazer trabalho acadêmico. Na verdade, os astrólogos são unânimes na opinião de que este signo produz estudantes e professores muito motivados e envolvidos com seu trabalho. Os sagitarianos gostam tanto de situações de aprendizagem e de sala de aula que são conhecidos como o signo com maior probabilidade de, ao longo da vida, voltar à universidade para pós-graduações, seminários e cursos de reciclagem, mesmo muito tempo após completar a educação formal. Sua curiosidade sobre o mundo é ampla e contínua. A mãe sagitariana é aquela que volta para a universidade aos 40 anos para cursar a faculdade de direito; o trabalhador sagitariano é aquele que se demite de um emprego tedioso e volta para a universidade para se formar em ciência da computação e fazer uma estimulante mudança profissional. Os sagitarianos nunca deixam que a falta de formação os impeça de avançar — eles têm a vontade e encontram os meios de conseguir a formação que desejam. Toda área de educação é favorável a eles.

A necessidade que os nativos do signo têm de se aventurar em viagens também é muito intensa. O signo de fogo precisa de liberdade; o fogo não é um elemento que possa ser contido. Portanto, se você é sagitariano, tem grande necessidade de ir para onde as ideias vivem, florescem e mudam. Você nasceu com coceira nos pés e curiosidade sobre os vários continentes do mundo. Ao visitar culturas diferentes, seu signo amadurece e cresce. Os astrólogos da Antiguidade acreditavam que uma viagem ao estrangeiro era apenas mais uma forma de aprimorar a educação e representava um meio válido de expandir os horizontes e identificar novas possibilidades. Se você não tem um conjunto de malas, caro sagitariano, deve pensar em guardar dinheiro para comprar um, porque é muito provável que vá passar a maior parte da vida viajando.

Por fim, Sagitário quer resolver alguns dos grandes mistérios da vida. Em sua mente, estão sempre presentes perguntas como: de onde eu vim? Por que estou aqui? Qual será minha contribuição para minha geração? Como posso contribuir melhor para o mundo e ter certeza de que minha passagem pela Terra será bem-empregada? Os sagitarianos estão sempre conscientes de que a vida tem um propósito mais elevado. Eles sentem uma necessidade premente de encontrar esse propósito. Se uma resposta definitiva não puder ser descoberta, o nativo quer criar uma teoria viável e pelo menos testá-la ao longo do tempo. Mesmo num primeiro encontro rápido com um sagitariano, é difícil não perceber essa seriedade de propósitos que eles transmitem.

O sagitariano é bem-dotado para buscas acadêmicas porque o signo rege a nona casa natural do zodíaco, que ocupa um lugar especial na roda do horóscopo, pois é a casa do filósofo, do professor, do guia, do mentor e do sábio. A mesma casa rege as editoras, as emissoras de rádio e televisão, a comunicação internacional e todos os tipos de educação superior e de certificação. Também rege o sistema judiciário, o governo, a espiritualidade, as viagens e o comércio internacional. As questões relacionadas com moralidade e ética também estão no domínio desse setor do horóscopo.

O signo oposto a Sagitário é Gêmeos, cujo mês é junho. Tal como outros signos opostos, Sagitário e Gêmeos têm muitas coisas em comum. Observar as características de Gêmeos é útil porque esse signo e Sagitário compartilham um eixo; ao comparar os dois, aprendemos algo sobre Sagitário. Da mesma forma que Gêmeos, Sagitário não é considerado um signo especialmente emotivo — nele, o intelecto domina. Os dois signos são mutáveis; portanto, são flexíveis e versáteis e adoram brincar com diversas ideias. É improvável que algum dos dois se prenda a um método, pois ambos são conhecidos pela capacidade de inventar procedimentos criativos, mesmo — ou principalmente — quando estão submetidos a estresse. Quando quiser alguém capaz de pensar rápido e propor soluções imediatas, chame um nativo de Gêmeos ou de Sagitário. Durante uma discussão ou debate, quando fica evidenciado que a ideia precisa ser refinada, Gêmeos e Sagitário farão os ajustes necessários imediatamente. A perspectiva de passar vergonha não preocupa os nativos desses signos; eles só querem chegar à resposta certa. De fato, o ego de ambos não está associado a uma verdade específica, mas ao *processo de descoberta* dessa verdade. Em outras palavras, o divertido é encontrar a verdade. Sagitário não é orgulhoso como Leão. Essa é uma questão crítica, sagitariano, porque, sem precisar defender constantemente uma posição para proteger seu ego, você fica livre para refinar constantemente suas teorias à medida que vai recebendo um retorno, podendo reconsiderar e melhorar sua posição.

No entanto, há algumas grandes diferenças entre Sagitário e seu parceiro cósmico. Chamado de escriba ou jornalista do zodíaco, Gêmeos coleta diariamente fatos e fragmentos de informação; esse signo também tem a atribuição de dar nome a tudo no universo. É um papel importante porque, se uma ideia, pessoa ou conceito não tem um nome, a sociedade tende a não "ver", ou seja, perceber aquela entidade. Tal como o repórter do noticiário da noite, que relata os eventos do dia, Gêmeos (um signo atualizado como nenhum outro) considera todas as notícias igualmente interessantes. Ao que parece, não há praticamente nada que o geminiano não queira investigar; o papel desse signo não é identificar as diferenças entre os diversos tipos de informação que coleta, mas simplesmente coletá-los.

Sagitário, por outro lado, precisa dar um passo atrás e encontrar simbolismo ou significado nos detalhes encontrados por Gêmeos. Nesse esquema, Sagitário prioriza e avalia o material descoberto por Gêmeos. Portanto, se Gêmeos é o repórter, Sagitário é o editor-chefe que redige o editorial. O papel de Sagitário é tentar descobrir um sentido nos acontecimentos, dando-lhes um viés filosófico.

Sagitário acha graça de Gêmeos porque o considera muito dispersivo, correndo de lá para cá. Sagitário diz que Gêmeos tem interesse excessivo por todo fragmento de notícia que ouve, lê ou descobre. Ele acredita que seu oposto deveria concentrar a atenção em uma área de interesse e parar de cuidar de tudo. É claro que esse conselho faz algum sentido. Contudo, Gêmeos responde que Sagitário *precisa* da informação detalhada que ele descobre; portanto, não deveria criticá-lo. Gêmeos, ainda, assinala que Sagitário pode ser teórico demais e passar muito tempo isolado em sua torre de marfim. Como oposto polar de Sagitário, Gêmeos consegue ver esse último com clareza e diz que ele deveria passar mais tempo no meio das pessoas. Em suas rondas diárias, Gêmeos vive no meio da multidão. Essas críticas são procedentes, porque, às vezes, os sagitarianos ficam tão envolvidos com teorias que não percebem o que se passa à sua volta, podendo até deixar de ver o óbvio; o sagitariano seria beneficiado com um choque de realidade de vez em quando. É claro que os dois signos têm valor. O que torna Sagitário especial é a insistência em buscar sentido em toda informação descoberta por Gêmeos. Sagitário analisa os dados, questiona tudo e vai ao âmago das questões no esforço de encontrar uma verdade filosófica que vá além do próprio acontecimento. Em meio às opções que fluem desse processo, os sagitarianos meditam e debatem, esforçando-se por descobrir e formalizar as conclusões corretas.

Na verdade, os astrólogos da Antiguidade achavam que era papel de Sagitário delinear e preservar as diversas contribuições ao conhecimento realizadas pelas diversas civilizações do mundo. Os sagitarianos sintetizam o que aprendem em um todo coerente para ouvir os sussurros da consciência humana no decurso do tempo e do espaço. Eles administram bibliotecas, armazenando o conhecimento acumulado para ser usado por todos para o bem comum.

Enquanto outros podem concentrar-se na diferença entre as nações e religiões, Sagitário vê as semelhanças. Você, sagitariano, prefere celebrar as diferenças entre as culturas, em vez de se queixar delas. Seu signo compreende que, como cidadãos do mundo, se nos unirmos, prevaleceremos. Porém, se nos isolarmos, cairemos. Juntamente com Aquário, Sagitário é especialmente sensível à necessidade de acabar com o preconceito e aumentar a tolerância entre os povos do mundo.

Os sagitarianos aumentam o nível de percepção de seus conceitos, nem sempre por meio de esforços artísticos (o domínio de Leão) ou por meio do comércio (a base de Áries), mas pela publicação de jornais, comentários, livros, artigos ou teses, por meio de palestras ou numa base interpessoal, durante suas viagens. Não surpreende que Sagitário, um signo tão envolvido em fortalecer a moral e a ética, também tenha sido designado para formular as leis e regras de conduta da sociedade. É uma tarefa difícil, mas nada é demais para esse signo, já que, graças à generosa regência de Júpiter, ele sabe que pode concretizar qualquer coisa, por maior que seja a meta.

Se você leu até aqui, terá concluído que Sagitário deve ser um pouco pomposo e arrogante. Se pensa assim, reveja seus conceitos. Na verdade, este signo pode ser muito brincalhão. A maioria dos sagitarianos está pronta a furar o balão de alguém a qualquer momento, da forma mais maliciosa — porém adorável! O nome de Júpiter, o regente de Sagitário, deriva da palavra *Jove*, de onde vem o termo *jovial*. Esse signo alegre, otimista e verdadeiramente feliz tem enorme potencial para o humor — principalmente da variedade finamente irônica e inteligente.

Sagitário é um signo mutável; portanto, bastante flexível. Os signos mutáveis são os últimos de cada estação e são considerados responsáveis pelas transições. Gêmeos encerra a primavera, Virgem fecha o verão, Sagitário encerra o outono e Peixes finaliza o inverno; todos compartilham desse talento para a adaptabilidade e a versatilidade. Signos mutáveis como o seu mostram sua força de caráter nas situações mais difíceis, como os desastres naturais. Você é tão inventivo que o caos não o assusta. É capaz de pensar em meio a situações de pressão e condições que mudam constantemente, podendo até conduzir os outros à segurança. Você usa esse talento na vida diária, mas provavelmente não dá a si mesmo o devido crédito por ele.

O simbolismo de todos os signos astrológicos se baseia na mitologia, mas também nas estações do Hemisfério Norte na época do ano em que o signo aparece. (Conforme falei, o simbolismo do signo se aplica a todos e em toda parte, seja onde for que tenham nascido ou vivam.) Do final de novembro às primeiras semanas de dezembro, a noite cai mais cedo sobre a paisagem fria e desprovida de vegetação. Começamos a viver mais dentro de casa quando sopra o vento frio; nessa época do ano, em algumas regiões do globo, não resta dúvida de que o inverno está chegando. O campo aberto pode ser um mundo solitário. No entanto, por mais inóspito que seja o exterior, o interior é luminoso e alegre. É a época de compartilhar a boa comida e as tradições familiares, de ouvir histórias novas e conhecidas. Reservamos tempo para ler, escrever bilhetes, cartões e e-mails, além de restabelecer a conexão com aqueles a quem amamos. É tempo de refletir e fazer planos para o futuro.

Na época do aniversário de Sagitário, muitas pessoas no mundo se preparam para o período dos feriados mais alegres, importantes e magníficos do ano. A regência de Júpiter para este signo é muito adequada. De repente, surgem banquetes generosos; são enviados convites para festas de final de ano. Papai Noel, o alegre, gordo e bem-humorado doador de presentes, é um símbolo perfeito da generosidade de Júpiter. A maioria das pessoas compra presentes principalmente durante o mês de dezembro, terminando na altura do solstício de inverno, quando o sol entra em Capricórnio. É tempo de pensar nas bênçãos do universo e de agradecer a todos que foram bons para conosco durante o ano.

Muitas pessoas começam a se concentrar nas crenças religiosas, nos princípios e valores mais gratos a seus corações, que são atributos de Sagitário. A expectativa da época das festas traz alegria e otimismo e uma renovação do esforço de ligar as pessoas de todo o mundo numa grande família humana, numa genuína esperança de paz e boa vontade. Tudo isso faz sentido porque Sagitário ensina que o sofrimento de um homem faz toda a humanidade sofrer; se alguém estiver desprotegido, todos estão ameaçados.

No simbolismo astrológico, à medida que a luz do dia vai diminuindo e a noite ganhando importância, aumenta a ênfase no coletivo e diminui o interesse pelas preocupações individuais. Portanto, os interesses coletivos da sociedade, a universalidade, predominam em Sagitário, alcançando seu ápice. Quando chega o solstício de inverno, o dia mais curto do ano — 21 de dezembro, início de Capricórnio — marca uma virada e os dias começam a durar mais; a "força do dia" aumenta, enquanto a "força da noite" diminui. Há um retorno da ênfase sobre o individual.

No conhecimento astrológico, cada signo equilibra as qualidades do signo precedente. Sagitário tem um desejo muito intenso de se libertar do poder de Escorpião. Em Escorpião os sentimentos estão voltados para dentro e são muito pessoais; em Sagitário há uma manifestação externa mais ostensiva de sentimentos e pensamentos. Sagitário não tem nem um pouco da preocupação de Escorpião. Onde Escorpião é cético, Sagitário é confiante e sereno. Enquanto Escorpião é solitário e taciturno, Sagitário é sociável e comunicativo. O poder e o controle são importantes para Escorpião, mas não interessam a Sagitário. A paixão e a posse marcam o signo de Escorpião, porém Sagitário não quer nada disso, optando pela independência e pela liberdade. Enquanto Escorpião pode esconder as próprias motivações para proteger sua posição, os motivos de Sagitário são claros e de uma honestidade quase ingênua.

O interesse de Sagitário pela universalidade do homem pode ser demonstrado também em termos astronômicos. Diz-se que o centro de nossa galáxia se encontra exatamente aos 26 graus de Sagitário. Portanto, o ponto considerado centro da galáxia — 26 graus de Sagitário — chega tarde naquele signo, correspondendo aos aniversários que caem precisamente em 18 de dezembro. (Cada signo abrange 29 graus; depois disso, a constelação se move para o signo seguinte.) Dessa forma, quando chegamos à parte mais escura do ano, a algumas horas de distância do solstício de inverno, estamos ligados a conceitos tão grandiosos e universais que o único símbolo digno dessas ideias seria a totalidade do céu sobre nós.

Visto da Terra, o centro da Via Láctea está situado exatamente aos 26 graus de Sagitário. A Via Láctea, uma densa faixa de 200 bilhões de estrelas que se projeta pelo céu num rio de luz, foi tema de muitos mitos, inclusive aquele que chama essa adorável aglomeração de estrelas de Estrada para o Céu. Esse caminho foi considerado a ligação entre o mundo dos mortos e o mundo dos vivos. Os romanos a batizaram de Via Láctea, enquanto os gregos a chamavam *Galaxias Kuklos* ("Círculo Lácteo"). Segundo Platão, ela contorna as duas metades do céu.

Há uma adorável lenda grega que chamava a Via Láctea de Riacho de Leite Divino. No mito, Júpiter gostava de ter casos de amor com mulheres mortais, razão pela qual os sagitarianos, principalmente os homens, costumam espalhar sua semente bem cedo. Os filhos dos casos de Júpiter só podiam ser imortais se fossem amamentados por Juno, a esposa do deus. No entanto, Juno não gostava da ideia de amamentar os filhos ilegítimos das amantes do marido; e, quando chegou a vez de Hércules, ela simplesmente se recusou. Mercúrio, o trapaceiro, colocou Hércules junto ao seio de Juno quando ela dormia. Ao acordar, a deusa empurrou o bebê, mas já era tarde. Hércules havia mamado o suficiente para se tornar imortal. Quando empurrou a criança, Juno espirrou leite e criou a Via Láctea para todo o sempre. Que imagem maravilhosa!

Estivemos falando sobre o lado otimista de Sagitário, mas os nativos deste signo têm uma pequena característica que deixa todo mundo enlouquecido: a tendência ao excesso de franqueza. Ai de mim!, aquela flecha parece estar sempre apontada para alguém. Sagitariano, você tem opiniões contundentes e também é assustadoramente franco. Sempre com pressa, você não tem paciência para pensar no que vai dizer — simplesmente abre o verbo. Ser alvo da falta de tato do sagitariano pode ser doloroso.

Se você pertence a este signo, sabe que pode acabar por alienar todo mundo de quem gosta. Isso pode ser uma prova da necessidade constante que os sagitarianos têm de lecionar, mesmo inconscientemente. Você simplesmente não consegue deixar de ensinar alguma coisa aos outros. (No entanto, se alguém se atreve a criticá-lo, sua posição é ficar indignado.) Você pode ser grosseiro, mas tende a conseguir resultados. Seus comentários sempre têm um fundo de verdade, razão pela qual são tão surpreendentes e não podem ser negados. Quando você aponta sua seta para o alvo, ela pode ferir fundo. Contudo, os amigos perdoam os nativos porque eles transpiram boa vontade. Júpiter lhes dá a capacidade de serem magnânimos e generosos, talvez até demais. Nos relacionamentos de todo tipo, você procura ser justo, mesmo que "abra a boca" da forma errada.

Relacionamentos

Quando se trata de romance, você gosta de preservar seu espaço. Como já dissemos, seu regente, Júpiter, amava as mulheres e estava sempre tão ocupado com elas que tinha pouco tempo para trabalhar em sua base no monte Olimpo. É por isso que Sagitário precisa espalhar suas sementes durante algum tempo, antes de se estabelecer. Isso ocorre mais com os homens do que com as mulheres deste signo, talvez por condicionamento cultural. Sua necessidade de espaço e variedade se revela dessa maneira. Nem todos os nativos do signo são assim, mas muitos são.

O casamento é um passo que você nunca dá apressadamente ou sem pensar muito. Na verdade, você evita o compromisso o máximo possível. Você não tem interesse em se amarrar a uma realidade, a pessoas ou a lugares, pelo menos inicialmente. A maioria dos sagitarianos se casa tarde. Alguns astrólogos chegaram até mesmo a se referir a este signo como o "signo solteirão", porque a liberdade e a independência são coisas que você preza muito, ao contrário de Escorpião, o signo possessivo que gosta de "ter e manter". Você é muito menos emotivo que Escorpião e, na verdade, tem medo de, com o passar do tempo, ficar claustrofóbico num relacionamento. A espontaneidade é mandatória para o sagitariano, mas você sabe que casamento e família podem restringir a expressão individual. Os sagitarianos podem sentir-se aprisionados com *qualquer* compromisso preexistente (até mesmo de negócios), portanto, o signo procura manter sempre as portas abertas, mesmo inconscientemente.

Portanto, se você estiver envolvido num bom relacionamento, ainda manterá o parceiro esperando enquanto for possível. No entanto, há outra preocupação, talvez até mais importante, que o faz adiar a aventura do casamento: você quer ter uma boa visão da própria identidade antes de se casar. Muitos dizem que os cônjuges tendem a se tornar cada vez mais parecidos, assim, antes de se mesclar sem ter tido a chance de conhecer a própria identidade, você pode preferir casar-se mais tarde, depois de ter definido com mais precisão sua personalidade e filosofia.

Ao escolher um parceiro, você procura alguém de mentalidade aberta, com os gostos sofisticados e as opiniões semelhantes às suas. Você admira gente com valores morais e integridade, sem preconceito racial ou religioso. Você também procura alguém que possa discutir diversos temas de forma estimulante. Nesse aspecto, você se assemelha a Gêmeos, seu signo oposto: você quer um parceiro que o inspire. Não surpreende o fato de muitos sagitarianos sentirem atração por parceiros com uma experiência de vida muito diferente da deles; como a abordagem do nativo à vida é eclética, esse tipo de parceiro lhe cai como uma luva.

Depois que você se casa, sua excelente capacidade de comunicação o ajuda a manter uma forte parceria. O fato de casar tarde também ajuda o sucesso futuro — quando se amarra, você sabe o que quer do relacionamento. Felizmente, quando se casa, o sagitariano tende a permanecer casado. Este é um signo brincalhão, portanto, quando finalmente tem filhos, o nativo é excelente pai ou mãe: curioso, ponderado, engraçado, de espírito sempre jovem. O sagitariano adora levar os filhos a lugares interessantes e expô-los a uma grande variedade de atividades divertidas e também a exposições e espetáculos enriquecedores da mente e da cultura.

Lembre-se de que, às vezes, é preciso fazer concessões ao parceiro. Poucos se movem como você, à velocidade da luz. Seu ideal é um parceiro com quem viajar e compartilhar sua inquietação, para que vocês possam conquistar o mundo juntos. Você quer ver Paris na primavera e as neves do Kilimanjaro no inverno, a Ásia no outono e a Antártica no verão. Se procurar bem, querido sagitariano, verá que esse parceiro existe e que você também pode levar as crianças consigo.

Quanto a seu instinto aventureiro e ao lugar e à maneira como você prefere viver, saiba que Sagitário adora a estrada. Antes de trocar alianças, muitos sagitarianos precisam ouvir o chamado selvagem e fazer uma ou duas viagens de aventuras enquanto são jovens e não estão presos a filhos e outras responsabilidades. O signo de Sagitário está associado com espaços abertos, céus infinitos e outros grandes espetáculos da natureza. Você tende a resistir ao confinamento da vida numa cidade populosa. Excesso de civilização faz os sagitarianos desejarem se libertar. Esses nativos estão sempre planejando um acampamento, uma viagem para esquiar, um safári ou outra aventura que os leve de volta à natureza.

Você não é naturalmente doméstico, seja qual for seu estado civil, e é famoso por fugir das tarefas desagradáveis. O estranho é que você escreve uma tese completa, trabalhando durante meses, ou até mesmo anos, para conseguir um título, mas quando se trata de tarefas triviais como preparar o jantar ou lavar a roupa, você desaparece assim que é chamado para ajudar. O maior motivo de irritação para seu parceiro é a tendência à desorganização. Você gosta de se espalhar, e isso também é influência de Júpiter. O motivo pelo qual não gosta das questões mundanas é o fato de sua cabeça estar sempre nas nuvens, meditando sobre os grandes problemas da vida. É por isso que o amor de sua vida perdoa essas pequenas irresponsabilidades. Se puder arcar com as despesas, contratar alguém para arrumar a casa vai reduzir bastante as disputas domésticas sobre a ordem e o asseio do espaço comum.

Finanças

Nesse aspecto, o desagrado de seu signo pelo conceito de restrição pode levá-lo a gastar com extravagância, o que pode ser uma área sensível no relacionamento. Sempre existe em você uma tendência para a extravagância. Você, com frequência, se pergunta até onde pode contar com a sorte. Isso é causado, em parte, pela influência de Júpiter, que expande tudo o que toca. Você tem uma atitude otimista, achando que por mais que gaste seu saldo bancário vai continuar positivo. Os antigos costumavam afirmar que Sagitário é o signo dos jogadores, mas esse rótulo não precisa ser literal. Você também pode correr riscos no trabalho, sugerindo ideias e conceitos avançados demais para seu tempo. Se conseguir direcionar e controlar essa tendência, caro sagitariano, poderá ter uma situação financeira confortável. Os nativos deste signo não nascem com a esperteza de Escorpião para questões financeiras; portanto, talvez seja bom ter um conselheiro escorpiano. Para começar, quando tratam de negócios, os sagitarianos são francos demais e menos possessivos que o necessário com relação às próprias ideias. Lembre-se de proteger sua propriedade intelectual. Se você conseguir combinar seus incríveis talentos intelectuais e criativos com algum conhecimento de negócios, poderá ter muito sucesso. Só não abra falência antes. Por outro lado, você nunca é mesquinho e compartilha tudo o que tem com a família e com os amigos. É difícil não se sensibilizar com seu bom coração, querido sagitariano.

VIDA PROFISSIONAL

Os sagitarianos adoram animais e muitos têm cachorros grandes e interessantes como animais de estimação. É claro que este é o signo do centauro; portanto, cavalos também são uma preferência natural. Muitos sagitarianos sabem cavalgar e até competem em provas de hipismo. Seu signo rege outros animais exóticos e de grande porte como elefantes, leões e ursos. Para estar mais próximos da natureza, os sagitarianos apreciam trabalhar com esses animais. Como boa atividade profissional, o nativo pode ser zoólogo, veterinário, instrutor de equitação, adestrador ou criador de animais, jóquei ou artista de rodeio. Quer uma carreira emocionante? Aventure-se pela selva ou pelos polos para passar um bom tempo estudando os animais em seu habitat natural ou torne-se um guia de safári. Se quiser um emprego um pouco mais doméstico, abra uma pet shop para vender ou cuidar de animais. Você também pode ser passeador de cães.

Há outras carreiras interessantes para você. Por ser um signo de fogo, você tem certa qualidade ou presença estelar, e precisa aparecer nessa condição em qualquer cenário. Contudo, Sagitário não rege o teatro clássico, que é domínio de Leão. Vejamos qual poderia ser seu "palco". Como se pode esperar, muitas das melhores vocações para você giram em torno de sua natureza para pensar de forma grandiosa. Por ser um bom aluno e não desgostar de estudar por muitos anos, você pode pensar em medicina, odontologia, direito ou pedagogia. Sagitário, muitas vezes, é um signo que produz pensadores, estudiosos, pesquisadores, filósofos e outros profissionais que gostam de pesar os prós e os contras de um assunto e explorá-los completamente. Dessa forma, o sistema judiciário pode ser interessante para você. Pense em ser juiz, promotor público ou outro tipo de agente da lei. Seu regente, Júpiter, era o deus romano da lei e da justiça. Seu signo também produz excelentes políticos; portanto, pense na possibilidade de se candidatar a um cargo público.

Sagitário também produz excelentes jornalistas, correspondentes estrangeiros, escritores e comentaristas políticos (principalmente de relações internacionais), além de editores de revistas, livros ou jornais. Você pode se interessar por idiomas, por isso considere a possibilidade de ser linguista ou tradutor. Muitos sagitarianos também são inventores de primeira linha.

Você tem uma sensibilidade extraordinária para as comunicações e a internet; portanto, pense em trabalhar como produtor, provedor de conteúdo, âncora ou apresentador de rádio ou televisão. Você fala bem, pense também em vendas e relações públicas. Seu signo é divertido e jovial, logo sua carreira não precisa ser séria. Se tiver a inclinação para isso, você pode ter muito sucesso como roteirista de comédias, colunista ou até mesmo humorista. (Lembre-se de que seu material, provavelmente, será popular em países estrangeiros.)

Muitos sagitarianos têm profunda natureza espiritual. Desse modo, você pode dedicar a vida a uma ordem religiosa; por exemplo, ser padre, freira, pastor, rabino, professor de teologia, teólogo ou filósofo. Você também pode gostar de trabalhar para uma fundação ou organização internacional sem fins lucrativos, como a Unicef ou outra organização pertencente às Nações Unidas, sabendo que seu trabalho contribuirá para uma boa causa. Como tem compreensão e sensibilidade inatas para outras culturas, também poderá ser excelente como diplomata, embaixador, banqueiro ou financista internacional. Também pense em ser importador ou exportador de bens e serviços, ou em construir uma página da internet para comércio eletrônico global. Seu interesse por outras cidades do mundo e por viagens também pode fazer de você um fantástico organizador de eventos corporativos internacionais, agente de viagem, operador de turismo, piloto, comissário de bordo ou, se quiser algo realmente diferente, explorador.

Você se interessa por velocidade e máquinas com muita potência (carros velozes, jatinhos etc.); assim, pense na possibilidade de trabalhar no campo dos transportes como na aviação (inclusive serviços de carga aérea) ou na indústria de automóveis, caminhões ou navios. Talvez projetar automóveis elegantes e sofisticados (além de caros) ou inventar novas versões de automóveis que não são movidos a gasolina. Outra boa carreira seria engenharia.

Finalmente, você pode pensar em ser um atleta profissional ou esportista. Como discutimos antes, muitos sagitarianos gostam de atletismo e parecem ter um talento natural para essa área. Concentre-se nos esportes olímpicos e pense em representar seu país. Você gosta da ideia de ter um competidor valoroso; como seu signo costuma ser muito robusto e musculoso, com um treinamento adequado você pode ir muito longe. Mesmo se preferir não se profissionalizar, pode se dedicar aos esportes como lazer, porque provavelmente gosta muito de se exercitar e isso o ajudará a reduzir o estresse.

Corpo, mente e espírito

As atividades atléticas costumam desempenhar papel predominante na vida dos sagitarianos. Este signo expressa o melhor do ideal grego da mente sã em corpo são. O signos de fogo gostam de competir para testar sua força física e emocional — e Sagitário não é exceção. Na verdade, geralmente os nativos precisam extravasar sua intensa energia. Na falta de um canal para isso, o nativo sente-se inquieto e tenso. (Áries, outro signo de fogo, também é considerado atlético, mas a qualidade fixa faz o segundo signo de fogo, Leão, queimar a energia internamente. Como resultado, em vez de lhe dar habilidades atléticas, a energia de Leão tende a engendrar uma criatividade individual incomparável.)

Embora nem todos os sagitarianos gostem de esportes, quase todos apreciam enfrentar situações desafiadoras. Isso permite que Sagitário (e Áries) experimente o delicioso sentimento da vitória, tão importante para ele. Na verdade, tal como Áries, Sagitário é considerado destemido. O símbolo das Olimpíadas é uma chama — muito adequado aos jogos que reúnem as nações num espírito de irmandade — e esse é um tema internacional que também acentua as qualidades de Sagitário.

A astrologia médica nos diz que Sagitário rege o fígado, os quadris e as coxas. Contudo, como Júpiter rege o signo, o nativo parece ter uma preferência acentuada por alimentos gordurosos. Tente diminuir esses desejos, querido nativo de Sagitário, ou seu colesterol pode ficar muito elevado. Controle também o consumo de bebidas alcoólicas para proteger o fígado. A maior dificuldade de Sagitário vem da hiperatividade ou de acidentes durante a prática de esportes radicais. Você é um pouco extremado, tendendo a praticar esportes que seriam pesados para qualquer um. Pegue leve! Numa idade mais avançada, tome cálcio para evitar problemas com fraturas, principalmente do quadril e do fêmur.

A energia se manifesta de forma diferente entre os diversos membros da família dos signos de fogo. Áries é reconhecido como espontâneo e muito empreendedor. Esse signo tem surtos rápidos e curtos de energia. Áries é o único signo de fogo que não precisa de um gatilho externo para entrar em ação; sua iniciativa vem de dentro. Em Leão, o elemento de fogo é voltado para dentro, em vez de ser voltado para o mundo, por causa da natureza fixa do signo. Portanto, o elemento de fogo em Leão é particularmente inovador no sentido artístico, especialmente talentoso com cores, música e design, mas não é muito atlético. A natureza fixa faz os leoninos gostarem um pouco demais de conforto. Sagitário é um signo de fogo com energia mutável. Assim, ele é sempre jovial, mantendo-se constantemente em movimento; como um fogo ao ser abanado. Por ser altamente comunicativo, depois de processar a informação, Sagitário precisa disseminá-la para o mundo. Portanto, em vez de vender ideias (Áries) ou magnetizar pessoas (Leão), Sagitário convence-as por meio da razão e as atrai pela transmissão da verdade. O elemento de fogo em Sagitário começa a se tornar mutável, menos permanente e mais transmutável. No entanto, em termos de energia física, este signo tem mais resistência, podendo ir longe.

Os nativos de signos de fogo geralmente não gostam que se diga a eles o que devem fazer. O fogo precisa de espaço para respirar e crescer; portanto, eles fazem o possível para ser independentes, trabalhando por conta própria ou dirigindo os próprios departamentos com alto grau de autonomia. O que um signo de fogo como o seu mais costuma temer é a rotina. Regras, regulamentos, sistemas burocráticos e disputas políticas costumam enfurecer mais esses signos do que os outros.

Os sagitarianos correm o risco de sofrer um esgotamento nervoso porque podem ser atraídos por um excesso de ideias novas, ficar dispersivos ou dissipar a energia por falta de concentração, absorvendo um excesso de ideias divergentes de uma vez só. Às vezes, você perde de vista o que estava procurando. Você também pode ser tentado a buscar atalhos, tendo de voltar atrás mais tarde quando os projetos e documentos não se mostram adequados. Sagitariano, seja esperto e dirija melhor sua energia para alcançar o maior benefício.

Resumo

Os críticos dizem que você pode exagerar na autoconfiança, chegando às vezes a ser desafiador, intransigente, ofensivo, arrogante, brusco e descontrolado. No entanto, no fim das contas, sua sinceridade, honestidade e perseverança esperançosa mais do que equilibram as qualidades negativas que se manifestam na sua pessoa de vez em quando. Você pode ser franco demais, porém raramente está errado. Sua mente clara, argumentação lógica e necessidade de uma ética escrupulosa equilibram plenamente as deficiências. Portanto, sagitariano, temos de aceitar você como um todo — e isso é ótimo. Dentro de você bate um coração muito generoso. Mais que qualquer outro signo do zodíaco, você faz as pessoas pensarem; embora muitas vezes sinta-se triste porque sua honestidade feriu alguém, seu senso de justiça pode fazer nações aderirem à sua causa.

OS MITOS DE SAGITÁRIO E JÚPITER

Na mitologia, a palavra Júpiter vem da expressão latina *Diu-pater*, que significa, literalmente, "Deus-pai". Na Antiguidade, essa descrição certamente era adequada. Júpiter era considerado o principal legislador, líder espiritual e administrador de Roma. Antes disso, Júpiter era Zeus, um deus grego que governava o céu e simbolizava o maior planeta do espaço. Tanto Zeus quanto Júpiter traziam a iluminação espiritual aos homens em toda parte e, como um farol, indicavam o caminho para uma ética, uma moral e uma espiritualidade mais refinadas. Em Roma, Júpiter estava sempre sentado num trono, com um raio em uma das mãos, um cetro na outra e uma águia pousada sobre o ombro. Júpiter também regia o casamento. Pensava-se que ele protegia especialmente os casais e também as crianças e a família como um todo. A astrologia concorda com essa visão, no sentido de que Júpiter está exaltado quando se encontra no signo de Câncer, que cuida do lar e da família. Os humanos adaptaram os deuses gregos à sua cultura, mas o significado de Júpiter permaneceu o mesmo.

Já se disse que quem tem Júpiter dominante no mapa (ou é sagitariano) tem a capacidade de controlar o próprio universo, da mesma forma que Júpiter reinava sobre o cosmo como principal deus do Olimpo. Quem tem Júpiter bem-localizado no mapa geralmente se encontra nos escalões mais altos da sociedade; quando cresce, esse nativo parece tomar parte da elaboração de leis usadas para gerir seu universo pessoal, e isso pode descrevê-lo, sagitariano. Naturalmente, como qualquer planeta, Júpiter tem seus pontos fracos. Ele cria tanta abundância que pode tornar o nativo preguiçoso, obeso e até mesmo arrogante, uma demonstração de que, em excesso, até o que é bom pode ser um problema.

Além de ser regido por Júpiter, Sagitário é simbolizado pelo centauro, uma criatura metade homem e metade cavalo. Miticamente, os centauros eram considerados muito inteligentes (humanos), mas seus corpos ocultavam instintos animais. Muitos deles eram considerados violentos, porque sempre começavam brigas e outras perturbações da ordem. Contudo, Sagitário não era simbolizado por qualquer centauro, mas por um muito especial chamado Quíron, o sábio, bondoso e mais sagrado dos centauros. Ele era conhecido como curandeiro, filósofo e professor.

Quíron, o sábio instrutor

De acordo com o mito, Quíron foi acidentalmente ferido no calcanhar (ou na coxa; as histórias divergem) por uma das flechas envenenadas de Hércules. Por ironia do destino, embora fosse muito respeitado como médico, o grande curandeiro não foi capaz de curar a si mesmo, porque o ferimento foi causado por Hércules, considerado mágico. Sentindo dores terríveis, Quíron desejou morrer. No entanto, como era imortal, só podia desistir de viver se manifestasse claramente essa intenção. Então, ele abriu mão da imortalidade, porém de modo a dar à própria vida um significado especial.

O centauro disse aos deuses que estava pronto a trocar a imortalidade pela morte, desde que, com isso, Prometeu fosse liberado do tormento. Prometeu (considerado responsável pelo grande despertar da humanidade; seu nome significa "presciência") era um titã que fora acorrentado a uma pedra por Zeus, como punição por ter desafiado os deuses. Sensibilizado pelo desamparo da humanidade, Prometeu roubou o fogo dos deuses para dá-lo aos homens. Zeus condenou o titã ao suplício eterno, ordenando a uma águia que lhe devorasse o fígado. Diariamente, o fígado de Prometeu era regenerado, e o tormento era repetido. Quíron rompeu esse ciclo, exigindo, em troca de sua vida, que Prometeu voltasse à Terra para prosseguir com seu serviço à humanidade. Segundo a lenda, a única maneira de libertar Prometeu seria um deus imortal abrir mão da imortalidade e descer para o Hades. Embora essa possibilidade parecesse muito improvável, a decisão de Quíron representou um milagre para Prometeu. Considerado o salvador dos homens, o titã foi libertado e voltou à Terra. Em honra à sua bondade, Quíron foi homenageado pelos deuses, que colocaram no céu a constelação de Sagitário, uma justa imagem ao centauro que fez o supremo sacrifício pelo bem universal (um impulso característico dos nativos deste signo). O grande centauro é tido como parte da força motora de Sagitário.

Sagitário e seu oposto polar, Gêmeos (o signo situado exatamente seis meses antes), são considerados signos de viagens e mobilidade. Portanto, para um signo amante da liberdade como Sagitário, um ferimento no calcanhar ou na coxa (ou seja, que restrinja sua mobilidade) pode ser muito frustrante. Qualquer um que tenha ficado doente pode relatar esse tema de estar "imobilizado", ficando preso a um corpo que não funciona adequadamente. No mito, quando estava vivo, o bondoso Quíron escolheu morar em uma caverna no monte Pélion, onde meditava e estudava medicina (do tipo da fitoterapia e da homeopatia), além de música e matemática. Ele não era um recluso; com frequência, saía de sua caverna para divulgar o que havia aprendido. Entre seus pupilos famosos estão Jasão, Aquiles, o grande médico Esculápio, o caçador Acteão e Eneias, a quem ele treinou para a guerra. Quíron ensinou medicina a Esculápio, filho de Apolo. O aluno acabou por superar os talentos do professor, passando a ser considerado o patrono das artes da cura. Quíron cristaliza o espírito de colaboração de seu signo, caro sagitariano, e sua incessante busca da excelência por meio da educação superior.

A PERSONALIDADE DE CAPRICÓRNIO

Capricórnio

22 de dezembro — 19 de janeiro

Força condutora

"Eu REALIZO."

O que alegra este signo

Encontra satisfação em ser homenageado por sua contribuição para a comunidade por meio da liderança, da visão e da definição de prioridades e objetivos práticos a serem seguidos pelos outros.

No novo milênio, sua contribuição para o mundo será...

Você tem o dom de saber construir estruturas organizacionais complexas. Sua capacidade de liderar, assim como de criar e manter uma linha de comando organizada, será respeitada e muito recompensada.

Uma citação que descreve o capricorniano

"Aos 6 anos, eu queria ser cozinheiro. Aos 7, queria ser Napoleão. Desde então, minha ambição continuou a crescer sem parar."

— Salvador Dalí, *taurino*

Capricórnio tem um sonho totalmente voltado para o poder e o sucesso. Em sua fantasia, você consegue ver seu nome gravado numa placa sobre a porta, a caixa de prata com seus cartões de visita e a vista deslumbrante da cidade divisada de seu escritório bem-localizado. Suas três secretárias têm vasos de rosas sobre a mesa e atendem e encaminham as chamadas, administram sua agenda lotada e mantêm você em movimento de uma reunião para outra. Quem visita sua sala pode ver os prêmios que você ganhou discretamente alinhados em uma bancada atrás de sua escrivaninha e as diversas fotografias que mostram você e sua família ou você apertando a mão de líderes mundiais. Esse sonho pode se tornar realidade? É claro que sim! Você é capricorniano, portanto, não se trata de saber "se", mas "quando" acontecerá.

Seu signo é o da ambição. Como você visualiza suas metas com tantos detalhes, muitas vezes consegue realizá-las. Com certeza, você tem todas as qualidades para o sucesso: é racional, honesto, persistente, calmo, competitivo, confiável, determinado, cauteloso, disciplinado e muito perseverante. Seus subordinados o consideram um paradigma de força, o que é fato. Você consegue contornar todos os obstáculos ao sucesso porque toma decisões deliberadas e cuidadosas sobre a carreira, como se fossem os movimentos estudados de um jogo de xadrez. Como sua vida profissional lhe proporciona grande parte de seu senso de identidade, é vital encontrar uma carreira que satisfaça sua necessidade de crescimento e que utilize bem seus talentos. Você trabalha muito, e alguns o consideram obsessivo. Você acha graça dessas críticas e diz que o trabalho é sua diversão, o que é verdade, querida cabra.

O capricorniano sabe que a estabilidade no emprego é tão sólida quanto sua vitória mais recente — que nada se ganha de graça. Essa é a atitude madura de um realista. Ao contrário de Sagitário, que pode ganhar qualquer coisa na conversa, o capricorniano é uma alma velha que "já passou e já viu tudo isso" e aprendeu que não existe atalho. Por ser purista, você não tem paciência com quem improvisa em vez de ver mais longe e fazer as coisas direito da primeira vez. Você também não perde tempo com ilusões.

Símbolos

♑ Os antigos designaram a cabra como símbolo de alguém que sobe ao topo das montanhas para transmitir a toda a humanidade o conhecimento do mar e da criação. Só "recentemente" (desde os gregos) a cabra se tornou o símbolo de Capricórnio. Na Antiguidade, os caprinos eram considerados sagrados e utilizados nas cerimônias de sacrifício mais importantes. Esse animal também é especial por outro motivo: é capaz de sobreviver quando o solo está muito pobre e as condições são bastante adversas — tal como o nativo de Capricórnio. Em vez de ser gregária, a cabra tende a ser solitária, sentindo-se feliz por subir a montanha sozinha. A recompensa é a vista do topo; para a cabra, ela vale a viagem.

♄ O regente de Capricórnio é Saturno, e o pictograma desse planeta é uma cruz sobre um crescente, o que significa que para ele a matéria e a realidade dominam o espírito. (Para Júpiter, vale o inverso: o espírito se eleva sobre a matéria porque, em seu símbolo, o crescente ou a alma está acima da cruz, que simboliza a matéria.) Dessa forma, Saturno e Júpiter veem a vida segundo abordagens opostas e complementares, fornecendo meios alternados de integrar a alma e o espírito com a realidade.

Influências planetárias

O solstício de inverno acontece no dia 21 de dezembro no Hemisfério Norte, e a partir daí o Sol (e a luz do dia) começa a perder importância. Assim, no solstício alcançamos um ponto simbólico de total contato com a "universalidade". A escuridão sempre é simbolizada pelo inconsciente coletivo, enquanto o aumento da luz era e ainda é considerado o símbolo do ser. Portanto, o aumento da luz que ocorre na época de Capricórnio requer a transformação e a renovação do espírito do indivíduo, realizada por meio da sabedoria da consciência coletiva, que atinge a plenitude durante Sagitário/Júpiter.

No final de dezembro, Júpiter passa o bastão para Saturno, regente de Capricórnio e planeta que os gregos chamavam de "Sol noturno". (Na verdade, alguns astrólogos da atualidade acreditam que Capricórnio trabalha melhor à noite, quando se sente mais alerta e cheio de energia.) Acredita-se que, quando se encontram num aspecto importante e benéfico em um mapa, Júpiter e Saturno têm a capacidade de ajudar a humanidade a avançar rumo a mudanças relevantes e positivas. Simbolicamente, de dezembro até a maior parte de janeiro o homem deixa para trás o período otimista de Júpiter e precisa avaliar suas ações e fazer planos para o futuro. A regência de Saturno sobre Capricórnio nos diz que nossa missão é assumir a responsabilidade sobre nossa vida por meio de ações disciplinadas.

A décima casa, que rege seu signo, pertence ao "rei-filósofo" — aquela elevada posição do horóscopo que nos permite, como líderes, colocar em ação nossas filosofias mais profundas. Todos na Terra têm a possibilidade de se tornar reis em alguma área da vida (na escala que escolherem); nessa casa escolhemos o domínio no qual se realizará nossa suprema contribuição profissional para o mundo, pela qual seremos conhecidos eternamente. Esse ponto de sucesso ou destino em geral não se revela até que o nativo seja mais velho e mais sábio (em torno dos 40 ou 50 anos). Raramente ele vem mais cedo, embora isso possa ocorrer com alguns nativos. Há uma recomendação de que precisamos trabalhar para alcançar essa meta e merecer esse papel. A busca começa no ascendente, que descreve a personalidade, enquanto o meio do céu, outra maneira de designar a cúspide da décima casa, é aonde "chegamos" em termos de status e reputação na comunidade. Essa décima casa, domínio de Capricórnio, rege a fama, o status, as recompensas, as honras e a realização suprema, portanto, vemos que assumir responsabilidades e compromissos resulta na alegria de ter uma boa reputação e contar com o respeito da comunidade.

Como já sabemos, o sol simboliza a autoridade; para Júpiter, que é um pai benevolente e apoiador, Saturno representa ainda outro lado, o do disciplinador austero. Alguns astrólogos afirmam que o papel de Saturno no mapa de Capricórnio (ou sua presença em qualquer mapa) parece indicar a necessidade de corrigir as deficiências de uma figura "paterna" importante: nossos pais, chefes, parceiro, companheiro ou algum outro indivíduo igualmente relevante.

O horóscopo não é apenas um símbolo para o indivíduo, mas também uma espécie de mapa dos estágios da humanidade como um todo. Portanto, quando chega à casa de Capricórnio, a décima casa, o homem está pronto para dar sua contribuição ao mundo. Até agora ele tomou conhecimento de si mesmo e de sua identidade. Ele passou algum tempo com os parentes próximos e distantes, provavelmente vivenciou o amor, a amizade e talvez até mesmo o casamento e filhos. Em Sagitário, o nono signo, o homem pode ter tido a chance de obter uma boa educação e/ou fazer viagens longas. Na décima casa, é hora de dar alguma retribuição à sociedade, o que acontece amplamente em Capricórnio.

Dádivas cósmicas

As cabras acreditam que todas as contas serão feitas, calculadas e equilibradas, e o trabalho árduo em algum momento será premiado. O dia da recompensa é realmente um dia luminoso e feliz. Em seu mundo, tudo é correto e justo: o trabalho é recompensado e as ações têm consequências diretas. Não sendo ingênuo, você é definido e orientado por uma visão do destino que está ansioso por realizar. Esse sentimento o sustenta apesar dos poderosos obstáculos que enfrenta em sua escalada do Everest. Um lado adorável de sua personalidade é a modéstia com relação a suas realizações; você pode até mesmo se surpreender quando outros o elogiam. Embora adore receber o reconhecimento, você é diferente de Leão ou de Áries, porque não gosta de se vangloriar.

Silenciosamente, você sabe que, embora seus concorrentes possam ser considerados pelos especialistas os prováveis vencedores, eles perderão o pique bem antes de alcançar a linha de chegada. Você sabe, com certeza, que sua paciência será recompensada, portanto, espera com calma. Como a tartaruga, você acaba por assumir a dianteira e quase sempre acaba por ganhar a corrida. Você não está interessado em ganhar apenas uma batalha; quer vencer a guerra. Sendo perseverante e objetivo, quando define uma meta, tem certeza de alcançá-la, pois é dono de imensa força interior. Alguns textos astrológicos antigos afirmam que os capricorniano são naturalmente pessimistas. Embora isso possa ser verdadeiro em alguns casos isolados, penso que a maioria dos nativos é positiva e otimista, apesar das metas grandiosas.

Astrologicamente, cada signo compensa os excessos do antecessor. Dessa forma, o otimismo irrestrito de Sagitário é temperado em Capricórnio, que também trata de conter a extravagância do signo precedente por meio de controles prudentes e medidas de redução de custos. Se Sagitário tem uma inclinação por uma formação, Capricórnio está decidido a usá-la. No entanto, este último é bastante pragmático para saber que boas notas não garantem o sucesso — ele é obtido com disposição e ambição. É importante ser coerente e, nesse aspecto, mais uma vez Capricórnio é vencedor, porque a cabra é prudente e segura. Assim como os escoteiros aprendem o lema "Sempre alerta", este signo está preparado para tudo.

Capricórnio nunca tem dificuldade de adiar a gratificação em benefício de uma meta maior no futuro. O dever também vem antes da diversão. Este signo pergunta: "Como posso relaxar numa festa se estou pensando em todo o trabalho que me espera em minha mesa? Eu preferiria ficar lá e trabalhar." No entanto, você estabelece um padrão de desempenho tão elevado que os outros começam a esperar um produto de alto nível. Nenhum patrão elogiará bastante seu trabalho, portanto, trate de tirar um momento para congratular a si mesmo, querido capricorniano. Trabalhar tantas horas extras tem outra desvantagem: mais tarde você pode sentir que perdeu parte importante de sua vida e lamentar não ter passado mais tempo com a família e com os amigos. Encontrar o equilíbrio sempre será um desafio para o capricorniano.

Você se interessa por história. Estar amparado num sólido conhecimento do passado o ajuda a planejar o futuro. Você entende instintivamente que as condições enfrentadas hoje são simplesmente consequência dos acontecimentos e decisões que tomou (ou que outros tomaram) ontem. Ao procurar conhecer a origem de suas dificuldades e usar a história como guia, você pode planejar o futuro com mais eficiência. Contudo, seu amor pelo passado também pode ser uma desvantagem: Capricórnio pode se apaixonar pela tradição a ponto de não dar a ênfase necessária à inovação. Contudo, a história não pode ser usada como um guia para todas as circunstâncias; nas situações inusitadas, talvez você não tenha a força de convicção necessária para operar transformações ousadas.

Você precisa ter uma visão eficiente do futuro. No passado, pensava-se que os reis derivassem seu poder diretamente do Sol, ou de Deus. Dessa forma, a posição elevada e às vezes solitária do rei inspirava nos súditos grande respeito. Contudo, os antigos sabiam que, em algum momento, o rei ficaria velho. Então, o soberano já não extraía poder daquelas fontes grandiosas; seu poder viria apenas de uma tradição ultrapassada. Nesse caso, fica evidente para os súditos que é hora de ter um novo rei, mas é muito importante que o herdeiro do trono conheça bem o momento certo de dar seu golpe de Estado. Ao fazer isso, o novo rei precisa gerar a fundação espiritual e prática sobre a qual fundamentará sua autoridade. Hoje, damos a isso nome de plataforma do candidato, o que também ocorre dentro de empresas, não só na política. Se não representar uma nova filosofia, o novo rei nunca formará a base adequada sobre a qual reinar; para piorar a situação, perpetuará sem querer o regime do rei deposto. Se isso acontecer, consciente ou inconscientemente, o novo rei aceitará a tradição desgastada do velho rei, em vez de substituí-la por ideias novas e originais.

Tenha isso em mente, querido capricorniano. Seu signo pode desconfiar um pouco demais de novos métodos e ideias. Da próxima vez que sentir a tentação de perguntar por que consertar o que não está quebrado (como faria seu colega taurino), pare e pense. Talvez você precise se obrigar a marchar com firmeza para dentro do século XXI. Embora as cabras não sejam consideradas visionárias como Peixes, Aquário ou Áries, você tem o talento de saber como dar uma chance às ideias dos outros.

Sua verdadeira genialidade e sua contribuição máxima para o mundo consistem em produzir, construir e desenvolver as ideias alheias. Quando um ariano está pronto para começar um novo negócio, mas não sabe como dar mais solidez ao negócio atual, a quem ele pede ajuda? A um capricorniano, é claro! Nas reuniões, se alguém apresenta uma ideia muito boa, seu instinto é querer colocá-la em prática. A cabra vai sugerir elaborar um orçamento, montar uma equipe e definir alguns prazos. Você sabe como obter resultados. Qual é a vantagem de uma ideia que nunca é concretizada? Você está certo, querido capricorniano. Você é muito organizado e sabe como fazer uma equipe trabalhar em conjunto com eficiência, mesmo que a meta pareça inatingível. Como um mago da contratação de pessoal, você tem um talento fabuloso para indicar a pessoa certa para uma tarefa. Sua mente prática também não deixa as emoções atrapalharem. Tal como seu regente, você recompensa a quem merece, não por amizade, mas por essa pessoa ter feito o esforço necessário. O maior temor de Capricórnio é deixar alguém na mão — e isso simplesmente não acontece.

Você consegue identificar exatamente o que falta em cada projeto e compensar essa deficiência adaptando recursos que já tem para cobrir as necessidades do que precisa ser feito. Os recursos nunca são desperdiçados: seu signo dá um novo significado à palavra *conservador* — "aquele que conserva". Saturno ensina o nativo a se contentar com o que tem, o que certamente é importante na época em que você nasce, quando o inverno apresenta a atmosfera mais inóspita e menos generosa.

A concentração mental também é poderosa em seu signo: se você é uma cabra, consegue dedicar-se a qualquer projeto, pessoal ou profissional, sem o risco de se distrair. Se uma banda de música desfilar pelo seu escritório, você mal vai notar, porque estará profundamente concentrado no trabalho. Saturno o ajuda a processar uma quantidade imensa de detalhes de uma só vez; como você se concentra no que faz, é capaz de trabalhar durante muitas horas sem pausa. Os amigos e a família ficam maravilhados com essa característica. Espero que você tenha um escritório tão confortável quanto sua casa, porque você passa muito tempo nele. Os capricornianos também não abandonam ou adiam uma tarefa.

Talvez esse forte envolvimento que você demonstra venha do fato de que, para começar, os capricornianos escolhem com rigor os projetos que assumem. Este signo sabe como não investir excesso de tempo e energia (o que Gêmeos costuma fazer), ou dinheiro (como Áries, o perdulário do zodíaco). Você tende a ser realista sem ser otimista demais (como Sagitário). Os capricornianos sequer deixam o ego atrapalhar as grandes decisões ou decisões difíceis (o que pode acontecer com Leão). Além disso, Capricórnio se recusa a se deixar afogar em detalhes (como sabemos que ocorre com Virgem).

Não se engane: Capricórnio é ambicioso. Os antigos escreveram que você está à altura de realizações de grande porte, por isso, poucas coisas estão fora de alcance. Se você quiser administrar um império, é só pedir. Capricórnio também tem grande disposição. Enquanto Áries, outro signo cardinal, tem surtos rápidos e incríveis de energia, Capricórnio tem a resistência de um corredor de maratona. Sua energia é como a do carvão, um combustível regido por seu signo. Lenta e constante, sempre muito quente, ela é muito durável.

Um de seus lados mais atraentes é o senso de humor, muito louco, mais engraçado que o de qualquer signo do zodíaco. Já se disse que para rir de alguma coisa precisamos levar muito a sério o objeto da piada, e esse é seu território, capricorniano. Não admira que alguns dos melhores cômicos tenham nascido sob este signo. Às vezes você revela um humor autodepreciativo que mata todo mundo de rir.

Em outras ocasiões, usa de uma ironia tão fina que é preciso algum tempo para se "sacar" a piada, mas que deixa todo mundo pedindo mais. Mesmo o humor sardônico ou sarcástico faz rir quando usado da forma certa.

O humor também o ajuda a superar as decepções, e você sabe que decepções fazem parte da vida; você é muito filosófico quando se trata de infortúnios. Na verdade, seu signo é um dos que têm mais facilidade para "dar a volta por cima" depois de uma queda. Contudo, o lado de Saturno que rege o medo pode ocasionalmente diminuir sua autoconfiança. Quando ela for abalada, você precisa parar, voltar atrás e levar um papo consigo mesmo. Uma cabra sem autoconfiança é uma cabra manca, porque a autoestima é o manto mágico que o ajuda a realizar grandes proezas. A depressão é considerada um dos subprodutos ocasionais de Saturno, porém, com mais frequência, o que você experimenta é o resultado da pura exaustão e da má alimentação. Você trabalha muito, portanto, procure manter-se saudável e veja se passa a se sentir melhor. Caso contrário, procure ajuda médica. Provavelmente há um bom tratamento à sua disposição. Essa é uma situação em que é bobagem apelar para o estoicismo.

Relacionamentos

Na qualidade de espartano do zodíaco, o capricorniano pode ser muito exigente consigo mesmo, principalmente quando acha que foi preguiçoso. Seus maiores críticos não são os chefes ou acionistas, é você mesmo. Você precisa saber que, às vezes, exige o impossível de si mesmo. Você diz que não precisa de elogios, mas precisa — todo mundo precisa. Como qualquer um, o capricorniano tem momentos de dúvida e perda da autoestima. Como acredita que *não precisa* de afirmações constantes, tende a esquecer que os outros precisam e que a falta delas pode afetar-lhes o moral. Não se esqueça de elogiar a família, os amigos e os empregados, quando eles merecerem.

Para os circunstantes, pode ser difícil interpretar seus sentimentos. As pessoas muitas vezes não sabem o que você está sentindo, querida cabra. Você pode ter pensamentos afetuosos, e isso não ser percebido por causa de sua timidez natural, o que pode dar aos outros a impressão de que não gosta deles, embora não seja o caso. Essa situação ainda é agravada pelo fato de os capricornianos nunca se sentirem tão à vontade em situações sociais quanto em situações de trabalho, em que as regras são claras. Para você, é difícil relaxar em sociedade. Contudo, se falar um pouco, os outros serão capazes de entendê-lo mais depressa.

Tal como Câncer, seu oposto polar, quando se trata de romance, Capricórnio adota o lema "Quem me ama, ama minha família". Esteja certo de que o clã que apoia o capricorniano jamais está muito longe. Essa, na verdade, é uma qualidade muito simpática em você, pois, assim como você respeita seus familiares, também vai respeitar seu namorado ou cônjuge. Você visitará alegremente a irmã de sua esposa ou comparecerá ao aniversário da mãe dela. Se seu companheiro(a) é capricorniano, logo você verá que os membros da família estarão sempre por perto, telefonando e enviando bilhetes ou presentes. A cabra gosta de estar no meio do caloroso círculo de filhos, pais, irmãos, tios, tias, primos e outros parentes. Capricórnio rege as fundações e certamente esses indivíduos lhe proporcionam uma base emocional poderosa.

À medida que vai amadurecendo, o capricorniano tende a ficar muito consciente de si, mesmo no contexto de sua linhagem de antepassados, o que é parte de seu amor pela história. Estudar as próprias raízes é um passatempo divertido para os nativos. Se você é um deles, provavelmente já pesquisou seu sobrenome na internet. De todos os signos, Capricórnio é o mais consciente de que muitas gerações viveram e morreram para que ele pudesse viver. Os nativos não perdem a oportunidade de dar uma grande contribuição ao mundo durante sua existência. Mesmo na juventude, o capricorniano está consciente de que algum dia será bisavô, ou bisavó, de alguém. Eles têm certeza de que poderão ser um membro fascinante da árvore genealógica quando, dentro de algumas gerações, as crianças da família perguntarem quem eles foram e como viveram. E é claro que serão.

Embora tímidos, os nativos de Capricórnio gostam de expandir o círculo social. Com suas maneiras educadas, elegância despretensiosa e aspecto sereno, você fica bem em qualquer lugar. As pessoas sempre pensam que você tem uma família honrada, até mesmo nobre, mesmo que isso não seja verdade. Você espera encontrar num parceiro as mesmas maneiras educadas. Uma pessoa rude, sem educação ou que usa linguagem grosseira não vai ficar muito tempo em seu círculo de amizades.

Alguns dizem que os capricornianos são arrivistas, mas essa opinião pode ser infundada. Com certeza, os nativos não querem competir com os vizinhos. Na verdade, ocorre o contrário: os vizinhos precisam trabalhar muito para competir com você! No entanto, se o capricorniano "se der bem", ficará tentado a se gabar um pouco. Essa tendência se manifesta de várias formas. Não sendo apreciador de coisas chamativas, o nativo comprará um automóvel elegante, de boa qualidade, cor neutra, com estofamento de couro e uma quantidade de acessórios que podem não dar na vista, mas são fantásticos de se ter. Os capricornianos também gostam de usar (ou dar de presente) joias caras de ouro e, em geral, compram nas melhores lojas. As mulheres deste signo podem até mesmo querer um casaco de peles, apesar de ser algo ecologicamente incorreto. Elas explicam que o casaco aquece bem e dura muitos anos! É claro que nem todos os capricornianos agem assim, já que alguns são muito conscientes das questões ecológicas, mas, em geral, os nativos do signo têm certa preocupação com status, o que admitirão se forem pressionados.

Por mais inquieto que tenha sido na adolescência e no tempo de faculdade, todo capricorniano traz dentro de si uma pessoa respeitável que jamais vai fugir para Las Vegas e se casar com um roqueiro. Os nativos deste signo pensam no futuro e não planejam sofrer com as vicissitudes da vida, se puderem evitar. Eles procuram parceiros objetivos, práticos e poderosos que, como eles, desejem ter sucesso. Aparentemente, as mães deles ensinam que dá o mesmo trabalho casar-se com um rico ou com um pobre, portanto, seu signo tenta ascender pelo casamento. Se aos 20 anos não encontram um candidato razoável, as cabras podem esperar até encontrar alguém melhor. Na verdade, é comum elas adiantarem primeiro a carreira, portanto, adiar o casamento não é problema.

Certamente, os capricornianos querem ter vencedores a seu lado. Se mais tarde você se encontrar preso a um parceiro sem ambição ou completamente irresponsável, o casamento vai definhar rapidamente, a menos que a outra parte revele algum pique. Por outro lado, um parceiro turbinado, bem-sucedido, pode causar outros problemas. Com a tendência do nativo em fazer uma carreira brilhante, seria interessante ter alguém cuidando da casa. Isso vale para homens e mulheres do signo — muitas capricornianas gostariam de ter um "marido do lar" para ajudar com as crianças. É difícil manter uma casa em funcionamento quando ambos os cônjuges são acelerados.

Quando se trata de buscar o amor, lembre-se de que só se interessar por trabalho pode torná-lo um tédio. De início, você talvez se sinta deslocado nas festas, a não ser que se trate de uma reunião ou um coquetel relacionado com a carreira, porque, mesmo em sociedade, você costuma precisar de um objetivo claro. Você costuma achar as festas de puro lazer um tanto sem objetivo ou, no pior caso, perda de tempo. Em vez de desistir das ocasiões sociais, talvez a melhor forma de um capricorniano tímido encontrar parceiros românticos consista em conseguir ser apresentado pessoalmente a eles.

Você é muito reservado e às vezes gostaria de romper esse estado de isolamento para se relacionar de forma mais honesta e livre com as pessoas de quem gosta. Em qualquer relacionamento afetivo, é muito importante sentir segurança. Ao contrário de outros signos menos vulneráveis, você prefere ficar do lado seguro a se lamentar mais tarde. Você precisa ter alguma prova de que o outro retribui seus sentimentos antes de se arriscar a fazer uma declaração. Se tiver medo de que a outra pessoa possa aproveitar-se de seus sentimentos ou não esteja em sintonia com eles, você ficará na sua até sentir mais lealdade, dedicação e apoio. Os capricornianos são cautelosos e protegem suas emoções; eles não expõem o coração à toa. Os melhores parceiros românticos são outros signos de terra — Virgem,

Touro ou Capricórnio —, que entendem instintivamente esse seu impulso. Signos de água — Peixes, Câncer e Escorpião — são a próxima opção mais viável, porque terra e água combinam muito bem.

Com Câncer na cúspide de sua casa de casamento é claro que você quer um parceiro carinhoso e interessado na família, alguém que demonstre mais do que você os sentimentos. Escolher um parceiro com esse perfil é algo sensato, pois você vai conseguir o romance duradouro que secretamente deseja e seu parceiro pode encontrar o cônjuge confiável que procura desesperadamente.

Uma vez tendo encontrado alguém especial, os capricornianos gostam de envolver o parceiro em sua carreira. Para um homem, isso significa transformar a esposa em primeira-dama; para a mulher, quer dizer casar-se com um príncipe que irá alegremente trabalhar com ela para construir o castelo ou o império do casal. Os capricornianos gostam de levar os parceiros para os congressos, jantares ou festas de trabalho. Considerando que quanto mais alto o nativo estiver na hierarquia da empresa, mais esses eventos sociais acontecem, os capricornianos estão certos ao escolher um parceiro à altura desse papel. Felizmente, os amados percebem, com o tempo, que isso será esperado deles e se prontificam a desempenhar esse papel especial. Caso contrário, pode haver problemas à vista, porque os capricornianos também se casam com seus empregos.

Pode haver uma diferença de idade de pelo menos oito anos entre você e seu marido, ou mulher, principalmente se em seu mapa Vênus também estiver no signo de Capricórnio. Homens e mulheres deste signo não hesitam em se casar com alguém mais velho, porque pensam, com razão, que a idade nunca deveria separar as almas gêmeas. Esses casamentos costumam ser muito bem-sucedidos; o capricorniano, em geral, é muito equilibrado nas questões do coração.

Uma vez casado e com filhos, seja homem ou mulher, você leva muito a sério o papel de provedor. Inúmeras mulheres podem encontrar-se subitamente sem recursos para manter os filhos porque os maridos não têm o menor senso de responsabilidade. O único perigo para as capricornianas é entrar numa modalidade de sacrifício, principalmente depois de ter filhos, não se permitindo relaxar ou pensar em si mesmas. A única maneira de romper esse ciclo é contratar uma babá e simplesmente relaxar por algum tempo; você merece uma folga.

Contudo, por pior que seja a situação da família (se as coisas chegarem a esse ponto), o capricorniano não abre mão da meta de mandar os filhos para a universidade e de proporcionar a eles pequenos itens supérfluos ao longo do caminho. Mesmo que o parceiro não se disponha a isso, as cabras conseguem dar aos filhos roupas novas, tênis da moda, brinquedos e umas férias divertidas, mesmo que modestas. Para Capricórnio, uma promessa é dívida, e a promessa de proteger e cuidar de um parente, ainda mais um filho, é sagrada. Às vezes, alguns capricornianos precisam ajudar um parente idoso e, nesse caso, vale a mesma regra. Nada os impede de ser provedores porque o amor lhes dá imensa energia.

Há quem considere os capricornianos sexualmente frios; mais uma vez, pensa-se que isso é verdade, mas não é. Embora você não goste de manifestações dramáticas e públicas de afeto, a portas fechadas você não tem problema em ser intensamente sensual e erótico, no sentido mais material. Na verdade, o conhecimento astrológico milenar afirma que os signos do zodíaco simbolizados por animais com chifres (Áries, Touro e Capricórnio) podem ser os mais exuberantes e eróticos. Portanto, o mundo não deve se enganar com seu exterior modesto e tímido.

Como já mencionamos, os capricornianos valorizam a fidelidade e a lealdade. Contudo, como os nativos deste signo tendem a viver a vida "às avessas", sendo sérios na juventude e joviais na velhice, você talvez se sinta um pouco tentado a "soltar a franga" quando for mais velho, principalmente porque pode sentir uma necessidade súbita de compensar o tempo perdido e relaxar um pouco. Se isso acontecer, será logo depois de uma grande vitória na carreira, quando tiver tempo e disposição para uma doce distração romântica. Com sorte, isso será apenas uma fase passageira, da qual você se recuperará rapidamente. O amor pela família e pelos filhos e a necessidade de honrar os compromissos anteriores provavelmente evitarão que você vire a mesa.

FINANÇAS

Os práticos capricornianos usam uma camiseta com o seguinte dístico: A VIDA É CARA; O DINHEIRO AJUDA. Você é bastante prático e gasta com cuidado; sabe que precisará de uma boa reserva para as emergências. Também sabe que gosta de artigos de marca e tende a confiar em grifes conhecidas. A qualidade é o que você procura, porque aprecia artigos duráveis. Você sabe que trabalha demais para jogar dinheiro pela janela. Sempre em busca de uma boa pechincha, quando possível compra no atacado, em liquidação ou com desconto. Você também é um excelente negociador. Quando se trata de cartão de crédito, você tem muito cuidado para manter o nome limpo e fará de tudo para nunca abalar seu crédito.

Capricórnio gosta de investir em ações, mas não fará os investimentos de risco característicos de Áries. Os capricornianos aplicam dinheiro em empresas globais sólidas, com um faturamento seguro, empresas que oferecem uma visão realizável de futuro. As cabras também gostam de investir em ouro, prata, outros metais preciosos, diamantes e outras pedras, pois sabem que tudo isso sempre terá valor. Pela mesma razão, este signo de terra também aprecia investir em imóveis.

Embora os capricornianos tenham fama de ser muito econômicos, até uma qualidade boa, às vezes, pode tender ao exagero. Embora incomum, quando exagerada, a necessidade de conservação da cabra pode transformá-la em um avarento infeliz como o Ebenezer Scrooge, personagem de um conto de Dickens sobre o Natal, época do nascimento de Capricórnio.

VIDA PROFISSIONAL

Capricórnio, o signo da décima casa do horóscopo, casa das realizações, honras, fama e reconhecimento, é conhecido por produzir líderes eficientes. Os capricornianos são muito zelosos da própria reputação e dão ao trabalho a atenção que, segundo eles, este merece. Em geral, colhem abundantemente os frutos do sucesso: dinheiro, poder e posses.

Capricórnio leva os negócios a sério; seu signo rege os grandes orçamentos e governa as maiores e mais respeitadas empresas globais. Portanto, o nativo sempre tem mais sucesso quando trabalha para grandes organizações, em vez de trabalhar em empresas pequenas ou por conta própria (o que é domínio de Áries). Você gosta dos benefícios e recursos disponíveis nas grandes empresas. Contudo, se decidir começar o próprio negócio, tem energia para levá-lo a bom termo. Você faria bem se formasse uma sólida aliança estratégica com uma empresa de grande porte para fazer sua empresa crescer. Você também se dá bem quando trabalha numa empresa grande porque gosta da ideia de uma linha de comando. Isso faz sentido porque seu regente, Saturno, governa o esqueleto humano, a estrutura dos edifícios e o organograma das empresas. O novo conceito de gerência com poucos níveis hierárquicos que se expandem horizontalmente, com menos pessoas se reportando a outras, em um ambiente mais "aberto" (sem portas nem escritórios), não lhe parece atraente.

Você é meticuloso, prático e financeiramente prudente. Os nativos de seu signo muitas vezes cuidam de finanças, mesmo que essa não seja sua atividade principal. Quando recebe essa responsabilidade, você administra as finanças de forma confiável, tratando os recursos da empresa com o mesmo cuidado que teria com o próprio dinheiro. Juntamente com Touro e Escorpião, Capricórnio é considerado um dos mais talentosos gerentes financeiros do zodíaco.

O trabalho perfeito para você seria o de diretor-presidente ou alguma coisa próxima, como gerente de operações, gerente financeiro ou tesoureiro. Você também tem grande facilidade para matemática, portanto, seria um bom gerente tecnológico. Acrescente a essa lista as funções de economista, financista, matemático, contador, corretor de valores, comentarista ou consultor financeiro, corretor de seguros, corretor de imóveis ou incorporador.

Como signo de terra, Capricórnio produz excelentes arquitetos, empreiteiros, construtores, peritos de vistorias e incorporadores imobiliários. Experimente ser administrador de bens ou trabalhar em planejamento urbano e salvar da destruição valiosos prédios antigos. Como você considera fundamental "fazer a coisa certa", seria um excelente administrador público. Pense na possibilidade de se candidatar a um cargo público ou ser funcionário público. Capricórnio também é um signo que gosta de lei e ordem, portanto, pense em ser agente da lei ou detetive.

Saturno é seu regente e também rege os idosos, por isso, você pode escolher trabalhar como geriatra ou administrar uma casa de repouso para idosos. Saturno também rege os ossos e os dentes, por esse motivo alguns capricornianos preferem ser dentistas, ortopedistas ou quiropráticos.

Os capricornianos sabem ou querem saber como as coisas funcionam; muitos são dotados de talento para mecânica. Pense em ser engenheiro, mecânico de automóveis, técnico em eletrônica ou técnico em computadores.

Os nativos deste signo também adoram história, portanto, acrescente à lista as profissões de arqueólogo e antropólogo ou curador de museu histórico. Talvez você gostasse de ser diretor de documentários ou escritor de romances históricos. Ou pode tornar-se leiloeiro ou negociante de documentos antigos e valiosos, moedas, selos, móveis, objetos de arte, porcelana ou qualquer antiguidade valiosa.

Saturno tem ligação com a agricultura, você pode ser um excelente fazendeiro ou bioquímico, principalmente se descobrir formas de cultivar alimentos mais nutritivos ou de alimentar as nações superpopulosas. Capricórnio também rege as cavernas e as coisas enterradas. Seja um escavador, gemólogo, geólogo, mineralogista, mineiro ou marmorista. Outros campos favoráveis incluem curtidor de couro, cronometrista, relojoeiro ou joalheiro — ou até mesmo dono de funerária. Alguns capricornianos sentem atração pelo chamado religioso, portanto, pense numa carreira como clérigo.

Um lado pouco conhecido do capricorniano é o talento para a arte. Pense na possibilidade de ser diretor de arte ou ilustrador. Estude música para tocar numa orquestra ou aprenda a reger. Prepare-se para ser um restaurador ou renovador de móveis. Capricórnio rege objetos de valor do passado, sendo assim, essas profissões poderiam ser divertidas. Você tem um grande senso de humor — torne-se roteirista de comédias, humorista ou autor de uma coluna de humor para um jornal.

Corpo, mente e espírito

Querido capricorniano, você já notou como homens e mulheres de seu signo preferem (mesmo nos fins de semana) usar cores neutras — preto, bege, marrom, caramelo, grafite, cinza ou branco —, que destacam seu estilo digno e simples, porém sofisticado? Isso acontece porque Saturno o mantém elegante, tal como a cartela de cores do inverno, época do ano em que você nasceu (no Hemisfério Norte). Isso lhe dá uma aparência muito poderosa. Todos aqueles ternos azuis com camisas brancas; aquelas produções em preto total, mesmo nas festas. Algumas pessoas podem sentir-se intimidadas, com medo de se aproximar de você. Não se incomode; está na hora de ser autêntico.

Muitas vezes, a infância dos capricornianos é adiada ou "anulada" por algum motivo. Muitos nativos deste signo amadurecem prematuramente, sentindo-se mais velhos do que são porque muito cedo na vida precisaram assumir responsabilidades pesadas. Com isso, tal como os primogênitos, a cabra sempre cuida de alguém e aprende a liderar numa idade em que outras crianças ainda nem aprenderam a ler e escrever. Outros capricornianos nascem com problemas de saúde, obstáculos que fariam muitos desanimarem ou baixarem as expectativas. No entanto, capricorniano, os obstáculos lhe servem de estímulo. Esses desafios podem revelar-se uma bênção, porque fortalecem sua iniciativa. O bom é que Capricórnio só atinge a plena forma com mais idade, portanto, quanto mais velho você fica, melhor é a vida. Certamente, essas recompensas existenciais (pessoais ou profissionais), que na juventude você estava tão decidido a obter, começam a chegar depois dos 40 anos e dão início a um período muito gratificante. Numa reviravolta cósmica do destino, os capricornianos começam a parecer mais jovens e mais sedutores com o passar do tempo, o que é realmente adorável! Portanto, embora as jovens cabras possam parecer mais velhas do que são, o inverso seguramente acontecerá com o passar do tempo. Se você acha que está caminhando para trás, tem razão — isso não é ótimo? Além disso, como Saturno rege a longevidade, provavelmente existem mais capricornianos centenários do que centenários nativos de qualquer outro signo. Isso compensa plenamente o início de vida mais difícil que o normal, querido capricorniano. A cabra pode rir da obsessão de nossa sociedade com a juventude. Ela percebe que os jovens (com menos de 30 anos) têm valor e uma contribuição para dar, mas também sabem que as pessoas ficam muito mais interessantes depois dos 40 ou 50 anos.

Talvez você se surpreenda ao ouvir dizer que Capricórnio não se sente muito à vontade com recomeços e novas aventuras. Ele sempre tem medo de não estar à altura do potencial representado pelo início de uma nova situação. Em vez disso, os capricornianos gostam de dormir sobre os louros (nem que seja por um segundo), depois de terem realizado o que se propuseram fazer. Portanto, embora possam ficar um pouco desconfortáveis ao celebrar o casamento (às vezes se torturando com pensamentos sobre a possibilidade de não dar certo ou sobre todo o dinheiro gasto e toda a confusão envolvendo os parentes e a família), quando completarem 35 anos de casados estarão prontos para agitar. Os nativos ficam nervosos ao celebrar uma promoção profissional, porém cinco anos mais tarde, depois de ter provado a própria competência escrevendo um livro ou aparecendo na capa da revista *Time* (ou qualquer outra meta que tenham estabelecido), eles conseguem desfrutar o sucesso.

A esta altura você já deve ter percebido que Saturno, o regente que influencia tanto sua personalidade como suas perspectivas, é o planeta da responsabilidade, do trabalho árduo, dos limites, dos atrasos, do sacrifício e da determinação. Antes que você diga "Saco! Por que eu tinha que ganhar um regente como esse?", espere um segundo! Saturno apenas rege o ápice do horóscopo, a parte do mapa chamada de décima casa, casa das honrarias, dos prêmios, das realizações e da fama. Saturno tem a ver com a realidade, as partes da vida que podemos ver, ouvir, provar, tocar e cheirar; o planeta dá ao nativo uma visão muito clara. Saturno também proporciona recompensas tangíveis quando os desafios são vencidos. Mais do que ninguém, você sabe que nada de valor vem de graça.

Os joelhos são a parte do corpo associada com Capricórnio. Alguns nativos têm uma cicatriz no joelho ou mancam, em consequência de uma lesão adquirida na prática de esportes. Se você joga futebol ou pratica esporte, proteja os joelhos. Capricórnio também rege os ossos, as unhas e os dentes, portanto, seria bom ter o cuidado de tomar bastante cálcio e ir regularmente ao dentista; não fazê-lo seria loucura. Também faça musculação regularmente para manter os ossos fortes e saudáveis, principalmente ao ficar mais velho. O reumatismo e a artrite podem ser um problema, mas felizmente a medicina moderna continua a encontrar formas inovadoras de aliviar a dor e é possível que surja uma cura muito breve. Para evitar problemas nas articulações, faça muito exercício e assegure-se de alongar, alongar e alongar o corpo a vida toda. Passar muitas horas sentada à mesa de trabalho não é bom para você.

A pele também faz parte do domínio de Capricórnio, logo, você deve usar muito filtro solar com FPS 15, não só para proteger a pele de doenças, mas também para evitar rugas. Os ouvidos (a audição) podem ser outra área problemática, porque também são regidos por Capricórnio. Embora ninguém possa controlar completamente a perda de audição, faça o possível para proteger os ouvidos mantendo baixo o volume da música em seus fones de ouvido.

RESUMO

Você é um exemplo excelente para todos nós. A cabra prefere escalar a montanha a passar a vida no vale, porque deseja fama e, em geral, consegue alcançá-la durante a vida. Os outros lhe dizem para não trabalhar tanto, porém, regida pelo prático Saturno, a cabra é realista. Ela sabe que qualquer coisa de valor merece esforço, e não se consegue com facilidade. Os capricornianos preferem conquistar o tesouro a ganhá-lo. Não se iluda: a décima casa é a casa do rei-filósofo, que lhe dá o espaço no qual colocar em ação sua moral mais profunda e seus valores éticos, para inspiração de todos nós. Seu companheiro, ou companheira, o considera sensato, sedutor, apoiador, leal e totalmente dedicado. Por essas e muitas outras razões, é impossível deixar de admirá-lo.

OS MITOS DE CAPRICÓRNIO E SATURNO

Querido capricorniano, muitas culturas, de cerca de 3000 a.C., descobriram que a época de seu nascimento é muito importante. Na verdade, Capricórnio é uma das constelações mais antigas, conhecida desde o tempo dos babilônios, vários milênios antes do nascimento de Cristo.

Seu símbolo, familiar a muitas culturas mediterrâneas do passado, não era uma cabra qualquer, mas uma cabra muito especial chamada Ea, que tinha a cabeça e a metade do corpo de cabra e cauda de peixe. Na Babilônia, o deus Ea era um homem que usava pele de peixe e também era chamado de "antílope do oceano subterrâneo". Seu domínio era a água vitalizante que fluía sob a terra, considerada o poder subjacente aos rios Tigre e Eufrates. Portanto, Ea era uma criatura anfíbia que podia habitar tanto o mundo das águas (sonhos, emoções, inconsciente coletivo), quanto o da terra (realidade e mundo material), respondendo por uma ligação psicológica entre os dois. Ea desempenhava outro papel: o de sábio professor, para o povo da Suméria. Não se sabe muito sobre essa criatura, mas, na arte mesopotâmica, cabras e antílopes se alimentavam da Árvore da Vida.

O conceito de nutrição está representado nos signos de Câncer e de Capricórnio, que compartilham um eixo. Os povos da Antiguidade viviam numa economia principalmente agrícola, portanto, a cheia e a vazante do rio Nilo eram consideradas muito importantes, pois representavam a abundância e o sustento para a massa humana que vivia às margens daquele rio e dependia de suas propriedades vivificantes. Nos calendários antigos, as águas do Nilo atingiam o nível mais alto nos meses de maio e junho, justamente quando Capricórnio estava ascendendo no horizonte ao anoitecer. Essa época assinalava para os pescadores a hora de trabalhar, porque os peixes nas águas seriam abundantes. Pelo controle da irrigação e da abundância para a população, a sociedade permanecia em ordem, um conceito bastante capricorniano.

Pã e Tífon

Um mito fascinante sobre Pã também está relacionado com Capricórnio como a cabra-peixe, parte das águas que sustentavam a vida. Pã, filho de Hermes, era um deus despreocupado e amante da música, com chifres e patas de bode. Ele era considerado o deus dos pastores de carneiros e cabras, companheiro das ninfas da floresta. Todos os lugares selvagens eram seu lar e ele era associado especialmente com as regiões de mata fechada, florestas e montanhas, lugares nos quais podia tocar seu instrumento musical, a flauta de cana, que ele próprio fez. Dizia-se que sua música era tão bela quanto o canto do rouxinol.

♑ Em determinada ocasião, Pã saltou na água para evitar o monstro Tífon no momento exato em que Júpiter o ajudava a se disfarçar como animal. (Supõe-se que a palavra *pânico* tenha origem nessa lenda.) O resultado foi que a parte do corpo que estava acima da água continuou na forma de bode, mas a porção submersa se transformou em peixe. Dessa forma, esse mito representa o desejo de Capricórnio por um equilíbrio entre a luta e a liberdade, os abismos e as alturas, as dificuldades e a vitória. O pictograma de Capricórnio também revela essa história, mostrando os dois chifres da cabra com um arco do lado direito que representa o joelho tão necessário para escalar as montanhas da vida (os joelhos também são regidos por Capricórnio). O pictograma termina numa curva, que simboliza a cauda de peixe da misteriosa cabra-marinha. Um comentário: diz-se que Capricórnio extrai sua natureza íntima, travessa e sensual da história de Pã — esse deus certamente não tinha preguiça quando se tratava de festas e diversão. Pensa-se que essa energia é equilibrada pela exigência de respeitabilidade característica de Saturno. Contudo, ela existe, escondida dentro da personalidade de Capricórnio, para ser desfrutada.

Saturno, deus da agricultura

Na Roma antiga, Saturno não tinha as graves conotações que tem hoje. Naquela época e lugar, ele era considerado um alegre deus da agricultura. Na época do solstício de inverno, de 17 a 24 de dezembro, ocorria o festival romano da Saturnália. Celebrando Saturno, o deus da "semeadura" e das colheitas, o festival era tudo, menos contido — havia festas desinibidas, comilança e celebração das dádivas da natureza. Os senhores serviam os empregados e a realidade era virada de cabeça para baixo num período de irresponsabilidade e caos.

Nesse festival, Saturno era representado portando uma foice que foi transformada no símbolo da cornucópia, o chifre curvo cheio de frutas, flores e grãos. (A foice era usada para cortar o trigo, o que em Roma era um ritual sagrado.) Dessa forma, a ideia de abundância material estava associada com Capricórnio. Inerente a esse símbolo é a mensagem "Cada um colhe o que plantou". Logo, Saturno acabou por ser uma influência positiva no horóscopo, sublinhando a ideia de carma; em outras palavras, você recebe da vida o que está disposto a investir nela.

Para compreender a visão romana de Saturno precisamos recuar no tempo até a Grécia antiga e a mitologia grega desse deus, que os gregos chamavam de Cronos. Ele era um titã, a primeira raça de deuses que reinou no mundo antes que os imortais do Olimpo assumissem o poder, sob a direção de Zeus. Além de Zeus, Hades, Deméter, Posseidon e Héstia também eram filhos de Cronos.

Cronos e Reia

Assustado com o presságio de que um dos filhos iria desafiá-lo e destroná-lo, Cronos zelosamente devorava cada recém-nascido apresentado a ele pela esposa, Reia, como forma de garantir que aquele filho não atingisse a maturidade e o destronasse. Temos aí a imagem de um velho rei que não quer abrir mão do trono apesar de ser cada vez mais evidente que ele está cansado e já não consegue governar com eficiência. Isso segue o conceito do rei velho que discutimos em "A personalidade de Capricórnio".

Reia concluiu que não conseguia mais furtar-se a tomar uma atitude, vendo todos os filhos serem devorados pelo marido. Quando Zeus nasceu, Reia embrulhou uma pedra nos cueiros e apresentou-a a Cronos como seu filho recém-nascido. Tal como Reia esperava, o marido rapidamente engoliu a pedra, sem examiná-la. Enquanto isso, Zeus foi levado imediatamente para Creta, onde poderia crescer e amadurecer em segredo. Mais tarde Zeus cumpriu o presságio que aterrorizava o pai, tornando-se copeiro dele e envenenando-lhe a bebida. Instantaneamente, para alívio de todos, Cronos regurgitou todos os irmãos e irmãs de Zeus. Seguiu-se uma batalha sangrenta, vencida por Zeus e seus irmãos. Os titãs foram relegados a uma região do mundo dos mortos chamada Tártaro. Zeus foi nomeado o poderoso líder de uma nova raça de deuses, os olimpianos.

Essa história parece representar o provérbio segundo o qual "Nossos maiores medos acabam por se realizar". No entanto, Cronos já conhecia a insurreição — ele mesmo suplantou o próprio pai, tendo castrado Urano com uma foice (ver "Os mitos de Aquário e Urano"). Os gregos passaram a não reconhecer Cronos depois que Zeus assumiu o poder, mas os romanos achavam o titã interessante e o trouxeram de volta como o deus da agricultura. Saturno era homenageado durante todo o ano, mas na Saturnália ele era honrado em seu maior festival porque era a época de colher o milho e o trigo, usando a foice, o símbolo do deus. O corte do milho era um ritual sagrado, um momento especial em que os talos eram cortados e o milho, comido, como os filhos de Cronos.

A palavra *cronus* significa "tempo", e a raiz do nome do deus é encontrada em palavras que conhecemos como *cronológico* e *sincronicidade*. Em nossos dias, no fim do ano vemos uma versão de Cronos na forma de um Pai-Tempo velho e cansado que usa uma capa preta e carrega uma foice. Contudo, hoje ele é o símbolo da crueldade do tempo ou de alguém que vai julgar nossas ações quando nosso tempo se esgotar. O Pai-Tempo também é o ano-velho, que abre mão de seu tempo para que um lindo bebê, o ícone do ano-novo, possa assumir. O Pai-Tempo está associado com a velhice, a morte e a transição. No fim do ano, olhamos para trás e tomamos decisões para o ano que vai começar, prometendo abandonar os maus hábitos. É muito adequado respondermos em janeiro à advertência de Saturno: menos é mais.

O ditado "Cada um colhe aquilo que plantou" é perfeitamente aplicável a seu signo, caro capricorniano. Saturno faz de você um realista que valoriza mais as ações do que as palavras. Não é surpresa o fato de você acabar sendo não só um sucesso, mas também o escolhido para ensinar e liderar como rei-filósofo, como só a cabra pode fazer.

A PERSONALIDADE DE AQUÁRIO

Aquário

20 de janeiro — 18 de fevereiro

Força condutora

"Eu INOVO."

O que alegra este signo

Fica feliz em mudar, substituir as estruturas sociais e científicas, os métodos e os conceitos antigos e desgastados por inovações melhores e mais relevantes.

No novo milênio, sua contribuição para o mundo será...

Seu ponto de vista inovador e amante da tecnologia é a chave para a compreensão humana sobre o que está por vir. O princípio aquariano de que "a informação deve ser livre" sensibilizará muitos e libertará todos.

Uma citação que descreve o aquariano

"Descobrir é ver o que todo mundo viu e pensar o que ninguém pensou."

— Albert Von Szent-Györgyi, *virginiano*

Sua qualidade mais surpreendente, aquariano, são seus olhos extraordinários. Muitos são de um belo azul cristalino ou de outra cor clara, com uma profundidade de expressão que parece infinita. Quem encontra um aquariano sente que está "mergulhando" dentro daqueles olhos, sem querer parar de encará-los. Paul Newman, nativo deste signo, é um bom exemplo do notório carisma de Aquário. A maioria dos nativos do signo é famosa por olhar os interlocutores com o que parece ser uma visão de raios-x. Querido aquariano, quando você olha alguém, é como se pudesse ver através da pessoa e enxergar-lhe a alma. Quem pode afirmar que isso não acontece? Aquário é conhecido como um dos signos mais intuitivos. Você sabe certas coisas sem saber como soube. Não surpreende que seus olhos, o instrumento da visão, pareçam diferentes dos olhos dos outros.

Naturalmente, nem todos os aquarianos têm esses característicos olhos claros, semelhantes a pedras preciosas na vitrine de uma joalheria. Os astrólogos antigos sugeriram características físicas para cada signo, mas há exceções. Oprah Winfrey, por exemplo, é aquariana e tem imensos olhos castanhos, tão calorosos e encantadores que podem derreter o gelo dos polos. Todo mundo quer repartir segredos com Oprah porque sente que ela tem o coração aberto e o genuíno desejo de ajudar. Ela prova que o importante é a expressão do aquariano, geralmente tão sedutora. Seus olhos deslumbram, aquariano, e fazem as pessoas pararem para ouvir o que você diz. Socialmente, num nível mais pessoal, você emite uma força de sentimento com tanto apelo sexual que é como se a sensualidade tivesse sido inventada por você.

Símbolos

Seu símbolo é a imagem de um homem (nos textos antigos, uma mulher) ajoelhado, segurando duas jarras voltadas para baixo no gesto de quem despeja. As jarras contêm água reanimadora que simboliza o conhecimento coletivo da humanidade, despejado no éter cósmico pelo homem para benefício de todos. O nome hebreu para Aquário é Delphi, ou cântaro, significando que o ato de despejar a água está relacionado com a limpeza, a fim de expiar e purificar (semelhante ao batismo). Aquário permite que a água fresca e vitalizante (conhecimento) flua para a Terra seca (ignorância), carente de nutrição (iluminação).

Na imagem de seu signo, a figura está ajoelhada; portanto, está servindo; ele não é um líder arrogante, mas se vê como igual ao povo. Esse sentimento de democracia e identificação com o homem comum é muito forte em Aquário, e é o segredo do sucesso do nativo e a razão pela qual ele costuma ser escolhido para um papel de liderança. Você não é alimentado pela necessidade de admiração (como o leonino), mas pela necessidade de contribuir com algo de valor duradouro para a comunidade, seja em seu ambiente imediato, seja no palco do mundo.

♒ O pictograma de Aquário mostra duas linhas onduladas. Embora muitos possam pensar que elas representam a água, na verdade as linhas sugerem correntes de ar. Urano, seu regente, governa a eletricidade — uma força adequada para você, porque essa energia veloz como a luz é poderosa, porém invisível como o ar, seu elemento. Urano sempre foi associado com lampejos de inspiração e invenção.

♅ O pictograma de seu regente, Urano, revela o talento do aquariano. O símbolo do planeta se assemelha a uma letra "H" , porém, em vez de duas linhas retas, ele é composto de dois crescentes (luas), à esquerda e à direita, voltados para fora. Os crescentes são unidos por uma linha reta (o meio da letra H), lembrando o horizonte da Terra. Abaixo desse horizonte, temos uma pequena cruz (no simbolismo astrológico, a cruz sempre se refere à "matéria"). Preso à base dela está um pequeno círculo (na linguagem astrológica o círculo representa o "espírito").

Os crescentes interligados indicam a união das perspectivas do indivíduo e da consciência coletiva (grupos de indivíduos). Portanto, a cruz sugere que, enquanto está ativo no mundo material, o espírito ainda é controlado pela mente. O símbolo também indica a possibilidade de o intelecto ser rejuvenescido e restaurado pelo espírito humano. O homem tem domínio sobre o mundo material, e é capaz de transformá-lo num lugar melhor. Esse símbolo é adequado, porque transmite a ideia de que seu melhor trabalho é realizado em grupo (os dois crescentes de cada lado) para criar um todo maior e melhor que a soma das partes. Com Aquário não há carência de ideias ou falta de dedicação aos objetivo. O símbolo do intelecto (os semicírculos ou crescentes) mostra que a mente mais elevada — divina — trabalha muito bem com a mente dita inferior — a mente comum ou cotidiana.

O metal de Aquário é o urânio, um elemento radioativo. Se pesquisarmos numa enciclopédia a palavra urânio, veremos que esse elemento é usado em pesquisas e também como combustível e em armas nucleares. O urânio recebeu esse nome em homenagem a Urano, planeta descoberto oito anos antes do elemento. A similaridade entre os dois nomes, Urano e urânio, nos lembra que a ciência nos dá tanto invenções maravilhosas quanto terríveis. Pelo lado positivo, a ciência nos trouxe as viagens espaciais, avanços médicos inimagináveis e todos os tipos de aparelhos úteis, como o telefone, o fax e a televisão. No entanto, a ciência também nos trouxe a guerra e os métodos de destruição em massa. Sempre presente na mente de Aquário está a compulsão para agir com responsabilidade e prudência, um conceito aprendido com Saturno, antigo regente do signo. Enquanto alguns signos, como Áries, esperam ganhar guerras físicas, Aquário quer se elevar por meio da lógica, da objetividade e do intelecto, de uma forma fundamentalmente pacífica.

Influências planetárias

Regido pelo independente planeta Urano, Aquário é excêntrico, imaginativo, inventivo, bizarro, sincero, original e muito mais. É difícil descrever um signo tão independente, pois poucos aquarianos concordarão com tais descrições.

Aquariano, você nunca teve necessidade de se pautar pela opinião da maioria para ser popular. Você não se importa muito com a opinião dos outros a seu respeito, e isso só aumenta seu poder e carisma. Tal como Escorpião, você define a própria medida de sucesso. Sua altivez tranquila, sempre presente em algum grau, é considerada "misteriosa" por seus admiradores. Essa característica, associada a uma grande autoconfiança, costuma ser muito sedutora. Urano, seu regente, lhe dá a necessidade de distanciamento e de tanta independência quanto possível, porque muita proximidade o deixa claustrofóbico. Você mantém lacunas abertas que os outros podem preencher.

Para compreender melhor sua pessoa e o planeta regente precisamos antes examinar Mercúrio, um corpo celeste situado mais perto do Sol e que também governa o pensamento objetivo e o intelecto. O efeito de Mercúrio é completamente racional — seu papel é buscar a verdade e nada mais do que a verdade. É por isso que Gêmeos, regido por Mercúrio, é considerado um excelente jornalista, e Virgem, também regido por esse planeta, é considerado um perfeccionista em busca de todos os fatos. Como um míssil termoguiado, Mercúrio persegue e destrói tudo o que encontra até chegar a uma veracidade imparcial. Mercúrio rege a informação obtida com a observação, a percepção, a leitura, a fala e a audição, e que se revela por meio das condições cotidianas.

Na astrologia, Urano é considerado a "oitava acima" de Mercúrio, permitindo aos mortais trazerem a beleza do conhecimento e do intelecto a um nível mais original, inventivo e criativo. Em um mapa, Urano rege a mente superior; é um planeta que nos ajuda a lidar com o que existe, mas também com o que poderia existir. Enquanto Mercúrio reflete a coleta e a aprendizagem da informação numa base diária, Urano é diferente: rege as massas de informação acumuladas por um longo período e manifestadas na forma de intuição.

Se Mercúrio é o mensageiro, o estudante, o repórter ou o jornalista, Urano é o sábio, o professor culto ou o juiz. Você pode ver a sorte que tem por ser regido por um planeta guardião tão poderoso, mas também pode ver a consequente responsabilidade de usar bem esse poder. Urano reforça cada um de seus movimentos e, por essa razão, Aquário é tão experimental, inventivo e, às vezes, até mesmo paranormal.

Dessa forma, para sua sorte, Urano é o grande sintetizador que leva toda informação para além do nível individual, incluindo-a na consciência coletiva e reunindo-a num pacote que cria algo completamente novo e diferente. Mais importante ainda: esse algo é individualizado e adaptado para a situação, além de único em todos os aspectos. Isso descreve sua habilidade, aquariano.

Urano também rege o caos; portanto, o aquariano sente-se muito à vontade com a ambiguidade, uma qualidade que lhe permite ser criativo e inventivo. Dentro de uma estrutura informal — ou nenhuma estrutura —, você tem mais facilidade para construir segundo sua visão interna e sua percepção do mundo. Você considera o caos bom; é um caldeirão borbulhante e criativo para ser despejado e moldado, transformado em algo útil e inovador.

Dádivas cósmicas

Mais do que a maioria, você tende a precisar de um número maior de mudanças e coincidências felizes em sua vida, pois sente-se entediado com facilidade; quando isso acontece, você deliberadamente balança o barco. O aquariano não precisa de um ambiente calmo — o tumulto é bastante bom para ele. Urano ensina que você tem uma tarefa maior a cumprir: questionar o valor das estruturas estabelecidas. Portanto, Urano ensina o nativo a virar a mesa quando necessário. Ao contrário de Plutão, que opera mudanças de forma gradual, o planeta trabalha de modo súbito e sedicioso, e por esta razão é chamado o Grande Revolucionário.

Às vezes, você pode ser um tanto imprevisível, embora quando questionado diga que nunca age impetuosamente. Em sua opinião, tudo que você faz é lógico e premeditado; você não entende por que os outros pensam que seus atos são aleatórios. Antes de todo mundo, você sabe que chegou a hora de mudar. Urano lhe dá centelhas de inspiração e o obriga a agir de maneiras para as quais os outros não estão preparados. Não há nenhuma sutileza no seu planeta guardião, nem deveria haver. Esse corpo celeste precisa que você ajude o mundo a acordar e sentir o cheiro de café. Embora seu regente o leve a agir de modo surpreendente, você pode dar ao mundo um senso de súbita liberdade depois de tê-lo ajudado a quebrar as cadeias da limitação.

A pior coisa a dizer a um aquariano é: "Sempre fizemos assim." Você não quer saber como foi feito antes. Você deixa esse papel para Capricórnio, o defensor da tradição. Seu regente é bem-conhecido como o planeta que rompe com as condições debilitantes e nos liberta dos pensamentos superados. Desse modo, Aquário, sua tarefa é dispersar os padrões ultrapassados e, se necessário, virá-los de cabeça para baixo. Urano faz de você um iconoclasta no sentido estrito da palavra, alguém que destrói (ou, pelo menos, questiona) os ícones tradicionais da sociedade. Como iconoclasta, você dá ao mundo uma visão fascinante de estados novos e alterados.

Já Saturno, o planeta que era regente de Aquário antes da descoberta de Urano em 1781, desempenha um papel diferente, embora relacionado, em seu desenvolvimento. Saturno nos ensina que o homem precisa de disciplina, ordem, estrutura, forma e fundações duradouras para se sentir seguro. Urano testa a força e a utilidade da estrutura, deixando intactas as formas que ainda funcionam com eficiência. O fato de Saturno ter sido o regente de Aquário mostra que, quando em seu furor progressista você estraçalha a segurança da sociedade, é sua obrigação substituir aquilo que destruiu por algo igualmente estável para que a sociedade possa prosperar com base nessas mudanças. Contudo, seu senso de responsabilidade social é forte, razão pela qual você está tão perfeitamente pronto a liderar a humanidade neste novo século.

Seu signo foi chamado signo da genialidade, pois seu regente é capaz de trazer lampejos de súbita inspiração e compreensão para todos nós. No dicionário, genialidade é definida simplesmente como "poder criativo e intelectual extraordinário". Thomas Edison nos disse que genialidade também é "1% de inspiração e 99% de transpiração". Como aquariano, nativo de um signo fixo, você tem o tipo exato de persistente determinação de que precisa para não abandonar um projeto. O filósofo suíço Henri Amiel definiu talento e genialidade: "Fazer com facilidade o que os outros acham difícil é talento; fazer o que o talento considera impossível é genialidade." Isso lhe diz respeito, aquariano, porque a genialidade costuma ser uma dádiva de Urano.

Você está habituado a ser malcompreendido, mas isso não o desencoraja. Todas as grandes mentes, em algum momento, são objeto de ridículo e você, felizmente, tem a capacidade de não se importar. Na verdade, provavelmente você aprendeu a usar sua excentricidade como marca de distinção. Como disse E. B. White: "É mais fácil encontrar genialidade em alguém meio doido do que em alguém normal." Você não se importa de ser considerado radical. O restante do mundo sempre terá dificuldade para acompanhá-lo, aquariano. Você pode ficar surpreso e frustrado por ver quanto tempo é preciso para que o restante do mundo entenda sua visão de futuro.

Como a maioria dos signos de ar, Aquário olha para tudo com a mesma curiosidade maravilhosa. Pode tratar-se de alguma invenção engraçada e tola como descobrir a maneira de fazer a campainha da porta tocar as primeiras notas da Quinta Sinfonia de Beethoven ou um objetivo tão sério quanto descobrir a cura do câncer. Enquanto Gêmeos se preocupa com o que aconteceu, Aquário quer saber como algo funciona. Você gosta de desmontar coisas — seja uma célula (como na biotecnologia) ou um computador — para descobrir a essência delas. Sim, embora alguns aquarianos possam se tornar teimosos, rígidos e dogmáticos com relação às próprias crenças, a maioria não é assim. Sua qualidade mais fantástica é a abertura para o mundo.

O signo de Aquário rege todas as novas invenções e também tudo o que ainda não foi totalmente compreendido. Por essa razão, a astrologia faz parte do domínio de Aquário. As propriedades matemáticas e os ciclos recorrentes que formam a base da astrologia são particularmente fascinantes para você. Você gosta de desmontar o que não conhece, pedaço por pedaço, e depois reconstruir de uma forma totalmente nova e desconhecida. Por essa razão, os astrólogos aquarianos, em geral, são excepcionalmente talentosos. Aquário é um signo muito intelectual, mas entenda que se você viver a maior parte do tempo dentro da própria cabeça, poderá esquecer que tem um corpo carente de cuidados e exercícios. Aquário rege a circulação sanguínea; se notar que tem má circulação (um dos sintomas é sentir frio a maior parte do tempo), uma excelente ideia seria fazer regularmente exercícios aeróbicos. Aquário também rege os calcanhares e, até certo ponto, a perna e a panturrilha. Você pode ter problemas nessas áreas; portanto, faça alongamento para manter as articulações ágeis e flexíveis.

Por ser regido por Urano, o planeta da eletricidade, você também está mais suscetível à tensão nervosa e deveria reservar algum tempo para descansar. A maior parte do tempo você gosta de navegar na internet, jogar videogames, comprar novos brinquedos eletrônicos ou ver na TV as reprises de *Arquivo-X* ou *Jornada nas Estrelas*. Como você adora brincar, Urano mantém muito viva sua criança interior. Mas é preciso encontrar tempo para dar atenção a essa criança. Você parece extrair desse tempo de lazer o oxigênio que o ajuda a melhorar seu trabalho regular.

Faz parte de ser aquariano o sentimento ocasional de solidão; em algum momento importante de sua vida você provavelmente se sentiu como um pino quadrado num buraco redondo. Mesmo na infância, você deve ter se sentido diferente das outras crianças e de seus irmãos. Esse sentimento precoce de isolamento psicológico não o prejudica. Na verdade, a própria falta de aceitação por parte dos pares alimentou sua formação como pensador independente e provavelmente também como líder. Para ser verdadeiramente fora de série, muitas vezes, é preciso sair do grupo.

Você guarda simultaneamente uma grande quantidade de minúcias no cérebro. Às vezes, as pessoas dizem que você é esquecido, mas simplesmente não entendem que está ocupado, concentrado em coisas mais importantes. Você é capaz de lembrar os menores detalhes de uma complexa fórmula matemática, mas esquece de comprar o leite quando volta para casa. Comprar leite não o ajuda a salvar o mundo, mas dedicar tempo para formular um novo algoritmo talvez sim. Quando você está concentrado em algo importante, sua natureza fixa penetra no assunto como uma furadeira no concreto. Você simplesmente não para até ter chegado ao fundo da questão.

Ao conhecê-lo, às vezes as pessoas acham que o viram na televisão ou têm a sensação de que você vai se tornar um grande astro. Com muita frequência lhe dizem isso, mas você não sabe por quê. Talvez seja por sua aparência nobre e especialmente refinada ou seu comportamento excepcional. Se você não é uma estrela na mídia, pode ter certeza de que será uma estrela na sua comunidade ou empresa. Se quiser, poderá ser famoso.

Se você tiver sucesso no mundo, com certeza usará esse sucesso com modéstia. Você não tolera pretensão em si mesmo ou em qualquer outra pessoa. Por ser nativo de um signo de ar altamente comunicativo e analítico, sua escalada para a fama terá uma base firme de credenciais sólidas, porque os aquarianos não costumam agir de improviso. Como nativo de um signo fixo, você trabalha muito e não desiste, mantendo-se sempre consciente de suas metas mais importantes.

Você tem grande interesse por direitos humanos, justiça social e questões humanitárias. Também não tolera qualquer tipo de preconceito. Muitos aquarianos encontram tempo para serem voluntários em causas filantrópicas, porque esse signo tem necessidade de tomar providências quando alguma coisa precisa ser reformada. Se não fosse por você, perguntamos quem se mobilizaria para salvar o planeta de vazamentos de petróleo e contaminação por ozônio, e quem daria atenção à necessidade de proteger as florestas tropicais. Provavelmente foi um aquariano quem começou a reciclar lixo e ganhou a luta pela igualdade de salários. Você exige um tratamento humano para os animais e defende mais abrigos para os sem-teto. Aquário está na linha de frente pela reforma do sistema carcerário, pelo tratamento dos despejos tóxicos e pela pesquisa dos possíveis riscos dos campos eletromagnéticos. Sejam quais forem os males para os quais a sociedade pareça estar cega, Aquário perceberá e denunciará o problema, tomando providências para corrigi-lo.

Uma de suas maiores qualidades é não perceber a diferença entre as pessoas, preferindo ver as semelhanças que nos unem numa irmandade. Aquário tem uma forte tendência idealista e altruísta, e está destinado a trabalhar com grupos de pessoas ligadas por uma mesma filosofia. O denominador comum do grupo pode ser a profissão, um interesse compartilhado ou o desejo de aprender mais sobre computação ou ajudar uma causa beneficente ou política. Sua compreensão das semelhanças do homem como um habitante do planeta Terra se estende a todos os grupos étnicos, religiosos e culturais — você sempre consegue ver a semelhança. Você também tem percepção paranormal, algo que sua mente racional não entende, mas cuja qualidade extraordinária sua pessoa não consegue negar.

Com maneiras pouco ortodoxas e muito criativas, você encontra respostas para questões complexas. Como aquariano, fará o necessário para reestruturar seu raciocínio, muitas vezes usando processos aleatórios de pensamento, como estudar campos não relacionados em busca de possíveis paralelos. Graças à perseverança (de signo fixo) e a "acidentes", Aquário faz descobertas inovadoras. Para você, estatísticas e fatos incongruentes são fascinantes; e é do seu gosto reformulá-los de uma nova maneira. Você também usa o horóscopo para fazer um brainstorm de criação. Como recurso para abrir a mente, pode buscar no dicionário a quarta palavra da primeira sentença da página 179 (ou qualquer outra), obrigando-se a encontrar uma associação entre aquela palavra e seu problema. O método é menos importante que o resultado. Associações novas e estranhas o ajudam a resolver problemas de forma criativa. Você sempre será excelente na invenção de novos caminhos.

Uma qualidade especialmente forte de seu signo é a incrível capacidade de identificar tendências sociais antes de qualquer outra pessoa. No marketing, na criação de produtos, na medicina, nas ciências, na arte ou na política, Aquário está anos-luz à frente do restante da humanidade. Contudo, como tantas vezes está muito à frente, você é malcompreendido ou vê sua opinião ser objeto de desconfiança. Os outros podem dificultar sua vida. Você trabalha melhor quando não é desautorizado por um comitê e pode seguir sua intuição. Com o tempo, prova a si mesmo que é um vidente sagaz que conhece, antes de qualquer outro, o mercado e a consciência da sociedade.

Relacionamentos

Gregário e sociável, o aquariano parece conhecer todo mundo, tem muitos amigos e contatos, mas só admite alguns em seu círculo de amigos íntimos. Mais uma vez, isso é prova de sua necessidade de manter alguma distância, uma inconsistência que confunde outras pessoas. (Com tanta gente girando a seu redor, quem diria que você precisa de muito espaço e privacidade?) O lado reservado e muito intelectual de Aquário faz o nativo, às vezes, parecer distante e esquivo. Os outros consideram essa frieza muito frustrante, mas, ao mesmo tempo, atraente. Você é conhecido como uma pessoa "do mundo" — um líder que agrada à multidão —, que não é orientado para indivíduos em particular, numa escala pessoal. Naturalmente, há exceções; porém, a título de explicação, eis um exemplo: enquanto Peixes pode tender mais a ajudar um vizinho idoso que mora sozinho e sofre de artrite, Aquário provavelmente prefere criar uma fundação mundial que pesquise a artrite, mobilizando grupos de pessoas.

Esse signo se envolve profundamente com as amizades, que leva a sério. Você tende a mantê-las por muitos anos e com o tempo a ligação fica mais forte. São poucas as coisas que você deixaria de fazer por um amigo necessitado, pois o amor de Aquário pelos amigos é eterno. Suas maneiras calorosas e afáveis fazem de você uma estrela em qualquer grupo. Para pensar, você provavelmente se afasta daque le círculo agitado de amigos que gira ao seu redor. Não é provável que você se torne um desses indivíduos tão envolvidos em apagar incêndios que nunca parecem planejar a própria vida. Não se deixando envolver demais com o que está acontecendo a cada momento, você pode se concentrar no amanhã, sua época favorita. No amor, como em tudo que faz, você revela seu estilo mais pessoal. Quando começa a sair com alguém, prefere manter uma amizade com essa pessoa antes de dar o próximo passo. Seu cérebro não para de trabalhar e você nunca perde a cabeça quando se apaixona; portanto, tende a querer conhecer muito bem o parceiro antes de aprofundar o relacionamento. Você prefere começar a relação mantendo o outro a distância, até ter a chance de entender quem ele ou ela é, e decidir como continuar. Você quer ver se aquela pessoa é capaz de prender seu interesse ou tem pontos em comum com você. O sexo é importante, mas na sua opinião há outros ingredientes igualmente vitais no relacionamento. Como o nativo de Aquário adora experimentar, é claro que alguns deles (menos evoluídos) podem viver numa busca constante e promíscua por novos parceiros.

A maioria dos aquarianos busca um equivalente intelectual (o que é difícil), alguém com quem possa discutir e que se interesse pelas tendências atuais. Outros conseguem conquistar seu respeito, mesmo que você não concorde com eles. Você espera namorar (ou se casar) com alguém que tenha opiniões criteriosamente formadas, amparadas por pesquisas e defendidas com inteligência. Você vai ouvir os pontos de vista do outro para ver se o que ele diz tem valor; na verdade, defenderá o direito dele à própria opinião. Com Gêmeos na cúspide de sua casa do amor, você precisa conversar com seu amante, e se ele não for capaz de manter o debate, logo o relacionamento deixará de crescer e de ser divertido.

Em termos de atração, um grande domínio sobre algum assunto é a qualidade que você considera mais atraente e irresistivelmente sensual. Esse conhecimento ou talento especial pode estar relacionado com a profissão da pessoa, com um projeto favorito ou uma paixão existencial. Quando vê alguém revelar excelência juntamente com orgulho e entusiasmo jovial, você se descobre perdidamente apaixonado.

Muitos nativos de seu signo têm dificuldade com o conceito de casamento, tanto no início da vida quanto mais tarde, quando percebem que simplesmente não lhes agrada o tipo de ligação emocional e física exigida por alguns casamentos. O casamento é uma instituição, e você não se dá bem com nada estabelecido ou convencional. Também não gosta de atender às expectativas dos outros; uma sensação de liberdade e espaço é importante para você. Se estiver apaixonado, até encontrará uma maneira de conviver com o ser amado, mas talvez passe muito tempo até que se sinta preparado para marcar o casamento. A simples ideia de misturar personalidades ou estilos de vida com outra pessoa é anátema, e também bastante assustadora, para um signo tão individualista e independente. No seu caso, é preciso encontrar uma pessoa especial, que entenda quem você realmente é.

Embora muitas pessoas se casem por razões materiais ou de segurança, esse não é seu estilo. Você não é nada materialista; portanto, conciliar interesses financeiros ou associar recursos nunca foi uma grande atração para você, que é motivado pela autorrealização e pela capacidade de criar ou inventar. Você sente que dinheiro e segurança são motivos muito fracos para se casar ou para permanecer no casamento, se ele se tornar turbulento. Sua natureza idealista lhe diz que o relacionamento deve ser calcado unicamente no amor. O casamento pode não ser sua melhor opção, pois você precisa criar um estilo de vida que lhe agrade e que talvez entre em conflito com as ideias do seu parceiro sobre o que é melhor ou "normal". Por exemplo, ele, ou ela, pode querer jantar com você mais ou menos à mesma hora toda noite. No entanto, como você resiste furiosamente à rotina, isso pode ser um problema. Você não gosta de repetir o horário. Talvez tenha um emprego que exija um horário pouco convencional, porém, com mais frequência, acontece simplesmente de você fugir de qualquer tipo de redundância. Em sua opinião, a espontaneidade é o tempero da vida. Não lhe agrada ter que consultar seu parceiro antes de fazer qualquer plano — para você, isso é perda de tempo. Também não lhe agrada ter de telefonar para ele, ou ela, sempre que se atrasar, pois não gosta de interrupções quando está concentrado. Um relacionamento causa limitações que você considera difícil de tolerar. Isso não é problema se o parceiro entende seu jeito; porém, caso contrário, prepare-se para muita turbulência.

Também é fato você ser muito contido, e raramente demonstra suas intensas emoções. Isso pode ser complicado num relacionamento em que a outra parte quer ver esses sentimentos. Sua pessoa, com frequência, tende a mostrar apenas um exterior calmo e plácido, mesmo quando está muito mobilizado. Ao mesmo tempo, seu lado idealista quer "fazer o que é certo". Se você se apaixonar e depois descobrir que aquela não é a pessoa certa para você, tratará de encerrar rapidamente o relacionamento, porém de um modo frio e pragmático. Seu coração pode estar em pedaços, mas esse sentimento não transparecerá. Isso é simplesmente a maneira de ser do aquariano, muito reservado e prático quando se trata dos sentimentos.

Vida profissional

As carreiras em que você pode ser excelente incluem qualquer atividade em rádio e televisão, internet, computadores e outros aparelhos eletrônicos, telecomunicações e sistemas de comunicação sem fio, fotografia digital, artística ou raios-x e outras áreas de invenção e alta tecnologia. Você é um bom comunicador e sabe o que as pessoas querem ter ou conhecer. Portanto, pense em escrever, ser jornalista ou trabalhar com marketing ou propaganda. Você também pode se dar bem em qualquer área científica, inclusive em biociências, no programa espacial, na matemática ou na astronomia. As profissões da Nova Era também são regidas por Aquário, portanto você tem imenso potencial de crescimento como um talentoso astrólogo, por exemplo.

Não se esqueça também das ciências sociais, área em que pode empregar bem sua sensibilidade humanitária, possivelmente trabalhando para uma organização sem fins lucrativos ou em assistência social. Finalmente, Aquário tem bons resultados com medicina, arte e outras áreas em que possa expandir limites com novas descobertas ou desenvolver a individualidade por meio do choque e da surpresa.

Você não é motivado pelo dinheiro, seu interesse é dar uma contribuição ou inventar algo novo. Contudo, mesmo não tendo interesse por dinheiro, o universo costuma cuidar de suas finanças. Os outros signos aceitam o "pacote" que a sociedade nos dá quando nascemos, mas Aquário não age assim. Os aquarianos têm um coração altruísta que bate com uma necessidade passional de contribuir para a sociedade. Você também adota o credo de que a informação deve ser livre, principalmente quando se trata de sua adorada internet. Não se encontram muitos aquarianos praticando fraudes pela internet, porque não é a natureza dos nativos. Você foge de qualquer forma de explorar os outros. Seu senso de justiça não permite isso.

Seu papel é pintar sua visão em grandes pinceladas para inspirar os outros. Seu carisma é muito conhecido: os outros, naturalmente, querem segui-lo. Na qualidade de pensador objetivo e racional que adora brincar com novas ideias e conceitos, você não tem dificuldade em ver o que está faltando no mercado. Esse talento, combinado com o fato de enxergar a si mesmo como gente "que faz", o leva a arregaçar as mangas diante de um problema e mobilizar outros para ajudarem. Como não gosta muito de lidar com detalhes, você os deixa para os nativos de Virgem ou Touro que estiverem ao seu lado, o que é bastante bom. É o que você deve fazer.

Finanças

Regido pelo errático planeta Urano, você não gosta de se sentir contido ou limitado; portanto, criar um orçamento rígido não dará certo para você. Como em tudo mais, a maneira como controla os cheques emitidos é um pouco inusitada. Em vez de se preocupar em lançar todos os cheques e depósitos em um programa de controle financeiro (ou calcular esses itens numa calculadora), você tende a manter um controle intuitivo rodando em sua cabeça. Isso pode deixar nervoso seu parceiro ou colega de quarto, mas logo você mostra ao mundo que é capaz de manter esse controle com uma exatidão notável, conseguindo manter-se acima de qualquer crítica!

Você é conhecido por ter passado por fases agudas de economia e de gastos, por exemplo, quando tem uma meta e começa a economizar cada centavo para depois gastar tudo numa grande compra. Não pense que isso faz de você um extravagante ou alguém que vive acima dos próprios meios. Pelo contrário, querido aquariano, você não é um perdulário. Símbolos de status pretensiosos agridem seu estilo democrático de "um por todos e todos por um". Enquanto Touro ou Leão desejam um jantar magnífico em um restaurante cinco estrelas ou apreciam ter um relógio caro, é mais provável que você ache esses gastos um desperdício de dinheiro. Uma refeição modesta e nutritiva pode ser mais saudável e um relógio digital de plástico, mais útil.

Por outro lado, você também não é pão-duro e dá grande valor a ferramentas que o ajudem a se comunicar, explorar ou desfrutar o mundo a seu redor de modo conveniente e divertido. Você também gosta de coisas funcionais e benfeitas, sendo capaz de gastar muito dinheiro com elas de vez em quando. Você gosta de aparelhos eletrônicos — recursos que lhe dão prazer diariamente.

Tal como o nativo de Áries, quando acredita numa ideia, o nativo de Aquário funda o próprio negócio para explorá-la. Como signo fixo, você não abandona uma causa, e é perfeito para trabalhar por conta própria. Nesse sentido, se usar no trabalho seu amor pela tecnologia, pode encontrar uma mina de ouro. Você gosta de trabalhar muito e tem grande capacidade de concentração, o tipo de intensidade que o ajuda a alcançar o sucesso.

Quando sua conta bancária entra numa característica fase de montanha-russa, você sabe onde conseguir mais dinheiro. Embora o sucesso financeiro não seja sua meta principal — contribuir para a sociedade é uma motivação mais atraente —, quando seu navio finalmente chega ao porto, geralmente traz um tesouro proporcional ao extraordinário empenho que você demonstrou. Financeiramente, você tende a assumir total responsabilidade por suas ações, o que é uma característica positiva. Contudo, essa qualidade pode fazê-lo considerar a necessidade de ajuda uma fraqueza, hesitando em procurar orientação especializada quando precisa dela. Não deixe o orgulho prejudicá-lo, querido aquariano!

Se tiver uma ideia boa, assegure-se de tirar logo a patente ou registrar a marca. Não deixe que outros se aproveitem de você! Você pode ficar tão envolvido aperfeiçoando ideia que acaba por perder de vista a necessidade de se proteger. Outra forma de ganhar muito dinheiro pode ser investir criteriosamente em ações de tecnologia com retorno garantido.

Corpo, mente e espírito

Sua aparência física sempre tem algo notável ou diferente que o leva a se destacar. Você pode ser excepcionalmente alto ou magro, ter um rosto ligeiramente assimétrico ou caminhar de determinada maneira. Se não parecer diferente por si mesmo, fará o necessário para conseguir esse efeito. Quando tinha 5 anos, você provavelmente cortou o próprio cabelo e, quando cresceu, raspou a cabeça e agora penteia ou pinta o cabelo na última moda ou até mesmo de forma agressiva. Isso vale para nativos de qualquer gênero. O cabelo é apenas um dos atributos que você usa para se destacar; pode haver muitos outros, como tatuagens e piercings.

Você também decide muito cedo que ninguém vai lhe dizer o que deve usar ou que aparência deve ter, e resolve essas questões sozinho, mesmo desafiando as convenções. Em eventos formais, o aquariano é aquele que usa um smoking com um par de tênis. As mulheres de Aquário se recusam a ser vítimas da moda; elas ditam estilos e inventam tendências. Aquário não é "maria vai com as outras". Em algum momento da vida o nativo fez figa para a sociedade, e não é raro que chegue a extremos. Como aquariano, você sabe que tem necessidade de fazer oposição. Você simplesmente não faz o que todo mundo espera que faça.

Resumo

O papel de Aquário é ser incomum; nem os homens nem as mulheres deste signo são conhecidos como excepcionalmente caseiros. O caso extremo é a voluntária incansável que luta pelos direitos das crianças da comunidade, mas nunca está em casa para cuidar dos próprios filhos. Entenda que, como aquariano, você terá um papel muito difícil no palco do mundo, e poucas coisas o impedirão de atender a essa prioridade. Procure ajuda e reserve algum tempo para as pessoas que ama e que precisam de sua presença. Sua vida não foi programada para ser simples; sempre será atarefada. O bom é que sua capacidade de resolver problemas raramente é frustrada — se quiser, você pode superar qualquer obstáculo.

O casamento pode funcionar se você tiver a prudência de escolher um parceiro que entenda sua necessidade de espaço e de desenvolver plenamente seu potencial. Certamente, a vida com você é emocionante. Uma vez apaixonado, por mais amigável ou frívolo que possa ser em alguma ocasião social, você provavelmente permanecerá fiel ao parceiro, porque, como nativo de um signo fixo, valoriza a estabilidade no relacionamento.

Você é inventivo, original, independente e intuitivo, além de criativo e cheio de imaginação. Não mude jamais, querido aquariano. Sua visão é sua maior esperança de um amanhã melhor.

OS MITOS DE AQUÁRIO E URANO

Ao estudar os mitos que cercam seu signo, aquariano, podemos ver muitos dos temas recorrentes que refletem sua personalidade. Na mitologia grega, Urano está associado com a mente divina mais elevada, considerada a inventora do mundo. Urano é simbolizado como o Céu ou "abóbada celeste". É a mais importante figura mitológica original associada à criação. Urano despertou sexualmente a Mãe Natureza, cujo nome é Gaia (ou Terra), tendo mantido com ela um relacionamento incestuoso. De acordo com o mito, Urano usou trovões e relâmpagos para engravidar Gaia com a semente fertilizadora da chuva. Com isso, uniu a Terra e o Céu, despertando a vida. Como pai da história grega, Urano deu origem à sequência de acontecimentos que causou o advento da vida.

Logo Urano descobriu que seus filhos com Gaia eram uma turma difícil. Gaia deu à luz diversos monstros: três gigantes com cem cabeças e três ciclopes, assim como 12 titãs (de acordo com o mito, os titãs foram os primeiros soberanos do universo. O termo titã surgiu muito depois).

Os três ciclopes

Os três ciclopes filhos de Gaia e Urano mais tarde se tornaram divindades, e são famosos como ferreiros altamente inovadores que forjaram o trovão e o relâmpago. O problema deles foi logo se mostrarem crianças arrogantes, voluntariosas (embora poderosas), que tinham constantes dificuldades para se relacionar com figuras de autoridade (a propósito, diz-se que essa é também uma tendência de Aquário). Furioso, Urano exilou os filhos num subterrâneo escuro, onde esperava contê-los. O tempo todo Urano se sentia frustrado e decepcionado pois nenhum dos filhos era perfeito.

Cronos confronta o pai

Um dia, Urano decidiu devolver os filhos para o útero da Mãe Terra (Gaia). Como podemos imaginar, ter tantos filhos de volta no útero se revelou doloroso. (Foram devolvidos ao útero de Gaia 12 titãs, três ciclopes e três gigantes de cem cabeças.) Depois de um tempo, a carga se mostrou muito pesada, e Gaia se revoltou. A deusa criou uma foice e pediu aos filhos que punissem o pai por tê-los enterrado. Nenhum dos titãs queria enfrentar o pai, a não ser Cronos, o mais novo, conhecido como Saturno, o planeta da responsabilidade adulta. Cronos se mostrou o filho mais ousado, provavelmente porque era o mais revoltado com aquela injustiça. Ele usou a foice para cortar os órgãos genitais do pai, lançando-os ao mar.

Esse ato de violência fez o sangue de Urano espirrar sobre Gaia, que mais uma vez ficou grávida. Mais tarde ela deu à luz as fúrias (entre outras crianças) e depois pariu a violência, o ódio e a ira. Urano ficou justamente zangado com os filhos e os chamou de titãs (ou seja, "arrivistas"), avisando que o ato violento de Cronos seria vingado. No entanto, essa situação gerou algo de bom, porque nasceu Afrodite, a deusa do amor (Vênus), que surgiu da espuma do mar sobre uma concha. Nesse mito, portanto, Cronos (Saturno) se liberta do comportamento irracional de Urano e, por meio do caos, acaba por restaurar a ordem do universo.

Poderíamos julgar que Cronos (Saturno) acabaria por se tornar um líder sábio, mas isso não aconteceu. Na verdade, ele se comportou ainda pior que o pai, Urano. Gaia e Urano eram capazes de prever o futuro (portanto, como aquariano, você também pode), e eles avisaram a Cronos que ele também seria deposto pelo filho, mas Cronos amava tanto o poder que não ouviu o conselho dos pais.

Essa história prossegue no mito de Capricórnio. No entanto, o que interessa já foi dito: se você pensa que talvez os conceitos referentes a Urano/Aquário aqui relatados são inconsistentes e um tanto caóticos, tem razão — esses mitos captam perfeitamente o espírito aquariano (e uraniano). No mundo de Aquário, a mente objetiva, madura e lógica coexiste com a selvageria, a desordem, a imprevisibilidade e o caos. Para um aquariano, esses conceitos são gêmeos necessários que convivem como duas metades de um todo. O papel do aquariano é unir o irracional com o racional para criar algo completamente novo. Esse mito também destaca a necessidade que Aquário tem de nutrir a independência individual enquanto se desenvolve como líder, responsável pelo bem-estar do grupo.

Os romanos propuseram um mito bem diferente como parte do modelo de Aquário, insistindo que o deles era o único verdadeiro. Eles acreditavam que o mito de Aquário era mais perfeitamente incorporado na figura de Ganimedes, filho de Tros, rei de Troia.

Ganimedes

Ganimedes era considerado o deus responsável por fazer as águas do Céu choverem sobre a Terra, reforçando a imagem de nutrir a Terra com propriedades vivificantes. Além disso, Ganimedes também foi o jovem mais belo do mundo, por quem Zeus (Júpiter) se apaixonou. Transformando-se em uma águia, Zeus raptou o jovem e o designou copeiro dos deuses. De acordo com essa lenda, em vez de água os deuses bebiam ambrosia em uma taça de ouro. (*Ambrosia* é o equivalente à palavra em sânscrito *amrita*, que significa "bebida da imortalidade".) O pai de Ganimedes se opôs ao rapto do filho; portanto, Zeus mandou para ele dois belos cavalos, explicando que, em troca do trabalho como copeiro dos deuses, o jovem príncipe se tornaria imortal, o que reforça o tema de se consumir ou oferecer um líquido ou erva nutriente conectado com o mito de Aquário.

Desde a Idade Média, Ganimedes se tornou símbolo do amor homossexual. Astrólogos que escrevem sobre Urano costumam mencionar a ambiguidade sexual como uma das qualidades deste planeta. Urano parece ser andrógino: nem masculino, nem feminino, mas possuidor das qualidades dos dois gêneros. Isso não significa que os nativos de Aquário, regidos por Urano, tenham uma tendência mais forte para se tornarem homossexuais em comparação com os nativos de outros signos. Nem significa que o planeta Urano em destaque no mapa natal acentue essa tendência. O texto astrológico simplesmente nos diz que Urano é neutro e proporciona um poderoso talento intelectual ao signo, aparentemente mais forte que a tendência para o lado físico. O mito indica por que ser um amigo leal e compromissado lhe dá tanta satisfação, caro aquariano. Em outras palavras, a qualidade do relacionamento é tão importante — ou até mesmo mais importante — quanto o puro prazer físico. Uma vez envolvido numa aliança, o aquariano é tão passional no relacionamento íntimo quanto qualquer nativo de outro signo.

O Nilo como símbolo de vida

Vimos a explanação dos gregos para Aquário e também o mito romano, portanto, veremos agora a interpretação dos egípcios. Para esse povo, Aquário representava o poder que renova, restaura e fertiliza todas as coisas vivas. O povo do Egito adorava as qualidades vivificantes do Nilo. Diz-se que o ícone do signo de Aquário, o homem que despeja a água de dois cântaros, pode representar o verter das águas do Nilo. No final de julho ou nas três primeiras semanas de agosto, aquele rio quase sempre passa por uma cheia na época do plenilúnio, quando a Lua Cheia ascende na constelação de Aquário. (A Lua Cheia sempre ascende em um signo seis meses depois do mês correspondente àquele signo.)

Além disso, os egípcios pensavam que o Nilo era governado pelo deus Osíris. O santuário do deus, o tempo de Elefantina, era considerado um dos mais sagrados de todo o Egito e o portão espiritual do Nilo. (Mas, na realidade, ele não era o mais importante do Nilo.) Nesse santuário, encontra-se uma relíquia sagrada, a tíbia do deus Osíris. Não é por acaso que Aquário é considerado regente da perna e do tornozelo. Na ilha vizinha de Filae, encontrava-se um baixo-relevo representando Hapi, o deus do rio Nilo, despejando água de dois cântaros, também reminiscência do símbolo de Aquário como aguadeiro servindo as águas da vida para a nutrição da humanidade.

Enkidu

Um outro mito, que se relaciona com Aquário e vem dos babilônios, fundadores da astrologia. O nome babilônico de Aquário era Gula, que significava tanto "deusa do parto e da cura" quanto "constelação do homem grande". Os estudiosos julgam que a segunda acepção é uma referência ao gigantesco deus Enkidu, uma cópia de Anu, deus dos Céus. Enkidu foi criado para contrabalançar a arrogância desmedida de Gilgamesh. Enkidu era um homem bondoso e afetuoso, um espírito adorável e despreocupado que vivia nas planícies entre os animais selvagens. Ele era amigo destes, e os libertava das armadilhas dos caçadores. Enkidu, muitas vezes, é representado nas imagens antigas como um homem que dá água a um boi. Quando chegou o momento de Enkidu lutar com Gilgamesh, os dois entraram em combate, mas logo perceberam que eram oponentes equilibrados e se tornaram amigos. Dessa forma, de acordo com a lenda, os aquarianos fazem amizades com facilidade.

O Livro de Ezequiel

Os quatro signos fixos do zodíaco surgem seguidamente nas histórias babilônicas. Duas aparições ocorrem no épico de Gilgamesh e no livro hebreu de Ezequiel. Eis o mito: quando Enkidu morreu, Gilgamesh saiu em busca de ervas da imortalidade, mas teve de enfrentar muitos testes até encontrá-las. A deidade começou por mandar contra ele um touro (signo de Touro), que o herói venceu. Gilgamesh também venceu o "bando de leões" (signo de Leão) e passou por um portão guardado pelos homens-escorpião (signo de Escorpião). Os encontros com o touro, o leão e o escorpião se revelaram uma espécie de desafio que o herói precisava enfrentar para provar seu valor. Esses três signos, somados a Aquário, formam o que a astrologia chama de Grande Cruz Fixa ou Grande Quadratura, uma configuração muito difícil que pode ser interpretada como uma espécie de supremo teste cósmico. (Cada constelação está a 90 graus das outras, formando um T que será completado quando Gilgamesh encontrar-se com Utnapishtim, que é aquariano.) Antes de chegar ao mundo subterrâneo, onde vive o herói Utnapishtim — que simboliza Aquário —, Gilgamesh precisava combater aquelas três criaturas.

Utnapishtim parece ser uma criatura esperta, criativa e espiritual. Tendo sido avisado da chegada de uma enchente, ele construiu um barco e se salvou, numa história semelhante à da arca de Noé. Utnapishtim (Aquário) foi recompensado pelos deuses por ter ouvido o conselho divino e ganhou a vida eterna como guardião da erva da imortalidade. Seu amigo Gilgamesh finalmente conseguiu encontrar a erva que procurava, mas tornou a perdê-la. Dessa forma, a moral da história é que a humanidade ainda tem muito a fazer (e a aprender) antes de alcançar a imortalidade. Essa é uma história de esperança, amizade e superação de desafios.

Espero que você tenha encontrado inspiração nesses mitos, tão reveladores de seus dons.

A PERSONALIDADE DE PEIXES

Peixes
19 de fevereiro — 20 de março

Força condutora
"Eu ACREDITO."

O que alegra este signo
Encontra satisfação na compaixão, na simpatia e no aprofundamento da espiritualidade por meio de atos altruístas que aliviam o sofrimento alheio.

No novo milênio, sua contribuição para o mundo será...
Você não se concentra no dinheiro ou em símbolos de status, preferindo as eternas verdades e a universalidade do espírito humano. Sua compaixão inspirará todos nós a procurarmos um estado mais evoluído.

Uma citação que descreve o pisciano
"A COMPAIXÃO É O DESEJO QUE MOBILIZA O SER INDIVIDUAL A AMPLIAR O ESCOPO DE SUA PREOCUPAÇÃO CONSIGO, DE MODO A ABRANGER A TOTALIDADE DO SER UNIVERSAL."

— ARNOLD J. TOYNBEE, *ariano*

Peixes nasce na época mais fria e escura do ano, quando a primavera ainda está distante. A natureza pinta a paisagem com toda a variedade dos brancos hibernais e azuis cintilantes e gélidos. Muitas das outras tonalidades da vida estão suavizadas e escondidas sob camadas de gelo. Gotas congeladas se esfacelam e tilintam como sininhos nos ramos nus das árvores. A paisagem silenciosa é despida e talvez até mesmo despojada, mas também existe uma espécie de santidade nesta parca simplicidade.

Se o velho urso, magro após meses de hibernação, sai da toca para procurar comida, o vento uivante pode convencê-lo a voltar ao abrigo o mais rápido possível. Cervos, raposas, guaxinins e castores também terão dificuldade para encontrar alimentos, mas não estarão sozinhos. Até os homens perceberão que suas provisões estão no fim. No final do inverno, pêssegos, damascos e cerejas, que foram cuidadosamente preservados em jarros de conserva, estão praticamente acabando. Mais tarde a colheita será abundante, mas não agora — no momento, a oferta no mercado é bastante escassa. Os ventos aumentam de intensidade numa indicação de que uma nova estação está a caminho, mas por enquanto é hora de esperar, descansar, refletir e visualizar o que virá quando o clima se tornar melhor. A irritabilidade causada pelo confinamento dá lugar a sonhos com imagens que divertem e elevam o espírito, pensamentos de fadas dançando na pastagem verde do verão ou de comunidades inteiras de seres minúsculos cantando e dançando no peitoril da janela. A mente viva sempre será uma rica fonte de inspiração.

Peixes é o décimo segundo e último signo do zodíaco, nascido no final do ciclo astrológico, época de escassez ou até mesmo de jejum, tempo de preparação para um ciclo inteiramente novo. É preciso atender as antigas obrigações, estabelecer novas metas e adotar um estado geral de prontidão. O conceito "menos é mais", que surgiu em Capricórnio, retorna em Peixes, porém de forma diferente e mais espiritual. Aqui a renúncia não obedece a razões práticas e terrenas, como em Capricórnio (por exemplo, melhorar a aparência ou equilibrar as contas bancárias). Em vez disso, a renúncia tem razões mais profundas — merecer a redenção e a renovação por meio da purificação da mente, do corpo e do espírito. A maioria das religiões preconiza a necessidade de se privar de alimento como forma de expiação. Sejam quais forem as crenças religiosas pessoais do nativo, Peixes sempre sente que a vida pode ter um propósito mais elevado — e é fundamental encontrá-lo.

Símbolos

Na constelação de Peixes temos dois peixes nadando em direções opostas: um nada rio acima, enquanto o outro nada rio abaixo e eles estão unidos por um cordão. No signo de Peixes sempre existe uma escolha entre opostos: seguir um caminho moralmente superior ou seguir o caminho contrário, nadar com a corrente ou contra ela, expressar a carga negativa ou a carga positiva, mais divina. O símbolo também indica necessidade de restaurar a harmonia e integrar o mundo material e o mundo etéreo. Os nativos de Peixes, muitas vezes, são negociadores surpreendentemente bons, e os membros mais evoluídos do signo sempre estão conscientes da necessidade de manter o pé na realidade sem abandonar a busca por uma espiritualidade cada vez mais elevada. Naturalmente, nem todos os piscianos são evoluídos. Alguns têm uma tendência muito forte ao hedonismo — pois, com certeza, este signo está sujeito a atitudes extremadas —, porém esses nativos, com o tempo, aprenderão que é preciso praticar a abstinência para se purgar de substâncias que não são boas para a mente, o corpo ou o espírito.

♓ Alguns especialistas acreditam que ou pictograma de Peixes pode ser um hieróglifo egípcio que representa a regeneração psíquica. Os dois peixes simbolizam os dois hemisférios do cérebro e o cordão que os une representa o estado psíquico ou o "terceiro olho", que dá ao signo a "segunda visão".

Ψ Peixes é guiado por Netuno, o planeta do altruísmo, dos sonhos, da espiritualidade e da fé. Como tal, o astro produz grande compaixão, percepção, criatividade e inspiração, além de expressiva sensibilidade para a beleza. Chamado planeta das brumas, Netuno permeia tudo que toca, pois não é fácil conter suas águas. O símbolo do planeta é o tridente de Poseidon, instrumento que simboliza as três partes do homem: o corpo, a mente e o espírito, sendo este último o maior. Netuno pode nos ajudar a imaginar e a buscar uma realidade melhor.

Influências planetárias

Netuno foi descoberto em 1846; antes disso, o regente de Peixes era Júpiter. Consequentemente, muitos astrólogos ainda consideram Júpiter o regente secundário de Peixes no horóscopo. Como vimos em Sagitário, Júpiter também é um planeta espiritual, de otimismo aparentemente ilimitado, forte símbolo de esperança. Se recuarmos até o tempo dos deuses do Olimpo, encontraremos comprovação de que o deus Netuno era considerado regente de Peixes; portanto, sempre houve boa conexão entre esse planeta e o signo.

Peixes demonstra um talento extraordinário quando o nativo procura expressar artisticamente uma emoção, seja amor, desespero, solidão ou outro conceito. Em vez de se distanciar da emoção para estudá-la, Peixes se aproxima tanto dela que, com toda facilidade, de forma natural e inconsciente, se torna aquele sentimento. O regente Netuno ensina o signo a se mesclar; portanto, não há um muro separando Peixes da emoção que ele está estudando. O signo cristaliza as ideias, levando-as para o fundo do mar de seu inconsciente. Netuno, como regente, dá ao signo de Peixes um insight especial dos sentimentos das massas. O pisciano sente a dor, ouve os anseios e prevê os prováveis desejos da humanidade ao longo do tempo. Eles são filósofos e videntes, o signo com maior contato com os que estão ao seu redor, tanto que os nativos são capazes de sublimar o próprio ego em sua busca altruísta por servir os outros em nome de um bem maior. Netuno também torna os nativos grandes visionários, porém, ao contrário de Virgem, que percebe cada detalhe das folhas das árvores, mas não enxerga a floresta, Peixes vê a imagem mais panorâmica da floresta, e tropeça nos arbustos embaixo de seus pés. Peixes tem grande presciência, porém, às vezes, deveria conseguir ver melhor o que está perto.

Dádivas cósmicas

Um horóscopo se relaciona não apenas com o indivíduo, mas também com um mapa global que traça o desenvolvimento e a evolução da humanidade. Os astrólogos antigos escreveram que cada signo é beneficiado por todos os signos do zodíaco que o precederam. Portanto, como uma compilação de todos os signos anteriores, Peixes leva dentro de si o conhecimento e a sabedoria reunidos por todos os outros signos, além de um pouco dos desejos e sonhos deles. Como um prisma de cores que se transformam em puro branco quando combinadas, Peixes tem muito a colher e também uma pesada obrigação como filósofo do zodíaco. Dentro do coração de cada pisciano mora o desejo de transformar o mundo num lugar melhor.

Quando a roda do horóscopo chega a Peixes, vemos que o homem ganhou sabedoria e, agora, se volta para alcançar a forma mais elevada de evolução espiritual. Neste signo, o homem é capaz de sair de si mesmo e de suas necessidades para ver onde sua contribuição para o mundo será mais bem-sucedida. No fundo, Peixes acredita no amor universal e na bondade do homem. Talvez, por essa razão, este signo, muitas vezes, parece ser protegido magicamente por forças exteriores, como anjos guardiões. Peixes anseia por encontrar seu verdadeiro destino e, tal como Virgem, seu signo oposto (cujo aniversário é seis meses antes), precisa atender a um chamado interior para servir e ser útil aos outros.

No advento de Peixes, a simbólica beleza da natureza reflete a sensibilidade e a forte emotividade do signo. Em meados de março a Mãe Natureza, em geral, iniciou o degelo da primavera, e o mundo se enche de líquidos. Isso é poeticamente adequado, porque, tal como o poderoso deus Poseidon (ou Netuno), o regente de Peixes, governa todos os líquidos da Terra. Desse modo, a majestosa cachoeira e o gracioso lago, a neblina e o orvalho da manhã, a lagoa azul e a escura água salobra que pode fazer mal, além da água benta dita curativa, todos esses líquidos pertencem ao domínio de Netuno.

Em março, o vento ganha força e reúne as nuvens cheias de umidade que se desfazem em chuva, precipitando o degelo. Enquanto isso, as pequenas flores do açafrão, esses eternos arautos da esperança, irrompem da terra e anunciam delicadamente sua chegada. Regatos e rios começam a jorrar e a camada glacial que cobre os lagos se rompe, derrete e dissolve dentro do azul brilhante e profundo do lago. A doce seiva dos robustos bordos também desperta e começa a fluir para dentro dos baldes firmemente presos aos troncos. Peixes, nascido imediatamente antes do despertar primaveril da Mãe Natureza, carrega no coração a esperança sempre presente dos dias futuros, e é eternamente recompensado por essa fé.

Porém, nas latitudes setentrionais, no final de fevereiro e durante a maior parte de março, até chegar a primavera, a natureza ainda está escura e tempestuosa; portanto, não temos o menor desejo de sair para o ar livre. Tal como o velho urso, a maioria prefere ficar dentro de casa, onde está seco e quentinho. Analogamente, para o nativo de Peixes, o que acontece no exterior, no que se costuma chamar de "vida real", nunca será tão importante quanto o que ocorre nos recessos de seu coração e de sua alma.

Em algum momento no período de regência de Peixes, do final de fevereiro até 20 de março, as religiões cristãs assinalam o início da quaresma, período de jejum, abstinência e renúncia. A quaresma foi iniciada pelos seguidores do cristianismo para honrar o ritual de purificação da abençoada mãe Maria nos quarenta dias anteriores ao nascimento de Jesus. O Natal cai no dia 25 de dezembro e a quaresma começa aproximadamente 45 dias depois (correspondendo ao signo de Peixes. Dura exatamente a metade de uma estação), dando início a um período de quarenta dias, considerado um ciclo de gestação espiritual. Acredita-se que qualquer hábito pode ser consolidado se for seguido durante quarenta dias consecutivos. Os cientistas sociais modernos admitem que essa linha de pensamento pode estar correta, pois, aparentemente, tem alguma base científica.

A quaresma começa na Quarta-feira de Cinzas, em geral no final de fevereiro, reproduzindo o período de quarenta dias em que Jesus fez jejum e meditação. O dia anterior à Quarta-feira de Cinzas é chamado de Terça-feira da Confissão, referindo-se à confissão que antecede a penitência. (A quaresma começa em um dia diferente a cada ano, dependendo da data da Páscoa. No calendário lunar, a Páscoa é sempre no domingo seguinte à Lua Cheia ou imediatamente após o equinócio de primavera.)

Na Antiguidade, os seguidores da quaresma davam ovos e gordura de presente. Por essa razão, em muitos lugares o início da quaresma é precedido pelo Mardi Gras, traduzido literalmente como "Terça-feira Gorda", um dia de júbilo desfrutado pelos seguidores do ritual antes do início do período de jejum. Os praticantes de hoje programam dias de abstinência de carne e abrem mão de alguns hábitos hedonistas como preparação para a renovação espiritual que ocorre no período da Páscoa.

Em Peixes, os hábitos hedonistas são sacrificados não apenas em favor da cura e da aquisição de um sentimento melhorado de valorização, mas também como forma de demonstrar amor e devoção ao criador e de purificar a alma. Essa meta é diferente da disciplina autoimposta de Capricórnio, que é uma reação contra os excessos de Sagitário no mês de dezembro.

Em "A personalidade de Virgem" falamos sobre a donzela que segura um ramo de trigo que representa o pão. Como signo oposto a Virgem, situado no mesmo eixo, temos Peixes, representado por dois peixes. Dessa forma somos lembrados da história bíblica do milagre dos pães e peixes, que contamos previamente em "Os mitos de Virgem e Mercúrio".

Albert Einstein, famoso pisciano, disse que podemos pensar na vida ae duas formas: partindo do princípio de que não existem milagres ou, pelo contrário, de que a vida não é nada senão milagres. Peixes sempre vai preferir a segunda forma de pensar, porque vive em um mundo baseado em maravilhas espirituais luminosas e belas. Quando finalmente observamos a vida pelos olhos de Peixes, em geral nos sentimos iluminados. Na verdade, o signo explica pacientemente que muitas das dádivas da vida são enviadas como bênção por um universo amoroso, mas quase sempre são vistas como uma ocorrência natural. Este signo sabe que, se a vida for vivida de forma positiva, os milagres diários nos levarão na direção do destino supremo que escolhermos.

A compaixão é um dos atributos mais valiosos de Peixes, algo de que, entre todos os signos do zodíaco, apenas Câncer pode se aproximar. Mesmo comparado com este, Peixes ainda é insuperável. A necessidade de aliviar o sofrimento é tão forte neste signo que os nativos fazem o máximo para ajudar amigos, parentes e até estranhos. Os piscianos facilmente se colocam no lugar dos outros. Como são esponjas psíquicas, de vez em quando precisam de um tempo de solidão para se livrar das preocupações dos outros, meditar e restaurar as energias. As brumas de Netuno tornam as fronteiras indistintas, portanto Peixes, um signo não caracterizado por um ego forte, não vê diferença entre "eu" e "tu". Na verdade, é notória a capacidade do signo em espelhar todo o espectro de sentimentos dos seres humanos. Quando os amigos estão felizes, Peixes também está. Quando sofrem, Peixes sente as dores deles como se fossem suas. Os grandes e expressivos olhos do nativo, um brilhante espelho de seus pensamentos e sentimentos, revelam tudo.

As pessoas se aproveitam da bondade de Peixes, o que os nativos deste signo facilmente admitem. No entanto, ao concordar com essa afirmativa, eles sorriem silenciosamente para si mesmos, perdoando os amigos por não serem suficientemente evoluídos para a autossuficiência. Peixes, muitas vezes, deixa que os outros retirem energia de sua fonte de força porque ela é praticamente infinita e continua a ser abastecida. O típico pisciano diz: "Se ele precisou se aproveitar de mim, tudo bem, é porque não teve outro jeito. Que Deus o ajude." Peixes é sempre o filósofo, pronto a perdoar e dizer "Eles não sabem o que fazem". Na verdade, se algum signo é capaz de dar a outra face, é Peixes. Os nativos mais evoluídos não se deixam arrastar para o mesmo nível das pessoas de mau comportamento. A maioria dos nativos está acima de críticas, pois este é o signo mais motivado espiritualmente.

Os piscianos se dão muito bem com qualquer forma de ambiguidade, por isso, Peixes é chamado signo da fé e da esperança. Para ele, as antíteses e as inconsistências fazem parte da natureza, portanto, o nativo sente que os mistérios existem para serem festejados. O pisciano sabe que nem tudo no universo pode ser explicado e respondido em uma existência ou até mesmo em várias existências. Peixes sente pena daqueles que insistem em usar apenas seus limitados sentidos para descobrir as respostas aos problemas da vida. Este signo sempre confiou em outro sentido, o sexto sentido, que lhe é muito útil.

Peixes rege a décima segunda casa, a parte do zodíaco que governa o isolamento, os sonhos, as lembranças, os segredos, os assuntos confidenciais, a ajuda médica e a cura. O signo também rege os locais de confinamento como os hospitais, centros de reabilitação e até mesmo prisões, pois essa é a casa do horóscopo que governa conceitos como o controle das emoções, as limitações, o sofrimento estoico e as partes da vida que ficam ocultas e às vezes se revelam. Os antigos astrólogos escreveram sobre a ocasional tendência deste signo para a autodestruição, representada por problemas que todos nós temos na vida e pelos quais somos os únicos responsáveis. Os piscianos mais evoluídos são visivelmente capazes de evitar essas armadilhas, mas alguns, principalmente os jovens e impressionáveis, muitas vezes tropeçam uma ou duas vezes antes de aprender. Peixes sabe que a melhor maneira de lidar com a depressão ou com um período de estresse é fazer trabalho beneficente. Isso tira o nativo de dentro do seu envolvimento consigo mesmo, dando-lhe o conforto de saber que conseguiu tornar o mundo um lugar melhor.

O sono é regido por Netuno e o pisciano entende mais do que ninguém o valor do misterioso período entre a vigília e o sono, pois é o momento em que a mente subconsciente lhe fala com mais clareza. Peixes gosta mais da vida quando os contornos estão indistintos. De certa forma, o limite imperceptível entre a genialidade e a loucura se assemelha muito ao espírito de Peixes. Essa é uma zona crepuscular que alguns signos desconhecem ou simplesmente não alcançam; no entanto, é um estado alterado que os nativos de Peixes utilizam para ampliar a intuição. Quando estão sonolentos demais para submergir ou inibir as emoções, a verdade brota. Peixes também encontra grande significado e direção nos sonhos, que proporcionam ao nativo insights e uma bússola para orientar suas energias. Alguns signos, principalmente de terra — Touro, Capricórnio e Virgem — e também os intelectuais e analíticos — Aquário e Gêmeos — precisam ver, tocar, provar e ouvir todas as partes do mundo a seu redor para compreendê-las. Isso não acontece com Peixes. É claro que esse amor por uma vida com contornos abrandados pode fazer alguns nativos terem a necessidade de recorrer a muletas como drogas e álcool, mas são minoria.

Peixes tem a refinada qualidade de ver beleza em toda parte, inclusive nas coisas mais triviais e menores, em lugares que outros facilmente deixarão de ver. Os nativos evoluídos também têm mais satisfação na criatividade do que em qualquer coisa que possam comprar. Peixes nunca fará alguma coisa exclusivamente por dinheiro, pois este signo não "se vende". O nativo percebe que faz parte de um mundo temporal, mas plana em uma região muito mais etérea. Se ganhasse um pote de ouro, o pisciano construiria um hospital ou criaria uma fundação. Talvez essa seja a razão pela qual o dinheiro sempre encontra o nativo quando ele está ocupado pensando em outra coisa, criando ou tecendo seus sonhos.

Quando passa por um período particularmente sombrio, o pisciano pode, literal ou figurativamente, ser levado às lágrimas pelos gestos de bondade dos outros. Esses episódios sempre sensibilizam muito o nativo: quando veem a luz da divindade no coração de alguém, são transformados para sempre pela experiência. Já não se deixam mais impressionar pelos padrões superficiais de graça ditados por uma era ou um momento. Por outro lado, sentem-se ainda mais determinados a passar o bastão adiante, ajudando outras pessoas. A compreensão que o nativo tem da pura beleza cruza barreiras culturais e étnicas. Por meio do próprio sofrimento, esse signo vê a luz do espírito humano, e essa visão, uma vez experimentada, torna-se inesquecível.

A cor violeta, associada com Peixes, encontra-se no final do espectro. Quando é estendida um pouco mais além, ela se torna ultravioleta e desaparece na vastidão ampla e desconhecida da completa universalidade, uma metáfora apropriada para Netuno, o planeta que rege o que é universal e invisível.

A natureza abençoou Peixes com algo que só pode ser chamado de visão noturna. Trata-se de um instinto direto que serve como proteção e que nunca abandona o nativo. Os símbolos dos dois outros signos de água, Câncer e Escorpião, são o caranguejo e o escorpião — criaturas que vivem tanto na terra quanto na água. O peixe não pode viver na terra porque não consegue respirar o ar. Portanto, ele tem de permanecer na água para sobreviver. Além disso, como não tem presas, chifres, nem como pedir ajuda com um rugido, trinado ou latido, o peixe recebeu da natureza um recurso protetor melhor: a bênção da precognição e do instinto aguçado. A família e os amigos ficam maravilhados com a capacidade surpreendente do pisciano para ler pensamentos com clareza, como se ouvisse ondas de rádio. Diz-se que, na verdade, os pensamentos são vibrações energéticas; portanto, é possível que, como certos animais, o pisciano escute frequências que estão fora da faixa de percepção do cidadão comum. Ninguém jamais poderá entender como ou por que essa percepção extrassensorial funciona, mas isso acontece, e ela parece ter sido transmitida a Peixes no nascimento para lhe garantir a segurança.

Conforme discutimos neste livro, todo signo do zodíaco equilibra as qualidades do signo precedente. Dessa forma, Peixes reage contra a visão fria, puramente objetiva e imparcial de Aquário. O pisciano sabe que os fatos podem ser enganosos e têm suas próprias limitações. A intuição, por outro lado, quase sempre está certa, porque o nativo sabe que o coração tende a falar somente a verdade. Se a ciência muitas vezes questiona a fé, Peixes faz o oposto, expandindo-a e ampliando-a. Em vez de investigar o mundo por meio das lentes de um microscópio, Peixes quer explorá-lo ouvindo os murmúrios do próprio coração.

Peixes sabe que será criticado e ridicularizado por ser uma pessoa "sensitiva" que por acaso vive numa época que valoriza a ciência. Sem perder a firmeza por mais acalorado que o debate se torne, Peixes conhece a verdade quando a sente fisicamente. A décima segunda casa do horóscopo, regida por Peixes, também rege o subconsciente e equilibra a sexta casa, regida por Virgem. Os dois signos recebem o mesmo espaço na roda do horóscopo; portanto, têm o mesmo potencial de informação. Peixes sabe que sob o radar da consciência, a mente subconsciente pode recolher grande quantidade de informação no local onde nasce a intuição. Enquanto a mente consciente quer saber "o que e por quê", a mente subconsciente sussurra: "Escute e o universo lhe dirá." Neste último signo zodiacal a sabedoria e a percepção nascem do entendimento de que algumas coisas não podem ser explicadas com facilidade e da crença de que todas as verdades acabarão por se revelar.

Embora Aquário trabalhe muito bem em grupo, o reservado nativo de Peixes, em geral, prefere trabalhar numa relação individual direta com as pessoas necessitadas. Um pisciano mais sociável talvez seja capaz de trabalhar das duas formas. Tanto Aquário quanto Peixes são muito sensíveis às necessidades dos seres humanos, mas costumam expressar de formas diferentes a vontade de ajudar. É interessante observar que o próximo signo, Áries, que anuncia a primavera, compensa a completa ausência de ego do pisciano. Dessa forma, Áries sublinha a importância do "eu" e da expressão individual. Áries é o signo do espírito empreendedor e pioneiro, dono de forte autoconfiança — algo que falta a muitos piscianos, principalmente os jovens. Foi assim que o cosmos decidiu que cada signo serviria melhor ao mundo.

Os amigos afirmam que Peixes deveria ser mais decidido e traçar limites no curso da interação social, mas é praticamente impossível para o nativo fazer isso, porque as névoas de Netuno o levam a reagir contra as restrições e os limites. Se você for nativo deste signo, sabe que o confronto pode deixá-lo praticamente doente. Se tiver de assumir uma posição, você escolhe cuidadosamente as palavras, sempre tentando não ferir os sentimentos do interlocutor. Isso não significa que você não tem opinião própria ou se sente inseguro de suas intenções. Peixes pode ser muito decidido, às vezes até mesmo teimoso (graças a Touro na cúspide da terceira casa, a casa da comunicação). Você sempre consegue o que quer, mas faz isso de uma forma que preserva sua sensibilidade e dignidade.

A capacidade de o pisciano espelhar emoções vem, em parte, do modo como o nativo é formado e também de Netuno como seu regente. O peixe é uma das formas mais antigas de vida, surgido das próprias águas da criação. Ele tem uma coluna vertebral longa e, em vez de cabeça, pernas e braços (como os seres humanos e muitas outras criaturas), tem um corpo ultrassensível. Suas barbatanas percebem as menores mudanças nos ritmos e nas vibrações das correntes da água onde vive. O som é mais alto e se propaga mais rápido na água do que no ar; portanto, o peixe pode perceber os sons — e até mesmo senti-los — mais depressa do que qualquer outra criatura na terra. Essa sensibilidade aos sons embaixo d'água, trazida por Netuno, sem dúvida é o motivo pelo qual os piscianos são conhecidos como grandes talentos na música.

Para Peixes o maior presente que se pode dar é o próprio tempo ofertado de boa vontade e sem relutância. Não admira que Peixes tenha tantos amigos, de todas as camadas sociais, religiões e etnias. No entanto, além de dar atenção aos amigos, os nativos continuamente encontram pessoas necessitadas (às vezes, estranhos completos) a quem ajudar e possivelmente levar para casa, para tristeza dos companheiros. O motivo dessa prioridade em ajudar os outros é a compreensão de que a vida pode ser "o agora", mas a alma é para sempre. O foco de Peixes está fixado na eternidade, para além das coisas terrenas.

Embora limpe e purifique, a água também pode silenciosamente envenenar ou prejudicar de algum modo. Essa faca de dois gumes de Netuno está sempre presente — o planeta pode inspirar esperança, empatia e purificação, mas também pode trazer confusão, subterfúgio e até mesmo morte. Peixes sempre tem de caminhar entre as duas tendências, sem se permitir ser engolfado pelas águas do planeta regente. Para alguns nativos, essa situação não é fácil. Todos nós sabemos, por exemplo, de músicos ou atores piscianos que são dominados pelo estrelismo, voltando-se para drogas e bebida como válvula de escape contra as pressões do sucesso ou as emoções confusas causadas pelas contínuas exigências da vida. Às vezes, por ser muito visionário e pouco prático, Peixes precisa batalhar para pensar com clareza e estabelecer metas. Feito isso, este signo pode lançar-se ao estrelato ou encontrar a paz interior desejada. De certa forma, o nativo pode fazer o que quiser.

Diante de uma crise, o pisciano fica assoberbado e sente que está se afogando num mar de emoção; ou diz que se sente à deriva no meio de um vasto oceano, sozinho e desconectado daqueles que sempre o ajudaram, mas que subitamente desapareceram. Como diz o ditado: "O sucesso tem muitos pais, mas o fracasso é órfão." O pisciano pode não saber como voltar à terra firme, entretanto, a resposta é que ele precisa pedir ajuda. Embora convide os outros a lhe pedir ajuda — sempre oferecendo conselhos objetivos —, estranhamente este signo parece hesitar em buscar ajuda, com receio de se tornar um peso para os outros.

No entanto, é inegável que uma crise eventual faz o nativo encontrar as mais profundas reservas de força. Quando desperta do sonho da ilusão, as torrentes da vida inevitavelmente obrigam o nativo a confrontar diretamente os próprios medos. Peixes é um signo muito incompreendido: em geral, é facilmente considerado fraco por outros signos. No entanto, ele sempre prova ser mais forte do que se imagina. A capacidade de sobrevivência do pisciano é poderosa. Como já dissemos, seus instintos costumam ser surpreendentemente aguçados, ajudando-o a localizar uma saída para a maioria das armadilhas da vida. E se o nativo escolheu viver a vida como um bom peixe, com a alma pura e as intenções boas, o universo encontra um meio de salvar até mesmo aqueles que só podem culpar a si mesmos por seus infortúnios (alguns nativos são famosos pelo hábito de dar um tiro no próprio pé). Mais uma vez, Peixes pode emergir triunfante, se decidir fazê-lo.

O oceano é muito inconstante; portanto, o mutável signo de Peixes pode ser temperamental, porém não tanto quanto Câncer, também signo de água, porque os cancerianos são regidos pela Lua. O mar pode ser agitado, sujeito a tempestades torrenciais, furacões e ondas gigantescas, mas em seguida as águas se acalmam, voltando a ser claras e pacíficas, de um azul cristalino. Portanto, Netuno dá ao signo de Peixes a capacidade de mudar de forma da mesma maneira e com a mesma velocidade que as águas daquele planeta. Isso dá ao pisciano uma adaptabilidade fantástica que lhe permite sobreviver nas condições mais difíceis. Se um método não funciona, o nativo pode experimentar outro num piscar de olhos. Este signo é camaleônico, no sentido de poder se adaptar a quaisquer circunstâncias, mesmo as mais difíceis e, como todos nós sabemos, a sobrevivência pertence àqueles que conseguem adaptar-se melhor ao meio ambiente.

Considera-se Peixes o signo que representa os sentimentos da humanidade — as emoções coletivas e inconscientes de todos os homens, o denominador comum que nos une, independentemente de idade, gênero ou nacionalidade. O "grande coletivo" inclui as opiniões, modas, tendências e políticas dominantes nas massas em uma época. A antena de Peixes é tão sensível que os nativos sabem exatamente qual é o pensamento dominante no momento. Sagitário está ligado à humanidade pelas ideias e contribuições de conhecimento das diversas civilizações do mundo como uma família humana. Por outro lado, Peixes une as pessoas de uma forma mais instintiva, pela afinidade das emoções mútuas.

Acrescente-se a isso o fato de que este signo é muito orientado pelo hemisfério direito do cérebro, e é muito diferente do seu oposto polar, Virgem, que é altamente verbal e preciso em suas funções do hemisfério esquerdo. Como costuma captar informação visualmente, Peixes é especialmente hábil na leitura de símbolos, linguagem corporal, gestos, olhares ou um brilho nos olhos, que interpreta com mais exatidão do que qualquer outro signo. Dessa forma, essa criatura é capaz de perceber a verdadeira intenção de qualquer um porque, como Capricórnio, confia mais nos atos do que nas palavras. Porém, ao contrário deste, o pisciano lê tanto a linguagem corporal quanto a inflexão da voz para interpretar os atos dos outros, conseguindo captar um ideia muito clara dos acontecimentos.

É fácil ver por que o romântico, sensível e extremamente criativo pisciano é excelente nas artes. São perfeitos para este signo os domínios da fotografia, do filme, da música, das letras, da poesia, da dança e das artes cênicas, particularmente favorecidas pelas qualidades camaleônicas de que falamos antes. Ele é o poeta do zodíaco. A melhor atuação do nativo acontece quando os outros não lhe impõem estruturas, pois ele se sente livre trabalhando onde deseja e quando deseja, a qualquer hora. Como já dissemos, o principal fator de motivação do nativo não é o dinheiro ganho, mas a necessidade de dar uma sólida contribuição em sua área de atuação. No entanto, os piscianos são excelentes negociadores, pois entendem as motivações psicológicas da humanidade. Os homens de negócios constantemente subestimam o nativo deste signo, partindo do princípio de que ele é fraco ou indeciso. No entanto, o pisciano sabe que isso quase sempre acaba sendo uma vantagem. Os oponentes estão sempre tentando adivinhar o que o nativo vai fazer, porém com frequência se enganam.

Peixes sente-se à vontade com o caos, onde, na verdade, parece crescer. A facilidade do nativo em lidar com desordem, confusão e aleatoriedade está associada à sua rica fonte de criatividade. A capacidade de lidar com a ambiguidade também permite que o signo faça novas descobertas. Mesmo aqueles que não atuam em profissões tradicionalmente artísticas são capazes de trabalhar em meio ao pandemônio geral, pois sua concentração costuma ser suprema e a capacidade de trabalhar com detalhes é sólida. Os piscianos também conseguem identificar rapidamente o que falta no empreendimento e encontrar formas de compensar essa carência imediatamente. Nesse aspecto eles são parecidos com Capricórnio.

Contudo, ao contrário do que acontece com a cabra, Peixes é um artista e como tal, muitas vezes escolhe realizar a função do artista, isto é, retratar os papéis que os outros signos coletivamente assumirão antes que qualquer um deles tenha consciência de que vai naquela direção. O artista bem-sucedido cria um ícone memorável que parece “certo”. A grande coletividade — as massas de uma região ou do mundo — vê o que Peixes produziu e confirma: “É exatamente nisso que estou me tornando, o que eu quero ser e, na verdade, o que sou agora!” Um artista não só tem o papel de prever a identidade futura de toda uma cultura, mas também pode indicar opções de estilo de vida. Portanto, o artista tem uma influência sutil porém muito poderosa sobre a cultura de massa. A moda, a música, a arte, os estilos arquitetônicos, a política e os livros são influenciados pelo artista no domínio de Peixes. Se o pisciano preferir não se dedicar à arte, outra forte vocação será a medicina, a cura do corpo, da mente e do espírito.

Até agora discutimos a face séria e espiritual deste signo, porém Peixes tem um lado travesso igualmente forte. A criança de 5 anos está muito viva no interior do nativo, o que explica sua grande criatividade. Peixes pensa que o mundo seria horrível se não houvesse parques temáticos, desenhos animados e contos de fadas. Pensa também que a fantasia sempre será melhor que a realidade, pois lhe permite construir o mundo que vê em sua rica imaginação. A realidade pode ferir o nativo, mas um projeto criativo ou algum tempo na realidade virtual lhe abrem caminho para outro tempo e espaço em que Peixes gosta de mergulhar. A fantasia permite ao nativo ser ele mesmo, tornar-se a pessoa que vê em sua mente. Embora essa tendência ao escapismo possa ser perigosa, para os nativos bem-ajustados ela é boa, servindo como proteção — um lugar secreto na mente e no coração que lhes permite curar qualquer ferida.

Desse modo, o pisciano vai a Orlando visitar a Disney World, a Nova Orleans, a Las Vegas, a Tinseltown (Hollywood) ou a qualquer outra “terra do nunca” que ofereça parques temáticos, ou qualquer outra maneira divertida de esquecer a realidade, ainda que por pouco tempo. Um desses locais pode ajudar a renovar o espírito do pisciano, desde que ele não exagere. Na mente do nativo é perfeitamente possível voar, lançar-se no espaço ou morar em outros planetas. Se você lhe disser que isso não é possível, ele desprezará sua opinião e dirá que sente pena de você.

Na verdade, alguns piscianos preferem visitar mentalmente os lugares — sonhando acordados de forma produtiva — a visitá-los na vida real. Afinal, na vida real sempre podemos nos decepcionar. As duras realidades do aeroporto, do estacionamento ou do tratamento dispensado ao turista podem tornar a viagem um pesadelo. Na internet ou numa aventura de realidade virtual esses problemas desaparecem. Como Alice no País das Maravilhas, Peixes pode passar vários dias caindo nas profundezas de excitantes imagens panorâmicas. O nativo pensa que o pó de pirlimpimpim realmente existe — ele sempre acreditará em milagres e mágica. Tanto Michael Eisner, diretor da Disney, quanto Steve Jobs, fundador da Apple e da Pixar, sempre falam do "reino mágico" ou de "conduzir os fiéis". Diga a *eles* que a realidade é melhor que a fantasia e eles rirão de você. Naturalmente! Ambos são piscianos.

Em *Brazil, o Filme* os personagens decidem que a foto da refeição que pediram é melhor que a comida de verdade. Para um pisciano, isso faz todo sentido. As imagens são guloseimas para os olhos, e visões bonitas nutrem mais que qualquer coisa que se possa mastigar. Na casa do nativo, é comum faltar leite, manteiga, sabão e sacos para lixo. No entanto, nunca vão faltar tinta e telas, filmes e papel fotográfico, RAM e banda larga, tesouras e cola — qualquer que seja sua ferramenta criativa —, pois para o pisciano essas coisas são preciosas.

O mais importante é lembrar a imensa imaginação de Peixes, talvez a mais rica e pura de todos os signos zodiacais. Mundos alternativos da mente e do coração se mostram simplesmente interessantes demais para não serem investigados. Quando o professor do pré-escolar afirmou que no futuro ele leria livros sem figuras e não sentiria falta delas, o pequeno nativo balançou a cabeça, pensando "Isso nunca vai acontecer, eu gosto demais de figuras".

Relacionamentos

Vamos nos voltar agora para o lado afetivo dos piscianos, como amantes ou parceiros em um relacionamento. Como podemos imaginar, Peixes é extremamente terno e romântico. Por ser modesto, reservado e talvez até mesmo tímido, Peixes deseja ter um relacionamento íntimo e particular com alguém que explore todo o espectro das emoções humanas, e não um amante que arranhe a superfície do relacionamento. É por isso que nenhum signo de ar ou de fogo (Gêmeos, Libra, Aquário, Áries, Leão ou Sagitário) costuma ser adequado para Peixes. Em seus relacionamentos, este signo sempre precisa de uma intensidade amorosa e quer mergulhar até o fundo do oceano do amor para experimentar a plenitude desse sentimento. Peixes sempre acredita na capacidade de viver "feliz para sempre" com alguém especial. Os nativos, em geral, encontram o amor que buscam, até mesmo porque são muito afetuosos.

Há uma razão muito forte para a natureza romântica e afetuosa de Peixes. Netuno é considerado a "oitava acima" de Vênus, o que significa que ele leva a beleza deste astro para um nível mais elevado e mais espiritual. Como vimos em Touro e Libra, Vênus rege a beleza e a harmonia; portanto, esse planeta feliz tende a aumentar os prazeres sensuais, mas também pode ser um pouco hedonista. Vênus lida com o mundo exterior, o divertimento, as festas e outros locais e formas de prazer. Depois de criar o ambiente, Vênus dá início à sedução e à primeira centelha da química entre os amantes. Netuno celebra a beleza nos aspectos mais profundos e amplos do amor. Se Vênus é o toque e o sentimento terreno, Netuno traz a sensibilidade para o domínio psíquico. Vênus quer desfrutar o amor, mas Netuno é tão abrangente que é capaz de sofrer e até mesmo se sacrificar por amor. A tarefa de Netuno será levar o primeiro impulso de atração sexual para uma esfera mais elevada e espiritual, possivelmente de compromisso (com a ajuda de outros planetas). Enquanto Vênus se preocupa com o mundo exterior que podemos ver e tocar, Netuno está mais interessado na vida interior de coração e alma.

O amante dos sonhos do pisciano seria um nativo de Câncer, Escorpião, Peixes ou, ainda, de Touro, Virgem ou Capricórnio. O pisciano quer alguém sensível, diplomático e que lhe dê apoio porque, por mais bem-sucedido que seja, às vezes precisa de um reforço na área da autoconfiança. O parceiro também deve ter espírito aventureiro para viagens e ainda ser bastante romântico para criar elementos de surpresa e diversão nos anos em que estiverem juntos. Como um signo gregário, Peixes gosta de vida social, mas também precisa de uma quantidade igual de solidão — excesso de socialização deixa o pisciano agitado e desesperadamente necessitado por repouso.

Peixes anseia por ser compreendido e quer ser valorizado tanto pelas qualidades quanto pelos defeitos. O nativo não começa um relacionamento de forma apressada, mas sempre devagar e experimentalmente. Este signo sabe que pode ser ferido com facilidade; portanto, trata de se proteger, principalmente no início do relacionamento. Uma vez estando seguro de que pode confiar no outro, ele será apoiador e terno e buscará o compromisso. Não seja grosseiro ou excessivamente agressivo — este signo prefere as sutilezas e uma abordagem indireta. Se você parecer muito ousado, Peixes desaparecerá nas cavernas submarinas e nunca mais será encontrado.

Ao escolher alguém para amar, o típico pisciano procura equilibrar a própria natureza artística e sentimental buscando um parceiro muito prático que também se mostre confiável, leal e decidido. Peixes também aprecia um parceiro laborioso, que trabalhe bastante e goste do que faz. Esteja consciente de que o pisciano costuma ser apaixonado pelo próprio trabalho (principalmente se tiver uma atividade criativa, o que pode resultar numa dedicação 24 horas, sete dias na semana) e acha que todos devem ser assim.

Na atividade sexual, Peixes quer vivenciar a paixão de uma experiência quase religiosa, em que o mundo desapareça e as duas almas se transformem numa só. Este signo tem uma graça natural e um ritmo que faz de seus nativos parceiros sexuais simplesmente inesquecíveis. A qualidade da experiência irá depender da profundidade dos reais sentimentos dos dois envolvidos: Peixes procura emoções autênticas. Se os relâmpagos e trovões não acontecerem durante o namoro, o pisciano vai esperar um pouco para ver o que acontece. Depois de algum tempo, porém, se o raio não cair do céu, Peixes vai tentar descobrir o motivo. Se perceber que o parceiro não está vibrando na mesma frequência, o nativo desistirá e nadará silenciosamente para longe. Fazer uma cena não faz parte da natureza do pisciano, por isso, o companheiro poderá acordar certa manhã e descobrir que ele foi embora. Um pisciano desiludido pode levar um bom tempo para se recuperar; este signo não supera facilmente um final de relação.

Por outro lado, se o relacionamento for harmonioso e tiver um tempero de excitação, o pisciano vai abrir as comportas da emoção para o amante. Idealmente, ele sempre vê o parceiro da melhor forma possível. A frase mais cativante que alguém pode dizer ao amante pisciano é "Eu preciso de você". Não há praticamente nada que o pisciano não faça em retribuição. Peixes quer fazer diferença na vida dos outros e corresponde sem restrições ao amor. O nativo está disposto a sacrificar muito pela criatura amada e também pelos filhos que possam vir mais tarde. Se você for parceiro de um pisciano, precisará encorajá-lo a pensar um pouco em si, já que os peixes, às vezes, exageram na dedicação à família e podem tornar-se quase mártires na renúncia à própria satisfação. Como Peixes mantém muito viva a criança interior, os nativos são pais fantásticos (o desejo de ter filhos costuma ser muito intenso e é um dos principais motivos para o casamento). Peixes também encoraja e apoia o parceiro a alcançar alturas que não teriam sido visadas por si mesmo. O nativo escuta não só com os ouvidos, mas com o coração. Sendo poderoso, fiel, curioso, divertido e ávido por uma surpresa, o pisciano traz para a união uma qualidade encantadora e fascinante de romance. O pisciano mantém as estrelas cintilando nos olhos, portanto, se você está apaixonado por um deles, valorize-o, pois terá encontrado um parceiro compassivo e cheio de imaginação que a cercará de amor infinito.

FINANÇAS

Financeiramente, Peixes já deixou assombrados muitos nativos de outros signos por sair na frente. Com Áries na cúspide da segunda casa, Peixes se sente à vontade para gerar a própria renda com tudo o que isso implica; portanto, pode trabalhar por conta própria. Os piscianos frequentemente são conhecidos por alcançar sucesso em *duas* profissões, às vezes ao mesmo tempo.

A revista *Forbes* recentemente fez uma pesquisa com os quatrocentos milionários e bilionários de sua lista. O resultado revelou que Peixes lidera o zodíaco, produzindo o mais alto percentual de milionários e bilionários que venceram por esforço próprio. O percentual exato é 11,3% de piscianos no primeiro lugar e 9,4% de aquarianos no segundo lugar (*Forbes*, 16 de outubro de 1995, pp. 380-382).

VIDA PROFISSIONAL

Os piscianos são brilhantes cineastas, produtores de realidade virtual, designers, criadores de desenho animado, cartunistas, músicos, roteiristas, produtores de cinema e diretores de estúdios cinematográficos. Eles também são fotógrafos e diretores de fotografia, editores ou diretores de filmes. Adicione a isso o trabalho como artista de efeitos especiais, diretor de arte, cabeleireiro ou maquiador, figurinista, criador de objetos de palco e estilista — quanto mais extravagante, melhor. Você pode imaginar o que o nativo faz bem.

Um aviso aos leitores que não são do signo de Peixes: os piscianos são sensíveis. Eles também são muito leais e esperam o mesmo dos outros. Peixes não gosta de confronto; portanto, se criticar os esforços criativos de um deles, faça isso com delicadeza, para que ele não se sinta agredido e não pense que você odeia o que ele faz (você notará que ele se refere às próprias criações como seus "filhos"). Se você insultar um pisciano, ele não criará caso nem discutirá. Em vez disso, simplesmente nadará para longe, para nunca mais voltar. Se o pisciano for embora, acredite, você sentirá falta dele. A vida sem um nativo de Peixes é como a vida sem o Mickey, o Pateta, o Peter Pan, o Pica-Pau, os Caça-Fantasmas e o Super-Homem, todos juntos. Eles alegram gente de todas as idades, em toda parte. Portanto, se criticar, seja delicado.

Os nativos de Peixes também são excelentes artistas de cinema. Se você nasceu sob este signo, sabe que provavelmente tem um talento excepcional, porque Netuno lhe dá a capacidade de mudar de forma. Netuno também tem uma qualidade cintilante — pense nas escamas brilhantes e lisas do peixe. Sendo assim, o nativo de Peixes se dá bem com o estrelato, desfrutando esse papel glamoroso também na vida real.

Netuno rege tudo o que aparece e desaparece; portanto, acrescente à lista de carreiras o trabalho como mágico. Na verdade, todas as áreas do entretenimento são favoráveis a Peixes. Você pode ser iluminador de palco, dramaturgo, diretor de teatro ou agente de elenco. Pense na possibilidade de criar figurinos ou ser curador de um museu de vestuário. Também pode projetar videogames, experiências em realidade virtual ou parques temáticos; ser um webdesigner, provedor de conteúdo ou projetista de identidades corporativas; dirigir um estúdio de cinema ou uma cinemateca; tornar-se poeta, pintor ou ilustrador; escrever roteiros ou romances ricamente criativos.

A dança também está no domínio de Peixes. Bailarinos clássicos ou de dança moderna nativos deste signo estão entre os melhores do mundo. Também são bons campos de trabalho a coreografia ou o ensino de dança.

Você gosta de ajudar as pessoas; portanto, pode se tornar enfermeiro ou auxiliar de enfermagem. Considere a especialidade médica que envolve cuidados prolongados ou torne-se fisioterapeuta. As películas são regidas por Peixes, portanto você pode ser um próspero técnico de raios-x.

O mesmo instinto de ajudar a quem sofre, que pode levá-lo no caminho da medicina, pode fazê-lo trabalhar para uma organização beneficente, fundação ou organização sem fins lucrativos. Por exemplo, entre para o Médicos Sem Fronteiras ou para a Cruz Vermelha.

Além disso, Peixes adora animais e gosta de cuidar deles; portanto, você pode começar uma carreira como veterinário ou agente de uma sociedade de proteção aos animais em sua cidade.

Seu signo rege o subconsciente, o sono, o sonho e fenômenos similares. Pense em ser anestesista ou um médico que estuda os distúrbios do sono. Peixes também rege os pés, logo você pode ser podólogo. Seu signo é fascinado pela mente — você também pode ser um excelente psiquiatra, psicólogo, psicanalista ou hipnoterapeuta. Outras carreiras podem incluir: dar palestras motivacionais, ensinar meditação, yoga ou ajudar os outros praticando a astrologia.

Peixes tende a ser o mais religioso de todos os signos; portanto, você talvez tenha vocação para entrar para um convento ou ordem religiosa como sacerdote. Você pode até preferir ser missionário ou abrir uma livraria religiosa.

O mar também o atrai. Carreiras que o coloquem perto da água podem ser as ideais. Seja capitão de navio, operador de cruzeiros ou diretor de atividades em cruzeiros. Você pode ser mergulhador, oceanógrafo, pescador ou marinheiro. Levantar dinheiro para procurar um tesouro afundado pode ser a carreira mais divertida de todas.

De fato, os líquidos lhe trazem sorte. Trabalhe em qualquer função na indústria de bebidas — chá, cerveja, café, refrigerantes, água, vinho, champanhe ou bebidas alcoólicas. Ou em qualquer função na indústria petrolífera ou na indústria farmacêutica. Ambas também são regidas por Netuno. Faça esculturas de gelo ou projete chafarizes. Seja um instrutor de natação ou mergulho ou atue como salva-vidas no verão; seja oficial da Marinha Mercante ou da Guarda Costeira. Construa ou venda barcos.

Finalmente, os piscianos podem ser ótimos detetives ou até mesmo espiões, porque sabem guardar segredos e se tornar invisíveis, além de conseguir voar abaixo do radar quando estão trabalhando. Como vê, você tem muitas possibilidades de carreira à sua disposição, e todas utilizam bem seus talentos.

Além das artes visuais e criativas, ainda há outras carreiras em que Peixes pode se destacar. Como tem um sexto sentido para as necessidades públicas, trabalhar em publicidade pode ser excelente para este signo. O nativo é muito sensível aos sentimentos e mudanças de humor do público; portanto, pode ser excelente em propaganda, relações públicas, marketing, rádio, televisão ou no mercado editorial. Onde as mudanças de opinião pública e a necessidade de informação forem importantes, esse é um lugar perfeito para Peixes. Com Sagitário no meio do céu, o sucesso é seguro no mercado editorial ou numa agência de viagens. A imaginação e o gosto pela aventura são fortes no pisciano, que também adora viajar. Ele pode, com sucesso, pintar um retrato atraente, brilhante e muito poético de terras distantes que recomende visitar.

Corpo, mente e espírito

Em questões de saúde, Peixes é menos robusto que outros signos, portanto deve se cuidar muito bem. Como já dissemos, o mundo tende a exaurir este signo, e então a solidão costuma ser o perfeito antídoto para o estresse. Netuno pode mascarar uma doença, dificultando o diagnóstico pelos médicos; é possível haver ocasião em que o pisciano precise ser paciente até que os médicos localizem a causa do problema. Peixes rege os pés, uma área que pode lhe causar dor. Sempre é possível identificar um pisciano pelos sapatos velhos que gosta de usar, principalmente quando o calçado está largo, amaciado e confortável, talvez com um aspecto meio arrasado, destoando da aparência elegante do resto do vestuário. Metaforicamente, os pés representam as fundações e carregam o corpo inteiro. O sistema linfático, que remove as toxinas do corpo, também é regido por Peixes. Isso faz muito sentido em um signo interessado em manter conexão pura e integrada entre corpo, mente e espírito. Peixes adora beber todo tipo de líquido, embora o melhor para ele seja a água. Para os nativos deste sensível signo, as medicações homeopáticas costumam ser melhores que remédios fortes, que costumam ter muitos efeitos colaterais — o sistema do pisciano absorve as drogas mais depressa que a maioria.

Quando submetido a estresse, o peixe precisa ir para perto da água (a praia) ou dar um mergulho, pois essa é sua melhor forma de relaxar. As mulheres de Peixes adoram uma massagem com aromaterapia, que consideram muito restauradora.

Resumo

Da próxima vez que jogar uma pedrinha dentro de uma lagoa fresca e tranquila, observe como a pedra rompe a superfície da água e como as ondas se propagam em círculos cada vez maiores. Isso é Peixes, o último signo do zodíaco, o signo que reúne as qualidades de todos os antecessores. Peixes nunca deixa de acreditar em milagres e o universo responde de acordo. Em 26 de novembro de 1994, a revista *Newsweek* publicou:

"As pesquisas (científicas) mais recentes da cosmologia revelam que a humanidade, sem dúvida, é parte do universo (...) Fazemos parte de uma comunidade em curso de ser (...) análoga a todas as criaturas passadas e presentes e também às entidades sem vida (...) Os próprios átomos de nossos corpos um dia foram poeira estrelar, ejetada quando aqueles astros explodiram" (*Newsweek*, "Science of the Sacred", 26 de novembro de 1994).

Quando ouve isso, Peixes sorri e sussurra mansamente: "Eu sabia disso, porque acreditava." O nativo nunca duvida de que a humanidade seja feita da poeira estrelar e sabe que todos nós estamos ligados por um elo comum. Peixes provavelmente vem sonhando com essa descoberta há muitas eras.

O pisciano tem um subconsciente vasto e ilimitado, um reservatório do qual ele pode retirar recursos para criar arte poética ou para se aproximar de uma compreensão do coração humano. Peixes sempre será o signo dos sonhos, tecendo sua tapeçaria mais bela nas profundezas do sono. Bendito seja ele, onde estaríamos sem a inspiração de Peixes?

OS MITOS DE PEIXES E NETUNO

Poseidon, o importante deus grego da água e dos mares, recebeu dos romanos o nome de *Neptunus* (em português, Netuno); os romanos também mantiveram a mitologia do deus praticamente inalterada. *Neptunus* significa "marido (ou senhor) da Terra". Ele era de fato uma figura de máxima importância. Embora tivesse uma morada submarina suntuosa, preferia passar a maior parte do tempo convivendo com os outros deuses no Olimpo. Netuno era um deus muito temperamental, mas também teve a seu favor atos de bondade. Pensa-se que seu lado violento representa a fúria e o impressionante poder destrutivo das tempestades marinhas.

Observe que a referência a Netuno/Poseidon como governador mitológico de Peixes só ocorreu em época muito posterior, porque o planeta com este nome só foi descoberto em 1846. Para fazer a descrição astrológica de um corpo celeste são significativas as qualidades da época em que ele foi descoberto — nesse caso, o Romantismo. Até então, os astrólogos consideravam Júpiter regente de Peixes e também de Sagitário. (Existem menos astros do que signos zodiacais; portanto, alguns signos precisaram compartilhar planetas regentes.) Até hoje, muitos astrólogos consideram Júpiter regente secundário de Peixes. A influência de Júpiter é humanitária e abrangente, combinando bem com o sentido de serviço e desprendimento de Peixes, que procura trabalhar para o bem de todos.

Se recuarmos ainda mais no tempo, os gregos antigos sempre perceberam uma ligação entre Peixes e o deus Netuno; portanto, quando o planeta Netuno foi descoberto, ao designá-lo regente de Peixes, os astrólogos estavam apenas atribuindo ao signo seu regente de direito. Como veremos mais adiante neste capítulo, o Netuno mitológico tem muitas ligações com o Júpiter mitológico, o que torna a mitologia de Peixes ainda mais curiosa e misteriosa.

Zeus, Hades e Poseidon jogam a sorte

Como filho de Cronos e Reia, Poseidon — também conhecido pelo nome de Netuno — era o irmão mais velho de Zeus. Cronos engoliu todos os filhos, exceto Zeus (Júpiter), porque temia ser deposto por um deles, o que acabou por acontecer. (Ver "Os mitos de Capricórnio e Saturno".) Poseidon e seu irmão Zeus decidiram dar um Golpe de Estado nos titãs, a primeira geração de deuses, e foram bem-sucedidos. Os irmãos Poseidon, Zeus e Hades (Plutão) tiraram a sorte para ver quem governaria cada parte do mundo. Eles concordaram em deixar o Olimpo e a Terra como território comum aos três. Zeus ganhou a posição de liderança, reinando sobre o Céu; Hades recebeu o mundo subterrâneo, o lugar dos mortos; a Poseidon coube o domínio sobre as águas do mundo. Poseidon se ressentiu do fato de Zeus ocupar a posição de maior prestígio, o domínio dos Céus; portanto, sempre houve certa tensão entre os dois irmãos.

Na Grécia, Netuno era conhecido como "aquele que sacode a terra", o criador de terremotos, o que faz sentido, dada a tensão entre os dois deuses. A regência de Netuno sobre os terremotos também parece lógica se considerarmos sua reputação de temperamental, vingativo e inconstante. Podemos questionar se não seria mais adequado atribuir os terremotos a um planeta como Urano, que rege os acontecimentos inesperados, em vez de associá-los com Netuno, que rege principalmente as águas da Terra. Muitos astrólogos discutiram essa questão, mas a associação feita pelos gregos entre os terremotos e Netuno tem uma base científica. Os geólogos modernos nos dizem que os terremotos são precipitados por mudanças climáticas que provocam alterações no peso das massas de terra. Quando ocorre um grande degelo, como houve na Era Glacial, o volume dos oceanos aumenta. A terra fica mais leve e reage, provocando terremotos.

NETUNO: MUTÁVEL PROTETOR DOS ARTISTAS

Netuno era o único deus do Olimpo com livre acesso às profundezas do mar. Desse modo, os gregos o encarregaram das artes, da música e da dança. Como o mar sempre simbolizou a emoção pura, considerava-se que ele trazia inspiração especial aos artistas plásticos, poetas, atores e músicos. O mar simboliza a intuição, as lembranças e os sonhos. De acordo com o psicólogo Carl Jung, também é uma metáfora da consciência coletiva, que guarda as lembranças e os sonhos das massas de indivíduos.

Como a maioria dos deuses do mar, Poseidon tinha a capacidade e o poder de mudar de forma, transformando-se até mesmo em criaturas diferentes, o que fazia principalmente para seduzir potenciais amantes. E não é isso o que os atores, poetas, músicos e pintores fazem, seduzir-nos, fazendo-nos observar sua arte enquanto assumem formas diferentes? Mais uma vez, a ligação entre a arte e Netuno é visível, pois o temperamento artístico está sob o domínio de Peixes.

Netuno, o deus mitológico, não era considerado fiel no amor. Seus casos eram bastante conhecidos e, às vezes, um tanto escandalosos, envolvendo um grande número de ninfas, deusas e até mesmo de mulheres mortais. A título de exemplo, Deméter, mãe de Perséfone, estava muito perturbada com a perda da filha. Procurando fugir ao assédio do irmão, Deméter se transformou em uma égua. Para não ser frustrado em seu intento, Poseidon transformou-se em um garanhão e cruzou com Deméter, que deu à luz um cavalo divino, Árion, e uma filha, Despoina.

Talvez o acasalamento de Poseidon e Deméter explique por que o deus mais tarde proclamou o cavalo, sagrado. Alguns mitos dizem que o deus na verdade criou o cavalo ao ferir uma rocha com o tridente. Também se diz que Netuno inventou a corrida de cavalos. Os nativos menos evoluídos do signo de Peixes podem se viciar no jogo e na corrida de cavalos quando a vida real fica muito difícil. Contudo, a ligação de Peixes com o cavalo é muito interessante, porque esses animais pertencem ao domínio de Sagitário, regido por Júpiter, antigo regente de Peixes. É justo que Júpiter seja associado com Poseidon, e consequentemente com Peixes, pelo símbolo do cavalo.

Odisseu

Em outro mito, este relatado por Homero, Poseidon criou muitas dificuldades para Odisseu. Como tinha uma animosidade antiga com os troianos, o deus das águas interveio em benefício dos gregos, embora Zeus tenha expressamente pedido a ele que não o fizesse. Os problemas entre Poseidon e os troianos foram causados por um episódio anterior, quando o deus das águas e Apolo atuaram em benefício do rei Laomedonte, pai de Príamo. Laomedonte não cumpriu a promessa de pagar certa quantia aos dois deuses em troca da construção dos muros de Troia. Netuno não se esquece disso; de fato, dizem que os piscianos têm memória de elefante.

Poseidon desafiou Odisseu, fazendo com que em sua viagem pelo mar o herói perdesse diversas vezes o rumo, o que foi motivo de muito sofrimento e atrasos. Ninguém mostrou mais fé e determinação que Odisseu: em consonância com o puro espírito de Peixes, ele resolveu os problemas sem apelar para a força bruta, usando apenas o pensamento criativo e a astúcia. Odisseu queria voltar para casa, para o amor da família, e não aceitou desistir. Essa decisão de sobreviver está muito presente na visão do pisciano.

A fundação de Atenas

Outro mito antigo explica como o povo de Atenas teve de escolher entre a arte e o comércio, optando pelo segundo. De acordo com essa história, Poseidon teve com outros deuses diversos conflitos pela posse de terras, mas sempre perdeu as altercações, sentindo-se consternado com isso. Numa das disputas mais famosas, ele entrou em conflito com Atena, que tinha o domínio sobre a antiga região da Ática, na Grécia. Poseidon reivindicou a região, abrindo a terra com seu tridente e criando uma fonte de água salgada. Com isso, Netuno oferecia simbolicamente aos cidadãos do local uma vida de sentimentos e expressão artística. Posteriormente, Atena plantou uma oliveira ao lado da fonte de Poseidon, por sua vez oferecendo aos cidadãos um futuro de prosperidade econômica. As oliveiras sempre fizeram a riqueza das terras ao redor de Atenas.

Ao saber desse fato, o deus dos mares ficou furioso e desafiou Atena para um combate. Nesse ponto, Zeus interferiu, e levou a questão ao tribunal divino, optando pela neutralidade e abstendo-se de votar. Os outros quatro deuses do sexo masculino votaram em favor de Netuno (de acordo com seu costume, Hades ficou no mundo subterrâneo e não votou). No entanto, numa demonstração de solidariedade, as cinco deusas votaram em favor de Atena, dando-lhe o direito sobre a região disputada, porque o valor de sua dádiva, as oliveiras, era mais expressivo. Indignado, Netuno inundou a planície da Ática. Consequentemente, os cidadãos de Atenas buscaram aplacá-lo negando às mulheres o direito de voto e abolindo a prática de dar a elas o nome da mãe. A cidade foi chamada Atenas em homenagem à deusa. Considera-se que este tenha sido um ponto decisivo para a cultura ocidental: a partir de então, a vida passou a ser regida pela economia e outras considerações práticas, tristemente consideradas mais valiosas que as artes e a emoção.

Vênus e Cupido

Os romanos tinham um mito adorável que explicava a criação da constelação de Peixes. Um dia, Vênus e Cupido foram surpreendidos por um monstro de fogo. Eles sabiam que o monstro não seria capaz de sobreviver na água, portanto, para fugir, transformaram-se em peixes e saltaram na água. Antes de fazer isso, para não se perderem um do outro, os dois tiveram o cuidado de se amarrarem com um cordão. De acordo com o mito, Júpiter, antigo regente de Peixes, recompensou essa fuga engenhosa comemorando no céu a sobrevivência de Vênus e Cupido, colocando-os entre as estrelas como dois peixes.

Destituído de qualquer tendência agressiva, Peixes se protege por meio da intuição — sentindo o fluxo das correntes a seu redor — e transformando-se de uma forma especialmente habilidosa. Entre a fuga e a luta, Peixes prefere a fuga, que, em geral, assume uma forma engenhosa. No caso presente, Cupido e Vênus se transformaram em peixes. Esse mito nos faz lembrar que hoje em dia o planeta Vênus é considerado "exaltado" quando está na constelação de Peixes, pois essa configuração simboliza o amor em sua condição mais desprendida e generosa.

BIBLIOGRAFIA

Applewhite, Ashton, William R. Evans III e Andrew Frothingham, *And I Quote: The Definitive Collection of Quotes, Sayings and Jokes for the Contemporary Speechmaker*. Nova York: St. Martin's Press/A Thomas Dunne Book, 1992.

Ashley, Wendy, palestras para o National Council of Geo-Cosmic Research. Do Mythic Astrology Workshop na cidade de Nova York. "Cancer & Capricorn", domingo, 23 de janeiro de 2000; "Leo & Aquarius", domingo, 20 de fevereiro de 2000. Videotapes disponíveis.

Banzhaf, Hajo e Anna Haebler, *Key Words for Astrology*. York Beach, Maine: Samuel Weiser, Inc., 1996. [*Palavras-chave da astrologia*. Editora Pensamento, 2002.]

Biedermann, Hans, *Dictionary of Symbolism: Cultural Icons and the Meanings Behind Them*. Trad. James Hulbert. Nova York: Meridian, 1994.

Bills, Rex E., *The Rulership Book*. Tempe, Arizona: American Federation of Astrologers, 1971.

Burt, Kathleen, *Archetypes of the Zodiac*. St. Paul, Minnesota: Llewellyn Publications, 1996. [*Arquétipos do zodíaco*. Editora Pensamento, 1994.]

Casey, Caroline W., *Making the Gods Work for You*. Nova York: Three Rivers Press, 1998. [*Como fazer os deuses trabalharem para você*. Cultrix, 2003.]

Condos, Theony, *Star Myths of the Greek and Romans: A Sourcebook*. Grand Rapids, Michigan: Phanes Press, 1997.

Dreyer, Ronnie Gale, *Venus: The Evolution of the Goddess and Her Planet*. São Francisco: Aquarian/HarperCollins, 1994.

Encyclopedia Britannica. CD-ROM. Encyclopedia Britannica, Inc., 1997.

George, Llewellyn, *The New A to Z Horoscope Maker and Delineator*. St. Paul, Minnesota: Llewellyn Publications, 1995.

Goodman, Linda, *Sun Signs*. Nova York: Bantam, 1968.

Grant, Michael e John Hazel, *Who's Who in Classical Mythology*. Nova York: Oxford University Press, 1973.

Graves, Robert, *Greek Myths*. Londres: Penguin Books, 1984. [*Mitos gregos*. Madras, 2004.]

Greene, Liz, *The Astrological Neptune and the Quest for Redemption*. York Beach, Maine: Samuel Weiser, Inc., 1996.

Grimal, Peter, *The Dictionary of Classical Mythology*. Trad. A. R. Maxwell-Hyslop. Oxford: Blackwell Publishers, Ltd., 1986, 1996. [*Dicionário da mitologia grega e romana*. Bertrand, 2000.]

Guttman, Ariel e Kenneth Johnson, *Mythic Astrology: Archetypal Powers in the Horoscope*. St. Paul, Minnesota: Llewellyn Publications, 1996. [*Astrologia e mitologia*. Madras, 2005.]

Hamilton, Edith, *Mythology*. Boston: Little, Brown and Company, 1942. [*Mitologia*. Martins Editora, 1999.]

Heindel, Max e Augusta Foss Heindel, *The Message of the Stars: An Esoteric Exposition of Natal and Medical Astrology Explaining the Arts of Reading the Horoscope and Diagnosing Disease*. 18ª edição. Oceanside, Califórnia: The Rosicrucian Fellowship, 1980.

Hyde, Lewis, *Trickster Makes This World: Mischief, Myth and Art*. Nova York: Farrar, Straus and Giroux, 1998.

Knowles, Elizabeth (org.), *The Oxford Dictionary of Phrase, Saying, and Quotation*. Nova York: Oxford University Press, 1997.

Malsin, Peter, *The Eyes of the Sun: Astrology in Light of Psychology*. Tempe, Arizona: New Falcon Publications, 1997.

McDonald, Marianne, *Mythology of the Zodiac: Tales of the Constellations*. Nova York: Metrobooks, 2000.

Microsoft Encarta 98 Encyclopedia. CD-ROM. Microsoft Corporation, 1998.

Osborn, Kevin e Dana L. Burgess, Ph.D., *The Complete Idiot's Guide to Classical Mythology*. Nova York: A Division of Macmillan General Reference/A Simon & Schuster Macmillan Company — Alpha Books, 1998.

Parker, Derek e Julia Derek, *The Complete Astrologer*. Michael Beazley Limited/McGraw Hill Book Company Publishers, 1971. [*Manual completo de astrologia*. Civilização/Ambiente, 2010.]

Soffer, Shirley, *The Astrology Sourcebook: A Guide to the Symbolic Language of the Stars*. Los Angeles: Lowell House, 1998.

Toen, Donna Van, *The Mars Book: A Guide to Your Personal Energy and Motivation*. York Beach, Maine: Samuel Weiser, Inc., 1995. [*O livro de Marte*. Editora Pensamento, 1992.]

Vaughan, Valerie, *Astro-Mythology: The Celestial Union of Astrology and Myth*. Amherst, Massachusetts: One Reed Publications, 1999.

www.astrologyzone.com

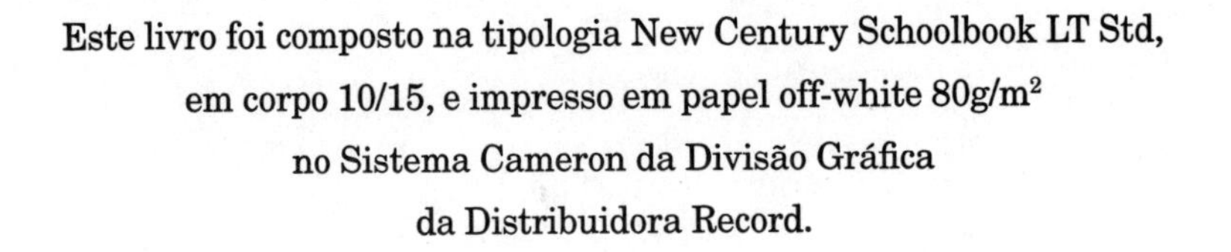
Este livro foi composto na tipologia New Century Schoolbook LT Std,
em corpo 10/15, e impresso em papel off-white 80g/m^2
no Sistema Cameron da Divisão Gráfica
da Distribuidora Record.